# 丘吉尔：语言的力量

[英] 马丁·吉尔伯特 著

何美 译

清华大学出版社
北京

CHURCHILL：THE POWER OF WORDS

By Winston S. Churchill Selected，Edited and Introduced by Martin Gilbert
Copyright © Estate of Winston S. Churchill，2012
Editorial selection，annotations and contributions copyright © Martin Gilbert，2012
This edition arranged with CURTIS BROWN-U. K. through BIG APPLE AGENCY，
INC. ，LABUAN，MALAYSIA. Simplified Chinese edition copyright © 2017 Tsinghua
University Press Limited
All rights reserved.

**北京市版权局著作合同登记号　图字：01-2016-4074 号**

**版权所有，侵权必究**。举报：010-62782989，beiqinquan@tup.tsinghua.edu.cn。

**图书在版编目（CIP）数据**

　丘吉尔：语言的力量/(英)马丁·吉尔伯特著；何美译. —北京：清华大学出版
社，2019（2025.1重印）
　书名原文：Churchill：The Power of Words
　ISBN 978-7-302-48654-1

　Ⅰ．①丘…　Ⅱ．①马…②何…　Ⅲ．①丘吉尔（Churchill，Winston Leonard
Spencer 1874-1965）—传记　Ⅳ．①K835.617＝5

中国版本图书馆 CIP 数据核字(2017)第 266466 号

责任编辑：纪海虹
封面设计：郭宏观
责任校对：王荣静
责任印制：杨　艳

出版发行：清华大学出版社
　　　　　网址：https://www.tup.com.cn，https://www.wqxuetang.com
　　　　　地址：北京清华大学学研大厦 A 座　　　邮　　编：100084
　　　　　社总机：010-83470000　　　　　　　邮　　购：010-62786544
　　　　　投稿与读者服务：010-62776969，c-service@tup.tsinghua.edu.cn
　　　　　质量反馈：010-62772015，zhiliang@tup.tsinghua.edu.cn

印　装　者：三河市铭诚印务有限公司
经　　　销：全国新华书店
开　　　本：148mm×210mm　印　张：17　　　字　数：482 千字
版　　　次：2019 年 6 月第 1 版　　　　　印　次：2025 年 1 月第 6 次印刷
定　　　价：98.00 元

产品编号：060227-01

温斯顿·斯宾塞·丘吉尔(1874—1965年),在战争时期(1940—1945年)与和平时期(1951—1955年)两任英国首相,是伦道夫·丘吉尔勋爵及其美国妻子珍妮·杰罗姆的长子。他在结束哈罗公学和桑德赫斯特皇家军事学院的教育后,入伍6年,在印度、苏丹和南非服役,并在苏丹和南非担任战地记者,发回报道。他从1901年至1963年担任议会议员,官至最高部长和内阁成员,其间只有从1922年至1924年短暂中断。他发表的作品包括关于童年和两次世界大战的回忆录,22卷演讲,6卷已刊文章选集,以及1本小说《萨伏罗拉》。1953年,他获得了诺贝尔文学奖①。1908年,他与克莱门蒂娜·霍齐尔结婚。他们育有4个女儿和1个儿子。其中儿子伦道夫②撰写了父亲官方传记的前2卷,并编辑了前5卷。

---

① 关于丘吉尔获得诺贝尔文学奖的作品,有两种说法。一种比较多的说法是——1953年,丘吉尔以《第二次世界大战回忆录》(亦即获奖作品为二战回忆录《不需要的战争》)一书荣获诺贝尔文学奖,成为历史上唯一获得该奖的政治家。但是,丘吉尔专业传记作家马丁·吉尔伯特在此书扉页却说:1953年,丘吉尔因4卷本《英语民族史》获得了诺贝尔文学奖。此说应有误,因为《第二次世界大战回忆录》书成于1953年,而4卷本《英语民族史》直至1958年才出齐,其中前两卷于1956年出版。译者查诺贝尔奖官网,瑞典学院给出的丘吉尔获奖理由是:"他对历史的精通和对传记描述的精湛把握,以及他为捍卫人类崇高价值的精彩演讲。"——译者注,下同

② 伦道夫·丘吉尔,丘吉尔的父亲与儿子皆为此名。此处为丘吉尔之子,保守党议员。

# 前　言

约翰·F.肯尼迪在 1963 年 4 月授予温斯顿·丘吉尔"美国荣誉市民"时说："他激活了英语，并把它投入战斗。"

1965 年，丘吉尔在他 90 岁生日之后几周去世。他在 60 年的公众视野和公共生活中，理解并掌握了语言的力量。他通过演讲、书籍、报纸和杂志文章，表达感情，展望未来。他在 1895 年至 1900 年第一次经历战争时，就以生动叙事风格和深刻思想风靡英国内外。他年仅二十多岁便成为在英美两国广受欢迎的演说家。

我从丘吉尔的著述、文章和演讲中精选了 200 篇，我认为这些篇目表达了他的本质思想，而且用他本人的原话描写了他人生中的主要历险、职业生涯中的主要危机、在议会的主要措施和创举，以及他关于人生和人类存在的哲学思想。本书摘选范围包括他对童年和学生时期的回忆，包括他在五十多年里的贡献，也包括他对社会政策和战争的论辩。本书也涵盖了他对两次世界大战进程和历史事件的影响，以及他对世界变得更为美好的希望和努力。

丘吉尔使用语言有不同目的：支持道德和政治事业，倡导在社会、国家和国际领域的行动，讲述他的人生，阐述英国及其在世界的位置。他著有58本书：7本回忆录，16卷历史（其中包括他对两次世界大战的个人回忆录），22卷个人演讲，4本报刊文章的选集，2卷散文，6卷传记（其中4卷关于他杰出的军事祖先、首任马尔博罗公爵约翰·丘吉尔，2卷关于他的父亲伦道夫·丘吉尔勋爵），还有1本小说（本书第1篇读物即选自该书）。

丘吉尔刊发于报纸和杂志的文章从未汇总出书。他总共写了842篇文章，其中212篇是他在古巴、印度西北边境、苏丹和南非战场的亲历报道。首篇发自古巴，1895年12月13日在伦敦发表，在他21岁生日之后两周。

丘吉尔讲述故事造诣颇深。他喜欢跌宕起伏的叙事。他在很多著作和演讲中，描述了亲眼所见以及经常亲身参与的戏剧性事件。1945年5月13日，也就是德国投降之后第6天，他发表广播演讲，简要概述英国在第二次世界大战中的地位，是一篇情理交融的杰作。

我选取的篇目都出自我的最爱。通过这些篇目，我可以纵览丘吉尔的兴趣、关切的范围和影响，看到他对英国生活和国际战争的贡献和对20世纪上半叶的希望。我从1962年开始收集这些材料。这一年，年轻的我开始担任丘吉尔之子伦道夫的研究助理，为丘吉尔的传记工作。伦道夫在1968年逝世，我为他撰写了传记。

我按时间顺序编目，并提供了上下文语境。因此，如果按顺序读取，它们构成了传记叙述。无论以何种顺序阅读，这些篇目都体现了丘吉尔兴趣广泛、深度介入国家和世界大事的风格。他既是观察者，又是参与者，经常处于政府核心部门，或者作为首相领衔。他在1941年6月16日对美国的广播演讲在本书中全文刊发，并有对字词和短语所作修改的附注。

丘吉尔已经出版的著作，广泛涵盖了他的人生和职业、和平与战争时期的方方面面。他在议会和公共场合的演讲，反映了他在多年公共生活中涉及的冲突与争议。"如果我发现了正确的语言表达，"他在1954 年对聚集于威斯敏斯特大厅、前来庆祝他 80 大寿的宾客说："你们一定要记住，我总是用笔杆子和嘴皮子来谋生。"

丘吉尔是同时代里收入最高的记者之一，也是一名候选人——他在 1899 年至 1955 年参加 21 次议会选举竞选，失败 5 次。他能在风云战场中写作，也能在冷静研究中写作，还能在公众和议会辩论中精力充沛地唇枪舌剑。语言是他最有说服力的武器。此书中的每一篇都帮助我们理解丘吉尔的人生和思想，帮助我们洞察他是如何在英国和世界舞台上创下辉煌印记。

我希望你们喜欢阅读并一读再读这些文章，正如我爱不释卷捧读它们。

马丁·吉尔伯特

2012 年 1 月 10 日

# 文献来源

本书中的选篇均源自可以找到丘吉尔所写文字或演讲原话的各种资料。

丘吉尔的演讲主要集中于 1901 年至 1955 年对下议院所做。这些均可见于英国议院议事录（对下议院讨论的逐字记录）。他在别处的演讲，大部分刊载于当时全国性的报纸或本地报纸，或见于他的各类演讲自选集，以及由罗伯特·罗兹·汤姆斯于 1974 年编辑的 8 卷本《温斯顿·斯宾塞·丘吉尔演讲全集：1897—1963 年》。丘吉尔 1916 年在弗兰德斯对军营官兵的演讲，见于他在第二天写给妻子的信件；该信以及他关于"可怕"的 20 世纪的演讲笔记，均来自丘吉尔文献，藏于剑桥大学丘吉尔学院的丘吉尔档案中心。

他在 1901 年 10 月 4 日的演讲来自其报纸剪报，也在丘吉尔文献中。他于 1941 年 6 月 16 日向美国所做广播的演讲笔记来自私人收藏。

丘吉尔本人出版的很多书里包含了他的个人记忆和思考。这些书有《马拉坎德远征史》(1898 年)、《河上的战争》(1899 年)、《从伦敦到莱迪史密斯》(1900 年)、《世界危机》(5 卷本,1923—1931 年)、《我的早年生活》(1930 年)和《第二次世界大战》(6卷本,1948—1953 年)。

丘吉尔 1915 年 11 月的辞职信,当时发表于英国各大报纸。他对第一次世界大战西线总司令的描写——对陆军元帅道格拉斯·黑格鲜为人知的描写——在 4 卷本传记《马尔博罗的生平与时代》的第 2 卷中被谨慎隐藏起来。

丘吉尔在 1939 年第二次世界大战前夕对肯尼迪大使投降主义的反驳,由在场的其中两位哈罗德·尼克逊和沃尔特·李普曼记录于他们的日记中。他在 1942 年下议院一次秘密会议的演讲中评论戴高乐将军——这一评论在战后出版时被丘吉尔删掉——均见于剑桥大学的丘吉尔档案中心,也是穆兰德·得·格拉斯·埃文斯先生的收藏,他还收藏了丘吉尔 1891 年在哈罗公学的对话。

# 致　谢

　　我首先感谢尊敬的、大英帝国员佐勋章(军事)①获得者伦道夫·丘吉尔议员,因为我有幸从 1962 年开始担任其研究助理,直至他于 1968 年逝世。正是伦道夫·丘吉尔先生鼓励我大声朗读他父亲的著作,并且站在桌子上大声朗读。那张桌子曾经属于迪斯雷利②,后来传给了温斯顿·丘吉尔。"大声朗读"是伦道夫·丘吉尔先生全家在萨福克郡夜晚的常规活动。我在此书中所选很多篇目,他们那时都已推荐给我。其他一些篇目,是我与南卡罗来纳大学的吉姆·梅里威瑟教授共同选取。我于 1965 年到美国休假,教授和我在很多夜晚大声朗读了这些篇目。从那以后的这 46 年来,我都很喜欢独自阅读此

---

　　①　大英帝国最优秀勋章(Most Excellent Order of the British Empire),简称大英帝国勋章(Order of the British Empire),或译为不列颠帝国勋章,是英国授勋及嘉奖制度中的一种骑士勋章,由英王乔治五世于 1917 年 6 月 4 日所创立。勋章分民事和军事两类,共设五种级别,分别为:爵级大十字勋章,爵级司令勋章,司令勋章,官佐勋章,员佐勋章。

　　②　本杰明·迪斯雷利(Benjamin Disraeli,1804—1881 年),英国犹太人,保守党领袖、大英帝国的两任首相(1868 年,1874—1880 年)、政治家兼小说家。被称作是维多利亚时期最伟大的首相之一。

书中每一篇文章,也乐与很多朋友共读,包括我在伦敦北部的邻居、口述军事史专家马克斯·亚瑟。

我感谢提供原文材料的哈罗市立中心参考图书馆的普里蒂·查维达;感谢剑桥大学丘吉尔学院丘吉尔档案中心主任艾伦·帕克伍德先生和达里恩·罗伯逊博士;感谢丘吉尔目录学家罗纳德·科恩,他的编目工作对于深入研究丘吉尔不可或缺;我感谢尊敬的、获得大英帝国司令勋章的理查德·朗沃思,他聪明博学、提供资源指南;感谢卡梅伦·赫斯特,他把对丘吉尔早期政治生涯的渊博知识悉数传我。

我感谢埃拉·哥特瓦德和凯·汤姆逊,他们帮助抄录很多篇目。感谢吉莉安·萨默斯凯尔斯的专业编辑,使得最终的文本有了极大精进。感谢希拉·李高超并热情精选照片。

得益于妻子艾斯特的热情鼓励,选编此书过程的每一阶段都变得极有意义。

# 目　录
**CONTENTS**

# "保 姆 之 爱"

## 1870 年代末期

1874 年 11 月 30 日,温斯顿·丘吉尔出生于牛津郡的布伦海姆宫①。他的父亲伦道夫·丘吉尔勋爵是马尔博罗公爵②七世之子,政绩显赫。他在儿子温斯顿出生当年进入议会③,在短短 11 年间晋升至内阁级别,最终成为内阁职位中

---

① 也译为"布莱尼姆宫"或"布伦亨宫"(Blenheim Palace),也称为丘吉尔庄园。距离英国牛津不到 13 千米,占地 850 公顷,被联合国列为世界文化遗产。它是英国唯一一座既非王室所有,也非宗教建筑,却以"宫"(Palace)著称的乡村宅邸。建于 1705 年至 1722 年。安妮女王为表彰马尔博罗公爵一世约翰·丘吉尔在布伦海姆战役中的伟大胜利,赐建布伦海姆宫。——译者注,下同

② 马尔博罗公爵(Dukedom of Marlborough),也译作马尔巴罗、马尔堡、马尔勃罗、马尔孛罗或马尔伯勒。约翰·丘吉尔(1650—1722 年),第一代马尔博罗公爵,英国军事家,政治家。1702 年任英荷联军统帅,在西班牙王位继承战争(1701—1714 年)中大展神威,在布伦海姆大败法军,成为近代欧洲最出色的将领之一。被英国女王封为马尔博罗公爵,从此代代世袭该爵位。英国首相温斯顿·丘吉尔是他的直系后裔。丘吉尔在 1933 年开始写作 4 卷本巨著《马尔博罗的生平与时代》(也译作《马尔巴罗传:他的生平和时代》《马尔伯罗传:时代与人生》《马尔勃罗传》《马尔伯勒的生平与时代》《马尔孛罗公爵生平》)。

③ 英国议会,一称"国会",又称威斯敏斯特议会,是英国的最高司法和立法机构。英国议会由英国君主即国王或女王、上议院(上院,贵族院)、下议院(下院,贫民院)共同组成,行使国家最高立法权。英国议会创建于 13 世纪,迄今已有 700 多年的历史,被称为"议会之母"。自有议会以来,通常在伦敦一座古老的建筑——威斯敏斯特宫(议会大厦)举行会议。自 1902 年起,历任的英国首相也同样是下院议员。英国大选每届原则上相隔 5 年(最长不能超过 5 年),但首相有权提请国王或女王提前解散议会,举行大选;议会解散之时,也就是下院议员任期的终结。

仅次于首相的财政大臣。丘吉尔的母亲珍妮·杰罗姆是个美国人，出生于纽约布鲁克林。丘吉尔从两岁到七岁期间由保姆爱维莉丝特太太照顾。这位和善的妇人全身心照料他，他也同样挚爱保姆。他在《我的早年生活》中写道："母亲宛如启明星般照耀着我。我深深地敬爱她，却只能遥望。保姆爱维莉丝特太太才是我的知心密友。她对我悉心照顾、关怀备至。我的烦恼唯有对她倾诉。"一直到青少年时期，丘吉尔都始终乐于向爱维莉丝特太太寻求支持和建议。他写的唯一一本小说《萨伏罗拉》出版于 1900 年，在书中描绘了英雄萨伏罗拉的老保姆贝蒂妮进入他房间的那一刻：

他的沉思被这位手持托盘走进来的老妇人打断。他已经疲倦不堪，但文雅修养仍在。他起身进入里屋，更衣净手。

待他返回时，保姆已经摆好餐桌。他原本只是点了汤，但管家制作了更为精细的饭菜。她伺候他用餐，不时询问他，看到他有胃口吃饭更是由衷开怀。

她从他呱呱坠地起就全心全意照顾他，一刻也不曾停歇。女性这种关爱非常奇妙。也许这是世间最为无私的感情。母亲爱其子女，出自天性；青年爱其恋人，自有缘由；小狗爱其主人，感激喂养；朋友之间有真情厚谊，困难时刻是牢固后盾。这些感情都有原因，然而保姆对于她的本职责任如此无私爱护，实在匪夷所思。人的本性远胜一味讲究功利主义，而且他的天命高远、福星高照，保姆之爱是其中一个佐证，这爱甚至不能为思想逻辑解释清楚。

待他吃完这顿简便节俭的晚餐后，老妇人端着餐盘离开，他又陷入了沉思。

# "可恨的奴役生活"

1882 年,7 岁,圣·乔治寄宿学校(《我的早年生活》)

丘吉尔在八岁生日之前一个月,被父母送到伦敦郊区的阿斯科特,就读于圣·乔治寄宿学校。他在《我的早年生活》一书中回忆了那段苦闷生活:

我真厌恶这所学校。我在这里生活了两年多,内心始终焦虑不安。我的功课毫无长进,体育方面亦无起色。我度日如年,掰着手指数,盼望学期快快结束,期待早日摆脱这种可恨的奴役生活,回到家中,回到我的小房间里,在地板上和玩具兵排兵布阵玩打仗游戏。

在这段日子里,我最大的乐趣是读书。当我九岁半时,从父亲那里获赠世界名著《金银岛》①一书后,看得津津有味、如饥似渴,那种欣喜若狂之情至今历历在目。老师们看我功课马上退步,在成绩单上垫底不前,却如此早熟地捧读超越我年龄阶段的书籍,他们很生气。老师们想出了很多对策,但是我很顽固。这些枯燥的知识没有想象力,也没有乐趣,我不愿意学,当然也学不好。在整整 12 年的学校生活里,我只认识了一些希腊字母,从未学会写一句拉丁诗文。尽管父母缴纳了昂贵的学费,老师们也尽心尽力督导,我却愚蠢地忽视学习机会,我没法原谅自己。如果老师不是让我学习枯燥的语法和句法,而是引导我通过古代历史和风土人情来学习,我可能会有更好的成绩。

---

① 《金银岛》:罗伯特·路易斯·史蒂文森最著名的冒险小说代表作,讲述 18 世纪中期英国少年吉姆得到传说中的藏宝图,和同伴组织探险队前往金银岛寻宝的故事。

# "有些温情"

1883 年，8 岁，布莱顿寄宿学校（《我的早年生活》）

　　幼年的丘吉尔健康状况不好，疾病反复发作。所以家庭医生建议他离开圣·乔治（丘吉尔在回忆录里称之为圣·詹姆斯），改去海滨上学。丘吉尔后来在《我的早年生活》中描述了海滨城市布莱顿的这所寄宿学校：

　　我在圣·詹姆斯学校成了病秧子，终于患了一场大病，父母只好把我接走。我们的家庭医生是著名的罗布森·卢斯，他当时正在布莱顿行医。大家认为我现在的体格看起来弱不禁风，应该由他持续护理。所以，我于 1883 年转到了两位女士在布莱顿开办的学校。

　　这所学校的规模比我已经离开的学校小。学费更便宜，也少了虚伪造作。这里有些温情和关爱，我之前的学校显然缺少这种温暖。我在这里学习生活了三年。尽管我差点死于一场双叶肺炎，但是这里空气清新、环境怡人，我的身体渐渐强壮起来。我可以在这里自由学习感兴趣的法语、历史，发自肺腑的感人诗歌，尤其还能学骑马和游泳。这些年的快乐生活在我脑海里镌刻下美好的画面，与我之前的校园记忆形成霄壤之别。

# "水里冒出一张愤怒的脸"

1888 年,13 岁,哈罗公学,泳池风波(《我的早年生活》)

丘吉尔的下一所学校是哈罗公学,是他的父母再次遵照医嘱所做选择。他们认为坐落在丘陵地带的哈罗,比泰晤士河畔的伊顿公学更利于肺部虚弱的孩子尽快康复。丘吉尔从1888 年 13 岁开始,直到 1892 年 18 岁,一直在哈罗公学寄宿就读。他擅长历史和英语,并赢取了哈罗公学和公立学校击剑比赛双料冠军。他在《我的早年生活》中写道:

我第一次去哈罗公学,适逢炎热夏季。学校拥有我所见过的最大的游泳池。与其说这是一个池子,不如说是一条河湾,河上还横跨两座桥梁。我们常常聚在游泳池里玩耍,一玩就是好半天,玩累了就坐在池边晒得滚烫的沥青地上,一边晒太阳一边吃大面包。我们总是嬉戏打闹,有时悄悄走到某个光溜溜哥们甚至是对头的背后,猛地把他推到泳池里。我常常逗同龄人或者年纪更小的孩子。

我刚进入哈罗公学第一个月里,有一天,我瞧见一个男孩裹着浴巾站在游泳池边想心事。我认为他的年龄和我差不多,便想开个玩笑。我悄悄走到他背后,把他推下水去。出于好心,我还抓住了他的浴巾,以免弄湿它。但我惊讶地看到从水里探出一张满面怒容的脸,迅猛游到岸边,显然力大无比。我拔腿就逃,但无济于事。他迅疾如风追上了我,一把逮住我,猛地把我掼到深水区。我游到泳池另一边爬上岸,被

5

一群激愤的小孩包围了。"你真是活该！知道自己做了什么吗?"他们数落我,"这是埃默里,他是六年级的,他是寝室长,他是体操冠军,他还得了足球徽章。"

他们继续描绘他声名赫赫的诸多荣誉头衔,还幸灾乐祸于我将要遭到的可怕报复。我被唬住了,自己貌似犯下了弥天大错。他裹着浴巾时看起来好小,我怎么能认出来他是谁?我决定立即赔礼道歉,诚惶诚恐地走近这位大人物:"我很抱歉,你看起来这么小,我还以为你也是四年级的。"他纹丝不动、尚未息怒。我又冠以浓墨重彩的修饰:"我的父亲是个了不起的大人物,但也是小个子。"他不由得哈哈笑了,轻描淡写说我"脸皮厚",教育我以后最好小心点。就这样,一场风波友好平息。

长大之后,我很幸运地多次看到埃默里,彼时三岁的年龄差距已经不像学校时期这般重要。我们后来成为内阁同僚,友好共事多年。

# "我将拯救伦敦和英国于灾难"

## 1891 年,16 岁,对话:哈罗公学,畅想未来

　　1891,在哈罗公学,16 岁的丘吉尔经常与其他男孩讨论未来。其中有个同龄人叫穆兰德·格拉斯·埃文斯,后来成为穆兰德公爵,目睹丘吉尔成为首相。穆兰德后来回忆起有个星期天晚上做完礼拜后的谈话:"我们开诚布公讨论了彼此的未来。也许因为我的血统袭自英国海军上将格拉斯的法国后裔——他在 1782 年圣徒之战中率领法国和西班牙联合舰队败于罗德尼男爵,所以我很可能将来去往外交部门;或者追随父亲的职业生涯,从事金融工作。我和丘吉尔讨论起他的未来。"

"你会参军吗?"我问。

"我不清楚,这有可能,但我离开这里后马上就去部队有些铤而走险。"

"你会从政吗? 追随你声名赫赫的父亲?"

"我不清楚,但选择从政肯定不是世袭,更可能是因为我敢于在公共场合演讲。"

"你好像完全弄不清楚自己的意图或愿望。"

"这不好说。但我对自己最终要走向何方还是很笃定的。我有梦想。"

"你的梦想是什么?"我询问他。

"嗯,我看到巨变正向现在的太平世界袭来。重大的剧变动荡,恐怖的战火蔓延,这些将完全出乎人们意料。我告诉你,伦敦将陷入危险,它会遭到攻击,我将在伦敦保卫战中发挥非常重要的作用。"

"你凭什么这么说?"我质疑,"自从拿破仑时代以来,我们一直太平,没有敌人入侵。"

"我看得比你远。我看见了未来。这个国家将遭受可怕的入侵,我不知道侵略的形式会是怎么样的,但是(对这个话题感兴趣),我告诉你,我将指挥伦敦保卫战,将拯救危难中的伦敦和英格兰。"

"你会成为指挥军队的将军吗?"

"我不清楚。未来的梦模糊不清,但主要目标非常清晰。我重复一遍:伦敦将陷入危难,天将降大任,我将受命于危难,捍卫首都伦敦,拯救大英帝国①。"

---

① 英国,全称大不列颠及北爱尔兰联合王国(United Kingdom of Great Britain and North Ireland),由英格兰、苏格兰、威尔士和北爱尔兰组成,是位于欧洲西北面大不列颠群岛的君主立宪制国家。大英帝国(British Empire),由其领土、自治领、殖民地、托管国及其他由英国管理统治的地区组成,被国际社会及历史学界视为世界历史上最大的殖民帝国,其统治面积曾达到约 3 400 万平方千米。被形容为继西班牙帝国之后的第二个"日不落帝国"。逐渐瓦解于 20 世纪中期。英联邦(Commonwealth of England,Commonwealth of Nations),是英国和已经独立的前英国殖民地或附属国组成的自由联合体,正式成立于 1931 年。第一次世界大战后,英国势力遭到削弱,各殖民地人民纷纷要求独立,便逐渐用英联邦代替英帝国的称号。英联邦不是一个共和国,没有书面章程,也没有中央政府。英王是英联邦的名义元首。英联邦不设权力机构,英国和各成员国互派高级专员,代表大使级外交关系。1965 年,各成员国政府首脑决定在伦敦设立秘书处。英联邦秘书处是英联邦的行政机构,同时也承担各成员国间交流和协商的工作。

# "跳还是不跳，这是个问题"

1893 年,18 岁,峡谷历险(《我的早年生活》)

丘吉尔一辈子好些次死里逃生：在学校的时候,他几乎死于肺炎；在军队飞行时,在水中,以及在纽约过马路时,他好几次与死神擦肩而过。头次九死一生是因为罹患肺炎,第二次幸免于难发生在 1893 年年初,当时他 18 岁。丘吉尔在《我的早年生活》中描述道：

寒冷的冬天到了,我们借住在姑母温伯恩夫人在海滨城市伯恩茅斯①舒适的庄园里。那里有约两百亩松林,从山坡、沙地绵延到英吉利海峡旁的悬崖。这片松林小而荒凉,其间一条深深的裂缝延至海平面,形成"峡谷"。一条长约四五十米的乡村小桥横跨"峡谷"。我当时刚好 18 岁,正在度假。12 岁的弟弟和 14 岁的表弟提议和我追着玩。他们追着我跑了足足 20 分钟,把我累得气喘吁吁,决定过桥躲开他俩。当我跑到桥中央,愕然发现这两个穷追不舍的家伙居然兵分两路,分别扼守桥的两端。追兵虎视眈眈,对我两面夹击、志在必得。不过我灵机一动,计上心来。

小桥所横跨的峡谷里长满了冷杉树苗。细长的树梢已经伸过了桥板。我心下琢磨,自己不可以纵身跳到一棵杉树上,顺着树干滑下,经

---

① 也译为伯恩默思、博内茅斯。

过每层枝条,顺利滑翔落地吗?我盯着杉树,进行估算,迅速计划,同时跨过桥栏杆。守住桥两端的小追兵们看得目瞪口呆。

"生存还是死亡,这是一个问题。"这是莎士比亚戏剧《哈姆雷特》中的名句。如今我身陷相似两难:跳还是不跳,这是个问题!我在转瞬间纵身跳下桥,展开双臂去拥抱树梢。虽然我设想得很好,但目测的数据绝对错了。我摔到地上不省人事,直到三天后才恢复意识,直到三个多月后才能爬下病床。

我从将近九米的半空摔到硬邦邦的地面,幸好树枝起到缓冲作用。孩子们把这可怕的消息传给我母亲:"他从桥上摔下来,连话都不能说了。"母亲带着救护人员十万火急赶来,还给我胡乱灌了白兰地酒。我的父母始终坚信,无论花多少钱,重病或事故必须给予最好的医治。于是,我的病床前出现了很多名医。

当我苏醒后,得悉父母付出了天价医疗费用,我大为震惊,并且受宠若惊。我父亲本来在都柏林那边和老朋友菲茨吉本勋爵庆祝圣诞,听到消息后立刻乘特快列车赶来,随同请来伦敦最好的外科医生。经过检查,发现我伤痕累累,还有一个肾脏破裂。我能活到今天,为读者写下这个故事,真得感谢外科医生的精湛医术,以及鄙人强烈的求生意志。但在整整一年里,我都行动不便。

# "死神近在眼前,似曾相识"

## 1894年,19岁,日内瓦湖历险(《我的早年生活》)

时隔18个月,丘吉尔再度和死神擦肩而过。那是1894年的夏天,当时他也是在假期。这一次,他和杰克兄弟差点淹死在日内瓦湖①。丘吉尔当时19岁,是桑赫斯特皇家军事学校②的一名学员。他在《我的早年生活》里描述了当时发生的事情,并没有提及"比我小一点的男孩"就是他的弟弟:

我和另一个比我小一点的男孩去划船。我们从海岸划出三里多地后,决定游泳。我们脱掉衣服,跳进湖里,兴奋地游啊游。可当我们游够了的时候才发现,船已经飘出大约一千米远。微风在湖面吹起涟漪。船尾有一块小小的红篷布。篷布迎风鼓起,仿佛一面船帆。当我们朝船游去,它又飘远了。我们这样努力多次,总算缩短了一半距离。可这时风力也加强了,我们两个开始累了,尤其是我的同伴。

直到此刻,我还没有意识到危险的逼近。太阳照耀下的碧蓝湖水

---

① 瑞士日内瓦湖(Lake Geneva):又名莱蒙湖、洛桑湖,位于日内瓦近郊,同法国东部接壤。瑞士一侧环湖著名城市有日内瓦、洛桑和蒙特勒等。

② 桑赫斯特皇家军事学院(Royal Military Academy Sandhurst)是英国一所培养初级军官的重点院校,也是世界训练陆军军官的老牌和名牌院校之一。它曾与美国西点军校、俄罗斯伏龙芝军事学院以及法国圣西尔军校并称世界"四大军校"。丘吉尔1893年至1894年就读于此。

波光粼粼，我们沉醉于山峰和峡谷的美妙风景之中，感到欢乐的酒店和别墅群都在微笑。但我很快看到死神近在眼前，似曾相识！他就在我们身边游弋，不时冲我们耳语；风速和我们游速一样快，不断把船吹远。附近没有救援力量。我们孤立无助，始终不能靠岸。

我擅长游泳，游速很快，在哈罗公学是小组游泳代表，我们游泳组所向无敌。我现在拼了命地游。有两次，我游到离船距离不到一米处，但是每次一阵风就把它吹远了，我怎么也够不到。但我使出浑身气力，终于牢牢抓住了船。随后一阵更强的风再次鼓起红篷布，也未能把它从我手中吹跑。我迅速爬上船，划回到同伴身边。他已经累得筋疲力尽，显然没有意识到那道致命危险的暗黄眩光突然来到我们身边逗留。关于这次惊险事件，我对老师只字未提，但却永难忘怀，或许有些读者也会记住它。

# "森林边缘凌空枪响"

## 1895 年,21 岁,新闻报道:首次参加古巴作战行动

1895 年 1 月 24 日,丘吉尔的父亲逝世,再过三周才是他 46 岁的生日。丘吉尔时年仅 20 岁。在父亲过世四周后,丘吉尔成为骑兵少尉。那年 10 月,他和一名军官应西班牙军队之邀,前往古巴见证西班牙镇压古巴民族主义叛乱的行动。英国军队也赋予丘吉尔一项情报任务,让他获知西班牙新型子弹的穿透能力。丘吉尔来到古巴之后,定期向伦敦《每日画报》发回新闻报道。1895 年 12 月 2 日,他首次参加古巴作战行动,后来在新闻报道中描述了战场情景:

翌日清晨,一个年轻军官的生命中产生了不同寻常的感觉!四周仍然漆黑一团,但天色逐渐变为浅绯。我们身处的地方,是一名才华横溢但是鲜为人知的作家所形容的"黎明时刻朦胧神秘的庙宇"。我们骑着战马,戎装在身,子弹满膛。在幽微暗光中,全副武装的长长队伍朝着敌人挺进。敌兵可能近在咫尺,在一两千米外布下天罗地网等着我们。我们这两个英国人不知道西班牙和古巴敌友双方的情况。他们如果发生争吵,我们只能作壁上观。我们只能自卫,不得介入他们的打斗。但是我们感觉此刻在一生中至关重要。事实上,这是我们所经历的最好时刻。我们预料会有大事发生,我们热切期盼发生大事,但同时也不想因此受伤或丧命。

我们究竟想要什么?这就是青春的诱惑,我们渴望冒险,为了冒险,敢于铤而走险。你可能称之为愚蠢至极。经济拮据,还要行军数千米;凌晨四点起床,只希望和一群优秀的陌生人并肩战斗,这真是一次疯狂的旅程。但是我们深知英国部队里几乎所有士兵都愿意掏付一个月的薪水来坐上马鞍参与战斗。

...........

这一天,我们暂停行军,开吃早餐。每个人席地坐在马旁,吃着行军包里的食品。我分到半只瘦鸡仔。我正啃着鸡腿,突然,森林边缘凌空枪响,一串子弹从我们眼前擦过,差点射到我们脸上。我背后有匹马一跃而起。那不是我的马。大家都很激动,场面一片混乱。一队士兵冲到刚刚子弹齐鸣的地方,当然,他们只发现了一些空弹壳。

这时我一直在观察那匹受伤的马。这是一匹栗色马。它的肋骨被子弹击中了,鲜血滴到地上。光亮的栗色鬃毛上出现约莫 30 厘米宽的暗红一圈。它耷拉着脑袋,没有倒地,但显然已经快死了。我们很快卸掉它的马鞍和缰绳。我注视着这些,不禁想到袭击这匹马的子弹当时距离我的头部不到二三十厘米。所以怎么说我都经历了"枪林弹雨"。这可了不得。无论如何,我开始更加深刻地认识到了我们的参战冒险,以前可没有想这么多。

...........

第二天:

天气炎热,我和同伴说服两三个参谋过来一起到河里洗澡。水温和清澈,惹人喜爱。风景如画。我们正在河岸穿衣服,突然听到一声枪响,接着一声又一声,然后弹如雨下。

子弹在我们头顶呼啸而过。显然敌人正在发起进攻。一个哨兵原本坐在一棵树上,在溪流上方一百多米高处。他迅速跑过去,跪倒隐藏,开枪射向不到 200 米远、正朝我们开进的敌人。我们匆忙拉上衣服。一名军官还半裸着身体,赶紧跑去集合了大约 50 名正为今晚搭建夜间帐篷的士兵。他们当然有步枪。战时士兵武器随身、寸步不离。

他们倍加兴奋,用毛瑟枪截击叛军,阻其进攻。

我们尽可能优雅体面地沿河撤退,返回将军司令部。当我们赶到时,一场常规战事正在 800 米开外打响,子弹纷纷打到了营地。叛军使用美国雷明顿步枪射击。雷明顿枪的闷响与西班牙军队用的来复枪的脆响声形成奇特反差。双方开火大约半个小时,叛乱分子打够了,抬着死伤人员走了。

那天晚上 11 点,他们又折返回来,朝我们开火攻击了约一个小时。他们这次雇用了排枪,打死打伤了我们营地附近好几个士兵。一颗子弹射穿我们休息室的茅草顶,另一颗子弹则打伤了户外一名勤务兵。

# "剧烈而奇特的扭伤"

*1896 年,21 岁,在印度脱臼(《我的早年生活》)*

1896 年 9 月 11 日,丘吉尔少尉随军团航行前往印度。三周之后,10 月 1 日,航船抵达孟买港。他在《我的早年生活》一书中回顾了这次靠岸:

一群小船一整天都停在我们的船旁边,随海浪起伏涨落。我们迫不及待地叫来其中几艘,花了一刻钟来到沙逊码头。我真高兴来到这里。我和两个朋友都感觉小船晃得厉害,因此全神贯注,不敢大意。

船划到一面大石墙边,墙下是湿漉漉的台阶,还有供人抓握的铁环。船随着海浪起落摇荡,落差达一米多高。我伸手抓住一个铁环,可还来不及迈步,船就摇晃着离岸走了,我的右肩被狠狠扭伤。还好,我爬起来,感叹了一番,就抱着肩膀,没把这件事放在心上。

我要提醒年轻读者谨防肩膀脱臼。在脱臼过程中,就像其他很多事情,防止第一步至关重要。肩膀在承受很大外力的情况下才会脱臼;如果脱臼,后果将非常严重。尽管我的肩膀当时并未完全脱位,终究还是留下损伤,遗祸终身,后患无穷。从此我打马球时很难发力,甚至不能打网球,在遇到危险、侵犯和需要用力时往往因为肩伤而有力使不出。自受伤后,我的肩膀常常在非常意想不到的情况下脱臼,例如当我把胳膊放在枕头下睡觉时,当我从图书架上取书时,当我在楼梯上滑倒时,甚至当我游泳时。我有次在下议院①因为大幅度地挥动胳膊,肩膀差点儿又脱臼了。当时我就想,如果议员们看见他们正在聆听的演讲者突然无缘无故地扑倒在地,试图掰回移位的胳膊,他们肯定会瞠目结舌。

这次事故真是倒霉。然而,我从某种意义上说却因祸得福:塞翁失马,安知非福。在苏丹恩图曼战役中,我因为肩膀受伤而改用毛瑟手枪等现代武器。如果拿军刀,我可能早已命丧疆场,故事也就到此为止。我们应该牢记,当厄运来时,我们很可能也就此免于遭受更为糟糕的万劫不复;或者,和你经过深思熟虑所做决定相比,你犯的一个大错也许更使你受益。生命是一个整体,运气也是一个整体,好坏优劣不可截然分开。

---

① 西方的议院大多是两院制的:上下议院一般用于君主立宪制国家;参众两院是美国的政体特色。君主立宪制英国的议会分为上议院和下议院,简称上、下两院。上议院由世袭或加封的贵族、教士或社会贤达组成,拥有一定立法权和司法权。上议院既是立法机关,同时又担负司法机关的职能,这是英国政治制度的一大特色。下院议员由民众选举产生,任期五年。首相为下议院多数党领袖,有权解散、改选下议院。下议院拥有立法、财政和监督权,是议会的权力中心。

# "决心阅读历史、哲学和经济"

1896—1897 年,21—22 岁,驻守印度(《我的早年生活》)

丘吉尔在印度班加罗尔驻守服役时,每天花好几个小时
读书。他曾要求母亲给他寄送历史、政治和政治经济学方面
的书籍。他在《我的早年生活》中回忆:

我在学校念书时一直都喜欢历史。但学校里只有最枯燥乏味古板
的形式,诸如《学生版休姆》①。有一年假期,老师布置的作业竟然是阅
读该书一百页!出乎意料的是,在我返校之前,父亲检查了我的作业。
父亲抽查的是英国斯图亚特王朝的查理一世时期。他问我对《大抗议
书》②怎么看?我能知道什么?我就说,国会最终打败国王,砍下他的
头颅。我从字面理解,能够想象到的"最大抗议"就是如此罢了,但这样
回答不行。父亲说:"这里涉及议会制度的一个重要问题,影响到英国
整个宪法史的结构,就在你的作业当中,可你毫不重视这个问题。"

我对他的关切感到困惑,当时我无法理解这一议题何以如此重要。
现在我想要深入了解这段历史。我决定阅读历史、哲学、经济学等。
我致信母亲,索要这些主题下我所知晓的书。她欣然回复,每月寄来一
大包书,在我看来都是权威著作。

---

① 译注:为中小学生准备的休谟历史著作的简写本。
② "大抗议书"是英国议会与专制主义斗争的重要文件,形成于 1641 年,揭露了查
理一世在无议会统治时期的暴政,提出了一些重大政策要求。

在历史著作方面,我决定先阅读英国历史学家爱德华·吉本①的书。我听人说,我父亲很喜欢阅读吉本的书,能够流利背诵,而且他的演讲与写作风格都深受吉本影响。所以我干脆专心阅读吉本所著、神学家密尔曼注释版的八卷本《罗马帝国衰亡史》。该书的故事和风格迅速吸引了我。在印度那些漫长、炙热的白昼,从我们早晨离开马厩,直到夕阳西下、开始马球运动,其间我一直沉浸在吉本的书中。我非常喜欢这套书,手不释卷反复阅读。我在书的边缘空白处记录下所有的心得,并很快成为作者的铁杆粉丝,极其反感狂妄自大的编辑对他的肆意贬低。我丝毫没有因编辑在书中所做一些不合时宜的注脚而怀疑吉本。

∴∴∴∴∴∴∴

我非常喜欢《罗马帝国衰亡史》,随即又开始阅读吉本的自传。幸运的是,他的自传和《罗马帝国衰亡史》装订在同一版本里。他在文中提及老保姆:"如果有一位可爱又可敬的女性,我想肯定有这样的人,欣喜于我健康地活着,那么她值得我们感激。"我想爱维莉丝特太太②就是这样的女性,这段话可以成为她的墓志铭。

---

① 爱德华·吉本(Edward Gibbon,1737—1794 年)是近代英国杰出的历史学家,18世纪欧洲启蒙时代史学的卓越代表,著有《罗马帝国衰亡史》。曾两度当选议会下院议员。

② 丘吉尔的保姆,详见前文《保姆之爱》。

# "勇立民主潮头的保守党"

### 1897 年,22 岁,英国巴斯,首次政治演讲:工人补偿法案

　　1897 年 5 月,丘吉尔离开印度,回到英国,休假三个月。他刚一到达伦敦,就拜访了保守党①总部,表示希望有机会早日成为议会候选人。他后来在《我的早年生活》中写道:"这里看起来有好几百个闭门会议和露天宴请,还有义卖和集会,到处都是大声演讲的人。我就像个顽童趴在一个糕点师工作间的窗户外朝里看,对此进行仔细观察,最终选定巴斯②作为我首次正式演说的场所。"7 月 26 日,他在巴斯附近的克拉弗顿庄园(英国现在的美国博物馆)发表演讲。《女士》杂志十天后报道称:"温斯顿・丘吉尔先生首次在克拉弗顿庄园广场亮相,他是已故伦道夫・丘吉尔勋爵的长子。在保守党'樱草会'上一次大规模的联盟会议上,他也有发言,听众喜欢他有力的演讲与展示的风采。丘吉尔先生年仅 23 岁,渴望在议会有一席之地。他目前在第四骠骑兵团,形象着装酷似他的

---

　　① 英国政府是个多党派的政府,三个主要的党派是保守党、工党和自由民主党。保守党(也叫托利党),前身是 1679 年成立的托利党(Tory),主张自由市场、自由经济,以及保守思想。工党代表广大的劳动阶级,更注重社会保障、教育、福利、住房等。自由民主党(也叫辉格党),主张贸易和政治自由,寻求经济和社会正义的平衡,注重环境保护、消除种族歧视、改善与第三世界的关系等。

　　② 也译作"巴兹"(Bath)。英格兰西南部的一个市镇。

亡父。"事实上,丘吉尔时年 22 岁。他的首次政治演讲谈及保守党的《工人补偿法案》:

当激进党提出他们的议案并失败时,他们称之为"雇主责任法案"。看吧,保守党亦即托利党人①会做得更好。他们把这个法案叫作"工人补偿法案",这个名字好听多了。

············

我不是说以往这些劳动者在其雇主的友善关怀下没有得到好待遇,但是这项法案使得问题的解决跳出了流沙般的慈善层面,而置于法律的稳固岩床之上。

迄今为止,此项法案还只应用于危险行业。激进党人和自由党人在享用他人财富时总是非常慷慨。他们质问:为什么不把这项法案推广用到各行各业? 这就是十足的激进党人,总是鲁莽轻率、好大喜功地推出激进政策。这使我想起了一个人,此人听说通风是件好事,于是就打碎了他房间里的所有窗户。保守党的政策不是这样的,保守党的政策从本质上讲是一种试探性的政策,是一种主张纵身跳跃之前先四下看看的政策;并且还主张,假如有梯子可以下,绝不要纵身跳。

············

英国工人应对蒸蒸日上的保守党民主浪潮寄予更高期望,而不要依赖已如干涸排水管般山穷水尽的激进主义。

政治家们需要考虑一个问题:如何避免资本家与劳动者之间的纠纷。我希望劳动者最终成为可以分红的股东,因为他在利好年份共享利润,可能在糟糕年份愿意分担损失。

1880 年,保守党曾被打垮,四分五裂,一蹶不振。它的领袖比肯斯菲尔德勋爵气息奄奄;它的信条不再流行,成员寥寥无几,一度濒临灭亡。然而请大家看看今天的保守党。托利主义的奋斗精神已使英国政

---

① 托利党(Tory):英国政党。产生于 17 世纪末,19 世纪中叶演变为保守党。

府发展成为现代最强有力的政府。1882 年的自由党曾生机勃勃,团结一致,一派繁荣。现在却派系分裂,明显萎缩,只有一些信誉扫地的狂热跟风者。它如今没有会员,没有政策,没有一致行动,没有凝聚力,只有爱尔兰自治运动像个大磨盘吊在他们的脖子上。公众意见发生巨变,樱草联盟挺身而出。它坚持不懈,推动保守党的原则深入人心。尽管任务艰巨、道路漫长,但他们最终创造了光明的前景。

# "再次安全到家，非常高兴"

## 1897 年，22 岁，印度平叛(《马拉坎德远征史》)

    丘吉尔在结束巴斯演讲三周后，回到了印度南部的班加罗尔。1897 年 8 月 28 日，他暂停了基于古巴经历的小说创作《萨伏罗拉》，离开班加罗尔，前往印度西北边境战场，那里发生了骚乱。他在致母亲的信中形容这些叛乱者是"凶野好战的阿富汗部落"。该年 9 至 10 月间，丘吉尔在西北边境活动了五周时间。在莫赫曼德谷对普什图部落的五周战斗让他记忆深刻，特别是这些部落成员为之奋斗的理想。他在《马拉坎德远征史》①一书中抒发理想：

我希望将自身见闻感受传递给读者。不是所有人都能有幸在部队服役，有的人只是感激战争付出的代价。身体健康、野外生活、真实故事、欣喜若狂，这些我不仅有了认识领悟，而且还有亲身参与体验。我们所有士兵都拥有慷慨无私的友谊、脱颖而出的机会，生命拥有更为聪慧的兴趣爱好和更加珍贵的快乐消遣。

    当下生活的不确定性、平淡无奇，使得过去和未来相形之下亦显微不足道，这也消除了我脑海中的小小担忧。当战争结束，我们将永葆记忆，将之视若珍宝。虽然艰苦卓绝，但我们可以经受考验。修道僧侣和

---

① 马拉坎德：印度西北边境的山区省份，当时的前线。

隐士山人毕生致力于提升对严酷逆境的耐受力。追求名利和战争乐趣的士兵所经历的清苦，远远不及生活在桶中的古希腊犬儒派哲学家第欧根尼所，或者在修道院缄口苦修的特拉普派。而且，士兵了解未来世界的机会肯定更多。

尽管我们条分缕析，但仍面临一个悲哀而棘手的事实。普通人过着与此不同的太平生活，心灵如此乏味，灵魂如此世俗，精神如此贫瘠，因此他们无法体会到积极服役六个月后安全重返家中、回归和平幸福生活的欣喜。

丘吉尔笔下如此展示英国在印度西北边境的对手：

即使这些野蛮人的生活也有美好时刻，因为他们漂亮动人的伴侣心怀希望和敬畏之情支持爱人。在清凉的傍晚，当灼热的太阳在阿富汗群山之间消隐，当甘美的余晖泼洒漫山遍野，村里的长者引路来到水畔的法国梧桐树林。男人正在林子里擦拭步枪，或抽着水烟。女人串起念珠、丁香和坚果，手工制作饰品。穆斯林神职人员正向晚祷者轻声传教。

鲜有白人目睹这温馨一幕，并且返回讲述传奇般的故事。但我们可以想象得到，他们聊着武器和牲畜的交易，对丰收的展望，或村镇八卦闲聊，还有驻扎南部的强大武力正在年复一年逼近。也许从前俾路支人、帕坦人的印度兵会讲述在白沙瓦集贸市场的冒险经历，或者讲述他曾追踪白人军官并与之搏斗的往事。

他会讲述部落的鲁莽勇猛和奇特战斗，讲述政府无所不及的深厚力量，总会记得年年月月定期给他发放生活费。他甚至会向围成一圈的听众预言家乡山河被强大政权机器掌控的那一天，法官、收藏家和政府官员将驱车去往巴基斯坦地区阿贝拉的会场，或者评估对纳瓦格的土地税收。

这时，神职人员会提高嗓门，大声提醒他们，先知之子有朝一日将驱逐异教徒离开印度平原,在德里建立强大帝国,就像今天卡菲尔人的统治。当真正的宗教发展强大遍及世界,蔑视隐藏于群山之中、被忽略的谎言,当强大的王公在巴格达统治,所有人都知道,上帝始终都在,穆罕默德是他的先知。

年轻人听闻这些,将抓起马提尼酒,祈求真主阿拉,让他有朝一日能击毙欧洲老爷,这将是最好的赏赐。他们将因为伊斯兰教受到侮辱威胁愤而出击,射击瞄准线远及至少六七百米。

# "惊天动地的迎头撞击"

## 1898 年, 23 岁, 苏丹恩图曼冲锋战(《河上的战争》)

  1898 年 7 月,丘吉尔离开印度,加入远征军,前往镇压非洲苏丹地区的叛乱分子。9 月 2 日,他参加了恩图曼骑兵冲锋战①,以第 21 骑兵团对抗托钵僧②阵列。他在一年之后出版的《河上的战争》③一书中描述了这场冲锋战:

  在二百米开外,穿深蓝僧服的托钵僧正在疯狂开火射击,淡蓝色的烟雾形成了一层轻膜。子弹将坚硬的砾石击飞到空中。在滚滚尘土中,骑兵方阵低下头盔护住脸庞,如同滑铁卢之仗中的铁骑般迅速前进,风驰电掣,削短距离。但在行军快要至半之时,形势发生陡转。一条深深的、干涸的河道突然出现。地面看着都很光滑平整,可是一条壕沟骤然出现,这种意外真像哑剧中出现高声尖叫。一大群人几乎逼近眼前,大约有 12 个之多。

  12 个骑士和 12 面鲜亮的旗帜矗立于此,似乎神奇地从地表升起。

---

  ①  恩图曼(Omdurman、Umm Durman)亦译为"乌姆杜尔曼"。苏丹名城。在苏丹首都喀土穆以北约 20 千米处,位于青、白尼罗河会合处西岸。

  ②  西方学者称为"苦行僧""托钵僧"。伊斯兰教以行乞为生的托钵僧,不满当时穆斯林背离伊斯兰的基本教义,以苦行僧的生活号召穆斯林拨乱反正,吸引不少信徒。

  ③  又译作《大河之战》《长河之战》《河上之战》《河流之战》(*The River War*),反映英国和苏丹之间的战争。

急切向前的士兵们骤遇打击,被迫暂停。其余骑兵静立观望。枪骑兵发现只有提速才能越过这幽灵般的怪异景象。每个骑兵都想加足马力飞越这条战壕。侧翼部队见此交叠起来,沿曲线行进,状如弯月之角。但是整个变阵只是短短几秒的事情。步兵一直在勇猛开火,最后倒栽葱般落入沟里。发出愤怒咆哮、飞奔阻击凶猛僧兵队列的英国骑兵中队也紧随坠落。

这场迎头撞击来得惊天动地。近 30 名枪骑兵连人带马坠落,至少 200 个阿拉伯人被掀翻。这场撞击震耳欲聋,交战双方都无暇旁顾,可能在十秒内都没人注意到敌人。受到惊吓的战马冲进伤痕累累、浑身颤抖的人群,四脚朝天,茫然愚蠢地徒劳挣扎,在他们脚边大声喘气,打着响鼻,瞪着他们。少数坠马的骑兵赶紧重新上马。同时中队也在集合骑兵披挂上阵。军官要求骑兵强行通过。一名骑兵含泪碾过一只红腹灰雀。骑兵铁耙顺利通过沟里丛生的鹅卵石,步兵紧随其后。他们打破托钵僧阵列,行军速度降至步行,在远处一边爬出了干枯的河床。他们身后是 12 名士兵,与千余名阿拉伯人撕扯肉搏。此刻,直到此刻,杀戮才真正开始。每个人都杀红了眼,眼前只有长矛,只有武装,只有手枪后视镜。每个人都在浴血奋战,都有传奇经历可讲。

步兵顽强搏斗,骑兵几无抵抗。步兵或者飞奔,在疾步如飞中被击杀,或者昂首枪击瞄准几乎全部骑兵。步兵就这样冲毁两堵人墙。僧侣兵勇敢作战。他们尽量刺伤战马。他们枪击开火,枪口抵住敌人身躯。他们砍断缰绳和马镫皮带。他们灵活投掷长矛。他们尝试了所有冷兵器。他们斗志顽强,经验丰富,骑术熟稔,同时挥舞着锋利而沉甸甸的刀剑。

干枯河道里稍远一边的肉搏战持续了约一分钟。战马再度阔步往前,提速飙行,骑兵从敌兵中突围。就在这两分钟的短兵相接中,所有幸存者对托钵僧的战斗力有了切身了解。僧兵用刀剑砍杀所有落马者,直至断气,好在没有试图肢解尸体。骑兵团在一两百米外暂停,回旋转身,重整旗鼓,准备第二次冲锋。所有人都希望在敌群中杀出一条血路。骑兵军团和托钵僧旅双方形成对峙。

矗立在敌我之间的山脊如同战幕。这不是常规战争，而是一场前所未有的战斗，近身战拉开大幕。以前有过大屠杀，但这次是公平对决，因为双方均使用剑和矛。对方的确占据地形和兵力优势。所有人都准备发起最后战斗，彻底解决争端。但是一些负责人开始意识到野战军付出的代价。失去驾驭的战马在平原乱窜。骑兵抱着马鞍，蹒跚行走，浑身是血，伤痕累累。战马血流如注，从碗大的伤口处倾泻而出，与一瘸一拐的骑兵踽踽同行。短短 120 秒，在不到 400 人中，死伤 5 个军官、65 个士兵、119 匹战马。

托钵僧战线被骑兵冲锋打破后，迅速重组阵列。他们团团围拢，摇旗呐喊，重鼓士气，做好坚韧勇敢迎击下一次冲锋的准备。但是出于军事上的考虑，首先要把他们赶出壕沟，削除他们的地理优势。骑兵团重新布阵，三排横队和第四纵队转到右边，奔至托钵僧的侧翼，拆卸打开一个重火力武器，启用登上杂志的卡宾枪。新一轮威猛火力逼使托钵僧改变队形，两翼改为直角，迎接新的攻击。他们调换队形后，与分散的骑兵展开正面交锋。但是卡宾枪命中率高，而且毫无疑问骑兵团士气大增，勇猛的僧兵团不再固若金汤。正如所料，他们迅速向索加姆山撤退，秩序井然。哈里发酋长的黑色旗帜依然挥动于山岭。第 21 骑兵团仍然控制了这片土地，也永远留下了阵亡的兵马。

# "如此惨景让胜利黯然失色"

1898 年,23 岁,恩图曼战役(《河上的战争》)

丘吉尔极度震撼于在恩图曼战役中的所见所闻。他在《河上的战争》中描述了战场上的情景:

三米之内,尸横遍野。这些忠实的托钵僧身着打了补丁的白衫。烈日灼晒了三天,尸体肿胀到无以复加。他们两倍于活人体积,无处不显可怕。肿胀变形的尸体完全不像人类,更像当地土著常用于漂荡在尼罗河上的硕大浮囊。他们四肢伤痕累累,衣服污渍由红变黑。这景象惨不忍睹,这气味恐怖难闻。

我们向前驰去。强热的风从西方吹来,横扫整个平原,迅速将肮脏污秽吹向大河。我们在浓厚尘埃中迎风前进,一路上纷纷呈现战火纷飞。我们曾在这里点燃大炮轰击密集的民众。他们被打得七零八落,纷纷倒地。防护木栅的千米开外是旧式步枪的阵地。死者更为分散,相距各约十米。再往前两百米远处是炮兵、马克西姆重机枪和步枪的重火力扫射区。这里是绝望之地,但忠诚无畏的战斗者不惜一切代价捍卫家园。在这弹丸之地,尸体累累,几乎遮住地面。时而还有尸体双层垒起。我还曾见过三层尸体高垒。这里方圆不过百米,却有四百多具溃烂的尸体。

难以想象他们死时的姿势,有的甚至扭曲如上帝耶稣受难像。想要扪心自问"我怎能忘记"真是愚蠢,因为实在永难忘怀。

我曾试图美化战争,追悼英勇亲密的亡友,认为士兵为信仰的事业献身是死得其所、重于泰山。当一个文明大国的士兵在战斗中牺牲后,他的四肢被拼好,身躯由熟悉的武器支撑着,被人们虔诚地葬入墓穴。笛声哀鸣,鼓声咚咚,葬礼悼词高度称颂,使其牺牲显得无上光荣,让人同情甚至羡慕。革命战友以此为荣。但是这些罔顾托钵僧为祖国捐躯的幸福与光荣,罔顾他们不可战胜的气概。这里都是肮脏的腐败。但他们不愧为世上最勇敢的人。在我看来,他们的信念与生俱来,他们的追求超越死亡。我们的同胞无法做到这种勇敢的牺牲。我的想法并非天生,我希望这种想法也不正确;毋庸置疑,它肯定也极不受欢迎。

............

身着白衫的托钵僧尸群里夹杂棕色和栗色的马匹,使得这部分地面的白色斑点比其他地方少。他们曾一字排开刺刀,在枪林弹雨中骑马往前冲。每个人都全速前进,跌下马不断翻滚的时候还射击了很远。他们是被无情摧毁,而不是被枪械征服。

如此惨景让胜利黯然褪色,厌恶忧伤之情越来越强烈。在见过累累死伤之后,我们再也不想看到这些伤口,然而还要存留疤痕。军官或士兵带伤逃离战场,国家将有补偿。对个人而言是抚恤金,对军官而言是退役金,也许还受到战况报告的提名表扬,当然军职还会获得晋升。当伤口痊愈、臭味消散,疤痕将成为骄傲的资本,可以不断复述在战场英勇受伤的故事。要缓解疼痛,可以打麻醉剂;要治愈伤口,可以随时使用科学资源。但是托钵僧的伤口无人料理。

读者会不会更加嫌弃恐怖的战场呢?曾有一个托钵僧,匍匐爬行三天,前进了三千多米,但是仍旧离河有六千多米。他只剩一只脚,另外一只在身后战场上被炸断了。他如此艰苦爬行,希望喝到河水,我不知道他最后能否活着爬到水源啊!有一个僧兵,双腿粉碎。他只能保持坐姿,把自己往前拽,每天走不过四百米远。这些可怜的伤兵有着非凡的生命力,但只能延长他们的痛苦。

这里景象惨不忍睹,气味臭不可闻,以致大脑对此情此景所揭示的蒙苦守难和垂死挣扎已经失去感知。这就像一个人的身体不能再承受更大程度的苦痛，最终晕厥过去，所以思维辨识不出摞在地上的行列和颜色竟然是活生生的人，尽管他们的肢体伤腐，但还活着。也许严苛的自然比严苛的文明更为慈祥，允许地上的人神志昏迷。但我必须笔录事实——我见到的大部分人都神志清醒，可以感知击打。同时他们都挣扎着朝向伟大的母亲河尼罗河。侵略者志在这条大河，但他们从不抱怨母亲河引来侵略和苦难。一名男子终于来到河岸，筋疲力尽倒下，神情安详满足。另一个人终于碰到了水，死于水边。衷心希望他在临死时已喝到河水。

"我们将精细照顾受伤的托钵僧。"宣言如此违背事实，实在虚伪至极，以至荒谬绝伦。我迫不及待想返回营地。除非你想变得冷酷无情，见到人间地狱惨状也能不为所动，否则在战场磨蹭闲逛将毫无意义。我写下这些文字，或为报复，或为赎罪。向托钵僧报仇雪耻可能甘甜一如醇厚醉人的美酒，但上帝禁止人类以牙还牙，因为他们要把复仇的美酒留给自己。可是无人一饮而尽。杯底沉渣的味道实在龌龊。

∙∙∙∙∙∙∙∙∙∙∙∙

浓雾深入幽暗黑夜，远山影影绰绰的轮廓消隐不见。我们骑马回营，"返回恩图曼之家"。战场寂静无声。僧团死者躺在那里。那些英勇的战士，怀着错误的信仰，遭受堕落的统治，他们仅有的历史为征服者保存。他们唯一的纪念碑就是尸骨，也将在短短几年里被大漠流沙深埋。三天以前，我还看到他们满怀希望、信心和决心。他们的咆哮一如海浪冲击岩石海岸。他们锋刃锐利、人数众多，活力迸发、勇敢凶猛。他们对自身实力、正义事业和信仰支持充满信心。

如今，平原上只有腐尸成堆，幸存者亡命天涯、散落四野。可怕的科学战争机器结束运转。托钵僧头目遭遇驱逐分裂，面临覆顶之灾，只能幻想胜利。时代嘲笑科学，正如科学嘲笑勇莽。时间终将轻蔑地擦拭干净交战双方。

# "冷酷阴沉的死神在我面前"

## 1899年11月15日，25岁，南非营救

### 历险(《从伦敦到莱迪史密斯》)

　　1899年3月，丘吉尔辞去军职。他自认为将永别军旅生涯。是年7月，身为保守党的他代表英国城市奥尔德姆广大工人阶级选区竞选议员。但他以极为接近的票数之差失败落选，决心下次有机会再参选。9月，《早报》①邀请他担任战地记者，去往南非报道第二次英布战争②。11月15日，再过两周就是他25岁生日。他乘坐一趟装甲列车，到达南非埃斯特考特附近的弗里尔。这里盘踞着布尔人③。丘吉尔在《从伦

---

　　① 《早报》(*Morning Post*)，又译作《晨报》或《晨邮报》《晨间邮报》，1828年创办，历史悠久，今天已不存在。丘吉尔曾在该报刊发多篇文章。

　　② 英布战争(Anglo-Boer War)，英国同荷兰移民后裔布尔人建立的两个共和国——德兰士瓦共和国、奥兰治共和国为争夺南非殖民地而展开的战争。又称南非战争、布尔战争。史上共有两次，第一次发生于1880年至1881年；第二次发生于1899年至1902年。德兰士瓦拒绝给英国移民(外籍人)以选举权，引发战争。1902年5月31日，战败的布尔人被迫签订和约，承认德兰士瓦、奥兰治两个共和国并入英国。《列宁选集》第二卷说："在最近15—20年中，特别是在美西战争(1898年)和英布战争(1899—1902年)之后，新旧两大陆出版的经济学著作以及政治学著作，愈来愈多地用'帝国主义'这个概念来说明我们所处时代的特征了。"列宁认为英布战争是帝国主义时代到来的一个主要历史标志。英布战争也使军事学术尤其是战术有了许多新的发展。

　　③ 布尔人，是指17世纪来到南非的荷兰殖民者和葡萄牙、法国殖民者的后裔。来源于荷兰语"农民"一词。现已基本不用该词，外交方面改称阿非利卡人或阿非利堪人。

敦到莱迪史密斯》一书中描述了他帮助解救列车上的俘虏、并折回提供营救的经历：

我独自站在铁路旁的一条浅路堑，这里没有我们英国兵。看来他们都在途中被俘了。路堑尽头突然出现两个人，没有穿军服。"他们是养路工。"我自言自语，然后猛然意识到他们是布尔兵。我瞬时想起这些高个子的动感形象。他们的黑衣在风中扑卷，步枪上奋拉着风吹下来的帽子，距我不足百米远。我转身就跑，在轨道上狂奔，大脑里蹦出"布尔兵枪法弹无虚发"的可怕念头。

两颗子弹飞来，一边一个，距我只有 30 厘米。我在路堑堤上猛跑。幸好他们没有瞄准。我又回头看，其中一个家伙正单膝跪下瞄准。我继续朝前狂奔，逃跑才能活命。又传来两股软气流，好在未能击中我。不能坐以待毙。必须冲出路堑，这真是条该死的长廊。我爬上河岸。地面在我身侧延展。我的手能触到什么东西。可逃出路堑的希望还是不大。我蜷缩着，试图听听风声。铁路另一边有个骑兵策马追来，冲我挥手大声喊话。我俩相隔几乎只有三四十米。我可以用步枪轻而易举地干掉他。

我以前不懂举白旗投降，但是被子弹瞄准了，不得不缴械投降。我取下毛瑟枪。"这是唯一一次投降。"我想，的确绝无仅有，唉！我在列车驾驶室留存武器，指望靠它保驾走过这片废墟，结果呢？我和这个骑兵之间横着一道铁丝栅栏，我可以继续飞越栅栏吗？距离很短，我决定铤而走险。然而死神在我面前，这冷酷阴沉的死神，没有无忧无虑的幸运神助我逃之夭夭。我只得举起双手，就像英国著名风俗小说家罗伯特·史密斯·瑟蒂斯笔下猎人约罗克的狐狸，哭诉着"我被捉住了"。然后我被塞入悲惨的囚犯队。这时我才发现手在流血，雨开始倾盆而下。

两天以前，我刚刚致信驻后方统帅部里一个交情尚可的高级军官："战争里投降太多，我觉得不能提倡这种行径。"命运女神来了，她的语调充满讽刺，好像在说什么。我想起约翰·拉斯金①曾经说过："你对人的评判准确与否无关紧要，重要的是他们是否友善。"我将以这一警句告终。

---

　　①　John Ruskin，又译作约翰·罗斯金，1819—1900 年，英国作家、艺术家、艺术评论家。

# "我决心逃走"

## 1899 年 12 月 21 日,25 岁,报道:南非越狱

丘吉尔在南非埃斯特考特附近的铁路路堑被捕入狱,由火车押运到比勒陀利亚①,关在国立师范学校,这里设成了战俘集中营。尽管他提出抗议,称自己被捕时是记者(确实如此),不是军人,但是当局拒绝释放他。1899 年 12 月 12 日,他已经被捕 27 天,其间度过了 25 岁生日。这一天,他成功逃脱。之后历经重重困难、遭遇种种危险,终于安全到达葡萄牙属东非的印度洋港口洛伦索马克斯②。他在那里拍发电报,将一篇报道发往伦敦。该文刊发于 12 月 30 日的《皮尔逊战争新闻画报》,并附编辑标注:"《早报》收到了该报战地记者温斯顿·斯宾塞·丘吉尔先生的电报如下。他被布尔人逮捕入狱,从比勒陀利亚逃脱。电报文章于 12 月 21 日 22 时自洛伦索马克斯发出。"

我隐匿于一节货车的大麻布袋下面。

我随身带了少量饮用水。

我一直躲藏着,希望不被发现。

---

① 比勒陀利亚,时为德兰士瓦共和国首都,现为南非共和国首都、德兰士瓦省省会。

② 洛伦索马克斯,1975 年摆脱葡萄牙的殖民统治,城市更名为"马普托"。

科马提河港口的布尔人粗略搜了一遍货车。因此,我在六小时痛苦躲藏之后,终于安全来到此地。

我变得很虚弱,但是重获自由了。

我的体重减轻了很多,但心情更为轻松。

从此刻起,我将把握每一个机会,强烈要求毫不畏惧、毫不妥协地控诉战争。

1899 年 12 月 12 日下午,南非德兰士瓦战时政府的秘书通知我,我被释放的可能性微乎其微。

我于是决定当晚逃走,趁哨兵转身瞬间爬上围墙,离开比勒陀利亚的国立师范学校。

我没有乔装打扮,穿过小镇街巷,遇到很多民众,但在人群中未被发现。

我避过城镇守卫,朝德拉果阿湾铁路而去。

我沿着铁路往前,避过各个桥梁涵洞的哨兵。

我在第一个车站等候火车。

从比勒陀利亚开来的露天煤矿货车到站。我趁它全速开出前用力爬上火车,躲在煤袋下面。

我在黎明之前跳下火车,白天躲在一个小树林里。一只硕大的秃鹫在我头顶盘旋,意图将我啄食。

黄昏来临,我继续前行。

当晚再无火车经过。

我在铁路沿线遇到卫兵的危险性依旧如影随形,但是无法摆脱,因为我没有指南针,也没有地图,只能沿着铁路线前进。

我要避开桥梁、车站和营房,只好绕了很多弯路。

我的进程非常缓慢。光吃巧克力,食不果腹。

前景一片黯淡,但我没有放弃,上帝保佑我整整坚持了五天之久。

我有一餐没一顿。

我白天休整,晚上前行,可谓昼伏夜出。此时,敌人已经发现我逃跑了,到处张贴布告,写明我的外貌特征,意图悬赏缉拿。

他们搜查了所有火车。

每个人都在搜寻我。

有四个人被误当作我关入囚牢。

第六天,我爬上了从米德尔堡开来的火车,直奔葡萄牙属德拉果阿湾。

# "我最好告诉你实情"

### 1899 年 12 月,25 岁,煤矿避难(《我的早年生活》)

　　丘吉尔无法在电报里描述他越狱逃生途中极不寻常的冒险经历:他在草原迷了路,饥肠辘辘四处徘徊,担心被布尔人发现,终于找到一个煤矿避难。那个时候,为了保护矿主和那些悄悄掩护他直至逃脱的人,他在文中只能绝口不提。最终,他爬上一辆从布尔人占领区去往洛伦索马克斯的运货车,再从那个港口城市乘船去了英属港口城市德班。30 年之后,丘吉尔在《我的早年生活》一书中记述了自己在午夜时分抵达一处地方,他最初以为那光亮来自一个原住民村庄:

　　我走了一个小时或者一个半小时,可目的地灯火看着还是那么遥不可及。但是我不懈气,坚持走到凌晨两三点钟,我感觉那不是卡菲尔人家。房屋有棱有角的轮廓开始在灯光中显现,我发现正在靠近煤矿口附近的一群房子。升降机工作的绕组齿轮清晰可见。我还看到,一直照亮我前进的火光来自发动机组的熔炉。一座石砌的两层楼房兀立面前。房子不大,但是坚固,旁边紧挨着一两座低矮小屋。

　　我在荒野驻足,四下打量,并琢磨下一步怎么办。现在回头还不算晚。但是如果我回头,只能继续胡乱瞎走,最后不是饥寒交迫,就是被发现并抓获,或者自投罗网。而面前倒是有生还的机会。我在越狱逃跑之前就曾听说,威特班克和米德尔堡矿区有一些英国技术人员被扣押常驻,以确保矿区正常运转。我来到其中一处英国技术人员驻地了吗？黑暗之中,这座神秘莫测的房子里住着什么人？是英国人还是布尔人？是朋友还是敌人？当然也不止这两种可能性。我口袋里还有英语注明的 75 英镑①。如果我身份暴露,还可以承诺给对方 1 000 英镑。我有可能遇到一些中立派,出于善良的本性,或者为了一大笔钱,在我痛苦绝望之际施以援手。我当然也会尽量讨价还价,并且还有力气为自己的新闻职业申辩;如果事态不利,还有希望逃脱。而现在仍厄运缠身。我步履蹒跚,脚步沉重,走出微暗的草原,融入熔炉的火光,迈向静寂的小楼,握拳敲门。

我停顿了一下,接着再敲。旋即楼上亮灯了,还有人打开了一扇窗户。

"谁呀?"一个男人用德语喊着。

我感到失望和惊恐凉彻心扉。

"我出事故了,需要帮助。"我回答。

我听到几句嘀咕细语,接着听到有人下楼梯,旋开门栓,转动门锁。突然间门开了,黑暗的走廊里出现一名高个子男人,匆忙穿披着衣服,脸色苍白,留着络腮胡子,走到我面前。

他改用英语问道:"你想要什么?"

我需要好好措辞。在这种情况下,我想先和他友好交涉,不要让他心生警惕,惊动别人来对付我。

于是我说:"我是附近的市民,但是出了事。我本来要去科马提河要隘加入突击队,但是在火车上和大家玩闹时不小心摔下来了,好几个小时不省人事。我估计肩膀脱臼了。"

能编出这些故事真有些匪夷所思。我似乎已经对这个故事烂熟于心,所以不假思索对他娓娓道来。但我根本不知道自己想说什么,或者

---

① 英国货币 1970 年以前采用旧制,1 英镑＝240 便士(1 先令＝12 便士,1 英镑＝20 先令),75 英镑金额较大。

如何继续往下说。

这人陌生人目不转睛打量我，迟疑片刻，最终说道："好吧，进来。"他后退几步到黑暗的走廊里，打开旁边一扇门，左手指向一间黑洞洞的房间。我很担心自己该不会被关押在这个小黑屋吧，但还是从他身边经过，走进屋子。他跟进来，打着火，点亮灯，把灯放在桌上离我较远的那一侧。这个房间很小，显然既是饭厅又是办公间。我注意到，这个大桌子旁边有个活动的办公桌，有两三把椅子；这些器械里有台制苏打水的冷饮机，一个玻璃球叠着另一个玻璃球，装在铁丝网中。在靠近他的桌子一角放着一把左轮手枪，我猜他刚才右手一直拿着枪。

他思索了一阵，说："你在铁路上出的事故究竟是怎么回事？"

"我想，"我回复说，"我应该实话实说。"

"最好老实交代。"他缓缓说道。

所以我一股脑儿将全部遭遇和盘托出。

"我是《早报》战地记者温斯顿·丘吉尔，昨晚从比勒陀利亚的监狱逃脱，正在想法逃出布尔人的国境线。"（老天，想办法！）"我有一些钱，你能帮我吗？"

他又停顿了一会儿，然后从桌子旁慢慢站起身来，把门锁上。他的举动让我感觉其态度模棱两可，求助他可能没戏了。他朝我走近，突然伸出手来。

"谢天谢地，你运气好来到我这里！附近三十千米以内的房屋里，只有这所不会把你交给当局。我们这里都是英国人，会帮你渡过难关。"

时至今日，我仍然能回想起当时那种难以言表、袭遍全身的如释重负的感觉。片刻之前，我还以为自己陷入绝境了；现在好啦，朋友、食物、资源、援助，统统触手可及。我感觉自己像一个溺水的人被人拉出了水面,并被告知赌赢了德比马赛①!

房主自述名叫约翰·霍华德,是德兰士瓦煤矿经理。他在英布战争之前数年加入了德兰士瓦国籍。但他考虑到自己原属英国籍,给了当地治安官一些贿赂,因此未被征入伍去打英国人。相反,当局允许他和另外两个人留在矿场,维持煤矿的良好运转,待将来恢复生产。他带着秘书在矿区管理部。秘书也是英国人。还有一名来自英格兰西北部兰开夏郡的机车司炉,以及两名苏格兰矿工。这四个英国人经宣誓严守中立后,才被允许留在矿上。他自己是德兰士瓦共和国公民,如果收留我,一旦当场被抓,或者以后被查出,都将可能以叛国罪判处死刑枪毙。

"你别担心。"他说,"我们会想办法救你。"然后又说,"今天下午地方治安人员还来了这里查问你的踪迹。他们接到了通缉令,已经通知了铁路沿线和整个地区。"

我说不想连累他,请他提供一些食物、一把手枪、一本地图册,最好再给我一匹马。我准备避开铁路线和居民区,连夜赶往海边。

他不同意,坚持为我做好安排。不过他极其小心。因为这里到处都是密探。他有两个荷兰女仆正在屋里睡觉。矿场操作间和泵水机雇有很多卡菲尔工人。他考虑到这些危险,想得非常周到。

接着,他说:"你肯定饿了吧。"

我没有反驳他。他赶忙走进厨房,同时让我自取威士忌酒,并从我刚刚提及的那台苏打水机中自行取水喝。过了一会儿,他拿来冷藏的上好的羊腿肉,还带来其他很多美味食品。他好心做了这么多,之后留下我,从后门离开了。

---

① "德比"是英国小城德比郡(Derby),那里是英国举办赛马比赛的地方,德比郡出产的赛马更是闻名英国赛马界。1870年,英国的德比伯爵(Sir Derby)创立英国大赛马会后,每年六月的第一个星期三在伦敦附近的Epsom举行赛马,是英国非常有名的赛马大赛之一,这天也被命名为Derby Day。在赛马比赛中,参赛马大都来自德比郡。"德比"后被引申到其他体育比赛领域中,英国人用"德比大战"形容比赛激烈。

霍华德先生在大约一个小时后返回来。在这期间,我因前景有所改观,体力也恢复了。我很有信心能够成功逃脱追捕。

"都安排好了,"霍华德先生说,"我已经见过这里几个英国人,他们都愿鼎力相助。今晚我们必须把你藏进矿井。你必须待到我们想出办法帮你出境。有一个困难,"他说,"食物供应会有些困难。每天荷兰女仆都伺候你吃饭。厨师也会发现羊腿肉少了一块。我晚上得好好盘算一下应对方法。你必须赶紧下井。我们会尽量让你舒服。"

于是,当晨曦微露,我跟着房主,穿过小院,来到围场,这里有煤矿的升降机。旁边站着一个壮实的男子,霍华德先生介绍他是迪尤斯纳普先生,来自英国西部奥尔德姆城,他有力地紧握住我的手。

"奥尔德姆选民下次都会投票支持你。"他低声说。

一扇门打开了,我走进了升降车笼。我们进入煤矿深井。两个苏格兰矿工站在井底,提着矿灯,扛着包裹。后来我才知道包里是床垫和毯子。我们在漆黑的地底迷宫走了许久,拐来拐去、迂回曲折、上上下下,最后来到一个空气凉爽而清新的房间。矿工向导放下包裹,霍华德先生递给我一对蜡烛、一瓶威士忌和一盒雪茄烟。

"这里不会有麻烦,"他说。"我会让他们妥善锁藏。现在合计看看明天怎么给你送吃的。"

"不管发生什么事,不要离开这里。"他走时劝告说,"天亮以后矿井会有卡菲尔人,但我们会小心,不让任何人走到这边来。迄今为止,卡菲尔人毫不知情。"

这四个朋友提着矿灯走了,房间里只剩下我自己。透过矿井看天鹅绒般的夜色,人生似乎沐浴在玫瑰色的柔光之中。我曾有困惑甚至绝望,总算挺过来了,相信肯定会重获自由。我盼望自己重返军队,真正建功立业,充分享受自由,追求年轻人内心渴望的冒险生活,而不是被再次丢脸俘获,也许在普通监狱度过几个月单调乏味的囚犯生活。我心情放松,加上极度疲劳,很快沉沉睡去。睡眠虽很疲惫,但却欢欣鼓舞。

# "我名噪一时"

*1899 年 12 月，25 岁，成功逃脱（《我的早年生活》）*

丘吉尔抵达南非城市德班后，发现自己突然间一夜成名。他在《我的早年生活》中回忆说：

我发现，在我被俘的那几周，这里到处传颂着我的名字。铁路工人们、装甲列车上的伤员们安全回来后，都在绘声绘色并不无夸张地传颂我的事迹。驻守在南非城镇埃斯特科特的报社记者提供了很多原始素材，或者添加了生动细节，各种版本纷纷传到英国。因此，各大报纸对我的行为满是溢美之词。之前九天，我一直生死未卜、杳无音信，各种关于我被俘的传闻沸沸扬扬。现在，所有报纸的头条都是我巧妙逃脱的故事，引发了公众的热烈称颂。

年轻人追求冒险，新闻界需要广告宣传，我恰恰兼具这两方面特点，于是轰动一时。英国民族正苦于一连串的军事败退，非常需要多宣传此类事件以唤起人们的斗志。我智胜布尔人的事迹无疑大快人心，因此必然备受关注。当然，在大量溢美之词中，也夹杂着一些人的蔑视。

# "啊，可怕的战争"

## 1900 年 1 月 22 日，25 岁，报道：南非战争

丘吉尔从南非东部港口城市德班出发，乘火车前往同在南非东部的城市彼得马里茨堡。在那里，他作为南非骠骑兵团的中尉，重新加入英国陆军。于是，他又像当初在印度和苏丹那样，在每次战斗之后向《早报》发送详细报道。这些报道后来收录在他的《从伦敦到莱迪史密斯》一书中。1900 年 1 月 22 日，他对该周战斗的结果进行报道：

我们于是搜索地面，发现已经死了或即将咽气的 10 匹马，还有 20 匹马脱缰了；死了 10 个布尔人，还有 8 个人严重受伤。最后，士兵们把幸存的布尔人围拢起来，用毯子或雨衣盖住，用坐垫当枕头撑护，从水壶里倒水给他们喝，从干粮袋里拿饼干给他们吃。

愤怒在一瞬间转成了怜悯。杀人的欲望没了，取而代之的是寻求舒适的想法。略带警惕性的军官休伯特·高夫走到我面前。他现在是上尉，很快将要指挥一个军团。两分钟前，他的眼睛闪闪发亮，因为俘获敌人而兴奋。他曾经在战火中驰骋三英里多①，带领增援部队包围了布尔人。"你看，一网打尽了。"现在他伤心极了。"那边有个可怜的

---

① mile，约等于 1.6 千米。原文为 1 英里。本书中的长度、货币等单位，如英里、英镑，一般转译为国际单位，下同。

孩子就要死了,他还是个孩子啊,而且这么冷,谁有块毯子吗?"于是士兵们转而帮助受伤的布尔人,告诉俘虏,他们是勇士,参加了这场著名的战争,所以我们会有礼貌、很有善意地对待他们。我们把阵亡的布尔人集拢,将一面休战旗送往敌人的防线,让他们黎明时分派出小分队来对死者进行身份识别和安葬。

我经常看见人们在战斗中阵亡,在恩图曼战役看见数千死者,在其他战场也有几十人死亡,黑人白人都有。但是最让我痛苦的是阵亡的南非布尔人。这块石头旁的德·门茨先生,是海尔布隆民团长官,曾战斗在石头下。他已经六十多岁,头发灰白,胡子很短,坚毅如鹰。面无表情,严肃平静,但是有着坚定不移的决心。他看起来在全力以赴思考战事,并且坚信自己的事业是正义的,如一个冷静的公民愿意为正义事业献身。

被俘的布尔人告诉我,门茨拒绝了任何投降的建议,这并不出乎我的意料。他的左腿被子弹击中后,仍然继续装弹开枪射击,直到流血过多身亡。被人们发现时,他脸色苍白,没有血色,手里攥着妻子的信。旁边有个大约十七岁的男孩,心脏被子弹射穿。再远一点躺着我们自己两名可怜的步枪手,头部如蛋壳般被打得粉碎;我想他们也有母亲或者妻子,远在深海光缆的尽头。啊,恐怖的战争,它是光荣和肮脏、崇高和卑鄙的混合体,令人惊讶。雄才伟人才能够近距离看清战争的面目,但凡夫俗子几乎根本看不清这些。

# "我们几乎穿过了险境"

## 1900年1月28日,25岁,报道:来到莱迪史密斯

1900年2月28日,丘吉尔与一批英国军人率先进入莱迪史密斯①,这里已被布尔军队围困了四个月。3月3日,《早报》刊发了丘吉尔发回的前方报道(后来在他的《从伦敦到莱迪史密斯》一书中重印):

我永远不会忘记那一程。当晚凉爽怡人,我中午换了战马,新的这匹很强壮。路上有许多石头,坎坷不平,但我们不以为意。莱迪史密斯可能就在下一个山脊的那边,或再翻过一座山,甚至就在这个斜坡的拐角处。我们过去几周里几乎不停战斗,就是希望攻占它。莱迪史密斯是世界瞩目的焦点,著名的契约在此签订,是我们火力猛攻的目标。我们终于就要抵达莱迪史密斯。我们将在一个小时内到达镇上。

纵马飞驰,不亦乐乎。休伯特·高夫和他的两个骑兵中队、麦肯齐的纳塔尔马枪骑兵和皇家轻骑兵,不顾一切,向前狂奔,上山下坡,越过岩石,穿过灌木,把重重山脊甩在身后。我们转过了一座山肩,面前出现一些铁皮房子和深色的树,迄今为止我们能够拯救的一切就是这些所见。尽管暮色西沉,军营的英国士兵们依然在稳步射击。

---

① 莱迪史密斯:南非城镇,位于该国东北部,由夸祖鲁-纳塔尔省负责管辖。布尔战争重镇。

正在发生什么事？别紧张，我们几乎穿过了险境。现在我们都来到了平地。准将、参谋率部队驱马向前。我们穿过情人河①岸边的荆棘丛。突然有哨兵喝问："停下，谁在那边？""我们是莱迪史密斯的援助部队。"随后，20个衣衫褴褛的人从巧妙隐藏在灌木丛中的战壕和散兵壕里小跑着出来，有气无力地欢呼，有人还在哭泣。天色昏暗，他们看起来惨白瘦弱。一个面容苍白的可怜军官来回挥舞着头盔，傻傻地笑着。而高大强壮的殖民骑兵站在马镫上，欢呼声响彻云霄，因为此时我们知道已经抵达了莱迪史密斯哨兵线。

---

① 情人河：Intombi，南非祖鲁语，意为"女朋友"。

# "复仇可能甜蜜，但也代价最昂贵"

## 1900 年 3 月 29 日，25 岁，报道：英布战争

1900 年 3 月 29 日，丘吉尔在南非报纸《见证纳塔尔》上发表文章，反映了英国人意欲向布尔敌军复仇的想法。

喊叫变成了大声喧闹，我完全可以理解，他们在表示要严惩这群卑鄙有罪的布尔人。我勤奋翻阅了你的一堆报纸，其中有关最近会议的报道都在透露同一种思想："给他们一个教训，让他们永不忘记。""以儆效尤。""罪有应得。""现在轮到我们了。"这些话语或想法反复出现。大家都想报仇雪恨。这是错误的，首先这不道德，其次这不可行。复仇可能很甜蜜，但代价也最昂贵。

当我们继续不知疲倦地控诉战争，冷酷无情要打倒所有抵抗者，如果有可能，让他们一个不剩都倒下，我们也必须让敌人能够接受战败。我们既要武力屈服，也要劝诱说服。一方面，荷兰人可能看到装备有各种可怕战争器械的大军正在压境，无法抵抗；另一方面，在宁静的锡顶农庄，部分死者安葬在树下，远离战火炮轰，也不再有死亡的恐惧。

# "不毛之地的战利品"

1900 年 3 月 31 日,25 岁,写作:呼吁英布和平

1900 年 3 月 31 日,丘吉尔的一篇文章在《早报》刊发。他
提醒英国同伴不要报复布尔人,并以这样的告诫结束全文:

最后,小心把人逼到绝路上,即便就是一只老鼠,走投无路逼急了
也是危险的。

我们渴望早日和平,最不希望这场战争进入游击战的阶段。

认为"以眼还眼,以牙还牙"的人应该扪心自问,这样不毛之地的战
利品是否值得五年血腥的游击战争。

南非只有团结起来,并与荷兰、英国民族和谐相处,才能获得和平
幸福。他们必须永远并列生活在大英帝国的威权之下。

我们已经打了这场战争,因为战争不可避免——只要布尔共和国
存在,他们的恶性影响将阻止一切融合。

布尔共和国和荷兰统治的幻梦将很快消失在过去的阴影中。

我们已经有可能看到一个更为高贵富裕的南非,在阳光的照耀下,
和睦、宁静、繁荣。

# "我尽量避免各种危险"

### 1900 年 4 月 22 日，25 岁，写作：战争历险

    丘吉尔有许多次死里逃生，其中包括在印度、苏丹和南非的三次野战中九死一生，让他深刻剖析了自己所面临的重重危险和虎口余生。当他作为战地记者，在南非跟随伊恩·汉密尔顿将军的部队，也有历险经验，并在致信母亲时写道："我想这一次离死神最近。"他在致信《早报》时描述了这次事件以及他的思考。

    我不知道自己是否还能看到英国距离欧洲大陆最近的多佛白崖，也不会费劲预测。但看起来我在南非这片土地上的命运就是一连串的冒险和逃跑，其中任何一次劫后余生都足以构成战争历险记。我对自己想方设法寻求战争体验丝毫不觉后悔。事实上，除了战地记者风雨飘摇的生存中不可或缺的历险，我已经努力试图避免各种危险。我承认这次是不可避免的灾祸，对许多战地作家而言都是艰苦和沉重的灾祸。"战争充满 100％的危险，却只有 0.5％的荣耀。"这是我们的座右铭，所以我们期待高薪。这些危险在万里无云的晴天突袭了我，迄今为止我仍毫发无损，但内心非常感激上帝怜爱，并想知道为什么我如此频繁被推到毗邻死神的悬崖峭壁，然后又被拉回平地。

    ·············

接着，丘吉尔描述了这次事件：

我们来到一个铁丝栅栏前，距离南非这座小山丘顶部约100米，准确地说是将近110米①。我们下马，砍断铁丝，正要攀上这些罕见的岩石时，突然看到冒出来十几个布尔人的头和肩，他们正在铁路上朝英国驻南非殖民官员弗里尔猛砍过去，还有多少人紧随其后啊！这真是阴森恐怖，让人毛骨悚然。

他们非常古怪、几乎莫名其妙地停顿了一阵，或者根本没有停顿，但我依稀记得发生了很多事情。最先是布尔人，其中一个垂着长长的黑胡须，穿着巧克力色外套；另一个脖子上戴着红色围巾。两个侦察兵愚蠢地砍着铁丝网。一个人在倚马瞄准。麦克尼尔沉着冷静地说："来不及了，回到另一个小山丘。快跑！"

然后，步枪密集扫射，"沙沙""呼呼"的子弹声充塞天地。我把脚放入马镫。马被枪火吓得乱窜。我试图跃入马鞍，但它已经转到了马肚子下面。马挣脱缰绳，发狂般地飞奔开去。大多数侦察兵正在逼近，已经相距不到200米了。我独自一人，飞身下马。任何隐蔽的藏身之所最近距离无论如何至少也有1 600米。

好在有一把手枪，这是我的定心丸。我以前曾手无寸铁，在野外被人追捕，但是这次不能坐以待毙。也别想全身而退，很可能会受伤致残。在这次战役中，我第二次转身，撒腿徒步逃走，希望躲开布尔神枪手。我暗自思忖："幸好自己带着枪。"正跑着，我突然看见一个侦察兵。他从左边出现，来到我面前。高高的个子，戴着头盖骨和骷髅头的徽章，骑着一匹苍白的马。死神到了，但对我来说是生机。

我趁他经过时大喊："给我一个马鞍。"出乎意料，他马上停下来，简短应道，"是"。我奔向他，迅速装上马鞍，随即坐上去尾随其后。

---

① 1码=3英尺=0.914 4米。原文为100 yards和120 yards。本书中的长度、货币单位等，如英里、英镑，一般转译为国际单位，下同。

我们骑马向前。我双臂环着他,抓握住马鬃毛。我的手逐渐浸透鲜血。马受到重创,但是这匹勇敢高贵的马仍在竭尽全力。追过来的子弹从头顶呼啸而过,因为距离越来越远了。

　　"别害怕,"我的救护神说,"他们不会打中你。"他见我没有回答,又说:"可怜的马,唉,可怜的马,它被爆炸性弹头射中了。这群魔鬼!但他们迟早会遭报应。唉,可怜的马!"

　　我说:"马不要紧。感谢你救了我的命。"他答道:"啊哈,但我考虑的是马。"我们不再说话。

　　我从听到的子弹数目来判断,攻击射程近 500 米远,只能指望自己侥幸逃过。因为奔马很难命中,而布尔人兴奋不已、气喘吁吁。当我拐到远山一角,再次甩下 12 个追兵,真是感到如释重负。

# "回报丰厚"

## 1900—1901 年,26 岁,英美两国巡讲五个多月

1900 年 7 月 7 日,丘吉尔离开南非,结束军旅生涯。两周之后,他回到英国。五天之后,他成为奥尔德姆市的保守党候选人,即将参加大选。1899 年 7 月,他曾在那里以相差无几的票差落选,这次决心反败为胜。他在皇家剧院竞选演讲,引起全场沸腾。当他讲述完奥尔德姆市的迪尤斯纳普先生七个月前护送他藏于矿井的故事后,观众大呼"他的妻子就在美术馆"。丘吉尔回忆说,当时全场"一片欢腾"。

10 月 1 日,丘吉尔入选议会。在 26 岁生日之前五周,他开始在英国、美国和加拿大巡回演讲,讲述南非亲历。1900年 10 月 25 日至 11 月 30 日,1901 年 3 月 5 日至 5 月 8 日,他先后两次在英国巡讲①。在华盛顿,他受邀来到白宫,与美国总统麦金莱②会面。总统后来很快遇刺。丘吉尔在《我的早年生活》中回忆巡讲:

连续五周以来,我在全国引发了热烈反响。政党管理人员为我精选了火车上的关键席位,我的演讲之旅吸引了大量乘客追随。我才 26

---

① 英文原著附有英美巡讲、1914 年前欧洲、一战西部战线、白厅街等 20 组地图。

② 又译作威廉·麦金利(William McKinley),美国第 25 任总统。

岁。我想巅峰时刻已经到来,这不美妙吗?但是人生不会一直如此幸运。否则我们将迅速走向终点。

看来我还要完成两个重要事项。首先,当务之急是要汇集充足资金,助我集中全部精力投入政治舞台,不必迫于生计干活。我的书《河上的战争》和关于南非战事的两本书①都有销量,加上《早报》支付给我10个月的报酬 2 500 英镑②,这样我拥有了 4 000 余英镑③的资产。看来增加积蓄胜券在握。我计划整个秋冬都在英美两国演讲。

这次选举一结束,我的英国巡讲就开始了。我已经接连五周每晚都在演讲,还将继续两个半月的类似工作,其间只有渡过大西洋的那一周会中断。我在英国的讲座很成功。沃尔斯利勋爵④首先主持;当我在诸多城市巡讲时,执政党和在野党双方党派最重要的人物担任主持。宽敞的演讲大厅里,全部簇拥着友好听众。我借助幻灯机,讲述战争中的个人历险与越狱脱逃。我几乎每晚演讲收入至少 100 英镑⑤,常常更多。我在利物浦音乐厅收获 300 英镑⑥。整个 11 月,我在大半个英帝国巡讲,稳稳存下 4 500 余英镑⑦。

议会将在 12 月开幕日⑧期间开会。我渴望在下议院就职,但只能

---

① 关于南非战事的两本书指《从伦敦到莱迪史密斯》《伊恩·汉密尔顿的行军记》。

② 《早报》给丘吉尔的报酬是每月 250 英镑(相当于今天的 1 万多英镑或 10 万元人民币)。当时 25 岁的丘吉尔,已经跻身世界上报酬最高的记者之列。在 1929 年到 1937年,丘吉尔年均收入为 12 883 英镑,比一个高收入的专业人士高 10 到 12 倍。《星期日泰晤士报》曾断言:"20 世纪很少有人比丘吉尔拿的稿费还多。"

③ 相当于今天 16 万英镑或 160 万元人民币。

④ 沃尔斯利勋爵,维多利亚时代的英国陆军元帅。英国 19 世纪下半叶著名军事人物。他曾参加了第二次缅甸战争、克里木战争、远征中国、平定印度叛乱、镇压阿拉比帕夏叛乱等军事行动,战功卓著,并因此被封爵。1894 年任陆军元帅。1895 年任英军总司令。伦敦街头至今仍有他的塑像。

⑤ 相当于今天 40 000 元人民币。

⑥ 相当于今天 120 000 元人民币,也是当时一名年轻职员工作一年的薪水。

⑦ 相当于今天 180 余万元人民币。

⑧ 英国议会开幕大典,是该国一项历史悠久的传统。

穿越大西洋，履行巡讲义务。美国气氛截然不同。我惊讶地发现，这里很多亲切热情的美国人讲着同样的英语，大体上和我们英国人差不多，但不像英国人那般热衷南非战争。而且许多美国人认为布尔人是正义的一方。爱尔兰人则到处表现出明显敌意。

各个地区听众的反应也不一样。在巴尔的摩，能够承载5 000人的大厅只来了少数几百人。波士顿则上演了一场盛大的亲英国的集会，甚至通往弗里蒙特大厅的路上都水泄不通。讲坛上有300个统一穿红色制服的人，他们属于一个英裔美国人社团。集会规模壮观。在芝加哥，反对派高声吵嚷，对我表示抗议。然而，当我讲了几个自嘲的笑话，并真诚赞美布尔人的勇敢爱国，他们便平静下来。总体而言，我发现美国听众冷静理智、心思缜密，但文雅大方、质朴淳厚，我很容易和他们成为朋友。

在整个美国演讲行程中，美国很多名流给予了帮助，包括演说家伯克·科克兰先生①和参议员昌西·迪普先生②及在美国政坛极具影响力的领袖，都轮流当过主持人，而且我在纽约的开场演讲正是由马克·吐温先生本人亲自主持，而非别人。这位在我青春时代大名鼎鼎的演讲伙伴令我极为激动。他虽然已经老迈，白发苍苍，但机智幽默，言谈不俗，气质高贵。我们当然讨论了这场战争。在几个回合争论后，我发现自己甘拜下风，不得不以国家为挡箭牌："我必须支持祖国，无论它是对是错。"这位老先生说："穷国迫于生存而打战，我自然同意。但你们不是这种情况。"不过辩论并未影响我们之间的友谊，因为他还善意应我所求，在他30卷本的全套著作上逐一为我签名，并在第一卷上有意写下如此箴言——我敢说他在传递温和的劝诫："善举是高尚的；教

---

① 威廉·伯克·科克兰（William Bourke Cockran）出生于爱尔兰，17岁时移民美国。政治活动家。在国会任期五年，被称为当时最伟大的演说家。

② 昌西·迪普（Chauncey M. Depew，1834—1928年），纽约中央铁路公司总裁，1899年到1911年期间任美国参议员。

人行善是举手之劳,且更高尚。"

在我们越过加拿大边境后,所有这些默默宽容发生了改变。这里到场的人群也热情洋溢,让我产生宾至如归的感觉。唉,可惜只能在这样振奋人心的情境中待短短 10 天。1 月中旬,我回到国内,继续在各大城市巡讲。我造访了每一个城市。当我在阿尔斯特大厅①演讲,德高望重的杜弗林爵士②向听众介绍了我。他给予了前所未有的高度赞美。我现在还能听到他以老式发音说:"这个年轻人的战时服役比欧洲一半将官都多。而他很多同龄人几乎还未完成他们的学业。"我以前从未想到过这一点,讲得真是太好了。

我在 2 月中旬结束巡讲时已经筋疲力尽。在长达五个多月里,除了星期日,我几乎每晚都要演讲一个小时甚至更长时间,有时一昼夜演讲两场,而且马不停蹄旅途奔波,经常都是在夜里赶路,基本上很少能在同一张床上睡两晚。而此前一年,我一直连续行军打战,天当被地当床,根本没有房屋和睡床可言。但回报是丰厚的。我已拥有近一万英镑资产。我彻底自立了,不必担心未来,可以在接下来很多年专心从事政治生涯。

---

① 阿尔斯特大厅(Ulster Hall),也称阿尔斯特音乐厅,坐落在英国贝尔法斯特市中心地带的贝德福德街上,是市议会拥有的最古老的建筑之一。
② 也称达夫林爵士(Lord Dufferin),19 世纪 70 年代曾任加拿大魁北克地方长官,后任加拿大第三任总督。

# "我们没有理由羞愧"

## 1901年2月18日,26岁,新议员在下院
## 首次演讲:挺英布战争

1900年10月1日,丘吉尔获选进入议会。1901年2月14日,他获得保守党的下议院席位。时年26岁。4天以后,他在关于英布战争行为的辩论中做了新任议员在议会的首次演讲①。《早报》报道说,大家在"无须任何议员吩咐"的情况下倾听了丘吉尔的演讲,包括两位未来的自由党首相亨利·坎贝尔—班纳文和赫伯特·亨利·艾斯奎斯,丘吉尔后来在这两任首相手下均有任职。在年轻的自由派议员戴维·劳合·乔治②发言代表议会对战争的主要批评后,丘吉尔迅速回应:

---

① 按照英国议会惯例,新议员要作"处女演说",这是新政治家登台亮相的重要环节。通常新议员的第一次演说是在进入下院一个月以后才进行,但丘吉尔在进入议会仅四天后即作了他的议会首次演说。

② 戴维·劳合·乔治(David Lloyd George,1863—1945年),又译为大卫·劳埃德·乔治。自由党人,自1890年当选为英国下议院议员。因反对英布战争而名闻全国。第一次世界大战时他担任联合政府的军需大臣、陆军大臣等职,因不满阿斯奎斯指导战争的方式,于1916年年底逼迫阿斯奎斯下野,自任英国第53任首相(1916年12月7日至1922年10月23日)。领导英国取得第一次世界大战胜利。1919年出席巴黎和会,是巴黎和会"三巨头"之一,代表英国签署了凡尔赛和约。战争结束后,在英国保守党和自由党联合政府中,劳合·乔治仍任首相。

议会下院诸位刚刚听到这位尊敬的议员阁下发表演讲,我知道他意在对提交国王陛下的呈文提出修正案。已经在报纸上刊登的修正案,语气非常温和、平缓;但就算语气温和、平缓,尊敬的议员阁下及其政治盟友都不愿意让人们对其进行批评,或对其中哪怕一部分提出质疑。而且,的确如此,当我们将这位议员刚刚发表的尖锐演讲和语气温和的修正案进行比较时,难免得出结论:语气温和的修正稿体现了这位议员的政治盟友及其上司的节制,他所发表的尖锐演讲则出自他的本意。

在我看来,总体而言,如果这位尊敬的议员只是提出修正案而不发表那番演讲,而不是光演讲而未提出修正案,可能会更好。如果要求我这样做,我将不会对阁下任何言论提出批评。

但我认为,基于那些曾为下院记录增光添彩的最声名赫赫人士的经验,除非是国家面临紧急时刻,比如说国家遭到了侵略,否则都不足以用任何方式限制或阻挠整个议会的自由讨论。而且,我认为布尔人不会太在意这位议员阁下的言论。世界上任何民族都没有像布尔人这样,获得了这么多口头同情,实际援助却是寥寥无几。

如果我是布尔人,我希望到疆场杀敌。如果我是疆场杀敌的布尔人,绝不会受任何同情性言辞的欺骗,哪怕这言辞获得一百名尊敬的议员署名支持,我也不会上当。

这位议员阁下在农庄着火的问题上喋喋不休①。我现在不打算讨论庄园失火的道德伦理问题,而认为议员阁下应该调转目光回到这样一个事实:人道主义思考不能阻止德国军队为了迫使法国守军投降,朝巴黎市区扔炸弹;人道主义思考不能帮助这个大都市的居民免于忍饥挨饿,他们只能靠吃老鼠和类似残暴物体来维持生存。

我敢说,陛下政府在制止战场上的将领采取过去五六十年中由欧美将领率先运用过的战略战术。我并不完全同意一方面指控背叛,另一方面又野蛮攻击。如果让我——一个亲临战场的人加以评论,我可

---

① 劳合·乔治指责保守党政府烧毁布尔人庄园的行为。

以断言,与其他战争特别是有平民参与的那些战争相比,总体而言,南非英布战争的人道主义和宽容精神是前所未有的。

尽管我反对就此刻正在报效祖国的将官个体大做文章,但英国威尔士卡那封郡的议员阁下还是让人们注意到了一位将官的情况。因为我本人了解布鲁斯·汉密尔顿将军,尊敬的议员尊崇他为"雷霆·汉密尔顿将军"①,所以,我想在议会演讲时有必要提供我个人谦卑的证词:事实上,在陛下所有军队中,几乎鲜有人可以媲美布鲁斯·汉密尔顿将军的仁慈和勇敢的心。

反对党领袖的议员先生就这次战争结束后在南非推行的政策提出了异议。据我理解,政府和反对党之间在这一问题上存在分歧:陛下政府预计在结束战争之后,将会有文官政府介入的机会,直至这些国家的人民获得充分的选举权;而另一方面,反对党领袖的议员先生则认为,如果延长军政府这项临时措施,而文官政府又无法介入,那么很快将产生代议机构。我希望绝不会曲解这位先生的意思。如果我曲解了,相信他会毫不犹豫纠正我,因为我如以任何方式误述他的观点,就要致歉。如果情况真是这样,我会诚请议会允许本人检视这些备选提案。

我不希望自己发号施令,或把个人观点强加给这位议员阁下。在过去十个月中,我去过南非很多不同地方,经历了各种各样的环境,其间逐渐认识到一些注意事项,我认为应向议院和盘托出。

首先我想回顾我们参战的最初动因。我的意思当然是说我们参战与扩大公民权有关系,是为了延续特许经营权②。为了扩大德兰士瓦

---

① 丘吉尔原文里为"Bruce Hamilton""Brute Hamilton"两个词。其中"Brute"与"Bruce"音近,原意为残暴、蛮横、暴君。

② 1881 年,德兰士瓦实行特许政策。一方面布尔人把发展各种工业的审批权控制在政府手中,如铁路的建筑,未经布尔政府批准,不得通过德兰士瓦和奥兰治境内;另一方面,布尔人把从非洲黑人那里抢来的大量土地归国家垄断,以高昂的价格"特许"给英国公司。"特许权"是布尔国家的一项重要收入。

人的特许经营权,我们开始与布尔人谈判。我所说的德兰士瓦人民,是指全体德兰士瓦人,不是指首批移民。当时,那里的英国人和非荷兰人比布尔人多近2.5倍。但是在战争爆发前几周内,每列火车上都挤满了英籍人士,他们竭力逃离即将一触即发的战争,这些南非侨民散落到世界各地。

对我来说,等到战争结束,我们也不应忘记初心,不应忘记展开谈判、最终导致战争的缘起。如果我能制订什么条款,我想要求下院拟定原则,规定他们不能把任何代议制①扩展到德兰士瓦人那里,直至人口重新回复正常水平。将已亡国家的政府凌驾于剩余幸存之人——那些敌视国家根本制度的特定人群,还有什么比这样更加危险、荒谬或徒劳的做法吗?我想,在最后开枪和举行首次选举之间,必须有一段可观的间隔,这一看法应毋庸置疑、毫无分歧。我请下院考虑:在文官政府与军政府二者之间,哪一种最有利于恢复该国曾经的繁荣、最有可能吸引现在散落到各地的人口回迁。一些尊敬的议员希望代表机构可以直接听命于军政府,这我理解,但我认为他们不能从根本上认识到,这样的军政府多么令人深恶痛绝。

我极为尊重英国军官。当我听到他们遭到某些议员演讲抨击时,我很遗憾,也极生气。尽管我认为英国军官在处理战事或地方种族问题上都是全世界最优秀的军官,但我相信他们所受训练或思维习惯并不能使之在欧洲人中树立可堪信任的权威。

我自己经常很是汗颜地看到令人尊敬的布尔老农——布尔人是乡绅和农民的奇特组合,在底层农民的粗朴外衣下常能发现乡绅的本性——我一直惭愧于看到了这样的乡绅式老农被年轻的副官们当作普通列兵蛮横驱使。我毫不犹豫地说,只要你有任何军政府的痕迹,就不

---

① 丘吉尔原文为"representative institutions"。代议制是指公民通过选举代表,组成代议机关行使国家权力的制度,是间接民主的形式。代议制、政党制和普选制是西方民主的三大支柱。

会有贸易复兴,不会有外侨回归南非,不会有世界各地移民迁入——什么也没有,除了布尔人的绝望和不满,以及对我们英国殖民与日俱增的怨恨。

另外,如果有一套文官政府体系——我想我们在道义上绝对有权利去筹建,并通过帝国国库来提供这笔费用——如果这一文官政府由阿尔弗雷德·米尔纳勋爵①这样的执政官统辖管理——(呼喊声:"听!听!""不!")——我无须赞颂这位尊敬的执政官,我确信整个保守党会信任他,而且在议会另一边还有很多议员内心深处尚未意识到,不宜忽视阿尔弗雷德·米尔纳勋爵对南非事务的审慎见解。

如果人们一旦获悉,在德兰士瓦的政府治下,财产和自由都有安全保障,在这些国家可以自由安全地生活,人们立刻会从世界各地移民蜂拥而至,推动这个国家发展,从伟大的贸易复兴中获利。这种现象往往发生在各种战争之后。请允许我凭自身经验判断,有很多议员收到了各自选民的来信,询问去南非发展是否可行。倘能较好制定发展这一移民政策,我们将又有绝大多数人真诚热爱德兰士瓦,并致力效忠帝国。当你向他们拓展代议制,你会发现这些制度牢固建立在广泛一致的行政管理基础上,大多数人的权利可以通过帝国权威人士聪明、审慎的介入得以有效保护和留存。可以说,正是德兰士瓦这一忠诚、英国化的美好前景,使得南非局势于我有利,这应该就是"好望角"取名寓意"美好希望"的最初含义。

我不是要批评来自包括反对党领袖在内的杰出权威人士的提议,但比较这两个备选方案后,发现必须表明我的鲜明倾向以供陛下政府定夺。我认为这两个新近共和国的最终解决方法出自当前形势所需。政府当前应该采取怎样的政策?我认为议院应就此达成普遍共识,让投降的布尔人生活便捷、体面,而负隅抵抗之徒变得更加痛苦、危险。

---

① 阿尔弗雷德·米尔纳勋爵(Sir Alfred Milner),曾任英属开普殖民地总理、南非专员。

政府应双管齐下，全速推进。

我衷心同情这位议员阁下，他是代表奥尔德姆选区的资深议员，在去年发表演讲时表现得忧心忡忡，认为应该采取一切措施使布尔人真正明白为他们开具的条件。我诚挚希望尊敬的殖民大臣能够不遗余力、想方设法让那些在战场中拼杀、勇敢而不幸的人们深刻认识到，无论如何都应承认他们微小的独立必须融进英帝国更大的自由之中，这样才能充分保证他们财产、宗教信仰的自由，保障平等权利，确保代表机构，以及最后但并非最不重要的，英国军队愿意向英勇而顽强的敌人授予战争的一切荣耀。我希望大臣阁下不要因为他的使节可能遭到拒绝而气馁，而是不懈努力在布尔人面前摆明条件，使他们明白，根据这些条件，他们任何时刻都会获得大英帝国许诺的和平与友谊。当然，我们只能承诺。是否接受我们的条件，关键取决于布尔人。他们可能拒不接受这些优厚条件，无论站着或倒下，依然喊着："不独立便死亡！"（民族主义者在下面欢呼）

我不明白面对这种前景有什么值得欢呼的，因为假如是这样，战争将导致一个极其悲惨和黑暗的局面。如果布尔人继续对理性之声充耳不闻，对友谊之手视而不见，如果他们拒绝一切友好提议、践踏所有条件，那么，即便我们忍不住钦佩其决心和韧劲，也只能寄希望于本族人民，在追求我们认定的正义事业时，也表现出强大决心和持久韧劲。

来自爱尔兰政党的议员阁下将会发现他们对于战争的言行举止均发自内心。正是因为他们爱尔兰人的勇气、牺牲以及最重要的是军事能力，这场战争才得以推进。有一个现实原因，我相信尊敬的议员阁下不会因为引起他们的注意而说我放肆冒昧吧。这样做是旨在诚挚地忠告他们：真诚与陛下的内阁政府合作，尽快结束战争。因为他们必须知道，既然英国人民的注意力都集中在南非作战的士兵身上，那么爱尔兰问题或动荡不能轻易占据我们这么久的注意力。

我们应当采取什么样的军事措施？我毫不怀疑议院收到了其他可供讨论的提议，但是到目前为止，就我在议院听到并能理解的耳语，总体来说,相当迹象表明南非形势可能有所改善。布尔人已经显露疲软之势,他们的绝望疯狂和拼命挣扎已经苟延残喘这么久,再也不能无限期维持下去。如果是这样,现在是内阁政府和军队加强努力的时候了。像我这样代表工人阶级选民的议员,有义不容辞的责任提醒政府看到国家希望不计代价以赢取战争胜利的事实。我想当我们看到报纸上刊载又有三万全副武装的军人正派往南非时,都很欣喜。我不禁非常欣慰地注意到,陆军大臣没有满足于大量派兵遣将,而且还物色了一些杰出的军官,其中尤为突出的是宾顿·布拉德爵士①,他将亲赴南非,把印度前线的游击战术带去运用在这一特殊的战争上——我不能把南非的战争称为游击战。尽管做了大量的准备工作,但还不够。我总是抱有这样的希望,在某个晴朗的下午,陆军大臣将带着全新的作战方案来到议院,要求不仅派出必要的增援力量,使军队规模在战争疾病伤亡的损耗中保持在 25 万人的稳定水准,而且以每月两三千人的均值递增。这样布尔人将身不由己,他们兵源不断萎缩,还要应对与日俱增的困难;不仅身处海浪的拍击之中,还会遭受涨潮的灭顶之灾。

在议院及其他地方,一些议员阁下已经认定这是一场贪婪的战争。我很遗憾地表示,我觉得有必要驳斥这一讨喜的说法。如果有人欣喜于战争,欢欣鼓舞地与战争相约,或者渴望战斗,他们做得过分了,今天更是忍无可忍了。如果按照这位北安普顿的议员阁下多次所指出的那样,某些资本家花钱来挑起打战,企图借此扩充他们的矿业财产,那么现在他们发现做了一次极其糟糕的买卖。这场战争涉及不列颠民族的大多数和全英国人民,从始至终仅仅是一场责任之战。他们相信,并以最显著的方式表明他们相信,陛下政府和殖民大臣也同样始终为高尚、爱国的动机所激策。他们知道,没有其他动因可以维持和驱动这些常规军和志愿兵。在这几个月的艰苦战斗里,公众争议首当其冲的就是

---

① 阿宾顿·布拉德爵士(Sir Bindon Blood,1842—1940 年),英国著名统帅,曾在埃及、印度、南非等地服役,享年 98 岁的长寿之人。

这些常规军和志愿兵。这些兵士可能确实不得不感到遗憾，我自己也是，在战争中失去了很多好朋友。我们不禁为战争中出现的很多偶然事件感到遗憾。尽管如此，我经过再三考虑，仍认为不应为此指责导致战争的普遍政策；我们不需为战争期间失去的一切感到羞愧，也无权沮丧或悲伤。

我想，如果有哪位尊敬的议员对南非的事态感到不满，我向他推荐一份票据，我本人从中备受鼓舞。让他们看看大英帝国其他的附属国和殖民地，看看这场战争在当地的影响。我们可能在开普殖民地①失去一些心怀疑虑的朋友，但我们又在加拿大和澳大利亚结交了十倍甚至可能二十倍的朋友，当地人民——下至最边远省份里有效参与到战争的最卑微的农夫，都能够认识到此前他们永不可能明白的道理：他们属于帝国，帝国也属于他们。

感谢议会诸位善意并耐心听我演讲。我如果不表达极度感恩之意，就无法安然入座。因为有各位善意和耐心的支持，我才能在议院里讲这番话。我深深知道，这份善意与耐心不是对我个人，而是因为在座很多尊敬的议员阁下至今留存着对我父亲的美好记忆。

①　开普殖民地(或称开普敦殖民地，Cape Colony)是好望角(Cape of Good Hope)的旧名。现称开普省，全称"好望角省"。南非西南部省份。

# "民族之战可怕远胜国王之战"

1901 年 5 月 13 日,26 岁,议会下院演讲:反对扩军

1901 年 5 月 13 日,丘吉尔在下议院发表演讲,批评保守党政府有意扩大英国军队规模的想法,并向他所在保守党的领导人发出警告:

我们绝不能把现代军事强国交战视作我们可以贸然插足的游戏,只要运气好、指挥得当、灵活作战,一晚上的工夫我们就能扛着战利品凯旋。现代战争不是那样。我也欣喜于现代战争不可能那样。欧洲一旦发生战争,必将是极其残酷和悲惨的战斗。如果我们想要品尝胜利的苦果,就必须要求整个稳定的国家完全中断和平产业,集中全社会所有重要力量全力以赴,也许备战将耗时数年。

我在议会曾频繁听到一些议员甚至大臣们谈论欧洲战争时沉着镇定乃至夸夸其谈,所说常常令我震惊。我就不阐述战争的恐怖程度了,但是议会不应忽略形势的巨变。从前,因为个人原因、大臣政策或国王盛怒而引发的大小战争,只有职业军人组成的小型常规军队,通信和供应的困难使得战争进程迟缓,并且时常因为冬季气候而暂停,很可能因此制约了参战者的战斗力。但是现在形势变化了,强大的种族被迫刀戈相向,每个人都在煽动下对敌方恨之入骨,当科学和文明的力量毁灭了一切可能平息他们怒火的东西,这场欧洲战争最终只能残留被征服者的废墟、几乎同样致命混乱的商业体系以及同样筋疲力尽的征服者。

民主政治比内阁政治更有报复性。民族之间的战争比国王之间的战争更可怕。

．．．．．．．．．．．．

国际社会知道战争意味着什么。在过去一百年中，欧洲几乎所有国家的首都都曾被入侵过。他们正是因为深刻认识到战争的可怕恶果，所以更加维护欧洲和平。我们英国人不知道战争是什么，但是已经通过南非战争管中窥豹。即便是小规模战争，也惨不忍睹。但是，就我们所有的经历而言，战争对于我们的意义不同于它对法国人、德国人或澳大利亚人的意义。我们正在使用他们的武器全副武装，而不受其限制，不是吗？

我所担心的是这三个耗费巨资、武装精美的军团将随时待命以在本国发起对外战争。如果他们想要扩张，将不仅在其真实军事优势上展示自豪感和力量感，还将呈现于军队表面。这些天来，大众报纸不断用当局信息来吸引无数读者。各大报纸几乎每天早晨都已经准备好敦促我们投入战争，不是对战此国就是彼国，有时候是世界上好几个超级大国。我们当然不能轻而易举被煽动，被迷惑，点燃这种可怕的战火。我们也不要误以为只要掌握了陆军力量就可以高枕无忧染指欧洲霸权。

# "我们时刻都不能松懈备战"

## 1901 年 10 月 4 日, 26 岁, 报纸评论: 呼吁备战

　　1901 年 10 月 4 日, 丘吉尔在英国英格兰约克郡萨德尔沃思区的演讲中, 批评公众漠不关心南非持续不断的战争。此前 9 月 14 日, 美国总统麦金莱去世。丘吉尔在不到一年前于华盛顿见过他。麦金莱在八天前被一名无政府主义者枪击。一家地方报纸刊登了丘吉尔的评论:

　　现在最危险的是漠不关心。我们似乎认为战争是慢性病, 不会很快发作。公众的注意力经常转向别的议题, 如某个君主出访邻国, 大洋洲彼岸某个总统遇刺被杀, 甚至还有游艇娱乐赛等消息。公众数千次地忽略了我们发誓战斗到底的卫国事业。

　　先生们, 我呼吁你们时刻都不能懈怠备战。想想战争对于我们所有人意味着什么。我们的朋友、兄弟或者孩子正在辛苦战斗, 他们衣衫褴褛、饥寒交迫。在战争中日子一周周逝去, 清新的春天长成了茂盛的夏天, 金黄的秋天步入了枯寂的冬天。有人明早翻阅报纸会发现某个熟悉的名字出现在阵亡名单中, 他那为人熟知和信任的明亮双眸已经永远阖上。我上周就在报纸上看到有亲友阵亡。今晚又将有多少这样的读者?

　　而且, 国家的金钱财富一点一滴迅速流逝, 流啊, 流啊, 流啊。这些财富足以每月购买四架世上最大的战舰。在印度, 近三万人在服完国

家兵役后被滞留,焦躁地等着国家战令的解除。

你们的军事机构面临的压力与日俱增,财务支出面临的紧缺日益尴尬。南非那些忠诚于英帝国的属地已经厌倦军事戒严管制,布尔人与不列颠人之间仇恨加剧,每天都有更多的地区遭遇摧残、毁于一旦。

我们现在当然需要尽最大努力来终止或减少这种烦恼。迫在眉睫,就现在。

# "英格兰的智者"

## 1906 年,32 岁,为父作传

1904 年 5 月 31 日,丘吉尔对保守党政策的种种幻想破灭,尤其是保守党从自由贸易转为保护主义和关税壁垒,所以他跨越地板①,加入下议院的反对党,转向自由党的席位。1906 年 1 月有为期数周的普选,他于 1 月 13 日在曼彻斯特西北地区这一自由党选区当选为议员。同年,他的两卷本传记《伦道夫·丘吉尔勋爵传》一书出版。此时,他的父亲已经离世 11 年。他在书中表达了对政党政治的个人感受:

伦道夫·丘吉尔勋爵的英名不会为保守党和自由党任何一方的名册记录。他大大增强了保守党的力量,并显著保存了自由党出色的原则,双方都应辩证公平看待他的工作与生活。一位政治家的品质与地位是由其所处时代的政党标准予以衡量。当他离世之后,他以政党名义所取得的成就即已结束。不同党派的褒贬之词无法影响他的最终声誉。他所处时代的评判标准已被打破。新的时代带来了新的评判与衡量标准。

政党机器往往集合训练有素的民众,以适宜的欢呼敬语表达对领

---

① 跨越地板,意味着离开一个党而加入另一个党。这可以算作英国议员能做出的极其冒险的政治举动。他不仅丧失了先前所有的政治盟友,能否在新伙伴中寻求到支持也没有任何保障。

导者的认可。但这里是英国,远远超越了这种水平。英格兰的智者并不自欺欺人,而是直视双方政党的失败与愚蠢之处;英格兰的勇者和真诚的人并不拘泥于派系,而是公正看到他们的努力;英格兰的"穷人"越来越怀疑政党是否在真心诚意发展慈善事业。

正是在英格兰,伦道夫·丘吉尔勋爵发出呼吁。

正是在英格兰,他距获胜一步之遥。

正是在英格兰,他将获得公正评判。

# "全世界穷人弱者的事业"

## 1906 年 12 月 17 日,下院演讲:南非自治

  1906 年 1 月,自由党在大选中胜出。新任首相亨利·坎贝尔—班纳曼爵士邀请丘吉尔进入政府担任殖民地事务部次官。丘吉尔是年 31 岁。他的职责是在被英国打败的两个布尔共和国德兰士瓦和奥兰治建立起全权的责任制政府。为此,他费尽心血做了很多准备,并向议院介绍了应对措施。7 月 31 日,他向下议院提出德兰士瓦法案,并阐释了自由党和保守党在法案措施中所起作用:"我们只能使之成为政党的礼物,而他们能使之成为英国的礼物。"12 月 17 日,丘吉尔向下议院提交了奥兰治自由邦法案:

  根据《弗里尼欣和约》①,大英帝国承诺在战争中被征服、成为英附属国的两个布尔共和国充分自治。我们希望提供责任政府制②,这并不是源于和约,当然这也郑重体现在其中。我们希望提供责任政府制,是因为英国在过去 50 年里一直推行较为成熟和成功的殖民地政策,允

---

  ① 第二次英布战争后,英国与布尔人签订《弗里尼欣和约》(1902 年),英国就此吞并了德兰士瓦和奥兰治两个布尔人共和国,布尔人不得不承认英国的宗主权。

  ② 责任政府(Responsible Government)是近代民主政治发展的产物和基本理念。责任政府最早产生于英国,源于英国早期的议会弹劾程序。责任政府与"主权在民"思想和代议民主制的产生相联系。

许自治政府对英国皇权下遥远的地区有充分的自治权,没有负责的政治家,没有英国内阁,据我所知还包括解决南非问题的其他方法,但始终是高度自治政府。

我已经看到有些地区提出了一种想法,他们认为要充分弥补我们为战争所付代价、回报我们为战争所做贡献;我们还应顺从己方快乐、反对彼方意愿,继续统治这些臣民;这种实践一如往昔有效,将补偿我们的劳动力。我们很可能在报纸专栏看到这种说法,但我认为任何认真的人士都将对此说法表示反对。不,先生!最终目标不能忽视战争的重要意义,亦即恩赐的充分自治权;而且,既然所有党派都同意,为了战后重建,必须要做调停,那么我们之间唯一悬而未决的问题是如何调停、何时调停。

············

我们在南非尝试公平对待众人,调整利益冲突和重复索赔。到目前为止,我们试着尽可能影响广大底层对这个问题的解决方式,他们获得民众的支持率甚至高过我们大型政党集团所受支持。我们不会要求尊敬的在座各位反对派承担责任。我们对反对党的唯一要求是:不要增加我们的难度,而要为之前所制订政策提供好的机会、提升成功的可能性。政府责任重大。他们正在很大程度上将责任传递给新一届议会的议员。上下两院将体现自身意愿和其他自由权利。

按照特定的措施,这些殖民地的居民即布尔人将成为遍及世界的自由的受托人。我们已经尽量以公平温和方式施政。如果万一我们的调解建议宣告失败,政策在灾难嘲笑中终结,那么产生的恶果将不会单单局限于南非。

我们的失败经历将遍传世界,那些地方的专制者想为刺刀申辩,那些地方的专制政府总是妄图拒绝给被奴役的民族以自由,或者限制他们的自由。

但是,另一方面,如果我们的政策成功,正如我们所祝福和坚信的那样,更好的日子将飞临南非。如果我们所周游的车道最后终将拐弯,正如布兰德会长所说"一切都将好起来"最后终于实现；如果在不久的将来，我们眼前将出现一个在大英帝国皇权庇佑下、宁静、繁荣、统一的南非白人民族，那么我要说，善恶将不仅仅降临南非；那么我要说，全世界穷人弱者的事业将坚持到底，每一个弱小之地的人们将获得更多喘息机会，而每一个强大帝国将以我们为榜样大步前进——仅需要踏出一步——就将迈入一个阳光温煦、更为辉煌的时代。

# "看看日光下的家园"

## 1908 年 7 月 6 日, 33 岁, 下院演讲: 社会哲学

1908 年 4 月 8 日, 赫伯特·亨利·阿斯奎斯①接替坎贝尔—班纳曼, 成为自由党政府首相。第二天, 33 岁的丘吉尔进入内阁担任商务大臣②, 负责社会政策。7 月 6 日, 他向下议院推介一个法案, 旨在减少煤矿工人工时。他陈述了自己的社会哲学:

产业工人大游行不是因为工作时间不够, 而是为了争取足够的休闲时间。人们不满足生活只在睡床与工厂之间两点一线重复交替。他们需要时间看看自己, 需要时间看看日光下的家园、孩子, 需要时间思考、阅读和打理园艺——一言以概之, 他们需要时间生活。也许这很奇怪, 但这就是他们的一贯要求。并且, 随着年年岁岁过去, 他们的要求更为迫切, 理由也更充分。

不努力工作的人不值得同情。因为大自然为努力工作的人设置了特别奖赏, 使他在狭小空间里、在简单快乐里得到额外满足, 而游手好闲之人只会整天闲逛无所事事。但是如果人们劳动时间过长, 根本没有时间去享受因劳动而获得的奖赏, 那么这种珍贵的奖赏将转瞬从劳动者身边溜走。

---

① 赫伯特·阿斯奎斯(1852—1928 年): 英国政治家。曾任内政大臣及财政大臣, 1908 至 1916 年出任英国首相。自由党领导人。

② 也译作"商务部长""贸易大臣""贸易部长"(President of the Board of Trade)。

# "我们不会抛弃人道主义"

## 1908 年 10 月 10 日,33 岁,邓迪选区演讲:社会正义

  基于那时的规定,重新任命内阁首相需要再次竞选。丘吉尔当然参选。4 月 14 日,丘吉尔被阿斯奎斯任命为商务大臣的第七天,他在曼彻斯特西北选区遭遇失败。为了确保内阁职位,他需要补缺选举。5 月 9 日,他入选苏格兰邓迪市①的自由党下院议员。10 月 10 日,他向邓迪选民发表关于社会正义见解的演讲,观点收入了次年的演说集《自由主义和社会问题》一书。他说:"这项政策具有伟大且重要的意义,由新任财政大臣戴维·劳合·乔治主管,他正引导下议院通过这项政策。"丘吉尔在演讲中阐述了立足英国人民的更为深远的愿景:

  我们当然一致同意,这项政策在建立养老金制度的过程中具有重要意义。它体现了我们考虑到贫穷问题、基于全新原则所建立的社会保障体系的理念主张。我们一旦声明这一原则,自然将不囿于现有范围。

  养老金制度将推动我们所有人取得长足进步。它为我们打开了一

---

① 邓迪(Dundee),一译"丹地"或"丹迪"。英国北部主要工业城市和港口,苏格兰第四大城市。位于苏格兰东部、泰湾北岸。

扇门。这扇门不会很快轻易关闭。议会两院的议员已经被领着走到了痛苦贫穷深渊的边缘，并且开会郑重研判贫穷的深度和严重性。他们纷纷投以关注，没人无动于衷。有一些高贵卓越的人，能力与经验毋庸置疑，却被眼前所见吓得后退。他们只想紧闭大门，把目睹的残酷痛苦景象阻挡在外。

但是我们国家并非只有这样一种想法。他们还有别的理念，更加有力，人数更多，将让门始终开着。他们已经踏足进入门内，决心永不关门。不仅如此，他们还准备好跳入贫穷深渊，与贫困罪恶搏斗。他们就像救援队在煤矿爆炸后勇猛无畏冲入烟雾之中救援。议会需要把握未来之路：前进还是后退？我们耳边有各种不同的声音在大声争吵。这是个极为尖锐但却简单的问题，也可能是一代人需要面对的最为重大的问题：前进还是后退？这个问题现在困扰着我们，它也关系到政府未来的生死存亡。我们身后有胆怯的朋友，前面是吵嚷的敌人。酿酒人的运货马车已经拉过马路，既得利益集团的强大联盟在它背后严阵以待。冷漠的群山阻挡了我们往前的步伐。你建议怎么办？前进还是后退？

············

基于工业生活的社会机器存在不足，组织不力，机构不全。当为数众多的人享有巨大的财富时，当大量工人阶层紧跟其后、居于其他国家同伴前列时，却仍有少部分但数量相当可观的人生活拮据，让科学、公平的基督文明蒙羞，而且对国家构成了严重的、日益加剧的隐患。诚然，常有外族羡慕富庶的英国，这里有着极为优雅轻松的生活，这里人们和谐相处、几乎没有仇恨嫉妒，这里储存了丰富的政治经验与知识，这里有大量随处可及的道德力量，这里有非常丰富的智慧、美德和力量，但我们尚且不能提供必要的安全保障体系。没有这种体系，工业制度既不完整，也不人道。

············

如果我向诸位提及的第一种严重情况是因为缺失工业组织，第二种情况是懒散劳工咎由自取,那么第三种情况同样重要,那就是童工的现实境遇。孩童与未成年人完全做着成年劳动力的工作,却只拿取童工的报酬,这种恶性竞争让整个底层劳工市场更加疯狂。如果他们要求拿到成年劳力的工资,随即就会被解雇。一旦他们影响到了成年劳工,这就有罪。但是这种情况会怎样影响祖国的孩子、年轻人?会怎样影响所有努力的下一代?会怎样影响祖国历史传奇、科学知识和民族荣耀的悠久宝库的后继者?经过如此多一代又一代人的英勇战斗和艰难前进,在公元 20 世纪,我们是怎样对待祖国的年轻人的?他们难道不是被剥削吗?他们难道不是要丧失信心吗?他们难道不是正在被抛弃吗?

············

面对这重重问题,有人提议想方设法救济穷人、改善大众就业水平,我由衷同意。我们要小心翼翼避免杂乱无章的工业体系酿成悲剧。还有人认为每个劳工应该自我照顾,国家如果像我所述的那样干预此类事情,将对个人的自力更生、长远发展和勤劳致富造成致命伤害,我坚决反对这种说法。

有人声称雇主支付养老金的制度会给勤俭节约等造成致命伤害,并且警告我们,广大工人阶级将因此灰心气馁,不再为安度老年做有效储备。但是过去工人们为老年生活做了哪些努力准备?如果担心害怕是激发勤俭节约的动力,那么我们已经抛弃的制度所带来的惩罚应该是全世界最大的原动力。广大穷苦工人深知,如果他们不及时为老年做准备,那么终将惨死于济贫院。有人称他们还没有为养老做准备,养老金机构将防止他们提前准备,我说这不可能,因为贫穷工人根本没有能力为养老做准备。我对养老金制度有信心,它非但不会阻碍勤劳致富,而且还会极大程度、史无前例地鼓励勤劳致富。

如果仅由恐惧驱动勤劳致富,将是极大的错误。勤劳致富不仅源于恐惧,也源于希望。人们一旦失去希望,也将不再勤奋努力。一周五个先令①，所有人都知道这少得可怜，根本没法存起来养老。70 岁的老人有可能浑身是病，所有人都知道不能等到此时才停止工作、开始准备养老。我们不能谎称要把劳动者救上岸，我们没有这个能力。我们已经在做的是给劳工提供一个救生圈，使他拥有浮力，助他奋发工作，从而得以游到岸边。

现在，我要送给你们苏格兰邓迪的自由主义者们两个词汇——"勤奋""勇敢"，让它成为你未来岁月里的箴言吧！

"人生苦短，并且充满不幸。"这是命中注定。很快，在不久的将来，我们短暂的人生将要过完。很快，在不久的将来，我们和政事都将烟消云散。无数后来人将漫不经心地踩踏我们的古墓。如果我们不为崇高事业奋斗，不使混乱世界变得更好，以便我们后代生活乐在其中，那么生活的意义又是什么？我们还能如何与伟大的真理和无限、永恒的慰藉构建起和谐关系？我承认，我的信念是迈向更好的生活。我们肯定不会抛下人道主义。我们正在前进，沿着光明大道勇敢前进，远山之后是冉冉红日的承诺。

---

① 先令是英国 1971 年以前的货币单位，为 1 英镑的 1/20。

# "无情世界的黑暗水域"

## 1909 年 5 月 23 日，34 岁，曼彻斯特自由贸易大厅演讲：社会保险

商务大臣丘吉尔开启的社会改革涉及面广。众多改革包括常设仲裁院解决劳资纠纷，开办劳动交易所解决失业问题；如果工人遭到雇主剥削、只被支付低额工资等，可以向劳资协商会上诉；所有工人都有权吃饭和休息。他的社会政策重点是引入国家支持的强制性失业保险。1909 年 5 月 23 日，他在曼彻斯特自由贸易大厅宣称：

如果我办得到，一定要把"保险"两个字写在家家户户的门上，印在每位公务员的手册上。因为我深信，通过保险，每个家庭只要付出微不足道的代价，就可避免因为失业而陷入万劫不复的灾难。这种小小代价，最穷的人通过日常工作都可以承受。

我认为，我们有责任运用国家力量和资源来消除人类幸福生活和国家健康力量的可怕浪费。当一个工人因为长期失业、罹患疾病、死亡，或丧失养家糊口的能力，家庭命运的小舟面临覆顶之灾，老幼妇孺被扔入无情世界的黑暗水域，徒劳无望挣扎的时候，当一个多年团聚的家庭被打破和分散的时候，我们有责任施以援手救济。

# "人为的贫富差距"

## 1909 年 9 月 5 日,34 岁,莱斯特演讲:
## 质疑上议院的预算否决权

1908 年,丘吉尔在推进社会改革期间,于 9 月 12 日与克莱门蒂娜·霍齐尔①结婚,他昵称其为"我亲爱的克莱米"。妻子在他很多次公开演讲时都在身边予以支持,坚定拥护他希望社会更为公平的愿景。1909 年 9 月 5 日,他在莱斯特②演讲,谈到英国的贫穷问题,他的脑海中满是美好愿景以及实现理想的困难。这一演讲收入了《自由主义和社会问题》一书。他还谈及上议院有权否决任何预算开支。自由党政府的社会改革政策取决于预算,而预算不仅需要下议院通过,也需要上议院通过。上议院多数人意欲否决首相戴维·劳合·乔治预算的形势变得日渐明朗。而丘吉尔在自由党结束上议院对预算否决权的运动中发挥了主要作用。

20 世纪初期,英国民众的生存条件只能用"深感焦虑"来形容。这种焦虑源自不确定性,因此更为急迫。这种悬而未决的焦虑十分灼人。祖国的命运何去何从? 无论是我们的支持者还是反对者,都还未解决

---

① 也译作"克莱门蒂娜·霍齐亚"或"克莱门汀·霍兹尔"。
② 英国中部城市。

任何问题。我们毫无理由绝望。我们更无理由自鸣得意。无论好歹，一切还在掌握之中。今天我们有能力选择自己的命运。我相信世上所有民族都不及当代英国，面临这样截然相反的可能性，既受到更加令人悲伤的灾难威胁，又在因更为光明也不无道理的希望而欢呼。可能古往今来任何民族都没有遇到英国这种苦乐忧喜交加的情况。

两条路都有可能。我们站在十字路口，如果继续走随遇而安的老路，那么富裕阶层所持财富和群体人数还将增长，而穷人将继续坠落，落入无助深渊、陷入绝望痛苦。我想，那时我们只会面临剧烈的阶级冲突，组织更加无序，人类力量与美德更加浪费，穷奢极欲和赤贫如洗的截然对立将加剧双重恶化。

∙∙∙∙∙∙∙∙∙∙∙∙

大英帝国和英国人民的最大危险并不是欧洲大陆庞大舰队与军队的包围，也不是严肃的印度斯坦问题，不是"黄祸"或"黑祸"，不是广泛的殖民与外交事务圈里的任何危险。

不，最大危险就在我们中间，就在国内，迫在眉睫，就在英格兰、苏格兰这些扩张的城市群，就在被剥蚀的农村不断萎缩、变得狭窄的庄园。

就在那里，你将发现帝国毁灭、民族衰退的苗头，包括人为的贫富差距，穷人失去土地、流离失所，青年缺乏适宜训练和培养，童工遭受剥削，精神贫瘠导致物质上迅速堕落，济贫法案废弃后一片狼藉，醉驾引发严重事故，很多清醒而勤奋的人因为频繁失业和生活缺乏安全保障而悲痛欲绝，工人尚无任何最低生活保障；而与此同时，低俗粗俗和无趣奢华迅猛膨胀。这些都是英国的敌人。我们需要谨防这些苗头毁灭大英帝国的根基。

∙∙∙∙∙∙∙∙∙∙∙∙

每年都有预算。这位尊敬的议员阁下提出的预算方案颇为值得关注。尽管基于该预算制订的政策影响深远，然而财政法案就其性质而言，终归只是一个年度事件。但上议院否决预算方案，则不是一桩年度事件,而是粗暴践踏了延续 300 年、其间得到全国所有党派领导人公认的宪法传统和惯例。这会引发对过往传统的尖锐而敏感的破坏。而如果上议院不遵循过往传统,那么它又何以能存在呢?这就相当于尝试引发一场变革,不是由穷人发起,而是由富人发起;不是由平民大众发起,而是由极少数特权分子发起;不是以进步的名义发起,而是以反动的名义发起;不是以拓展国家机构为目的,而是以极大缩小国家框架为目的。

无论你怎么看待这样一个尝试,它都具有历史性意义。围绕它展开的战斗,无论谁胜谁负,将不可避免地带有永久和最终的性质,而不是年度性的。这样选举出结果,意味着对上议院否决权的改变。如果他们赢了,他们自然会滥用手中的权力,不仅拒绝下议院的立法,而且要控制国家的财政;而如果他们输了,我们将彻底粉碎他们的否决权。

我们并不是寻求打仗,我们还有工作要做。但如果这一仗非打不可,那么现在是再好不过的最佳时机。无论如何,也许在很多年内,这样的机会都不会呈现在英国民主面前了。再不会有比这更有利的条件了。再不会有比这更加清晰、鲜明定义的议题了。这些议题将包括各方都认为有必要征收的新税种,是应当向名牌、奢侈品和垄断商品征收,还是针对生活必需品征收;议题还可能是面向土地等自然、增值或劳工的日常食品征税;也可能是我们正在从事的建设性社会改革的政策,当我们推进改革时,也在扩大和深化政策,将要贯彻坚持,提供公平机会;或者是否要猛然彻底叫停改革,将国家精力和注意力投向大国沙文主义军备和愚蠢入侵外国。

最后,问题将是:英国人民在美好的 1909 年,是愿意接受一个由六七百万选民选出、并且全国每一个人都有机会发表意见、有代表性的议会统治,还是听凭数量少得可怜的一帮有封号的人——一帮不代表任何人,因而也不向任何人负责,只是奔走于伦敦为自己政党的利益、为自己阶级的利益,以及为自身的利益投票的人——发号施令、颐指气使呢?

这就是我们要为之战斗的问题。我很高兴这样一场战斗,如果非来不可,其责任必将由上议院承担。然而,如果这一场战斗非打不可,我们也不必抱怨,并且绝不后退。我们将全力以赴,因为一直以来大家都明白,这将是一场必须坚持到底的战斗;依照国家利益,战败一方将要偿还全部损失。

# "黑暗天使"

*1909 年 9 月 15 日,34 岁,写作:观看德国陆军演习*

  1909 年 9 月,时任商务大臣的丘吉尔应德国皇帝威廉二世之邀,去往维尔茨堡①附近的巴伐利亚观看德国陆军演习。1919 年,他作为陆军大臣率领 4 万英军在德国科隆进行分列式表演时,再次看到了德国阅兵式。他后来写道:"不容改变的胜利焕发出神圣的光芒。"并且补充说:"但我 1909 年离开维尔茨堡时并未预料到还将见证如此奇观,狂热的场面怎么想象也不为过。"大约 15 年后,德皇威廉被流放到荷兰的多尔恩村庄,被强制隔离,在居所砍木材;丘吉尔回忆维尔茨堡演习,这样写道:

  在那秋天的阳光里,黑暗天使将多少行军和慢跑之人封印。激烈猝死,比死更糟的毁灭和屈辱,普通士兵的穷困、残缺和绝望,他们引以为傲的首领声誉扫地、无法维持生计:这就是命运。我们从中阅读并凝重思考这成千上万的勇士形象。

  德国所有的皇帝和皇子,这个帝国所有的将帅,曾经簇拥在宴会餐桌周围。这十年来,他们散落四处,放逐流亡,废黜罢免,一贫如洗,受辱遭斥。他们是有致命缺陷体系的受害者,他们卷涉其中无法

---

  ① 又译作乌兹堡。

脱身。

　　还有德国皇帝，这个光鲜的形象，是上天的宠儿、欧洲的骄傲。他经历了一系列伤心、失望、幻灭、失败，毕生都在自我谴责。这些经历使他越过荒废的欧洲，来到多尔恩村庄的伐木区，接受最严厉的惩处。

# "我们建议针对财富而不是工资征税"

## 1910 年 1 月 8 日,35 岁,竞选演讲

　　1909 年 11 月 30 日,丘吉尔刚好 35 岁生日。上议院利用否决权,驳回了自由党政府有关社会改革的预算,其中 350 票反对,75 票赞成。四天后,阿斯奎斯关闭议会,召开大选。1910 年 1 月 8 日,在竞选期间,丘吉尔在阿斯奎斯东法夫选区的利文湖演讲:

　　我们受制于一场近身战斗,聚集于此。我认为我们有充分的理由相信,这场战斗必将胜利。(欢呼)这个国家已经陷入了一场毫无意义、微不足道的宪政危机。在过去 22 年从未间断、始终代表东法夫的阿斯奎斯先生恰好是首相。职责要求他在所有领域投入斗争。他已经南下为事业而战,这也是你的事业,是你们祖先的事业,是自由主义和自由贸易的美好而古老的事业。(欢呼)

　　首相做了一系列简洁、清晰、坦诚和强有力的演讲,将各处选区的反对者甩在后面,并已经大胜政坛风云人物贝尔福先生①。(笑声和欢呼声)同时,当他在别处为选民而战时,他也一直依靠这里忠诚的朋友和同志们。他托付的这份重要责任,我相信你们将担负起来。(欢呼)

---

　　① 阿瑟·贝尔福(1848—1930 年):英国保守党政治家。1902 至 1905 年任英国首相。

在东法夫的一切事项看起来进展顺利。我很高兴参加这场注定胜利的斗争。通过第六次大幅提升利润，回报进步强大的朋友，你将为之自豪，你将继续为我们坚持不懈的最高理想而奋斗，你将继续为养活你及全家的最高物质利益而拼搏。（大声欢呼）

预算引发了此次骚乱。预算的目的是什么？要钱。国家需要1 600万英镑。这笔经费事出必要，并无挥霍。预算很合理，也很有价值，因为首要支出在养老金，其次是为大英帝国防御。（欢呼）

保守党不会质疑预算支出的任何理由。他们曾经承诺有养老金，因此赢得了1895年大选。随后他们执政十年，却未兑现诺言。张伯伦先生①在1903年发起财政运动时再次许诺，但其保守党同僚愤愤不平，迫使其致信报刊媒体，声称他的关税计划中并无养老金这一部分。自由党不是承诺给予养老金，而是直接给付。（欢呼）自由党政府为海军制定了充分的条款，旨在确保其毋庸置疑的霸主地位。

保守党不是为了维护国家安全，而是为了寻求政党威权。他们正妄图利用海军恐慌谋取政治资本。这是上议院中保守防御的一方，他们希望左右民众意见。既然正在向民众咨询意见，他们于是抛出议题来引发新一轮恐慌……他们将最大希望寄托在海军话题，希望像红鲱鱼般转移民众的注意力，使大家无暇关注土地、预算和上议院这些真正的议题。（欢呼）所以，到目前为止，我们不能因为财政负担沉重而弹劾政府，只能要求选民承担英国海上力量的适度开支。我们将发现保守党索要的预算数额大大超出国家安全实际所需，他们是为了吹嘘炫耀军备力量。（欢呼）

我们将遇到怎样的财政赤字？关税"改革"发言人惯于运用模棱两可、模糊零散的表述来展示他们永远正确、光芒四射的灵丹妙药。政府

---

① 亚瑟·内维尔·张伯伦（Arthur Neville Chamberlain，1869—1940年），英国政治家，1937年至1940年任英国首相。他由于在第二次世界大战前夕对希特勒纳粹德国实行绥靖政策而备受谴责。1940年被迫引咎辞职。

提出了我们的计划,没有用发言人的这种惯用方式。政府并不指靠夸夸其谈的演讲或者半页信纸篇幅的含糊声明。我们通过精准条款和法规篇章来提出计划。下议院连月来争分夺秒地调查和讨论了这一计划。

我们提议针对财富而不是针对工资征税;但是如果不能公平评判向富裕阶层所征税收,或侵犯到他们的舒适优雅生活,我们则不提议征税。总之,我们提议针对奢侈品、垄断产品和过剩品征税,严格避免向生活必需品征税。

我们的税收不止用于今年的必需经费;明年和后年,这些税收不需增加,将带来更大的收益。政府打算用这笔不断扩大的收入来致力融资,资助一项经过深思熟虑、有关社会组织的计划。(欢呼)

这一计划的核心,是针对失业、伤残、疾病、家庭贫弱以及顶梁柱主要劳力死亡的国家保险重大原则。(再次欢呼)这一计划与正在建立的全国劳工职业介绍制度密切相关,与改革济贫法案的重大工程密切相关,旨在解救济贫院中的孩子,旨在妥善处置智障人士、酗酒者和其他需要特别护理的人,旨在将诚实求职之人与游手好闲索要小费之人区别开来。(笑声和欢呼声)

我们的计划也与为经济发展提供了广泛支持的发展法案密切相关。这是政府计划,劳工部和下议院为了保障计划经费而制定了必要的财政措施,但却被一个非正式聚会轻率傲慢地踢出议会。他们为了打击民意代表、并且捂住自己的钱袋子,毫不犹豫地打破宪法惯例,而这些惯例决定了议员的立场。(欢呼)

我们必须在3月31日之前筹到钱款。而且马上要开始制订下一财经年度的经费预算了。制订过程很简单:皇室要钱,下议院拨款,上议院同意。上议院实际是被迫同意拨款,因为他们无权否决皇室要求。

上议院是一个不具代表性的机构。他们不经手预算,也不处理财务报表。哪怕是小至一分钱的支出,他们都无权批准,也不能管理。他们如果否决一个预算,却无法提出另一个预算来替换。他们唯一能做的就是在铁轨上放一块石头，让国家这列火车脱轨。他们也正是这样做的。

选民请不要低估了宪制问题。对英国代议制而言，这是一个生死攸关的问题。选民选择了议院，而议院选择了政府。如果你眼睁睁看着下议院被剥夺国家财政权，那么你的选票也将同样失去决定权，因为所选议院再也无法保障政府正常运转的经费。

每位个体，但凡有点滴民主意识，都应该矗立如同磐石，坚决反对个人权利被侵犯。如果你放任冷漠挥霍这些权利，那么民主政府将不复存在。将来你的孩子们一旦发现自己被寡头资本主义统治，当然会以责备的眼光注视你们这些父辈。（欢呼）

上议院傲慢无礼地否决了财政预算。事实上，兰斯多恩勋爵①的整个态度代表了傲慢的贵族。那天晚上他说："20年前谁会想到劳合·乔治有可能成为英国首相呢？"我答道："有20年的时间呢，谁会想到兰斯多恩侯爵有希望。"（笑声与欢呼）

劳合·乔治先生代表了什么？他代表了英国宪法的民主自由。正是这种民主自由，使得具有美德、出身乡村学校的人能够晋升至皇冠以下的最高位置。（欢呼）正是英国宪法的光芒，使得祖国大地上的每一个人在获得同胞的认可与授权之后，均可以在这片大地享受尊贵的荣耀、力量和卓尔不凡。（欢呼）劳合·乔治就是其中一位典范。他的事业具有这样的象征意义。

兰斯多恩勋爵的职业生涯又意味着什么？它代表了彻头彻尾的特权和偏袒，代表了从始至终、牢不可破的填鸭式灌输、娇生惯养。（欢呼）它代表了获取偏爱和就业的捷径。兰斯多恩勋爵的政治举动代表

----

① 兰斯多恩是谢尔本伯爵首相的直系后代，第四代侯爵的长子，并曾在自由党政府历任财政大臣、陆军部次官和印度事务副大臣。1906年至1910年在上院任反对党保守党领袖，否决了劳合·乔治的人民预算，造成宪政危机，斗争的结果是上院最终失去大部分权力。

着什么？它并非出自民众的授权，而是代表了一个党派和一个阶级的偏见。它代表了一小撮世袭制议员，他们与保守党核心密切勾连。

兰斯多恩勋爵接受保守党管理者的指示。根据他们的指示，他毫不犹豫抛掉人民议会中绝大多数人选举产生的法律。他有时候精选邀请几百名贵族朋友到后客厅开会，有时候组织公开或半公开的讨论，然后，"点头就像眨眼睛那样轻而易举"。（笑声）许可食品供应者协会坚信特许售酒事业不会消亡，他们收到了一封信，向协会代理人询问酒馆里的小道消息，并且询问将在英国历史上留下印记的决策。（欢呼）

让选民自行对比这两个人对英国公民群众的意义吧。一位是劳合·乔治先生，让普通选民和候选者受到鼓舞、感到有尊严；另一位是兰斯多恩勋爵，代表着一个已经丧失权力、被时代淘汰、抱残守缺的议会，代表着已经彻底偏离最初意义的封建遗老，代表着很早即行将就木的势力，只要选民一个毁灭性的打击就会宣告永久终结。（大声欢呼）这就是此次选举的主要议题。上议院否决预算是滥用职权。他们为了党派利益，长期滥用权力。既然上议院违反了宪法，我们最好一次性彻底解决这个问题。

政府希望选民赋予我们执行预算和基于预算实施社会立法的权利。更为重要的是，我们呼吁选民绝对支持永久废除上议院干涉财政的权力，有效约束其凌驾于其他法律之上的权力，确保下议院在议会任期内实践自身意志。（大声欢呼）

# "公民的崇高地位"

1910 年 5 月 30 日，35 岁，下院演讲：保护工会

1910 年 5 月 30 日，丘吉尔在下议院发表演说，支持一项保护工会、反对不公平偏见看待工会的政府法案：

我们尽力通过这个法案实现双重目标。首先，我们尽量保障工人个体表达政治主张的自由。其次，我们尽量保障全国工会组织的自由，使之摆脱永远面临起诉的窘境。在过去十年里，工会一直受到粗暴对待，被诬告纠缠。

我们深信这个法案将一举两得。我要说，议会里的每位议员都认为这一法案极有必要，这一点无可辩驳。

…………

我要毫不犹豫地说，想阻止工会进入政治领域很难。工业和政治活动范围总是相互交织，往往无法区分开来。即使工会自我设限在最纯粹的工业活动形式，工会进入议会也极有必要。一旦工会接近议会，就触及到了争论纷纭的政治生活的核心地带，因为关于工会代表的争议将引发大众政治和政党政治所能联想到的所有问题。

所以，正如政府所考虑过的，问题在于如何让工会主动参与政治，而不必强迫小心谨慎的工会会员个人。我们所考虑的也正是这个问题。我想如果人们研究法案，将会发现这个问题。我认为它已经在辩论中有所呈现，并且经过我们的竭诚努力有了进展，在两个预期目标方

面都产生了效果，我们已经在两个方面都成功建立了真正的安全保障和实际流程。

我们先看看工人的情况。我们应该在所有法律中确认工人作为公民的崇高地位，这是至关重要的。我们在下议院应该坚持工人有权像社会其他阶级那样在政治或宗教事务上有良心顾虑或坚定信仰；坚持认为工人的信仰对他同样重要，对我们当今社会同等重要，就像其他阶级的个人信仰那样重要。如果我们不能认识到这一点，那么对民主政治的构想将犯下最为灾难性的错误。

一个人可以贫穷，可以一无所有，只能出卖劳力；他可以是体力劳动者，按周获得酬劳，但他身处一个自由的国度，必须和这个国家任何贵族、教士或资本家一样，是自由个体，享有独立完整的政治信仰。我希望下议院坚持认为，工人的意见与其个人利益冲突时也可以畅所欲言，而不是放入口袋收起来；大众对个人政治活动不止有一次决定权，可以自作主张、独立选择，不受阶级束缚；独立的政治辨别力不是富人和特权阶层的专属权。我坚信，只要下议院有任何一点主张或要求与上述向左，都将极大伤害我们整个政治制度的基础。

我想，遍及全国的劳动者和雇工实际上普遍承受了非常多的这类压力。在我们的体系里，民主演讲里大量表达着至高无上的主权在民，而现实情况特别是经济形势却形成反差，个体工人面对的土壤只会滋生玩世不恭的政治犬儒主义。但下议院无法制裁，也不能提供任何材料表明工人未能获得最充分的政治自由裁量权，也没有充分的自由表达权。我们必须以一切方式来抵制和批判这种真实存在的情况。

我们整个政治体制的基础是平等权，每个阶级的个体都享有同等重要和同等价值的政治权利。我很赞同困难在于理论而非实践。在绝大多数情况下，即便工人小小的政治捐款都被拿去支持他们并不认同的工会政治活动，他们也不会感觉受伤害。在绝大多数情况下，他们不是目标对象。其中很多人对此较少思考。极少数幸运的工人被逻辑或神学的微妙之处弄得烦乱不堪。在实践中，一般来说在绝大多数情况下，他们不介意为政治联盟付费，认为这是普遍规则，以为这是在改进所处阶级的利益；然后他又投票支持另一个政党，以为是同时推进政治事务的另一条路径。这种可能呈现在表面、缺乏逻辑的精明，有更多意义、更深原因和更远洞察力。但我认为工人通常不能切中要害。他常投票反对所在工会捐款支持的一名候选人，而且并未意识到此举伤害了自身个人诚信。

当这个领域没有受伤的感觉，那就没有受伤。当他没有意识到自己已经做出有违个人信仰的事情，那就没有造成需要麻烦立法机关的伤害。但是如果有受伤感，那么受伤感则成为基础。

如果工人势在必行的目标是他应该有权反对，那么以普通劳动民众为基础的下议院也必然要向他表明，他有权反对。否认劳动者的反对权，将确切无疑侮辱其道德品行和公民身份，最终无疑致命影响他们未来的政治发展。下议院后座①的议员阁下都在深入关注这些情况，我希望你们考虑采用这种表达立场，因为我担心尊敬的议员（拉姆齐·麦克唐纳先生）认为所有这些都只不过是关于个人权利的人道主义梦呓；相形之下，工会将要接纳全国劳动者阶层中的绝大部分选民。现在劳动者阶层中很多选民属于工会组织，我相信经过几年发展将有越来越多工人加入工会组织，这无疑是在羞辱他们的公民身份。

正如尊敬的阁下、莱斯特资深议员克劳谢-威廉斯先生所指出的，我们不能说工人如果反对所在工会大多数人的决定，他就可以离开工会。你还不如说他可以离开地球。他无法离开工会，他也不应该离开。我们国家有很多大型行业，组织极为完备，发展很好。工人离开工会也意味着失去谋生的唯一渠道。

我们希望鼓励人们加入工会，而非强迫他们离开。我认为最好建

---

议每一位工人都加入工会。一个人怎能毫无防备地直面现实世界的各种势力，只会从家庭生活费用中挤出钱来，而不懂依靠组织来捍卫劳动的权利和利益，我难以想象这种愚蠢行为。我认为，如果因为在多数情况下只有强大而独立的人会坚持这些主张，所以这些拥有强大和独立灵魂的个体会员大量被孤立于工会之外，将对工会造成极大损害；如果把工会拆分为敌对机构，试图将他们变为政党工会——自由党和社会党工会——打破工会的同质性，破坏工会运动的团结，也将极大损害工会。

如果个体因为他们本人的政治观点而被迫脱离工会，或者工会优势只为持一种政治信条的人单独专用，这将大大不利于工会运动。我们通过法律明确规定，工会制度赋予个人的巨大权益不可剥夺。毕竟，由于工人对政治宗教持有特定看法，工会90％的工作是面向工业领域，小部分是政治工作。一位议员阁下曾经询问，如何保障个体享有这些权利。他可以向法院起诉，而且个人起诉的案例已显成效。事实上，只要涉及个人向法院起诉工会的案例，我们必须承认，每桩案例中先发制人提出诉讼的都是个人，工会反而被动。

∙∙∙∙∙∙∙∙∙∙∙∙

我想说的是，无论你在议会法案中加入什么，都无法施加某种非法压力，虽然这种压力广泛存在于所有社团、社区，普遍存在于人们热烈关注的各种话题。但我要强调一点，我们英国历史上从未出现过个体因为其观点遭受各种不可忍受的狭隘误解、顽固偏见、严苛指责或欺凌侮辱，或者卑微民众因为其政治宗教观点受到更加广泛普遍的责难迫害。

历史上从未有过：公共舆论变得更加谨小慎微，新闻宣传变得更加寻根究底，党同伐异如此绝对匮乏各种拥护，个体的政治信念面临形形色色各种人等的试图践踏——时常有房东老板，或是工会、政府，正如我们所听说的，或是政党纪检主管即党鞭，或是劳力雇主、大学种姓等级、俱乐部、地方执法官或宗教机构。他们试图对个体反复施加欺负、迫害或折磨。个体政见遭受更为严重的肆意谴责和判罪、更为有效的冷嘲热讽,当下境遇糟过其他任何国家有记录在案的任何情况。

还好你有保障。你唯有通过有效保障来对抗这种胡作非为。修订法案于事无补。如果你希望做到充分预防,你不得不"修订"人性。所有政党和社会各界毫无疑问都会难免出现滥用职权的情况。而公众舆论是唯一的保护伞。并且它的保护力量正在不断增强。

············

我们设计这一法案制度,希望尽可能方便实用。任何人都无权肆意妄为,这一点毋庸置疑。我们认为,如果有人不赞同工会的通行政策,他应该提交正式报告、说明意图打算。我们确保他提交正式报告的理由和场合不会引起任何争议。我们并不会像很多情况那样向他支付费用、事后收回钱款。尽管他的捐献费非常微薄,我们仍将为之提供有效和便捷的方法。这并不是对工会漠不关心、制造障碍。如果个人不希望承受过度压力,我们也会做好信息保密,不会将他曝光。

个人应该拒绝支付特定的政治努力,这才绝对公平、不会令人反感。因为如果资金分离了,除非他贡献钱财,否则将无从获得任何部分管理权。

我现在探讨法案第二个主要目的。正如我之前所言,法案首要目的是有效保护工人个体的权益,无论其小心谨慎的观点或坚定的信念是什么;第二个目的是帮助工会解除诉讼的频繁骚扰和不断曝光,助其自由发展、开展工作,免于一而再被检查、经常性被审判以及总是被迫和法院打交道。

这很不体面。我们下议院必须如此这般看待。我们最近几年目睹了这些工人协会和工会机构陷入官司、疲惫不堪和担惊受怕的景象,他们每走一步、每到一处都要接受各种合法决策所要求的检查,最令人惊奇的是伴随检查同来的是全国最好的律师们。工会总是被带到法院受讯,这对工会和法院都不好。

我认为,英国法院在全球无论是刑事案件还是当事人之间的民事案件中,都无疑享有无与伦比的公正高大、备受尊敬的声望。全社会所有阶级无疑都要尊重和敬佩法院。但是法院一旦触及阶级问题,触及政党问题,就无法假装做到一视同仁。恰恰相反,他们没有一碗水端平。很多民众不得不认为他们无疑下意识地抱有偏见。(有议员称"不,没有"和"出去",不时中断。)

     •••••••••••

(丘吉尔继续说)……我绝不打算离开。我要重申,法院和各大工会机构发生冲突真是令人遗憾。(有议员喊:"出去。")

我只想再说两三句话,你们没法打断我。我们正是基于这些情况,争取在法案中建立工会和法院之间的防护堤。一些权威人士可以……(议员们大喊:"出去。")我们已经设法发现一些权威人士……(一名议员大喊"我们不攻击法官。")

     •••••••••••

尽管我们很难通过法律定义"工会"究竟是什么,但大多数具有常识的人只要看到一个工会就会明白这种机构。这就如同试图定义"犀牛",它的确很难下定义,但是只要人们看见犀牛,人人都能辨认出来。

反对党的决定并非反对法案,而是体现了议会对工会价值和作用的普遍认可。我们非常清楚,应该推动工会运动发展,不应使之千篇一律;应该有力推动工会运动拓展新领域,开展新探索。我们不愿羁绊或束缚工会运动,而希望使之摆脱被取而代之的不确定性。我们希望工会不再永无休止被法院传召,不再成为法律等级和工人协会之间的斗争。我们希望这样做,以确保工会可以按照合理可行的原则行事,不会伤害或侵犯工人个体的权利,不会伤害或侵犯他们虔诚坚定的信念,不会伤害或侵犯他们小心谨慎的顾虑,而是充分保护工人的权利、信念和顾虑。

我们希望工会能够自由努力发展,建立全国最低生活和劳工标准,捍卫人民幸福。无论政党怎么想,毕竟,捍卫人民幸福正是我们努力的目标和方向。各大党派里尽心竭力的人,我想他们正在想方设法日益努力实现对人民幸福的捍卫。

# "永远的反思"

1910 年 7 月 20 日，35 岁，下院演讲：监狱制度改革

1910 年 2 月 15 日，自由党在大选后重新掌权。那一天，丘吉尔被任命为内政大臣，负责警察、监狱和囚犯。他立刻着手改革监狱制度，大幅削减狱中青年人群，减少可能判处单独监禁的人数，废除他所认为的过度徒刑，并且改善监狱条件。7 月 20 日，他在下议院陈述对罪与罚的观点：

公众对待犯罪和罪犯问题的思想倾向，是衡量一个国家文明程度的最为可靠的试金石之一。我们应该平心静气地承认，被控危害国家罪的被告也拥有同等权利。我们甚至要承认已判刑的罪犯的权利，即便他们犯有危害国家罪。我们要不断反思执行刑罚的控诉。他们已为错误付出代价，迫切渴望在工业世界里重新做人。他们孜孜不倦探索治疗和更新重生，坚信世间有一座宝库，有心之人定能找到。这些都象征着治疗犯罪和罪犯的措施和痕迹，标志并估量着一个国家积蓄的力量，也象征和证明了这个国家的生活美德。

　　·············

我们应该牢记，在监狱每次实现重要改进时——适时调节囚室温度，为罪犯提供食物以保障健康和体力，医生、牧师和监狱社工络绎不绝进出访问，而与此同时，罪犯被剥夺了自由人称为"生活"的所有一切。我们应该牢记，所有改进或可缓解我们的良知，但没有改变我们对犯罪和罪犯的立场。

# "我们国家生活中的劫难"

1911 年 2 月 17 日,36 岁,下院辩解:煤矿罢工安保

1910 年 11 月的第一周,英国威尔士的朗达山谷爆发了煤炭工人罢工。暴徒在汤尼潘帝镇袭击了商店。格拉摩根郡警察局长手下只有 1 400 名郡管警察,于是要求部队调配 400 名士兵乘火车从伦敦开赴南威尔士。丘吉尔在内政部一接到事件报告,即命令部队在斯温登停止行进,而向当地派出 200 名伦敦警察和 70 名骑警,这些警员全部未配武器。第二天,保守党报纸攻击丘吉尔未向汤尼潘帝派遣部队。《泰晤士报》称:"丘吉尔先生似乎不明白,一场严重的危机已然出现,需要果断处理。"1911 年 2 月 17 日,下议院发生了激烈争论,丘吉尔为自己召回部队的行为辩解:

我们必须维护法律秩序。但我相信议会将同意我的看法,避免士兵与发生劳资纠纷的群众之间产生冲突是公共政策的重要目标。使用枪械参与这种武装冲突,必然造成死伤,这将极大损害军队。英国志愿军要精心维护与人民的关系。武装冲突引起的长期纷争和怨恨将持续整整一代人。因为士兵向民众开火将成为英国生活中的劫难。

英格兰民族独立跻身列邦之中,很多年来几乎独自避免了令人忧伤、违背人性的战火纷争。我敢说内政大臣这样做很值得,他勇于担当,冒着头破血流的风险,避免在部署警力时劳民伤财、增加不便;他直面责任,避免了让英国士兵流血牺牲。谢天谢地,南威尔士成功避免了流血冲突。

# "这座守卫森严的岛屿终于失陷"

## 1911 年 7 月, 36 岁, 写作: 阿加迪尔危机

1911 年夏天, 德国政府向摩洛哥位于大西洋海岸的阿加迪尔港口派出了一艘炮舰。英国早在七年前便知晓摩洛哥隶属法国势力范围。7 月 21 日, 英国财政大臣戴维·劳合·乔治在伦敦市长官邸演讲, 警告称"像我们这样的大国苟且偷安, 不惜一切代价忍让, 这真是无法容忍的羞辱"。丘吉尔在他多卷本的历史著述《第一次世界大战回忆录: 世界危机》①中写道:

它们听上去是慎之又慎的不刊之论, 这真是些要命的措辞。我们在平静的大房间里低声说话, 语调柔软平静, 谦恭有礼, 庄重严肃, 字斟句酌。但正是这个德国, 她不加警告就悍然开炮, 践踏了多少国家! 因此, 海军部的无线电报现在悄悄发声了。

这没什么, 只是区区小事, 根本不值一提。在 20 世纪想到这些, 真是太愚蠢和荒唐了。难道会有人从黑暗中跳出来袭击和谋杀, 要我们性命? 难道鱼雷会撕破还未睡醒的舰艇的腹部, 才过一夜, 太阳升起时, 海上霸权已然消逝? 这座守卫森严的岛屿最后终于失陷?

---

① 丘吉尔所著《第一次世界大战回忆录》原名"世界危机", 丛书共五卷, 历时十年出全。前三卷副标题分别是"1911－1914 年""1915 年""1916－1918 年", 主要讲述西线战争; 第四卷单独叙述东线战争, 并以"东线战争"为副标题; 第五卷副标题为"战后"。

不，绝不会发生这种事情。没人会这么做。文明已足以制止这种毁灭。各国之间通过贸易交往相互依存，人们的公法意识、海牙公约、自由法则、工人政党、巨额融资、基督教慈善事业，种种常识使得如此噩梦不可能成真。

　　你有把握吗？如果错了，会很遗憾。这种错误只能犯一次。犯一次就会遗恨千古。不能一错再错。

# "险 象 环 生"

## 1913 年,38 岁,学习飞行(《思想与冒险》)

1911 年 10 月,丘吉尔再过五周就将迎来 37 岁生日。他被任命为海军大臣①,不仅负责皇家海军,还负责新成立的皇家海军航空队②。1913 年年初,他让航空队的飞行员教他飞行。他在《思想与冒险》③一书中描绘了飞行课:

我一开始飞行是出于责任感、兴奋感和好奇心,接着继续飞行,体会到了纯粹的喜悦和快乐。我走过海军部下辖的各种飞机,到过它的所有机场。那些日子真是新奇,我经常"惯性飞行",或是关闭引擎做降序滑翔。飞机急速穿过柔和的空气无声向下冲,融入壮丽夕阳,地球如同地图般徐徐展开。我得说这些崭新体验真是令人心旷神怡。

我很快雄心勃勃想要独立驾驭这些飞机,于是在海军和军校上了

① 英国海军大臣,亦称第一海军大臣(First Lord of the Admiralty,简作 First Lord),是英国海军部(Admiralty)的最高领导。海军大臣为海军部委员会(Board of the Admiralty)的主席。委员会内包括文人大臣和职业海军军官大臣。

② 皇家海军航空队(Royal Naval Air Service,简称 RNAS),隶属海军。英国的海军航空发展领先世界。1912 年 5 月,英国组建皇家飞行队和中央飞行学校。1918 年 4 月 1 日,皇家飞行队与皇家海军航空勤务队合并,成立英国皇家空军(Royal Air Force,简称 RAF),成为世界上第一支独立空军。第二次世界大战期间,英国空军进行了大量作战活动。

③ 也译作《想法和历险》《思索与遭际》《思与行》(Thoughts and Adventures)。

很多课。双重控制的飞机在1913年快速发展,我有一架,飞行员和乘坐者可以并排而坐,交替控制。这种双控飞机特别适合教学,我在上面飞行了很多次,都是难忘的旅程。但是它最终以极不愉快的方式揭示了螺旋式下冲的危险,警示我们此后尽量避免。

我曾对飞入天空惴惴不安。说来也奇怪,这种担忧显然被一长串我涉身其中的危险和致命意外——验证。有位年轻的飞行员教练在伊斯特彻奇给我上了第一课。我和他曾一起飞行,结果第二天他就死了。当时我正在财政部和财政大臣讨论1913年海军预算的细节,突然一张便条送到我面前,告知我昨天同机训练飞行两三小时的同伴已经在同一架飞机上丧生。

数周后,南安普顿湾生产出一种全新的实验型水上飞机。我在测飞期间飞行了良久。它在演习过程中各种情况下表现完美。我乘坐海军部"女巫号"快艇驶往希尔内斯,随即得知该机俯冲跌入大海,机上三名军官全部罹难。我以前频繁驾驶曾提到过的交际双控机去飞行,这天正要去飞,公共事务新闻官阻止了我。这架飞机整个上午都飞行得很漂亮,但是机头突然陷入原因不明的自旋,撞到地上,摔成碎片。机上正在飞行的两个军官因此严重受伤,他们都是我的好友。

当我开始深入了解飞行,逐渐意识到,飞行员的飞行时时刻刻险象环生。我想现在已经大大改观,完全不同了。当时我注意到我们曾经飞过的飞机上有几处缺陷,包括电线断开了,机翼烧焦了,支柱有裂纹了。所以,一旦飞行员和我平安着陆,总会互相祝贺。无论如何,即使危如累卵,只要脱得开身,我依旧尽一切可能继续飞行。

# "现代世界从未有过的最后通牒"

## 1914 年 7 月,39 岁,写作:一战导火索

1914 年 6 月 28 日,奥匈帝国皇储弗朗茨·斐迪南大公夫妇在萨拉热窝被一名塞尔维亚民族主义分子刺杀。奥匈帝国政府向塞尔维亚发出通告,要求赔偿。在英国,公众整个夏天都在讨论爱尔兰问题。自由党政府致力于为爱尔兰引进地方自治。爱尔兰北部地区阿尔斯特的新教徒决意留在大不列颠联合王国①,一场内战看来不可避免。丘吉尔在当年春天曾派遣皇家海军前往对战阿尔斯特的军火贩子。这年夏天,他

---

① 英国,全称大不列颠及北爱尔兰联合王国(United Kingdom of Great Britain and North Ireland),由英格兰、苏格兰、威尔士和北爱尔兰组成,是一个位于欧洲西北面大不列颠群岛的君主立宪制国家。大英帝国(British Empire),由其领土、自治领、殖民地、托管国及其他由英国管理统治的地区组成,被国际社会及历史学界视为世界历史上最大的殖民帝国,其统治面积曾达到约 3 400 万平方千米。被形容为继西班牙帝国之后的第二个"日不落帝国"。逐渐瓦解于 20 世纪中期。英联邦(Commonwealth of England, Commonwealth of Nations),是英国和已经独立的前英国殖民地或附属国组成的自由联合体,正式成立于 1931 年。第一次世界大战后,英国势力遭到削弱,各殖民地人民纷纷要求独立,便逐渐用英联邦代替英帝国的称号。英联邦不是一个共和国,没有书面章程,也没有中央政府。英王是英联邦的名义元首。英联邦不设权力机构,英国和各成员国互派高级专员,代表大使级外交关系。1965 年,各成员国政府首脑决定在伦敦设立秘书处。英联邦秘书处是英联邦的行政机构,同时也承担各成员国间交流和协商的工作。

担任政府的谈判代表,在白金汉宫会议①谋求爱尔兰民族主义者和北爱尔兰联邦党之间的和解。7 月 25 日,内阁在唐宁街 10 号②开会,讨论正在缩小的分歧领域。丘吉尔在《第一次世界大战回忆录:世界危机》一书中回忆了这次内阁会议:

星期五上午,内阁长时间开会反复讨论爱尔兰问题。白金汉宫会议已经失败。分歧对立似乎一如既往针锋相对、无可救药,但是如此命运攸关问题所系的争议,双方观点的差异却小得不可思议。主要的争论转向弗马纳郡和蒂龙郡的边界问题。爱尔兰各党派在进退维谷之中,在失去理性的战斗中,足以驱使各自拥趸拼命向前。大不列颠的政治前景在那一刻取决于如何处置这一簇簇简陋的地方行政区。北部不同意这一点,南部不同意那一点。南北双方难以达成共识。

双方领导人都希望局势稳定下来,但也都带领各自部下冲到了他们敢于走到的极点。双方似乎都寸土不让。解决爱尔兰争端的同时,必须迅速果断中止英国政党纷争。双方都强烈呼吁各自领导者实行这些方案团结合作,劳合·乔治先生在 1910 年即提出了这一方案,势必已然公之于众。另一方面,如果调停不成功,则意味着内战可能一触即发,人们陷入水深火热无法自拔。

所以,内阁在弗马纳和蒂龙之间的泥泞小道艰难逶巡,在种种方式中希望找到打破僵局的办法。人们原以为 4 月份发生在爱尔兰卡勒平原和贝尔法斯特的事件会震惊英国舆论,形成团结局面,足以解决爱尔兰的党派问题。显而易见,团结局面未能达成。显而易见,双方冲突还

---

① 白金汉宫会议,通常指讨论爱尔兰议题的白金汉宫会议,由大不列颠联合王国的乔治五世国王于 1914 年 7 月召集英国政府代表和爱尔兰以及北爱尔兰代表,在白金汉宫会晤,试图达成协议。会议虽然没有成功,但创造了进行谈判的良好开端。

② 唐宁街(Downing Street)位于英国首都伦敦的威斯敏斯特区白厅旁,在过往 200 年来都是重要内阁官员的官邸:“唐宁街”和“唐宁街 10 号”是英国首相或首相办公室的代名词,类似美国白宫;而“唐宁街 11 号”代表财政大臣兼任第二财政大臣的官邸。

将进一步升级,在各自退让之前造成难以估量的惨重后果。自从拜占庭帝国蓝绿两党①纷争以来,党派之间的倾轧很少达到像今天这样荒谬的地步。看来即将发生强度无以复加的震动。

内阁讨论最终并未达成一致,正要散会之际,大家听到外交大臣爱德华·格雷勋爵轻声严肃地读着一份刚从外交部送来的文件。这是奥匈帝国致塞尔维亚的外交照会。一开始我还满脑子想着刚刚结束的枯燥乏味、令人心烦意乱的辩论,他念了几分钟后,我把注意力转到这份文件上。

我们都已筋疲力尽。但随着他的话一句接一句飘来,我的脑海中开始生成一个截然不同的印象。奥匈帝国这份照会显然是发出了最后通牒,而且是现代世界此类文书中从未有过、最为傲慢可怕的最后通牒。爱德华·格雷先生继续念着。人们听得出,世界上任何国家都绝对不可能接受这样的条款;或者说,不管怎样委曲求全地接受这样的条款,也不可能满足侵略者的欲望。弗马纳和蒂龙之间的行政区划消隐于爱尔兰的迷雾风暴。而一道奇异的光亮突然投射进来,照在欧洲版图上,层次明显,并且不断扩大。

---

① 指主张中央集权的蓝党和主张地方自治的绿党。

# "战争将是漫长而严酷的"

1914 年 9 月 11 日,39 岁,伦敦歌剧院演讲:一战防卫动员

1914 年 8 月 4 日,英国对德宣战。此前德国入侵比利时,迈出了其征服法国计划的重要一步。第一次世界大战①爆发后的前六周,德国军队席卷了巴黎。英国远征军前往比利时阻击德军,在比利时西南部的蒙斯遭遇德军,被迫和法国军队撤退一百余里,来到法国马恩河边,相距巴黎不到 64 千米。9 月 8 日,英法联军在马恩成功阻击德军进攻,并开始逼其撤退。战线延至英吉利海峡和欧洲大陆北海各港口。9 月 11 日,丘吉尔持续 24 小时检查法国北部港口城市敦刻尔克的防卫工作之后,在伦敦歌剧院向焦虑的听众发表演讲,并为各大报纸广泛报道:

在这千钧一发的危急时刻,我们在此集会。但我今晚很高兴见到诸位。(欢呼声)我对未来信心十足,对我们所肩负的重任信心百倍。法国境内正在进行一场大战,现在推测战争结果为时尚早。我们在这焦虑而漫长的四天中所听到的一切消息似乎都在表明形势将要发生重

---

① 第一次世界大战主要是同盟国和协约国之间的战斗,发生于 1914 年 7 月 28 日至 1918 年 11 月 11 日。德意志帝国、奥匈帝国、奥斯曼帝国、保加利亚王国属同盟国阵营,大英帝国、法兰西第三共和国、俄罗斯帝国、意大利王国和美利坚合众国等则属协约国阵营。这场战争是欧洲历史上破坏性最强的战争之一。

要转捩。

我们已经看到，英法联军有力抗击，不但牵制了席卷法国边境的凶猛德军，而且终于在经过整整四天持续努力，而不仅仅是一个小时或一天的战斗之后，已经稳稳扳回战局。（欢呼声）

战线长达 160 千米甚至 240 千米，我们必须小心谨慎。虽然我们在战场绝大部分地区取得胜利，但是不要对战果寄予过高厚望。我们不是寻求镁光灯和虚荣表扬的孩子，我们是男子汉，正在肩负起一项必须克服艰难险阻才能成功的艰巨任务。不过，当我们充分细致地考量所有这些重大行动中总难免伴随的不确定因素时，我要公平准确地说，今晚的形势柳暗花明，有了明显好转。我们在战前冷静估算双方的可用兵力，导致大家在战争早期认为我们不抱胜算，但是今晚的形势已经峰回路转。（欢呼声）

目前的战况显然让德国人始料未及。（大笑声）德国的侵略蓄谋已久，而且处心积虑，老谋深算，执行精密，表现高效。但他们很难抗衡我们同样高效的军事力量。我认为，这场战斗有充足的理由让我们在今晚愉快聚会。而且我还要据实告知诸位，这场战争是灾难性的，幸好谢天谢地我们有望打赢德军；我仍要信心百倍、极为笃定地告诉诸位，只有继续努力，才能让战争走向我们所期望的结果。

我们参战，并没有指望会轻易获胜；我们参战，也绝非妄图扩充英国领土版图，或者提升我们的国际地位，或者不切实际地妄想为欧洲大陆的争端而流血花钱。我们参战之前已经尽一切体面的努力和礼遇，尽量避免被卷入，但最终无奈应战。我们参战时已经充分认识到，战争将会带给我们无尽苦难、损失、失望、苦恼、焦虑，而且将持续引发可怕的连锁反应。

战争将是漫长而严酷的。随之而来的战事将让财富锐减，让希望破灭。而我们必须从和平事业中汲取力量，从内心深处衍生力量，继承民族历史传统，感恩全世界对英帝国的支持援助，所有这一切使我们国家跨越各种障碍，不惜一切苦难，奋战到底。

斗牛犬一直把鼻子向后倾斜,这样它被牵着也可以自由呼吸。

有人认为这将是德国人的战争,另一些人认为不单是德国人的事。但是没有人料到一场大型军事战争将淋漓尽致暴露军事组织的所有恶习,而不具备赎罪的美德,能让战斗洗刷羞耻污点。我们一直被迫眼睁睁看着冷酷暴行欺凌老弱妇孺。我们一直被迫眼睁睁看着关于战争文明的律法屡次三番被打破,行径形同私人生活中的欺骗行为。如果人们宽恕并接纳这些行径,将会让可敬士兵赢取的信用和荣誉黯然失色。我们面临所有这些困难。我们绝不能效仿。(欢呼声)

我们不要试图到处搞以牙还牙的小报复。让我们全神贯注于最为纯粹和显而易见的任务,即专心打造一支强大的军事力量,即便运气不好,也能以令人赞许的方式结束这场战争。无论战争如何开启,既然已经开战,我们就要奋起打响保卫战。我们的文明,处事之道,政治和议会生活、包括投票与思考方式、政党制度,党派纷争,自由宽容的英式生活,做事方法、在世界上保持活力并且自尊自重的立身之法——所有这一切都与普鲁士军国主义官僚机构的武力组织形成反差和碰撞。

战争已经开始,必须不停前进,不能半途而废,直至最终以某种方式果断结束。我们不能妥协,不能高挂免战牌。不是你死,就是我亡。我们已经坚守至今,势将毫无畏惧,继续前进,一拼到底。

很多年前,指导七年战争伟大胜利的18世纪英国首相老威廉·皮特呼吁强制征用国民:"拧成一股绳,形同一个人。"时至今日,我们才遵循他的呼吁。但我们现在紧密团结、凝心聚力、形同一人,世上没有什么强大武力能够击败或者拆散我们。(欢呼声)

即使身处冲突斗争的黑暗时刻,我仍希望,国家迫于战争压力形成的这种统一不要停息;即便我们倾注的伟大军事努力和孜孜以求的伟大正义事业已然实现，统一也不要休止。我希望——我也深信这一希望并不虚妄——来自不列颠群岛和整个大英帝国的军队继续携手合作，不仅仅合作军事战斗，更要共同努力让国家更快成为更加幸福繁荣的乐土，让社会正义和自由制度更加坚固建立、远胜以往。（欢呼声）如果这样，我们就不会在国内外徒劳战斗。各位，让我们心怀信念，为了希望，抛开所有顾虑，摒弃所有私心，坚定不移，毫不妥协，精力充沛，全力投入，积极参战！

# "没有理由绝望"

## 1914 年 11 月 27 日,39 岁,下院辩解:隐瞒战讯

    1914 年 10 月 2 日,当德国军队逼近欧洲北海和英吉利海峡各港口,丘吉尔离开伦敦,前往比利时北部的安特卫普①。他在当地连续四天鼓励比利时人尽可能长时间在海湾牵制和拖住德军,英国皇家海军陆战队则施以援手帮助。10 月 10 日,在安特卫普投降德军之时,重重阻力促使英法军队重新集结,保卫敦刻尔克,为协约国盟军在战争后半段保存了一个联盟港口。海军方面,英国在 11 月 1 日遭遇了战争期间最为惨重的海事灾难,在智利太平洋海岸的科罗内尔,1 500 名船员惨遭没顶之灾。同一周,丘吉尔惊闻表弟诺曼·莱斯利命丧西线②。一周之后,他又获悉好友休·道尼的死讯,两人曾在恩图曼和南非战役中并肩作战。11 月 27 日,也就在他 40 岁生日的前三天,针对有关海上战争细节语焉不详以期消除公众"紧张、焦虑或惊恐情绪"的批评之声,他在下议院予以回应:

---

    ①  安特卫普:位于比利时西北部,是比利时最大的港口和重要工业城市。

    ②  第一次世界大战的战线主要分为东线(俄国对德奥作战)、西线(英法对德作战)和南线(包括塞尔维亚对奥匈、保加利亚作战的巴尔干战线,奥斯曼土耳其对俄国的高加索战线,奥斯曼土耳其对英国的美索不达米亚战线和奥斯曼土耳其对英国、阿拉伯的巴勒斯坦战线等)。

在当前时刻,首相是直接贴身服务皇室的仆人,有责任确保事关公众利益的信息不会被特别受影响的国家部门和部长大臣们滥用职权加以隐瞒。海军部同样也希望尽可能多地提供有关战争的全部消息,只要不损害我所提到的公众利益。我认为海军部也是这样做的。我认为我们一直是这样做的,无论战机如何,无论气候怎样,我们还将继续公开信息。

我想,一旦发布有关任何军事行动或事件的消息,应允许高度自由的相关评论。批评总是好事。我毕生都从批评中获益匪浅,任何时候都不乏批评。但是存在一个有益的批评规则,适用于和平时期与战争年代、私下讨论和公共事务,这个规则就是:当遭遇批评的政党无法答复,尤其是一旦政党揭露真相,将会有损批评者和挨批政党本身,那么挨批的政党更是无法回应时,批评应有节制。

但我知道新闻界在当前战时面临巨大困难,我对他们表示强烈同情。他们在交战每一方都遇到各种禁令和限制,日复一日没法保质保量出版他们接触到的大量信息,这些信息非常吸引人读,而且他们在很多情况下可能费了九牛二虎之力、克服种种困难、花费不菲巨资才收集到。战火纷飞,条件艰苦,人们常常倾向于低估了报纸在当下顽强存活的举步维艰。作为战斗部门的负责人之一,我觉得有必要承认我们亏欠新闻界很多。自从开战以来,新闻界一直在帮助军事行动,更在维护国家利益,除了微不足道的例外和偶尔一时的失误。

我想说,我要衷心感谢本届议会对海军部及其代表所给予的善意和信任。尽管议院对很多事情感兴趣,而且也自然渴望得到结论、发布论断,但他们并没有催要信息。

最终,一切与已有行动和海军部署相关的事实,无论是现在战时的还是战争前夕的,都将尽快公之于众,这样便能听凭国家研究和评价。于我而言,自然满怀希望憧憬那一天。

我之所以认为在现阶段不宜过于纠缠特定事件，还有另外一个原因。我们所见的这些事件，只占全世界正在推进的战斗事业中极小的比重。如果公众的精力过多关注这些特定事件，有关部门忙于为自己洗脱辩解而无暇战事，这将是莫大憾事。我们已经发起了保卫战，身家性命正日胜一日取决于战斗。关心军事部门的人都应该集中注意力于陆军和海军作战的迫切需要，而不该沉溺于过去已经发生的事情。

∙∙∙∙∙∙∙∙∙∙∙

我在两年前成立了海事委员会。战争甫一爆发，委员会立即加入战事，加速新的建设，以期在最短时限内交付尽可能多的装备，并附有非常详细的报告。这个完整的系统已经分毫不差建立起来。为了运行这个系统，所有工场里爱国、精神抖擞的工人慷慨相助。他们已经耗费了最大限度的体力，因此事实上可以媲美在前线战壕里拼杀的同胞。从战争开始到 1915 年年底期间，德国人将新增加 3 艘舰船，而我们将新增 15 艘！所有这些舰船当然是海军历史上所建最强船舶。毫不夸张地说，我们可以全年每月都承受一艘超级无畏战舰的损失，即便敌军没有任何损失，我们还能保持近乎战争宣言时的优势。

我希望这些事实能缓解人们在当前这几个月里积蓄的紧张情绪。这些事实证明，就任何政策摩擦而言，到目前为止，结果还是令人满意的。而我们做出的预判也同样令人满意，也没有因磨损而产生任何消耗。我们正在定期改装舰队和小型船队。海军的身体状况优于和平时期几近两倍。海军部花了 60 万英镑购买保暖衣物御寒，我有充足理由相信这些安排会令人满意。当然，如果友好人士想额外捐赠舒适物资，我们也已做好安排，将予妥当接收和分发。我们热忱感激海员们，为他们发放了军属津贴，此前海军一直拒绝发放。

海军舰队的行为可谓模范。干坏事的人主要是长期生活在平民社会的人,以及几乎忘了海军训练良好戒律的人。大舰队①中海军的行为表现几近完美。海军全体人员包括最聪明的熟练工人和机械师。他们已经充分研习战争形势,最为密切关注战场上英勇拼杀的士兵。他们正热情高涨、积极履责,这让以百倍信心带领他们的将士更为振奋。

我也考虑过,把这些富有代表性的言论提供给议会是件挺好的事。因为丧气话有损公共利益,议员的负责人在任何公共场合都不能容忍。我们绝无理由紧张、焦虑或惊恐。我们将接连分开几周,这几周很可能成为此次战争历史上极为重要的时刻。我们有理由充分相信:海军有能力影响英国和大英帝国的意愿和目标。我们在海上拥有强大的盟友:俄国海军正在壮大力量,法国海军已经完全掌控地中海,日本海军已经有效驾驭太平洋——四大国家海军都在干劲十足投入战斗。

即使我们像在拿破仑战争②时期那样孤军作战,也要对自身能力充满信心。毫无疑问我们将遭受不适、承受穷困、蒙受损失,但是我们有理由对自身能力胸有成竹,充满自信战斗到底,想方设法把物资供给送至任何需要它们的地方,千方百计把部队输送到任何需要他们的地方。我们将以每月俱增的强大力量继续作战,直至最后,也许就在不远的将来,圆满实现我们为之奋斗的理想。

---

① 大舰队(Grand Fleet)是英国皇家海军于第一次世界大战前不久建立的一支主力舰队,前身是第一舰队,第一舰队本身是英国海军中装备最好、战斗力最强的舰队,集中了几乎全部无畏、超无畏战列舰和战列巡洋舰,是人类海战史上最强大的舰队之一,是日不落帝国掌控世界海洋的顶峰,它在 1916 年 5 月与德国公海舰队在日德兰海域展开的终极对决可谓火舰巨炮时代的不朽史诗。随着一战的结束,大舰队于 1919 年 4 月解散,其大部分舰只加入了新成立的大西洋舰队。

② 拿破仑战争是指拿破仑称帝统治法国期间(1803-1815 年)爆发的各场战争,这些战事可以说是自 1789 年法国大革命所引发的战争的延续。它促使欧洲军队和火炮发生重大变革,特别是军事制度,因为实施全民征兵制,使得战争规模庞大、史无前例。法国迅速崛起,雄霸欧洲;但在侵俄战役惨败后,国势一落千丈。拿破仑建立的帝国最终战败,波旁王朝于 1814 年和 1815 年两度复辟。随着拿破仑在滑铁卢败北,各交战国签订巴黎条约后,拿破仑战争于 1815 年 11 月 20 日结束。

# "焦虑还将挥之不去"

## 1915 年 2 月 15 日,40 岁,下院演讲:一战失利

 战争开始之后的六个月内,英军被打得灰头土脸。这种战败受挫在很大程度上要归因于下议院和部分报纸上的保守派反对意见。德国人成功守住了从欧洲北海沿岸、敦刻尔克东部到瑞士阿尔卑斯山的战壕线。西线每月死亡人数让英国越来越坐立难安。丘吉尔提出,在严格保密的情况下,想办法打破战壕僵局,也就是后来所使用的坦克。但当时的陆军部对此持怀疑态度。于是战争一直拖延,看不到尽头,直至 1914 年的圣诞节来临①。在此期间,8 月 28 日英军击败了德国公海舰队②的分部,加上海军中将戴维·贝蒂勋爵率巡洋舰在赫尔戈兰湾获胜(歼灭 712 名德国兵,牺牲 35 名英国海员),以及 12 月 8 日英国海军在马尔维纳斯群岛取胜,无不提振了英国的士气。但是德国公海舰队的主力贼心不死,还有可能通过欧洲北海入侵英国。1915 年 2 月 15 日,丘吉尔在下议院发表演讲,试图平息议会和公众的不安情绪:

---

 ① 圣诞节休战,特指 1914 年圣诞节英军与德军的临时休战,也泛指发生于第一次世界大战期间的平安夜或圣诞节期间德国与英国或是德国与法国军队间一些短暂且非官方的休战。

 ② 公海舰队(High Seas Fleet),指第一次世界大战结束前德意志帝国海军所属的水面舰队。由德意志帝国皇帝威廉二世下令于 19 世纪 80 年代末期开始建立。

虽然我们即将参与战事,但我们从来不是一个穷兵黩武的民族。我们一直依靠海军来维护安全,所以从这个层面说,我们介入这场战争并非毫无准备。德军是大规模侵略,它没有更多准备;而英国舰队是为了捍卫国家安全。为此,我们应该感谢议会,它把政党利益置之度外,一贯以压倒性优势支持政府和海军大臣有关海军防卫的任何要求,近几年更以不容撼动的绝对多数鼎力支持。我们以往的确也不时发生争论,往往最为关心胜出一方的优势领先多少,现在争论双方票数往往相差无几,渐趋持平。例如,我们已经详细讨论了"无畏号"战舰①在未来几年的特殊岁月里可以发挥几分优势,也讨论了"纳尔逊勋爵号"是否也应视作"无畏战舰"。总的来说,下议院有权将海军视作自己的孩子,始终予以照顾和关怀。开战至今已有六个月,我们面临着新的危险和新的困难,但完全有资格对努力所获战果表示满意。

••••••••••••

过去伟大的海员、法国革命战争和拿破仑战争中的人们,都会大为震惊于如今的战果。在这两大战争期间,1793 年法国与英国开战,经过短暂的间隔后,于 1814 年结束,21 年中共有 10 871 艘英国商船被敌军俘获或击沉。即使在特拉法加决战②之后,当我们在战略和战术上

---

① "无畏号"战列舰是 20 世纪初英国海军著名装甲战列舰。英国根据日俄战争经验,决定建造以大口径主炮为主要武器的装甲战列舰,1905 年在朴次茅斯动工建造,次年完成,创造了战列舰建造周期最短的纪录。此舰的问世开创了海军史上巨舰大炮的新时代,可以称之为战列舰发展史上的里程碑。无畏号代表战列舰技术的重要分水岭,一般通称其同类为"无畏舰",之前的战列舰则称作"前无畏舰"。无畏号与以往战列舰最大的区别是引用"全重型火炮"(All-Big-Gun)概念,采用 10 门统一型号、弹道性能一致的 12 英寸口径主炮。1914 年,该舰编入大舰队,参加第一次世界大战,是当时火力最强、航速最快的战列舰。

② 特拉法尔加海战,也称特拉法加决战,发生于 1805 年 10 月 21 日,是帆船时代最后一次海上决战,也是帆船时代最引人注目的海战。英国海军在特拉法加海战中取得巨大胜利,法国和西班牙的法西联合舰队除几艘舰船带伤逃跑外,几乎全部投降或被击沉,法国海军精锐尽丧,从此一蹶不振。拿破仑最终放弃了跨海进攻英国本土的计划。而英国海上霸主的地位得以巩固。

都获得了无可争议的制海权时,英国船只的损失率年均仍超过了 500艘。1806 年,也就在特拉法加海战的第二年,519 艘船被击沉或俘获;1807 年 559 艘;1808 年 469 艘;1809 年 571 艘;1810 年 619 艘。在当前战争开始前六个月中,我们在公海的总损耗才 63 艘,这包括了所有船只,但不含负责扫雷的拖网渔船;也包括被地雷和潜水艇击沉的船只。我们在整整六个月中仅仅损失 63 艘船。

当然,我们应该始终提防敌人另辟蹊径妄图骚扰商贸航线。虽然德国巡洋舰在海洋失去威风、前景黯淡,其同盟国①的溃败经历也使之丧气,但海军部仍需充分做好准备严阵以待。与战争初期我们只能掌握有限资源相比,如今我们资源优厚、物力充足,能够产生更新效果。事实上,我们在大幅应用蒸汽机和电报,正如在航海时代那样,彻底高效掌握着制海权。煤、通信和供应是生死攸关的需求,我们时刻需要。海军一旦失去上风,变得羸弱,就会发现要获得这些需求面临几乎难以逾越的困难。感谢听从指挥的边远中队,感谢指挥中队的海军部门。我们必须牢记的形势是,在所有海域,包括最为偏远的地区,约翰·杰利科②先生的舰队都占主导地位,对决策具有影响力。他们一度在北

---

① 第一次世界大战中的同盟国指德国、奥匈帝国、保加利亚、土耳其;协约国先后加入 27 国,包括英、法、俄、意、美、日、中国、塞尔维亚、意大利、罗马尼亚、比利时、荷兰、希腊、葡萄牙、巴西、加拿大、澳大利亚、南非、印度、危地马拉、海地、汉志(今沙特阿拉伯一部分)、洪都拉斯、古巴、利比里亚、尼加拉瓜、巴拿马、波兰、葡萄牙、罗马尼亚、暹罗(现泰国)、捷克斯洛伐克。第二次世界大战中的同盟国则是指为对抗法西斯所成立的结盟。

② 约翰·杰利科,军人,曾任英国皇家海军元帅。此时为海军上将。1911 年 11月,获批准正式成为海军中将,任大舰队副司令。1913 年,成为海军部第二大臣。在1914 年 8 月 4 日英国向德国宣战时,他取代乔治·卡拉汉爵士被任命为英国大舰队司令,着手加强舰队的战斗准备。1915 年 3 月,约翰·杰利科晋升为海军上将。第一次世界大战中,杰利科小心谨慎而且成功地维护了英国的海上优势,但在 1916 年 5 月 31 日开始的日德兰海战中表现让很多人感到失望。1916 年 11 月 28 日,杰利科取代亨利·杰克逊被任命为第一海军大臣,即海军总参谋长。1917 年平安夜,杰利科突然被首相戴维·劳合-乔治解职,从此退出现役,但在 1919 年晋升为海军元帅。1920—1924 年,杰利科担任新西兰总督,并于 1925 年获封伯爵和南安普敦的布罗卡斯子爵。1928—1932 年,他担任英国皇家军团的会长。一战后杰利科出版了很多著作,其中包括了 1919 年出版的《1914—1916 年的大舰队》和 1921 年出版的《决定性的海战》。

方迷雾中消隐不可见,但是运用强大高效的航海技术耐心养精蓄锐。他们沉默,警觉,而且不容撼动。

············

我们正在海上航行,在英国内海和公海,包括从前线归来的伤员,包括比利时伤员,包括比利时和法国军队。我们根据环境需要四处航行。军令经常急促简洁下达,而且计划时常有变。我们冒着遭遇敌军巡洋舰的危险横跨各大洋,在敌军潜艇的跟踪下横渡各海峡,来回航行。约有 100 万人来自印度、埃及,来自澳大利亚、新西兰、加拿大、中国、南非,来自英帝国皇冠下的每一个坚强堡垒和每一块领属地。到目前为止,我们没有任何意外事故或人员伤亡。如果这是"无能",我希望供给能这样保质保量、源源不绝。

············

至于军队,不要忘了我们正在敌军的眼皮底下,冒险跨海提供补给。不要忘了这支军队的规模可与拿破仑的大军媲美,而且组织更为精细,装备更为精良。我们还在储备更大规模的其他军队。战争国务大臣也许哪天哪刻就会要求海军部调配 2 万或者可能 4 万士兵。这种军令往往来得十万火急。如果我们不告诉他调配方式、航行路线及抵达港口,他将无从知晓。我们还有意频繁在最后紧要关头变更计划。为了士兵安全,为了增强军力,为了指挥战斗,我们必须兵不厌诈。

我们此刻有了强大又灵活的装备,可以灵敏调动全部军队,无论在何处调配,快捷有效的调动方式前所未有,是以前不曾预期或梦想过的。我郑重其事提醒议院,军事战斗如此千难万险而又举足轻重,切勿允许任何商业利益或金融经济设置任何限制或障碍。战争爆发以来,我们的管理始终细致节俭。我们会尽一切力量来加强管理,避免浪费。

············

在议院为海军说话,我责无旁贷。事实是海军从始至终毫无问题。我毫不介意你们在任何地点以任何方式来考验海军,你们将发现海军优秀协作、敏捷可靠。你们将意识到海军组织管理良好,战略设计原则合理，拥有优秀的工人和准确可靠的技艺、认真敬业的办事员和会计师、技术娴熟的机械师、不辞辛劳的军官和坚强勇敢的海员。

海军中将戴维·贝蒂先生的军事行动发挥了突出作用，即向我们和全世界表明，目前没有理由去船对船、枪对枪、人对人地预测，我们自己也不能给出准确数目。他的行动同时也表明，双方战线舰船在质量方面旗鼓相当，代表性的船只之比是 5:4。德国人认为不必谨慎小心交战，他们毫不迟疑地承认劣势所在，认为只有航空力量才能尽力赶上我们，这和我们的想法一致。他们这样想才是明智的。如果他们有别的想法，毫无疑问将被迎头痛击。这就是残酷事实，没有伪饰，而且其中很多消息已经由官方公报发布。如不努力，则无法驻足战场，只能任船舶沉没，而官方公报无从遮掩。

如果公众舆论出现任何情绪波动或倾向趋势，或被报纸鼓动，或得到议会支持，对我军的损失小题大做，即便我们损失惨重，甚至可以说某些方面的损失可以避免，那么我要说你们已经形成一种定性思维，按此逻辑推出结论，认为海军在港口里当缩头乌龟，而未能控制海洋。当我想到我们所开展的规模浩大的军事行动，我们所树立的伟大目标，所部署的海量军舰战斗，我所提到的非同寻常的艰苦条件，相形之下，我军损失如此之少，真是不可思议、难以置信。周密警觉的海军将领和海军人员真是伟大。在我看来，研究战争历史的学者将充分肯定他们，认为他们值得最高嘉奖。

摆在我们面前的任务是迫切而严峻的。现在看来，一场在文明国家里史无前例的战争正在瞄准我们。一见到船只就不由分说毁掉或击沉，没有搜查、没有谈判，连商船也被潜艇机构击没，这种情况鲜有先例，完全违背了公约。人们原本认为这种事态根本不会出现，并在战前始终普遍谴责和批判这种情况。但我们不能因为遭遇突然偷袭，就假定己方不能积极防御、漂亮回击。古罗马法律并未规定如何处罚弑父行为，但只要初犯出现，就能做出令人满意的安排来处置他。战争肯定会有损失，这一点我已经充分警告过。但我们相信，没有致命伤。如果商人定期出海,像商船船长雷欧提斯那样勇敢行动——他今天上午已经公开获得当之无愧的荣誉,如果他们采取正当合法的预防措施,我们预计损失将限制在可控范围之内;即使在一开始,敌人必须尽最大努力当头一击、威慑我们,也只能伤及皮毛。

感谢议会一直认真听我辩解。正在发生的战事惨绝人寰,呼吁人们当仁不让承担责任。他们肯定都察觉到了战争的紧张压力。他们有权做出大方而宽容的判断,支持同胞,支持善意的议院。

我们无法讲述正在面临什么,也无法道明这场大战的下一重大进展将在何时、又将怎样发生,或者战争结束时欧洲和世界将何去何从。但是我想在此已经可以判断,英国海军虽然无疑还将持续面临新的危险和难局,焦虑还将挥之不去,但是现在这些困扰我们的危险和焦虑将远不及已经成功克服的那般严重危急、让人寝食难安。因为在未来几个月里,英国海军及它强力影响的海军强国将日益主导整体战局,将成为协约国最重要的、历久弥坚的有生力量,将逐渐瓦解帝国的战斗力;如果有需要的话,它还将在没有其他任何同盟力量的情况下,最终独立赢取战争胜利。

# "不近人情、令人震惊的事件"

## 1915 年 3 月 18 日,40 岁,写作:达达尼尔海峡战役失利

　　1914 年 10 月,奥斯曼帝国加入战争,成为德军同盟国一方。丘吉尔赞成立即在土耳其达达尼尔海峡发起海军袭击。直到 1915 年 1 月,作战会议方才批准这一主张。1915 年 3 月 18 日,英法海军试图设法挤过狭窄的达达尼尔海峡进入马尔马拉海,但是攻袭行动失败。法国战舰"布维号"被击沉,六百多名法国海员淹死。三艘英国战舰"不屈号""无畏号"和"海洋号"也被击沉,但是大多数海员获救。只有"不屈号"战舰上29 人遇难。丘吉尔敦促英国皇家海军总司令、海军上将德·罗贝克尝试再次进攻,遭其拒绝。丘吉尔在遭拒时大为震怒,但他后来在《第一次世界大战回忆录:世界危机》[①]中写道:

　　然而,我们必须充分体谅上将和他所代表的海军立场。无论是对政治家还是陆军士兵而言,战争时期的军舰均无任何情感价值可言。它们是为战争所驱使、用以历险的战争发动机,必要时可以为了共同事业和国家基本政策而被牺牲。在这些人看来,陆军士兵的生命在各方面与海军士兵的生命同样珍贵;而老旧的军舰就是一堆废铜烂铁,作为战争工具,有充分理由被牺牲掉;这就好像为了掩护和支持步兵进攻而

---

　　① 《世界危机》:丘吉尔的一战回忆录,1923 年至 1929 年出版。

随时发射炮弹。

但是对于拥有海军立场和教养的上将来说，这些古老舰船都很神圣。当他还是一名年轻军官，初次踏上这些船的甲板时，他们就已经是当时大海上的佼佼者。他们经受多年心理训练和展望，认为丢弃军舰是背信弃义甚至奇耻大辱的观念已经深入骨髓。眼见着一艘高贵的战舰可怜地沉没于大海，似乎真是一桩不近人情、令人震惊的事件。因为一艘战舰上凝聚了多少赤胆忠心，她是日常海上漂泊生活的立足点。

而普通人或者陆军士兵可能会感到欢欣鼓舞，因为在 3 月 18 日这么重要的战斗中，只损失不到三十个英国水兵和两三艘没有多大价值的船只；凭此微不足道的代价，即已获得这么多有价值的战果。但是海军上将德·罗贝克却从心底里由衷感到悲伤和惊愕，这种情绪同样也笼罩了白厅①海军部的会议桌。

---

① 白厅（Whitehall）是英国伦敦市内的一条街，连接议会大厦和唐宁街。在这条街及其附近设有国防部、外交部、内政部、海军部等英国政府机关。因此人们用白厅作为英国行政部门的代称，因这片办公大楼都用乳白色的波特兰石建造而得名。

# "濒死青年的悲伤"

1915 年 4 月 26 日，40 岁，悼文：青年诗人死于一战

丘吉尔为英国皇家海军志愿军预备队中一批人谋得了军职。诗人鲁伯特·布鲁克就是其中一位。1915 年 2 月，他随地中海远征军远赴土耳其达达尼尔海峡。布鲁克在希腊斯基罗斯岛驻军待命时被蚊子叮咬，伤口发生感染。4 月 23 日，他在斯基罗斯湾的一艘法国医疗船上死去，时年仅 27 岁。丘吉尔致布鲁克的悼文三天后刊发于《泰晤士报》：

鲁伯特·布鲁克已经辞世。希腊利姆诺斯岛的海军上将发来电报，我们获知，这个年轻的生命尚处在灿烂的春天即已永远凋谢。他的声音成为绝响，他的笔记叩击心扉，更为真实，更为扣人心弦，让我们更能公平看待年轻一代全副武装投身当前战争的高贵品质。他的一生更加清晰地表达了年轻人对于牺牲自我的认识，并且将力量赋予和慰藉远处聚精会神关注他们的人。他的声音迅速消逝，只有回音绕梁，只有记忆留存，萦绕心头。

这位诗人战士在生命的最后几个月里，一直和勇敢的同志们一起，呼吸着自由的空气，在连月备战。他表明了天才们的纯粹力量、濒死青年的悲伤；他也弘扬了真诚勇敢、坚信必胜的精神。他预料到死亡，他愿意为美丽圣洁的英格兰而死。他心平气和地走向生命尽头，对祖国的正义事业充满必胜信念，对同胞无怨无悔。

他在生前围绕战争写下少许无与伦比的十四行诗,诗中所表达的思想将为千万个年轻人传诵。他们毅然、愉快地投入史上最艰难、最残酷、没有回报的战争。他们就是一部历史,是鲁伯特·布鲁克的启示录。他快乐无忧,无所畏惧,多才多艺,深明大义,身心相契,拥有崇高而坚定的信念。他衷心希望将来英国宝贵的子子孙孙生活无须流血牺牲,而能自由自在、舒心满意。而最为珍贵的是,他们能够非常自由地安享未来。

# "朴实善意和热诚礼遇"

1915 年 3 月 22 日，40 岁，写作：基奇纳来访

1915 年 3 月 18 日英国海军进攻达达尼尔海峡以失败告终。4 月 25 日，英军又在加里波利半岛发动一场军事登陆。陆军大臣、陆军元帅、苏丹首府喀土穆伯爵基奇纳授权和指挥了这场登陆。当时正发生一场政治危机，在法国和弗兰德斯①的英军严重短缺炮弹，这一丑闻导致保守党要求建立联合政府。他们提出的条件之一是丘吉尔离开海军部。因为他在战前支持爱尔兰地方自治，并在 1914 年 3 月派遣海军前往解除北爱尔兰统一党的武装，保守党一直耿耿于怀。1915 年 3 月 21 日，丘吉尔获知他不再是海军大臣。翌日，他正在海军部等候不可避免要降级的新职位，基奇纳来访。丘吉尔在 1898 年出版的《河上的战争》一书中，曾公开批评基奇纳对战败的托钵僧态度苛刻。丘吉尔后来在《第一次世界大战回忆录：世界危机》中写到基奇纳 1915 年的来访：

在新旧政府交替期间，我有幸受到基奇纳勋爵礼节性的造访。起先我并不知道他的访问目的。在作战会议②的最后一次会晤，我们对

———————————

① 弗兰德斯，也译作"法兰德斯"（Flanders），是西欧的一个历史地名，包括今比利时的东佛兰德省和西佛兰德省、法国的加来海峡省和北方省、荷兰的泽兰省。

② War Council，也译作"战时委员会""战时理事会"，下同。

许多问题的看法分歧严重。此外,在这个交替期间不可能对海军和陆军事务做出任何重大决策。我们谈论了时局。他泛泛谈了些看法之后便问我,离开海军部的事是否已成定局。我回答说是的。他问我打算怎么办。我说还没有考虑过,一切都还说不准。他很友好地提起了我们之间的合作共事。显然他并没有意识到几乎落入和我一样的命运。

他起身告别时回转身来,很自然地以让人难忘、近乎庄严的口吻说:"好吧,您永远令人引以为傲的是,您已使英国海军完全做好了充分的战备。"他说完就离开了。在随后几个月里,我们在新内阁中继续共事,我注定要经常和他意见相左,反对他、批评他,但却永远记得他这次出于朴实的善意和热诚的礼貌前来看望我。

# "相 信 民 众"

1915 年 6 月 5 日,40 岁,邓迪演讲:回顾事件

1915 年 5 月 23 日,丘吉尔被授予兰开斯特公爵郡大臣一职。他欣然领命,因此得以保留内阁和作战会议的席位,可以继续自由倡导更为积极的战争政策,但却无权落实,也没有战事职员(就如在海军部那样)来研究、拟订或执行他的计划。6 月 5 日,他前往邓迪,向选民解释多舛命运。《邓迪信使报》报道了他的言论:

我很高兴有机会来到邓迪选区,回顾近来发生的所有事件。一年多前,我曾有幸来到这里演讲。此番前来,不是为了私事麻烦诸位,不是为了自我辩解,也不是想一味谩骂或相互指责。在战争时期,每个人必须尽自己力所能及的责任,对命运泰然处之,所谓尽人事、听天命。在邓迪这里,或是在议会,我不会说一句违心话,要说的话都得能表达重要的内容,也是我唯一关注,并希望你们考虑的唯一事情,即有效御敌、夺取胜利。

1911 年,阿加迪尔危机几乎让我们陷入战争泥淖,之后我被派往海军部。首相明确授予我一份职责,要求迅速召集全国舰队,持续做好战备,以防德军袭击。(欢呼声)从那时起,我在接下来近四年里一直承担着这份重任,履行我很久以前许下的承诺,"为皇室和议会负责海军全部事务"。当我说到"责任",是一直实实在在负着责任,因为我只要

做错事情就会遭到指责。(大笑声和欢呼声)这些年,我们海军度过了历史上最重要的时期:备战期,警惕期,动员期,以及我们毫无经验的实战期。我已竭尽所能。(欢呼声)海军部档案将会详细记录我在已经发生的所有重大事项中所发挥的作用。它们将为我做出辩护、维护荣誉。我想,海军目前所处形势也将为我做辩护。战争初期的各种可怕危险均已结束。海洋已经涤荡一清:潜艇的威胁已被控制在一定限度之内;英国海员的高超技能,舰艇的崇高地位,都已经在公海确凿无疑建立起优势地位。与开战初期相比,我们的实力突飞猛进、极大增强;而且战争所需各种级别的舰船都在日益跨越式增长。

英国海军从现在到年底将获得的增援之多,简直是不可思议,但确切无误。一切都井然有序。一切几乎都在预见之内,所有的给养、储备、弹药、各种辎重设备,以及官兵的征召,这一切都已就绪,毫无死角。你们将所向披靡。你们已摸清了敌人的底细,只需满怀信心、勇往直前。在全世界的海面上,飘扬的旗帜都是友好的,再没有敌人的旗帜了。

············

关于达达尼尔海峡战役,我有两点要对诸位说。首先,要有心理准备,能够承受海陆两地损失。但是在满足所有其他需求之后,你们在那里雇佣的舰队将变得多余。如果它不曾在如此恢宏的战斗事业中投入使用,那么将闲置在你们南部港区。大量的船只都是舰队的组成部分,无论如何,年底之前都得停放在那里,因为大量新增援的急于下水的船只需要水手。因此,只要能够保存官兵的宝贵生命,船只耗损几乎和以往并无不同。我想,这种损失在敌友双方的想象中难免被夸大。

军事行动也会耗费巨资,但是有些人认为基奇纳勋爵(大声欢呼)正忙于指挥,没有周密细致地考虑英国在法国、弗兰德斯驻军的所有其他必要需求。这些人的想法错了。他们不但想错了,而且太武断了。

我要说的第二点是:在冷静正视你的损失的同时,也不要忘记你正在赢得的战利品。伊恩·汉密尔顿爵士指挥的陆军部队、海军中将德·罗贝卡指挥的舰队，与一场前所未有的大胜战相距非常近，只有几千米的距离了。当我提及胜利时，不是指很多报纸每日密集通告的大小胜利，我所说的胜利是基于辉煌而灿烂的战果、影响国家命运、缩短战争进程的伟大胜利。在绵延几千米的山脉和丛林之中，英国的战士，法国的战友，还有英勇的澳大利亚人和新西兰伙伴，都在浴血奋战中。敌对帝国正在垮台，敌人的舰队和陆军正在溃败，举世闻名的都城正在陷落，强大的协约国即将威临。战斗将是艰巨的，风险丛生，损失惨重。但是当胜利来临时，一切都将得到补偿。

‥‥‥‥‥‥

从没有哪场战争的联合战斗能像这样将战略、政治和经济优势强强联合、和谐结合。我们真诚携手立于舞台中央，部署主要决策。我们如果穿过狭窄的达达尼尔海峡，横贯加里波利半岛山脊，将会发现取得胜利、赢得和平的最佳途径。

‥‥‥‥‥‥

在这种时刻，所有人都要对指挥满怀忠诚信心。战士在战场积极杀敌，政治家在议会焦急等待，请对指挥忠心耿耿、信心满满。不仅要在一帆风顺时给予忠诚信心，这很容易，更要在英勇战斗不可避免遭受损失，或在陷入困境、命运多舛之际给予忠诚信心，勿要当头棒喝。那么你将从指挥——无论他们是在军队里还是在地方上，你都可以从他们身上获得勇气、能量和无畏精神，愿意承受风险、承担责任，这些方能确保在战争中获得伟大胜利。（欢呼）

现在我想说些不中听的话，这肯定会给我惹来麻烦。（笑声）我认为不该允许报纸攻击我们国家负责人的指挥（大声欢呼），无论是在前线还是在后方，无论写出文章来意在散布疑点还是挑拨离间。报纸应该相信他们，对他们的特定行动充满信心。我所说的指挥，不仅是指上将和将军们，也指国内的大臣，特别是强大的战斗部门的负责人。

没有哪个国家战时允许报纸这样肆无忌惮。假如真要批评，非批评不可的话，那么批评首先必须是中肯的、严肃认真的。假如真要批评,就在内阁范围之内进行。不能让敌人结党参加我们的讨论,而后让议会(它本身有权)暂时闭门独处,却看起来必须为了国家未来的利益、为了军队的安全和胜利,去制止那些不负责任或恶毒的吹毛求疵者。

在英国,我们坚决支持新闻自由。只要同时有议会自由和免费平台,那么新闻自由就是国民生活自然和健康的象征。但是,一旦受限于战争条件,议会就要受到自觉而严格的约束,不能向敌人泄露情报。很多话题不能自由讨论,否则社会的平衡发展将不再真实,毫无约束的报道将造成严重的伤害。

•••••••••••

一个新的政府已经成立了,原有对手的分歧搁置一旁,个人利益和政党利益都得到纠偏和控制。政府现在可以宣称代表政党力量及其才能,驾驭一个忠心耿耿的统一国度。(欢呼)支持政府,助其成功,使之成为有效作战的工具。忠于政府,公平对待,予以尊重,慎重评判,不是出于个人好恶,也不是寻常政治选择。这对我们所有人来说都是自我保护。(欢呼)国家在将近三周的时间里把注意力从战争转移到内阁建设、论功行赏,所有这些虽然稀松平常,但对于我们的政治体制而言却是必要细节,在和平时期是如此有趣。(笑声)

如今事情均已过去。虽然经历了漫长的时期,但毕竟业已结束。我扪心自问:国家对新的国民政府有何期盼?我可以自我回答这一问题。我准备用一个词来回答:行动。(大声欢呼)这就是需求,这就是唯一的正义。有了行动,便将有更强的国家统一观念、更强的推动力和更重分量的领导与规划。每个政党经过深思熟虑之后,从其特殊利益和理想出发,做出了巨大牺牲。既然所有党派付出了这些牺牲,他们希望并且要求得到回报。行动——行动而不是犹豫不决,行动而不是夸夸其谈,行动而不是激动煽动。国家要有秩序。责任就在于政府宣布应该做什么。我们要向议会建议。至于是重新崛起,还是垮台,要看最后的结果。这就是你们希望我带回伦敦的口信——行动。现在就行动起来。满怀信心和勇气行动起来。信任人民,他们从来都不负众望。

敌人会毫无顾忌地消灭我们,无论男女老幼,他将使用一切方法尽可能斩草除根。我们正在战斗的就是这样一种敌人,他只要摁下按钮即可实现杀人,他今天下午就会毫不犹豫消灭伟大英国的每一颗灵魂。我们正在战斗的就是这样一种敌人,像园丁用烟熏灭马蜂窝那样不顾一切的人。我们要看到,这是世界历史中的新事物(欢呼),或者,这是从可怕过往的深渊中跳出来的旧事物。我们正在和这样的敌人战斗,正在进行一场殊死战斗。战败则受奴役,甚至被毁于一旦。倘若不能果断取胜,就要重新蒙受苦难。在一段忐忑不安的休战之后再度开战,让这一切悲催再一次发生、让战斗再一次打响,可能还要在更为不利的情况下孤军作战。战乱已经发生,只有德国军事系统被土崩瓦解得支离破碎,再也不能翻身,无法反抗征服力量的意志和决心,欧洲才能重归和平。(大声欢呼)为了这个目标,我们整个国家必须组织起来(欢呼),必须社会一体化——如果你喜欢"社会一体化"这组词,必须组织动员起来。我认为必须采取某种形式——我不想臆断——但我想不管以什么形式,应由政府主导,对后备兵力加强必要控制、实施权威组织,确保不同阶级、不同地位的人,无论男女,都能凭各自方式尽一分力量。(欢呼)这是民主原则的要求,这是社会正义的需要,这是民族安全的希望。我会按照你们的授权,把信息带回伦敦:"让政府遵循人们的信任行事。"(欢呼)

最为重要的是,让我们欢呼吧!(欢呼声,还有人高呼:"魔鬼可耻! 让德国佬①见鬼去吧!")让我们充满希望! 我早就告诉过你们,海军的职责是如何被免除的。你们自己看一看,我们的经济生活和实力如果毫无控制,将如何维系。这样你们才会充分认识到广袤社会充盈的巨大力量。我们勇敢的战士已经赢得了欧洲所有军队的一致尊敬。

---

① 原文"Huns",指德国佬(对德国人的蔑称,亦译作"匈奴鬼子",尤用于第一次和第二次世界大战)。

（欢呼）"英国"一词已经成为博得国际信赖的象征和标志。英国领地和殖民地以忠诚维护了不列颠文明，敌人的仇视表明我们奋起抗战的成果。当你们感到焦虑或者沮丧之时，我建议你不妨多看看眼前这些战争的画面，它们的色彩和光线无不展现了战争的可怕。请看看吧，澳大利亚和新西兰最终漂亮重创普鲁士和土耳其联军的暴行；路易斯·博塔①将军占领了南非，成为君王。请看看吧，加拿大远征军誓死捍卫比利时的最后几千米领土。请看向远方，我们越过广袤战场的硝烟和尸横遍野的惨景，期望团结统一的大不列颠联合王国屹立于解放后的欧洲平静的大地上。

再说一说你们的任务。请朝前看，不要回头。抖擞精神，重整旗鼓，团结起来，放手一搏。战世严酷，需求迫切。欧洲的苦难是无限的，但是凝心聚力的英国将拥有不可战胜的战斗力。我们是协约国事业的强大的后备军，现在这份重要储备力量应齐心协力一致向前。

---

① 路易斯·博塔(Louis Botha，1862—1919 年)，南非军人和政治家，南非联邦首任总理(1910—1919 年)。1915 年占领了德属西南非洲。

# "我抓起最大的画笔扑向祭品"

## 1915 年 7 月 2 日，40 岁，写作：荷锄农场，迷上绘画

　　丘吉尔离开了伦敦白厅的海军部大楼，即海军大臣官邸，带着妻子和孩子搬到了伦敦克伦威尔路，与其母亲、杰克兄弟及杰克全家生活在一起。他还在戈德尔明附近租了一个农场，叫荷锄农场。他尽可能陪伴妻子和三个孩子在农场度过了很多周末。他们的三个孩子中，黛安娜生于 1909 年，伦道夫生于 1911 年，萨拉生于 1914 年。丘吉尔接受杰克妻子、格温德琳女士的建议，在 1915 年 6 月一个夏日周末开始画画，以安抚被撤去大臣一职的极度挫败感。他在 7 月第一周返回荷锄农场绘画。他有篇文章发表在《滨海杂志》①，后来收入《思想与冒险》和《画以遣心》②，文章回忆了他是怎样开始迷上绘画。绘画其后也带给他很多慰藉。

　　我现在谈谈个人经历。我在 1915 年 5 月底离开了海军部，但仍是内阁和作战会议的成员。在这个职位上，我对时局了如指掌，但却只能束手无策，什么事都做不了。我在海军部时，每天都忙于紧张的管理工

---

①　*The Strand Magazine*，也译作《斯特兰德杂志》《岸边杂志》。斯特兰德大街是伦敦最热闹的河滨要道之一。该杂志 19 世纪末曾连载福尔摩斯侦探系列短篇小说。

②　《画以遣心》(*Painting as a Pastime*) 单行本，也译作《绘画消遣》《休闲绘画》《画以遣怀》《绘画以遣怀》或《绘画以消遣》，对我们了解丘吉尔的精神世界非常重要。

作;现在成了不管部大臣,职责屈指可数。这种巨大落差让我如骨鲠在喉,呼吸困难。我就像一只海兽从深水中捕捞出来,或者像一名潜水员骤然浮出水面,由于巨大的压力而使血管都有爆裂的危险。

我焦灼不安,却无计可施。我有炽热信念,却无力付诸实践。我只能眼睁睁痛心看着一大把机遇溜走,看着我曾投注全部热情的项目半途而废。我有一大把绝对少有的空闲时间来思考这场战争的可怕进展。那时候,我全身的每一个神经都跃跃欲试想要行动,却被迫赋闲,成为这场悲剧的观众,被残忍地钉在前排座位,眼睁睁看着悲剧上演。最终,绘画的缪斯女神伸出了援手,大慈大悲,行侠仗义,把我解救出来。她和我有什么相干呢,只是说:"这些绘画玩具你看得上眼吗? 有些人还真的乐在其中呢。"

一个星期天,我在乡下试用了孩子们的颜料盒。我喜欢这种体验,第二天一早就购置了一整套油画用具。

我买好颜料、画架和画布,准备开画! 但是万事开头难! 调色板闪耀着粒粒珠光,画布如柔嫩的白玫瑰;那支没蘸色的画笔重如千斤,悬在空中,无从下笔。我的双手似乎被无声束缚了。此时天空是蓝色的。浅蓝色的天空。我应该在画布顶端混合涂上蓝色和白色。任何人都能明白,不需要任何艺术训练。任何人都可以开始绘画。所以,我小心翼翼地用一支小号画笔蘸一点点蓝色颜料,然后战战兢兢地在这块被蓄意冒犯的雪白画布上点上豌豆大的一笔。

这真是一项挑战,相当棘手。它如此柔软,仿佛一碰就破;但又如此顽强,完全无隙可乘。这时,我听见路上开过来一辆汽车,画家约翰·拉威利爵士①才华横溢的夫人轻盈地下了车:"画吧! 你犹豫什么? 给我支画笔,要大号的。"

---

① 约翰·拉威利爵士(Sir John Lavery),著名画家(1856—1941 年)。

她把松节油一泼,蓝色与白色颜料一洒,在调色板上奇妙地飞舞起来,画板不再空空如也。然后,她在吓得簌簌直抖的画布上猛烈地涂了好几笔蓝色,龙飞凤舞,笔走游龙。画布乖乖任其驰骋,毫无招架之力,在我面前无助地龇牙咧嘴。魔咒一破,顾忌全消。我抓起最大的画笔,雄赳赳气昂昂地扑向祭品。从此,我不再畏惧画布。

# "生逢不幸但却光荣的一代人"

## 1915年9月18日,40岁,伦敦北部,
## 兵工厂演讲:继续战斗

丘吉尔仍然是内阁和作战会议(1915年5月至10月期间更名为达达尼尔委员会)的成员。他经常在委员会谈及加里波利战役。这一战役的决策人并不是他,而是阿斯奎斯首相,陆军大臣基奇纳勋爵,丘吉尔的继任者、第一海军大臣亚瑟·贝尔福。他们赞同继续在加里波利半岛作战,并授权1915年8月6日在苏弗拉湾再次登陆。此前4月25日,部队成功在赫勒斯海角和澳新军团海湾登岸,但是陆地作战收效甚微,未能实现夺取高地、俯瞰达达尼尔海峡的目标。西线在继续战斗,并且陷入僵持阶段。9月18日,丘吉尔应妻子克莱门蒂娜之邀,在伦敦北部的恩菲尔德·洛克皇家兵工厂发表演讲。当地有很多代表基督教青年会的食堂,她也成立了一家。他演讲了两次,第一次是讲给要去上夜班的工人,第二次是讲给从白班返回的工人:

形势非常严峻。如果我们努力,就有能力果断成功结束战争。我们拥有这样的实力,但要胜利,也必须拼尽个人和民族的全力。

毕竟战争不是我们挑起。我们这个民族,我们这代人,并不期望招致这样可怕的折磨。我们不能理解,为何要把战争罪恶带给世界,为何

要使欧洲各国都卷入无尽恐怖的灾难。但是我们知道,在这生死存亡的时刻,在这紧要关头,我们应勇担责任。我们也将继续承担职责,这是人类力所能及的事情,也是我们在这危急时刻必须做的。我们所有的人,无论在世界历史舞台上扮演什么角色,都将担负起责任。唯有如此,后来人将来才能在这场大型战争的残垣遗址中发现,欧洲尤其是英国的自由精神依旧完整无缺、未受侵犯。当他们回顾我们的努力,正如他们一贯所为,将会认为,我们这代人生逢不幸但却光荣,面临非同寻常的考验,而且成功经受了考验。火炬燃放光芒,照耀世界至今。

大家已经竭力斗争,我的感激难以言表,但是还要最为衷心真诚地感谢所有的努力。而且我诚挚相信你们不会偃旗息鼓、松劲懈怠,而将继续努力,确保祖国走出黑暗危险,迎来和平晴天。

# "我问心无愧"

1915 年 11 月 11 日,40 岁,退出内阁的辞呈

1915 年 10 月底,英国首相赫伯特·亨利·阿斯奎斯宣布,战时内阁将不再是五人组成的达达尼尔委员会(丘吉尔在此前六个月一直任职服务于该委员会),而是精简为三个人的决策机构——内阁"战时委员会",由阿斯奎斯首相率领,包括基奇纳和贝尔福,一共三位成员。丘吉尔被排除在外。10 月 30 日,他向内阁递交了辞呈,并询问阿斯奎斯可否任命他担任英属东非的总督和总司令。保守党领袖安德鲁·博纳·劳支持丘吉尔,但是阿斯奎斯不同意。11 月 11 日,丘吉尔正式退出内阁。两天以后,他的辞呈在所有报纸上刊发:

亲爱的阿斯奎斯:

我五个月前离开海军部时,应您所请,在作战会议承担了些微职责,运用我所深入掌握的当下军务知识,协助新的海军大臣。我提供的建议都由帝国防务委员会分毫不差地记录在案,我也把备忘录抄送给了内阁。现在,我请您看看这些。

我衷心同意您决定成立小规模的战时委员会。六周以前,您向我表示,打算把我列入其中一员。我很感激。我预见到您将在机构调整时遇到人事上的困扰。我对您将调整计划毫无怨言。但是我在政府的任职随着调整也结束了。

我对当前形势有所作为,也有行政管理的方法,但我目前的职位对战争政策的作用有限,没有任何指导和管理效力,这让我无法接受。即便决策原则正确无误,但他们快速以行政方式夺权,造成目前的状况。我自己也不愿意在这样的局势下拿着丰厚薪水却无所事事。因此,我请求您把我的辞呈转交国王。我是一名军官,毫无保留听从军事当局调遣。我注意到,我的军团正在法国前线。我希望能够前往那里参加战斗。

我问心无愧,可以平心静气为过去所做事情负责。

时间将会证明我对海军部的管理有效。时间将会赋予我应有的职权去做一系列准备、开展一系列行动。我此前的准备和行动已经有效确保我们掌握制海权。

我非常敬重您,与您的私人友谊也一如往昔。现在,我向您告别。

您真诚的朋友
温斯顿·丘吉尔

# "我们正在度过一段困难时期"

## 1915 年 11 月 15 日,40 岁,大臣辞职陈述

1915 年 11 月 15 日,丘吉尔从内阁辞职四天后,向下议院进行了个人陈述。任何一个已经辞职的大臣都有这个权利。他的发言基调积极:

我们没有理由对战争进程感到灰心丧气。我们正在度过一段困难时期,而且在形势好转之前也许会变得更为困难,但是只要我们坚忍不拔,必将迎来光明,对此我坚信不疑。以往的战争取决于各个阶段的战役,而不是由战争趋势所决定。而在这场战争中,趋势比阶段战役重要得多。我们无须任何战役的辉煌胜利,也能赢取这场战争。我们即便遭遇一连串令人极其失望和气恼的挫折,也能赢取这场战争。我们不必击退德军防线、追回被侵领土,或者突破敌军防线,也能赢取这场战争。尽管德军战线远远超出其疆域,尽管德国旗帜飘扬在各个战败国的首都和被奴役的省市,尽管表面上他们正耀武扬威,但是,如果协约国军队在战争第一年就攻入了柏林,他们将在战争第二年或第三年施以致命打击,一举击败德军。

··········

今年以来我一直在向政府提出这样的建议,不要在西线采取行动。这些行动让我们的伤亡远比敌军惨重。如果可以,在东线攻占君士坦

丁堡①吧！如果能用舰船就用舰船，如果必须用步兵就用步兵。无论采用哪种方案，无论是通过陆军还是海军，都要占领它。可以委派军事专家指挥，但是务必要尽快拿下君士坦丁堡。趁来得及，攻占它。

现在局势完全变了。不再有人就新的形势征询我的任何建议了。但我认为，伊恩·汉密尔顿勋爵在4月25日发起的登陆行动非常勇敢出色，足以在世界历史上流芳百世，值得以最大努力和同仇敌忾去贯彻完成，值得持续增援，值得赴汤蹈火、坚持下去。

············

毫无疑问，看到像保加利亚这样的国家政府在经过全面调查之后居然还相信胜利将归属于轴心国，我们不免要耿耿于怀。这些小国家都被德国军队的盛况和精度所迷惑。他们看到了华丽的外表，看到了历史的片段，但却没有看见或意识到，古老而强大的欧洲各国民族正在克服逆境、抵御德国，忍受失望挫折，承受管理失策，重新振奋精神，坚强艰苦战斗，最终奋斗创出人类孜孜以求的伟大事业。

---

① 君士坦丁堡，现称伊斯坦布尔。

# "和这些优秀军队在一起，真是安慰"

## 1915 年 11 月,41 岁,写作：一战西线作战

　　1915 年 11 月 18 日,丘吉尔离开伦敦前往西部战线。他穿着英国女王直属的牛津郡骠骑兵团的少校军服。他曾在该骠骑兵团担任某领地的军官,参加一年一度的军事训练营,直至战争爆发。丘吉尔到达法国城市布洛涅之后,看到一辆车正在等候接他去见英国远征军总司令约翰·弗伦奇爵士。总司令让他指挥一个约四千人的步兵旅,授予准将军衔。丘吉尔接受了任命,但要求先有一定堑壕战①经验。总司令应允了。于是,丘吉尔成为英国近卫步兵第一团的少校。他在《第一次世界大战回忆录：世界危机》中回忆：

　　达达尼尔海峡战役临近尾声时,我正在法国拉旺蒂附近的英国近卫步兵第一团第二营服役。我能从内阁和陆军总司令部的朋友那里了解到一些时局信息。在这样的时刻,能和这些优秀军人在一起,学习他们无与伦比的军队训练和堑壕战战法,在严寒冬天和敌人炮火交加的

---

　　① 堑壕战,又称战壕战或壕沟战,是一种利用低于地面、并能够保护士兵的战壕进行作战的战争形式。进行堑壕战时的参战双方都有固定的防线。当双方的火力大大提高,而移动力和通信系统却没有多大改进时,堑壕战就会开始。美国南北战争(1861—1865 年)和日俄战争(1904—1905 年)都出现了堑壕战。堑壕战在第一次世界大战的西线战场造成了最多伤亡。

严峻条件下日夜同甘共苦、共度军旅生活,对我而言真是一种慰藉。

我在近卫师体验军旅生活期间得到亲切接待,对此将永远铭记在心,感激不尽。1915年11月幽暗的暮色中,我生平第一次带领一个排的掷弹兵穿越一片湿地,前往战壕。这一路上,处处有炮火闪烁,时时有流弹呼啸。我的心中油然而生一个坚定信念,我坚信这些单纯的士兵和他们的团部军官以事业为武装,最后定能以其美德弥补参谋、内阁、司令、将军、政客等的过错和无知——其中不少当然要怪在我身上。

但是,唉,我们付出了何其无谓的代价!这些官兵熬过了多少杀戮,熬过了无休无止的艰苦和穷困,熬过了多少个腥风血雨的日日夜夜,方才幸存至今;他们还将沉重缓慢跋涉前行,方能迎来最终胜利!

# "把伤员几次三番送进屠杀场"

## 1916 年 1 月,41 岁,写作:一战代价

1916 年新年,丘吉尔获知他不再以陆军准将的军衔指挥约四千人的旅,而将成为一个千人营的营长,相当于陆军中校军衔。这个千人营是皇家苏格兰毛瑟枪团第六营,他曾在 1916 年 1 月 5 日加入其后备营。1 月 13 日晚上,他率全营在西线的普卢赫斯泰尔特备战。他读着刚刚收到的《泰晤士报》,看到加里波利半岛四天之前完成撤离,没有人员伤亡。"幸好最终没有发生灾难。"当晚,他致信妻子,"这只是个白白虚耗的残酷故事。我们付出了生命、财富和机遇的代价。这些都是独一无二的无价之宝,但却永远不复存在了。"他后来在《第一次世界大战回忆录:世界危机》中写道:

达达尼尔海峡战役的结束也宣告了此次战争第二阶段的结束。在陆地上,除了消耗战之外,我们一无所获——不仅军队筋疲力尽,各国也已疲惫不堪。这场战役说不上有多少战略,也没运用什么战术,只是以生命的代价换来越加脆弱的联盟陷入沉闷乏味的衰竭,只是双方加倍投入武器、加速兵力消耗。

绵延不绝的战线现在不仅从阿尔卑斯山脉延伸到海洋,而且横贯巴尔干半岛,横贯巴勒斯坦,横贯美索不达米亚。同盟国已经成功地保卫了他们的南翼,即巴尔干半岛地区和土耳其。他们的胜利同时也消

除了协约国希冀攻击波罗的海北翼的可能性。我们想要在北翼进攻的念头被掐灭。现在军事艺术的唯一表现就是老实、简单、径直往前的正面进攻，让那些勇敢的血肉之躯扑向铁刺和机枪；单纯靠"杀德国佬"的口号，其结果就是协约国军被德军杀死的人数比平常多一倍；召唤 40 岁、50 岁乃至 55 岁的人和 18 岁的青年上战场，把伤员几次三番送进屠杀场。

最终，三年之后，一大批身着制服、曾经躲在僻静的办公室里沾沾自喜操纵这场可怕战争的官员们，将胜利呈给已经筋疲力尽的国家，只是证明了胜利一方比战败国所遭受的灾难少不了多少。

# "如果你不能咧嘴笑就让开"

1916 年 1 月 26 日,41 岁,信函:轻松作战

1916 年 1 月 26 日夜,丘吉尔召集全营人员,做了一个小时的训话。第二天他写信给妻子(使用了往常的缩写),记下他给全营的建议:

你们不要粗枝大叶,同时也不要谨小慎微。

睡懒觉时别脱军靴,只在真正紧急时刻才把靴子弄得泥泞。

可以适度饮酒,但是不得酗酒,别弄得防空洞里酒瓶子到处都是。

让我们好好生活,但别招摇。

笑一笑,也教你的士兵们笑一笑。战火之中也要有幽默感。战争是一种游戏,应当满面笑容地玩。

如果你无法微笑,那就咧咧嘴。

如果你不能咧嘴笑,那就让开,别挡路,直到你能咧嘴笑出来。

# "确切可行的提议"

1916 年 3 月 7 日，41 岁，下院辩论：应战

丘吉尔在西线指挥一个营的时候，也苦恼和生气自己不能影响英国的战争政策，特别是海军政策。当他得知即将举行一场有关海军形势预估的辩论会，便于 1916 年 3 月 2 日赶回伦敦，3 月 7 日辩论会当天来到下议院。他在伦敦五天，受海军元帅费希尔勋爵①的鼓舞——关系密切的朋友们认为他受到了煽动，质疑政府的海军政策。1915 年 5 月，当时身为第一海务大臣②的费希尔突然从海军部辞职并且消失不见踪影，积下危机，最终导致丘吉尔离开海军部。可是丘吉尔在辩论会上发言时，却呼吁让费希尔重新担任第一海务大臣，真是一语震惊了在场所有人。这是他在下议院的 12 年发言中第一次批评当局政策。丘吉尔在演讲结束时，对继任的海军大

---

① 约翰·费希尔(1841—1920 年)：1904 年出任皇家海军第一海洋大臣。努力推动英国海军在第一次世界大战中确保海上优势，从而取得了最终的胜利。为英国海军发展打下重要基础的海军将领，于驱逐舰、潜水舰、航空母舰的发展都有重大贡献。在英军海军史上地位仅次于打败拿破仑的纳尔逊。

② 英国海军大臣，亦称第一海军大臣(First Lord of the Admiralty)，简作 First Lord，是英国海军本部(Admiralty)的最高领导。海军大臣为海军本部委员会(Board of the Admiralty)的主席。委员会内包括文人大臣和职业海军军官大臣。其中最高级的海军军官，1828 年起称为第一海务大臣(First Sea Lord)，之后有第二、第三海务大臣。所以"海军大臣"和"第一海务大臣"为两个不同职位。1964 年英国海军本部裁并入国防部后，海军大臣一职撤销，第一海务大臣仍保留。

臣亚瑟·贝尔福提出一项慎重调查，并批评海军政策：

我们不知道德国人的所作所为。正如这位尊敬的阁下所知晓的，整整 18 个月，德国的海军船坞和商业贸易就像蒙上了密不透风的幕幔，我们丝毫不掌握敌军动向。这位大人说他不知道德国人有什么进展。这是一个严正的声明，我不是指责任何有关的人，但事实很严峻，我们必须牢牢铭记，英国并不掌握德军动向。而且我们必须确信一点，德军肯定在搞新动作。

············

我们已经吃过苦头、付出代价，怎能以为德国政府会任由我们海军在基尔运河没有任何采取行动的意愿却说些苍白的谎言并肆意嘲笑他们？只要他们非凡的军事情报能力可以获知，只要能够为战斗进程提供有效动力，他们极有可能发挥已经帮助德国跃升为第二大海上强国的组织和资源优势，放手一搏、有效努力，并且默许其间产生的全部耗损。如果我们基于会受到德国纵容的假定来展开行动，那就太轻率了。我们必须推测德军在发动战争之前已经全部造好所有舰船。也许事实并非如此，我敢说德国并未准备就绪，但是我们必须假定德军已经万事俱备。

主战舰战前就开始造，现在已经竣工了。我们正在进入开战后开始制造新战舰的阶段，可能双方已准备就绪。我在此重申，我当然知道我们的所作所为，这是慎加维护的军事秘密；但我们并不知晓德国的情况。我们已经离开已知的、公开声明或已经明确的区域，已经离开海军年鉴和历书的范围，进入了陌生未知领域。我们已经进入未知区域，这一区域的划分是不确定的，而且无法估量。因此，我们在贯彻执行上经受不起任何拖延，因为从现在起我们要开始供给，不仅要对抗已知和宣称的战舰，还要针对不断新增的未知情况未雨绸缪。

············

猝发的战争让我们所有人始料未及，但是好在海军部已经先行一步。可是这远远不够！我非常焦急，忍不住发表拙见，希望不致冒犯或惹恼尊敬的议员阁下，他常常以礼待我。但我必须说，现在这些远远不够，靠简易的方法怎能对抗德军？我们已经动用了粗糙、恶劣甚至激烈的方式，并且夜以继日不懈战斗。请记住，其他一切事物也在运动前进。我们看到自己在大幅投入，但请记住，周遭其他所有国家同时也都在扩张发展。你的船桨片刻不能稍息停留，舰船必须开足马力全速向前。失去动力不仅意味着停止，而且还将阵亡。

我们幸存下来了，军队也从弹药短缺中挺过来了。我们付出了生命财产的沉重代价，得以重新控制局面。在不远处，优势就呈现在我们面前。如果海军面临任何原因造成的物资短缺，都将没有机会复苏。无意识的松懈将引发的后果，就是倾注大量鲜血与金钱也难以修复。

············

如果海军的战略措施只是一味被动防卫，绝不表示这就最为保险稳妥。前任委员会肯定不会满意 1916 年整个全年都是纯被动防御，我希望将此记录在案。

············

我们听到了很多关于空袭的事。有效抗击齐柏林飞艇①袭击的方法是将其摧毁在飞艇厂房中。时隔数月，物资远远比当初费希尔勋爵和我所拥有的富足，我不理解为什么不采用空袭的方法。其实在早些时候，我们就将大把海军飞行员派往了科隆、杜塞尔多夫、腓特烈港，甚至库克斯港②。

············

---

① 齐柏林飞艇（Zeppelin）是一种或一系列硬式飞艇（Rigid airship）的总称，是著名的德国飞船设计家斐迪南·冯·齐柏林伯爵（Count Ferdinand von Zeppelin）在 20 世纪初期改良而来。由于硬式飞艇技术的成熟，使大型化成为可能。"齐柏林飞艇"成为硬式飞艇所用的代名词。第一次世界大战爆发后投入战场，参与空中轰炸或作为侦察所用。

② 科隆、杜塞尔多夫都是德国城市。腓特烈港是丹麦港口城市。库克斯港是德国北海岸港口城市。

如果不做出结论，就等于我今天白说了。第一，我要确认警告的话说得及时有效，避免事后诸葛亮；第二，我要确认有切实可行的建议。否则，我的警告将无济于事。

1914年11月，海军上将巴腾堡亲王路易斯·蒙巴顿①告诉我，他要退位，他需要卸下担子退休了。他一直忠心耿耿履职，我认定只有一位人选可以成为他的继任。我对海军所有高级军官都有了解，我认为无人能及费希尔勋爵的远见卓识，所以明确表示他是我将要共事的第一海务大臣的不二人选。就这样，我们终于战胜了来自海军部和其他方面的反对声音，它们也许并非故意，但不断阻挠了费希尔勋爵忠诚的步伐。他回到老地方，重新担任第一海务大臣。我认为他随后六个月的战时任期可以与皇家海军历史上的辉煌时期相提并论。

我曾认为，我们如此亲密友好的关系不可能破裂。但是战争带来巨大的重压和冲击。人们被卷入战火旋涡，承受着这代人从未有过的变故。

我们因为伟大的卫国事业分开。政府决心负责战事，苦苦挣扎、缺乏支持的作战部队已经归其麾下。我们之间横亘出现障碍。因此，我公开反对费希尔勋爵重回海军部，并且还曾好几次以激烈言辞向首相和海军大臣表达了这一观点。

现在形势完全不同了，我坚信自己有责任此刻说这番话。我曾有一度认为不能赶来说这番话，但是我已经离开数月，现在思路非常清晰。时间紧急，问题严峻。这场大战正向纵深发展。国家的生死存亡、事业的兴衰成败，取决于舰队。我们已经拥有最强大、最精锐的部队，怎能失去！个人私心杂念不能妨碍国家和为之效尽全力的民众。

我认为，与海军部的能力、忠诚和热忱相比，他们当前的管理还缺

---

① 海军上将巴腾堡亲王路易斯·蒙巴顿：出身德国王族，后来归化英籍，投身英国海军，和英国王室来往密切，于1912年晋升至第一海务大臣，但因身具德国王室血统，终在第一次世界大战之初被迫退隐。

乏驱动力和精神鼓振,不能再继续放任这种情况,必须及时在酿成恶果之前纠正。而且纠正方式只有一种。我相信国家和海军部都期望采取这一必要措施。

我强烈要求海军大臣,召回费希尔勋爵,让他官复原职,重任第一海务大臣,这样方能刻不容缓加强自身力量,重振海军部。

# "没有任何借口失败"

## 1916 年 5 月 17 日，41 岁，下院演讲：航空力量

丘吉尔提出"切实可行的建议"——提议费希尔勋爵重新担任第一海务大臣，很快遭到众人嘲笑和讽刺。1916 年 3 月 13 日，他返回西线战场的营地。之后，在 5 月 7 日，他终于返回伦敦，重获议会席位。在此前七周时间里，他每天都在面对危险的堑壕战。5 月 17 日，他在重返伦敦十天之后，在下议院谈到航空力量①：

我们的航空力量经过了整整一年无限投资、经验积累和资源倍增，为何不能继续系统袭击敌人的空中部队基地？

为什么不能建造适应各个特定需要的特殊机型？当然这样难度大多了，而且敌人的防御手段也在不断提升。但我还是要更加谴责你们，因为错失了这么多宝贵时间，也许还错失了这么宝贵的机会，任它们白白溜走！

············

---

① 英国皇家空军(Royal Air Force,RAF)是英国的空军分支,亦是世界上历史最悠久的独立空军,负责英国防空和其他国际防务义务的武装机构。1912 年 5 月,英国组建皇家飞行队和中央飞行学校。一战期间,参加了马恩河、凡尔登、索姆河、圣米耶勒等战役,航空力量在战争中不断壮大。1918 年 4 月 1 日,皇家飞行队与皇家海军航空勤务队合并,成立皇家空军,成为世界上第一支独立空军。

如果航空拥有不容置疑的全部霸权,将以压倒性的优势远胜步兵大炮。步兵一直乐在其中。它还将给舰队带来最大益处。舰队也乐在其中。

　　尽管这位尊敬的议员阁下提及霸权,但你们现在并未完整取得。你们甚至并未取得空中对等权。相反,德国人在很多方面有优势。尽管人们在战前公认我们拥有优势,但你们已经在战争爆发之际丧失了优势。当然你们可以重获优势地位。谁也不能阻挡你们重获优势。

　　在海上,鱼雷和潜艇的防御能力在加强,这在很大程度上令更为强大的海军威力相形见绌、有所削弱。在陆地,我们在彻底理解现代防御之前已经失去阵地。我们必须在把进攻提振为一门精细工艺时,赢回阵地。而空中是自由开放的。空中没有防御工事。进攻和防守都是对等的。天空对所有进入者都是对等的。

　　全世界的资源都在我们的支配和指挥之下。谁也不能阻碍我们夺得这场战争的制空权,除了你们自己。我们没有任何丧失制空权的理由,也没有任何失败的借口,我们必须确保空中霸主地位。这或许是在与日俱增的战火危险中迈向胜利的最重要、最务实的一步。

# "无论做什么，都要科学冷静"

## 1916 年 5 月 23 日,41 岁,下院演讲：军事决策

  1916 年 5 月 17 日,丘吉尔在下议院发表有关空中力量的演讲,敦促英国政策更为积极,希望自己能获得负责空中作战的大臣职位,但是愿望落空。六天之后,5 月 23 日,他再次在下议院演讲,就他所见,认为西线重新进攻的军事政策是个败笔：

  战壕里的兵士几乎始终处于敌人的炮火攻击中。他们在受伤两次、有时三次之后,还会一次又一次被送回前线,送回堑壕,继续而且是毫无喘息机会地被号召承受着达到人类极限的最艰苦的考验。而与此同时,后方的人始终毫发无伤,极少承受这种考验。他们吃着美味食品,拿着高薪工资,在很多情况下所拿薪水比每天冒着炮火的兵士要高得多;他们还享受着各种勋章和奖励,也是如此不相称,已经成为笑柄。

  我希望今天下午向下议院指出,只有指望军队中能够拼杀、奋战和流血牺牲的这部分,才能真正结束战争。

  我每天都扣心自问,当我们坐在这里的时候,当我们外出就餐或者回家休息的时候,正在发生什么？每天几乎有 1 000 人——包括英格兰人、不列颠人在内的我们整个种族的人,血染战场、衣衫褴褛,被葬入仓促挖成的墓穴,或抬到战地救护车;而首相已经讲得非常清楚的资金却白白地哗哗流走。我们必须考虑每一项措施。当我们希望让某个措施

发挥作用，就不能将之搁置一旁。

．．．．．．．．．．．

去年秋天我们努力进攻却并不成功。从那时起，直至今天，西线面临着很多困难。尊敬的议员阁下知道，我对该事件的看法从始至终没有更改。

现在让我们回顾看看。只要想想如果我们能为了真正的实战时刻始终保持不懈努力，想想如果我们能一直保持高压态势直到释放的最佳时刻，如果我们能养精蓄锐而不是耗费在卢斯、阿拉斯和康布雷防线，当遭遇缓兵之计被拖延的倒霉的德国人攻击凡尔登时，我们一跃而起开枪杀敌，难道不能重整旗鼓，获得战略主动权，一改长期被动落后于人的局面吗？

我们别再重复这样的错误。别卷入任何不是纯粹出于军事考虑的行动。"轮到我们了"之类的观点，在军事思想中没有立足之地。无论做什么，都要科学冷静。

当你们能够聚集在德国和奥匈帝国驻军边境，展示真实、重要的实力优势，那么敌军内部优势将被覆灭和超越，那么决定胜利的时刻即将到来。如果我们充满耐心和力量，如果协约国支配的所有资源坚持不懈地物尽其用，那么胜利的时刻必将到来。

# "烈士和生还的战士一样多"

## 1916 年 11 月，41 岁，写作：一战索姆河战役

索姆河战役开始于 1916 年 7 月 1 日。第一天有近 2 万名英国士兵丧生。当战役于 11 月结束时，有 13 万余名英国和英联邦士兵、17 万名德国士兵死亡。丘吉尔在《第一次世界大战回忆录：世界危机》中回顾了这场战役：

（英国陆军）这是一支年轻的军队，但也是我们所集结的最为精锐的军队。它在炮轰声中仓促组建，人人都是志愿军人。他们不但深爱祖国、受之激励，还普遍深信人类自由受到了军国主义和帝国暴政的挑战。他们流血流汗牺牲毫无怨言，即便徒劳；他们面对严峻考验毫不退缩，即便是毁灭性的破坏。他们踏过泥泞污秽的堑壕，穿过尸横遍野、弹坑累累的战场，在大炮的耀眼火光和隆隆震耳声中，在凶残的机枪扫射之中，勇往直前。他们意识到自己在为民族而战，并为战斗事业而自豪。英国陆军扼住了欧洲最可怕军队的咽喉，杀死他们，迫使他们节节败退。

如果指挥官要求付出两条或十条性命的代价去杀死一名德军，战斗部队不会有半句怨言。无论进攻如何缺乏胜算或损失惨重，他们永远保持高昂斗志；再惨重的伤亡也阻挡不了他们再度冲锋。无论物质条件多么严酷，他们都始终忠诚服从指挥官。烈士和生还的战士一样多。他们深受崇高使命鼓舞，也履行了这一崇高使命。

索姆河战役成了基奇纳部队的坟场。他们离开和平的百姓生活，告别各行各业岗位，响应不列颠联合王国的号召来了，正如我们依旧期望的那样，响应人道主义的呼唤而来，从不列颠帝国最偏远的地区赶来。但慷慨年轻的生命之花却在1916年永远地凋落了。他们是不可战胜的，除非被杀死。他们已经战胜了死亡。他们树立了一座民族美德的丰碑。只要我们英格兰民族屹立于世界民族之林，这座丰碑将永远受到世界民族的赞叹、敬仰和感激。

# "当今统帅的考验"

## 1917—1918 年,42 岁,写作:历史战争与一战对比

  1917 年 7 月 18 日,丘吉尔成为劳合·乔治联合政府的军需大臣①。他在随后四个月里多次访问法国,其中 20 次前往陆军元帅道格拉斯·黑格爵士②的指挥部。黑格自 1916 年 1 月开始任英国驻法军队总司令。丘吉尔在这次战争结束 15 年后,出版了关于他军事祖先第一代马尔博罗公爵③约翰·丘吉尔的四卷本传记《马尔博罗的生平与时代》。他回忆了在黑格司令部的场景,并以 18 世纪的叙事表现了"我们当今的统帅",实际上即黑格本人。丘吉尔提到的"当每天有两万人

---

  ① 军需大臣始设于 1915 年,属于非阁员大臣。

  ② 道格拉斯·黑格爵士(1861—1928 年),英国陆军元帅,是一战期间欧洲战场的英军总司令。黑格是英军中一位出色的骑兵名将,在 1907 年出版了《骑兵研究》一书,对其他兵种和战争新武器包括机枪等并不是很感兴趣。他打仗有一特点,就是"杀敌一万,自损八千"。黑格漠视士兵牺牲,在索姆河战役中下令坚决抵抗,导致伤亡惨重,被称为"索姆河的屠夫"。

  ③ 马尔博罗公爵(Dukedom of Marlborough),也译作马尔巴罗、马尔堡、马尔勃罗、马尔孛罗或马尔伯勒。约翰·丘吉尔,第一代马尔博罗公爵,英国军事家、政治家。1702 年任英荷联军统帅,在西班牙王位继承战争(1701—1714 年)中大展神威,在布伦海姆大败法军,成为近代欧洲最出色的将领之一。被英国女王封为马尔博罗公爵,从此代代世袭该爵位。英国首相温斯顿·丘吉尔是他的直系后裔。丘吉尔在 1933 年开始写作 4 卷本巨著《马尔博罗的生平与时代》(也译作《马尔巴罗传:他的生平和时代》《马尔伯罗传:时代与人生》《马尔勃罗传》《马尔伯勒的生平与时代》《马尔孛罗公爵生平》)。

倒下"，正是索姆河战役的第一天。当时黑格的司令部城堡在维翁地区，距前线仅十多千米：

马尔博罗战役指挥官的任务就是直接杀……在大屠杀的现场，烟雾蔽日，逃兵流窜，战线鲜明。在广场上，士兵列阵方形。他坐在马上，常常身处炽热战火之中，脑中时时刻刻思索部队各个单元的位置和调配，并且大声发布命令。我们必须看到，他所处的时期还不存在通信兵，随同的不仅有三四名高级军官，还有至少二十名受过特殊训练、骑着特殊战马的年轻军官。他们可以通过如炬双眼跟踪事态，持续观察战场，并且知晓下属指挥官及其旅团在哪里。我们看到，他们为了短短的距离或并不那么重要的军令而奔跑，身披挂毯，被授权使用长长的黄铜棒杠①领头。在短短四五个小时里，也许双方会有三四万士兵死伤，而另一个可怕而光荣的名字则永载战争史册。

所有这些都与当今统帅们的考验大相径庭。我们不会轻视当今统帅们的考验，但他们只是在风平浪静的环境中接受思想和精神的考验，甚至时常都没有炮击声。他们没有外在干扰，没有危险，无须匆忙。200万士兵的总司令已经孤注一掷激战10天，几乎束手无策，只能强身健体、保持冷静。除了荣耀，他的人生与勤勉、守时的公务人员并无不同，远远没有内阁大臣那样焦虑不安。大臣必须一方面应对愤怒的议员，另一方面应对恼火的政党。这位现代统帅不必穿靴子和马裤；不必骑战马，除非想锻炼身体。在他所指挥的最大战役的高峰时期，每天正有两万人倒下，他将如坐针毡、度日如年。十几个部门的头领们将随时小心翼翼在他桌上摊开重要的作战图。他的参谋将不时在地图上移动旗帜，甚至参谋长自己某天晚上会在图上画出一条蓝线或棕线，或者着重标记一个箭头。

他付出极为艰难的努力，命令缩减至最简。"前进""坚持"或"撤

---

① "黄铜帽"指高级军官，"大礼服"指高级文官。

158

退",命令简短,全军出击,只留十个师。我们今天送三个师去哀求、叫嚣的战区,明后天再让他们活着回来?我们用火车送他们去北方还是南方?他个人所受质疑只限于和一个必定被撤职的军队指挥官发生不愉快的对话,只限于向不堪其扰的内阁做出蹩脚的解释,或者接受一个中立媒体代表的采访。时间一天天过去,有时则以周为单位。即使在最严峻的危机中,会议也几乎总有休息时间。

旧式战争已经被提升到巨大规模,这是不对的。在这个膨胀过程中,军事天才的卓越功能受到永久破坏,这种破坏甚至是肆意和快意的。

# "我曾见过他 20 次"

1917—1918 年,43 岁,写作:黑格元帅

1918 年春,正当德国军队横扫西线时,陆军元帅黑格于 4 月 11 日这天,面向在法国和弗兰德斯的全体英军官兵签发了一份被称为"背水一战"的特别公报。他宣称:"我们别无选择,只能战斗到底。每个岗位必须坚持到最后一个人。我们没有退路,只能背水一战。每个人都坚信正义事业,战斗到底。"1928 年 1 月,黑格逝世。丘吉尔在 10 个月后,在纳什的《蓓尔美尔街》杂志发表了另外一篇评价这位总司令的文章,后来收入了他的《当代伟人》一书:

拿破仑和他前面的将领们骑马在战场上驰骋,在军队的激情战斗中,在暴风雨的危险中……黑格在第一次伊普尔战役中只是一名军团指挥官,曾经骑马缓缓行进于爆炸的炮弹间。如今他是多么渴望有机会能够再度骑马缓行战场!但是人们认为现代的总司令不应该在战场骑马。他是幸运的,甚至即使司令部附近的一枚飞机空投炸弹或某个远程射弹罕见炸响,这种现实提醒也只是偶尔缓解了内心紧张压力。没有危险的止痛剂,激烈战斗不会减轻;战争让人一无所有,只有焦虑、费解、相互矛盾和令人困惑的信息;战事无法衡量却需要考虑权衡,比例无法测量却需要设定分派,官兵职责极其复杂,个人斡旋极为艰难,而遥远的枪发出闷响抱怨。

但是黑格忍受了这一切。我在如此平静和平淡的日常工作中见过他 20 次,其中有好些次还有致命危险。我怀疑他在司令部居所附近对这些痛苦折磨和戏剧事件并非感觉迟钝或冷酷无情。

但是,当战争结束后,我第一次阅读他写于 1918 年 4 月清晨日出之前、决定命运的"背水一战"历史文献,这不是坐在办公室里的文官所写,而是由他亲笔一丝不苟所写,倾注了他内心被压抑的、未遏制或修正的激情。我对这个男人有了全新的认识。他的内心确实有复仇女神在斗争,这一竞技场宏大到足以容纳她们的战争。

# "数百万人的苦难、艰险和激情"

## 1917—1918 年，43 岁，写作：一战东方战线

当不列颠、英联邦、法国以及 1917 年加入的美国军队在西线战场与德国人交战时，东线正在发生的流血作战也不相上下：俄国人在对抗德国和奥匈帝国。丘吉尔在《第一次世界大战回忆录》的第五卷"东方战线：不为人知的战争"中谈到这一遥远的战场：

如果我们暂时忘掉在法国和弗兰德斯的战斗，那么东方战线的斗争就是历史上无可比拟的最大战争。它的战斗规模、屠杀行径、战斗程度、瞬息万变的军事形势，都在重要量级和激烈强度上远超人类其他相似战争。

东线战斗也是有文字记载的最悲哀的斗争。三大帝国、对峙双方，无论胜败，全都毁了。所有的皇帝或其继任者不是被杀就是被废黜。俄国罗曼诺夫家族、奥匈帝国哈布斯堡王朝和布鲁士霍亨索伦的府邸全部连根拔起。欧洲三大王朝毁于一旦。它们数世纪以来名声显赫，交织成欧洲的特有结构。这三个强大组织经由几代人以耐心和勇气建立，代表了欧洲大家庭贵族支脉的传统群集，却都被彻头彻尾改变，面目全非难以辨认。

本卷篇章讲述了实实在在、理所应得、绚烂耀眼的胜利和失败，记录了数百万人的苦难、艰险和激情。他们的汗水、眼泪和鲜血染湿了一

望无垠的平原。千家万户等待着将士的归来。上百座城市在期待欢呼胜利。但是所有人都失败了,所有人都遭到了打击。他们投入的一切都付诸东流。他们蒙受了惨不忍睹的伤害,他们忍受了物资贫乏,他们是无限忠诚的典范,但一切牺牲都化为乌有。所有人都一无所获。他们在泥泞中挣扎,在积雪中冻死,在严寒中饿死。在经历过无数个日夜战斗后幸存下来的老兵最终回家时,无论他们是否戴着胜利的桂冠,抑或带回不幸的消息,都将发现故园早已被灾祸吞没。

我们可以通过拿破仑的战役想象东线的图景:都是艰难与阴沉的战争;都发生在寒冬,在荒凉贫瘠的地区长途行军,背负重物前进和反复撤退;套着马鞍挽具拉车干活的马匹死了;伤员血液冷却冻结;死者不计其数、曝于荒野、未曾掩埋,生者被迫再度沉入磨底、备受煎熬。艾劳会战、阿斯珀恩-埃斯灵会战、瓦格拉姆会战、博罗季诺战役、别列津纳河战役,拿破仑时期这些战役唤醒了所有罪恶的记忆,剥掉了熠熠闪光的华丽外衣,露出了丑恶恐怖的原形。在这里,整个中欧被撕得粉碎,痛苦死去,又再次面目全非地站起来。

# "与美国交战的意义"

1917 年 4 月 6 日，42 岁，写作：一战转折

　　1917 年 1 月 9 日，德国统帅部为了让战争进程转向对德有利，命令德国潜艇无限制地攻击协约国和中立国的所有航运，包括中立的美国。4 月 2 日，美国总统伍罗德·威尔逊要求国会向德国宣战。四天以后，也就是 4 月 6 日，美国参战，开始招募和训练一支超过两百万人的军队，准备派往欧洲。丘吉尔后来在《第一次世界大战回忆录：世界危机》中述及这一转折性的事件：

德国统帅部错漏百出，但最明显的误判是未能认识到与美国交战的意义。制定战争政策只基于单纯物质因素的计算极不明智，德国这一重大失误可谓最佳范例。

1.2 亿美国民众受过良好教育，具有科学武装，拥有坚不可破的新大陆——更是一个拥有丰富资源的全新世界。他们投入战争，这一强大力量不能单纯为此时正好掌握的受过训练的士兵和军官、铸造的大炮和战舰的数目来衡量。认为他们将永远被潜艇这一机械仪器打败，这正体现了当前社会里所存在的固有无知。仅仅寄希望于他们不能及时抵达战场的偶然性，来抵消世界上最大（如果不是最重要）的文明国家的军事抗衡，这是多么草率！英勇的德国人民已经饱受战争创伤、疲惫不堪，已经寡不敌众，现在又要强令他们和美国这个新参战的、强大

的、一旦被唤醒则很难和解的敌手做殊死搏斗,这是多么艰难!

没有必要夸大美国给协约国提供的物资援助。无论是人力、舰船还是资金,美国凡可给予的所有一切都毫不吝惜地尽快送达。但是,战争不久以后结束了,并非因为美国物资起到了决定性甚至是主要的作用,而是因为逾 200 万美国士兵踏上法国国土。倘若 1919 年仍有战争,我们会看到大量美军将继续参战,这个数字到 1920 年很可能高达 500 万人。与这种潜在力量相比,请问:占领巴黎有什么价值? 至于德国武器方面的希望,也就是 200 艘潜艇,仍有英国海军对付。在此期间,海军在占压倒优势的战列舰队保护下,始终有 3 000 多艘武装舰船在海上巡游。

但是,如果说在打败德国的过程中美国实际上投入的战斗力量并不多,如他们仅仅打败了数万德军,那么,要看到美国加入协约国后所发挥的鼓舞士气的效果,这的确在斗争中起到了决定作用。

战争已经持续将近三年,所有最早涉入的交战国都处于极度紧张状态;对交战双方来说,双方防线不断变动,后方危险之大,并不亚于前线。这些新的危险已令俄国屈服;正使奥匈帝国解体;土耳其和保加利亚正日益衰弱;德国本身甚至在全面交战时期被迫承认其人民享有意义深远的宪法权利和选举权;法国陷入绝望;意大利即将毁灭殆尽;即使在不动感情的英国,人们眼中也出现了异样的光芒。突然之间,拥有 1.2 亿人口的美利坚民族亮出了旗帜,站到已经是较强的一方;突然之间,世界上人口最多、长期以法官姿态出现的民主国家,这次也卷入了战争。不,它是主动投入战争。面对这种新的增援,人们已经忘却了俄国的屈服。失败主义趋势在我方被遏制,而在敌方正抬头兴起。两种对立的印象广泛遍及各交战国,敌方认为:"全世界都在反对我们。"我方则认为:"全世界都支持我们。"

# "祖国处于危急时刻"

### 1917 年 12 月 11 日，43 岁，下院演讲：战争形势

德国于 1917 年春天发起进犯，直至该年 11 月方才停止和撤退。但是协约国在第三次伊普尔战役中的进军止步于帕森德尔村，损失惨重。同样在 11 月，俄国布尔什维克政府上台，通过谈判，让出大量领土，终于结束了东部战线的战争。德国数百万军队和武器得以解脱，在 1918 年转向西线。1917 年 12 月 11 日，丘吉尔在下议院演讲时[①]说到这些危险和挑战：

我两个月前在伦敦表示，战争已经进入最严峻的阶段。但我必须承认，此刻形势比两个月前所能做的理性预测还要严重。祖国正处于前所未有的危急时刻。此前，马恩河战役拯救了巴黎，伊普尔战役和伊塞尔战役保存了海峡各港口。但是此刻协约国的事业处于危急关头。大英帝国、民主和文明的未来命悬一线，而且将在相当长一段时期内处于风雨飘摇、令人忧心的危急状态。意欲向敌人隐瞒这些事实，即使值得，也不可能瞒天过海。如果我们不勇敢直面敌人，将愚不可及。

---

① 根据《永不屈服：温斯顿·丘吉尔一生最佳演讲集》，此次演说发生于 1917 年 12 月 10 日，在贝德福德的谷物交易所。(英)温斯顿· S. 丘吉尔(Winstons S. Churchill) 编选，李阳译：《永不屈服：温斯顿·丘吉尔一生最佳演讲集》，67 页，北京，世界知识出版社，2009。

任何人都能看出俄国发生了什么情况。她已经被德国人彻底打垮。她伟大的心脏已经破碎，不仅被德国的力量打破，也被德国的阴谋伤害；不仅被德国的钢铁碾碎，也被德国的黄金击碎。俄国已被打得匍匐在地，筋疲力尽，痛苦不堪。无人知晓俄国将有怎样可怕的变迁，或者她将怎样崛起、何时崛起，但她必将东山再起。这一悲伤的事件延宕了战争，而战争已然掠夺了法国、英国和意大利的军队在这个夏天几乎触手可及的战利品。正是这一事件，单单这一事件，使我们遭受了本不应当承受、本可以避免的危险、痛苦和悲伤。我们无从避免，但是也绝不屈服。

我们在这场战争中应该采取的务实措施从未像此刻这般彰显无遗，我们面前的机会也从未有今晚这样相当清晰，爱国者被诡辩、危险的建议误导犯下的错误从未有如此更多理由。

∙∙∙∙∙∙∙∙∙∙∙∙

我们丝毫也不能耽误片刻的最为务实的措施是什么？我们必须极力提振军队士气到最佳状态。军队将要承受史无前例的沉重压力。我们必须确保军队比以往任何时候都更强大。不要让这些英雄负担太重，正是他们的英勇努力，我们才能一天天活下来。我们应照顾他们的家庭，帮助他们养精蓄锐。

各项服务都要提供到位，服务越科学就越精细。必须确保接下来的几个月里军队大多数人在休息，能够焕然一新；并在防线之后训练，准备伺机如猎豹围击德国人。我们必须备好大量枪支、堆积如山的弹药、簇拥如云的飞机，一切都必须就绪。我们必须共同行动，我们必须立即行动。

# "我听到最剧烈的炮轰"

## 1918 年 3 月 21 日，43 岁，写作：一战德国春季进攻

　　担任军需大臣的丘吉尔常常前往法国，他在巴黎附近建立了几家军火工厂，在沙特鲁建立了一家坦克工厂。1918 年 3 月，他在法国，去往前线探访朋友休·图德少将。休在努尔卢指挥苏格兰第九师。正好在那时，3 月 21 日，德国人发起春季进攻。丘吉尔在《第一次世界大战回忆录：世界危机》中回忆：

　　我在清晨四点多的万籁俱寂中醒来，静卧沉思。大约半小时后，突然，在几千米外，六七声非常响亮而且沉重的爆炸声打破了沉寂。我想这或许出自 12 英寸大炮，但也可能是地雷。紧接着，我在不到一分钟内听到了最剧烈的炮轰，就像一个钢琴家的双手在键盘上从高音区弹到低音区。"凌晨 4 时 30 分。"鲁登道夫说，"我们的火力网被炮轰猛攻。"远处，密集的轰鸣和混响从南到北滚滚传来，席卷我们。透过精心用纸糊过的窗口的缝隙，炮轰的火光像闪烁的炉火照亮了我的小木屋。

　　我穿上衣服走出去，在屋外泥泞的堑壕残局里遇见图德。"战斗开始了。"他说，"我已经下令所有炮队开火，你马上就会听见炮声。"但是德国从七千多米外射向我方堑壕线的弹药火力太猛，以致无法辨清离我们更近处差不多两百门大炮扫射的声音。人们可以从努尔卢高地的分师指挥部看见远及数千米的防线。这条广阔曲线如红色跳跃火焰，

从我们身边绕过，沿第三军团防线伸向北方，沿第五军团防线伸向南方，两端都看不到尽头。

距天亮还有两个小时。炮弹落在我们堑壕里发出的巨大爆炸声几乎一个接着一个，几乎无处不在，几乎没有停顿。在炮弹爆炸声中升腾起一阵阵几乎是弹药库连续爆炸的熊熊烈火。敌人炮轰的量级和强度前所未有，超过过去所知任何炮轰。

只有一门大炮向指挥部开火，这门炮属于"珀西"的变种型号，它射来的炮弹都落在近百米外，没有造成伤亡。沿佩罗讷公路向南约四百米处，一门威力大得多的重炮将师部食堂化为灰烬。白天接踵而至，混乱一片。火焰在浓密的烟雾笼罩下跳闪，如巨大喷泉般升腾起蘑菇云。我因公务在身，得离开了。10点钟时，我百感交集地告别朋友，乘车顺利地驶向佩罗讷。

# "全然没有兴奋或喧闹"

1918 年 3 月 28 日,43 岁,写作:一战指挥部见闻

1918 年 3 月 21 日,德国军队在西线同时击退英国和法国军队。此时丘吉尔从前线返回黑格在圣澳默的指挥部。22 日,他在当地参加了化学战争学校的发布会。23 日,努尔卢被德国侵占。此前,当德国开始攻击努尔卢时,他与少将图德就在那里。23 日这一天,丘吉尔返回英国。28 日,德国还在持续进犯。劳合·乔治要求丘吉尔返回法国,并且报告第一手的战况。他当即从命,首先去了蒙特勒伊,这里距离英吉利海峡沿岸只有十多千米,黑格在此建立了新的指挥部。丘吉尔后来在《当代伟人》一书中回忆:

在这古老安宁的小镇,在寂静空旷的街道,大雨倾泻如注。英国 60 个师部聚集在此,其中一半以上在浴血奋战。从拉巴塞向南,战斗尤其剧烈。第五军团的遗体从索姆河古老的弹坑区运往法国北部城市亚眠。第三军团正在紧张打斗中。

为了阻止德军如潮般可怕的进攻,所有人正在汇集输往前线,从英国前线的每一个部门,从后方每一个仓库和学校,从可以凑出人手的每一个师部,从可以发现的每一个储备力量,集合每一个可以扛枪打仗的人,通过火车和汽车运往前线。

我知道这一切。然而,与近百千米开外、长达 45 千米前线的浴血

170

奋战相比,军人最高指挥中心如此平静甚至几乎昏昏欲睡,真是多么奇怪啊。普通部门仍然如常运转,全然没有兴奋和喧闹。总司令正在例行下午骑行。如果人们不熟悉这场巨大战争的形势,根本不敢相信,世界历史上最大规模、最为惨烈和至关重要的战役实际上正从这里发出巧妙有效的指令。

# "如此霸主和斗士"

## 1918 年 3 月 28 日，写作：法国总理克列孟梭

丘吉尔在 3 月 28 日同一天乘车，从黑格在蒙特勒伊的新总部前往巴黎。一周之前，当德国人发起春季进犯时，他正在前线。28 日当晚，他致电 76 岁的法国总理乔治·克列孟梭①（总理当晚的言辞启发丘吉尔于 1940 年 6 月 4 日发表了动人的演讲）。丘吉尔抵达巴黎时，适逢他后来所称的英法两国"紧急关头"。他在《当代伟人》一书中回忆：

德国人再次来到马恩河。我们从蒙马特高地可以看见地平线上还跃动着火炮燃烧的光焰。美国人被堵截在蒂埃里城堡。我在巴黎四周有重要的弹药和飞机工厂，必须准备搬走，并且往南扩展临时避战掩体。所以我要在法国首都。

战争开始前，人们总是说："我很强大，但是敌人也很强大。"当战争进行期间，人们会说："我累死了，但是敌人也相当累。"而当战时这两方面处于紧要关头时，人们却几乎说不出任何一句话。

德国人看似不可战胜，直至他们崩溃。但克列孟梭也看起来不可战胜。他在战时总理办公室对我说了一番话，后来也见于《论坛报》：

---

① 乔治·克列孟梭(1841—1929 年)，法国政治家、新闻记者、法兰西第三共和国总理。号称"老虎"。为第一次世界大战协约国的胜利和凡尔赛和约的签订作出重要贡献，被当时欧洲人称为"胜利之父"。

"我将战斗在巴黎前方,我将战斗在巴黎后方。"所有人都知道这不是虚妄自夸。法国可能缩减了伊普尔或阿拉斯的损伤程度,但不会影响克列孟梭的决心。他本来打算坐在安全阀上,直到他赢了或者他的整个世界被炸毁。他生无可眷,除了坟墓。他嘲笑死亡。他已经 77 岁了。

这个民族的命运处在僵持阶段的关键时刻,得遇这样一位霸主和斗士,真是幸事。

# "舞台上的伟大演员"

## 1918 年 3 月 30 日,43 岁,写作:福煦统帅演讲

首相戴维·劳合·乔治指示过丘吉尔:前往巡视所有发生战斗过的前线情况,并每日发回报告。1918 年 3 月 30 日,丘吉尔与克列孟梭一起前往博韦去见费迪南·福煦[①]将军。四天之前,福煦被任命为协约国最高军事统帅,获权统筹协约国所有军事行动。丘吉尔后来在《思想与冒险》一书中回忆这一场景:

福煦将军攥着一支大铅笔,就像抓着一把武器。他二话没说,径直走到地图前,开始讲述当前形势。我已听过他非同寻常的演讲方法。他有动作和手势,并习惯于运用全身动作来尽可能强调和阐述正在描绘的战斗行动或正在论述的观点。他的描述生动、表达激烈、话语热切,都体现了他的风格。在他执教过的军校和指挥过的军队里,他因这种演讲风格而被长期惊叹、嘲笑或钦佩。

他讲得很快,而且不时出现很大跳跃且不规律,所以我没法确切翻译他的话语。但是他的不停手势和关键词汇已经留给我清晰完美的整

---

① 斐迪南·福煦(Ferdinand Foch,也译为"福熙"。1851—1929 年),法国历史上著名将领。1918 年 4 月出任协约国联军总司令,8 月晋升法国元帅军衔。1919 年起任协约国最高军事委员会主席。战后,获英国陆军元帅和波兰元帅,也是世界战争史上唯一一位拥有英法和波兰三个国家元帅头衔的人。著有《作战原则》等军事著作。

体印象。我不能重述他的长篇大论、慷慨陈词,但是记得他的主题。

"德国人在 3 月 21 日进攻之后,22 日攻破了防线。看看他们到了哪里。这是第一阶段的侵犯。哦!哦!哦!大侵犯啊!"他指向地图上的一条线。

"23 日他们又往前推进了。第二天侵犯。啊!啊!"又一大步,"24号,第三天侵犯,哎哟!哎?!"

但是到第四天,形势变了。地图上的线条表明,敌人第四天所犯领土数量小于之前一天。这位著名指挥官转向我们,双手从一边摇摆到另一边,就像平衡仪。

"哟!"他说,"第四天侵犯!哟!哟!"

我们都知道德军汹涌而来的侵犯过程一定有所变故。当他介绍到第五天,侵犯领土地区明显缩小。第六天和第七天的侵犯地区仍在继续变小。福煦的语调降低,几乎成了耳语。他指向减小的区域,挥手,或者耸肩,足以传递他想表达的思想。

直到最后,他说:"昨天,最后一天的入侵。"他的整个表达方式和语气流露出对被敌军在最后一天入侵的全部贫穷、弱小、零散和悲惨地区的同情。这与起初强有力的入侵相比,让人感觉就像一段可怜的、小规模的范围。敌人的侵犯已经疲软,强大的爆发即将停滞,支撑他们的冲动正在消亡。最糟糕的时刻已经结束。他令人震惊的演示让每个人留下了如此难以忘怀的印象。在讲述过程中,将军的每一块肌肉、每一个神经似乎都在颤动,这种兴奋和激情犹如一位伟大的演员在舞台上表演。

随后,他突然大声说:"保持稳定。充满信心。必胜。很快。前进。啊,前进,这是我的职责。"

他停下来。每个人都沉默了。

然后是年长的克列孟梭说:"那么,将军,我必须拥抱你。"

# "没有繁文缛节的形式主义"

## 1918 年，43 岁，写作：一战协约国

　　丘吉尔在 1917 年 7 月至 1918 年 11 月担任军需大臣期间，为即将在西线战斗的美国军队提供了大量的武器、坦克和战斗机。在 1918 年 3 月德国人春季侵犯的危急时刻，美国军队率先参加抗击。丘吉尔在战争结束九年后，在《第一次世界大战回忆录：世界危机》中思考：

　　为了捍卫祖国而战是该国公民义不容辞的责任。为了护卫别国领土而战则是另一个命题。这可能也是神圣的义务，但还包含更高尚的信念。心甘情愿跨越大洋而来，为陌生异国人而战，远离家乡，为了一个在制定过程中没有发言权的议题而战，这需要对人类事务高瞻远瞩，需要世界责任感。加拿大、澳大利亚和新西兰，出于不列颠联合王国领导下的共同公民的意识，从一开始就表明了认同的崇高力量，并且下定决心跨越广阔空间距离，在战场拼杀三年。他们所承受的杀戮，不是美国军队，注定不会知道。而且，他们的成就留存青史。但威尔逊总统在紧急时刻所做决定，将会弥补之前长期延误对美国士兵特殊个人价值所造成的影响。

　　在本国军队服役，由本国将领指挥，身处同仇敌忾的群体，这是一种考验。而在一个孤立的师部、军旅甚至团服役，听候别国将军指令，所在两翼双方军队都是不同民族或语言的人，他们并不了解战友，并不

熟知品质，这是另一种考验。面对艰难和恐怖的战争，士兵习惯于在朋友和同胞当中寻找最后一丝尚存的安慰，在团队精神至少"战斗精神"中获得鼓舞。但是数以万计的美国士兵迫切需要伟大战斗，真诚渴望分担盟友的磨难。他们乐于在潘兴将军①的指导下，遵守本国政府的指令；也乐于作为独立的部分，或者甚至纳入英国或法国的军队，只为了在敌人的炮火下可以更早一点聚齐最大规模人员。

协约国的指令要求全副武装好充满信任输送来的这些军队，我们要不折不扣地执行军令。我不辞辛劳提供军需，志在于此。职责使我与美国物资供应服务商在欧洲的顶尖代表保持着密切频繁的联系，并且联系布利斯将军，有些场合还联系潘兴将军。我们的合作共事从一开始就毫无误解或分歧。

工作部署运转良好。我们用各种方式表达"共同战斗"。我们运送了大量的各种材料，它们要满足生产的各个阶段。根据不同需要，提供不同种类，这就像两个朋友分享一个午餐篮。我们的工作没有繁文缛节的形式主义。我们将碗柜"洗劫"一空，以期提供给驻在法国的美国军队所需一切；另一方面，一旦美国人经沟通对话了解清楚情况，便毫不犹豫从他们自身更长远的计划中抽调物资，以满足我们更紧迫的战时需求。我们共建了坦克和航空材料工厂。美国人还为我们供应了最早的芥子气炮弹。

最后，我与美国负责军需供应的官员斯特蒂纽斯先生签订合同，他获得一亿英镑，将提供美国军队 1919 年战斗中所需全部中型火炮（6 英寸口径的大炮和榴弹炮）。合同的原则很简单：我们允诺美国，英国不会从中牟利；他们允诺，不会让我们蒙受损失，尽管战争形势可能扭转。

---

① 潘兴（1860－1948 年），美国著名军事家、陆军特级上将，又称"铁锤将军"，还有个绰号叫"黑桃杰克"。1886 年在西点军校毕业后，曾到美陆军骑兵部队任职。1917 年 4 月美国宣布参加第一次世界大战后，任美国远征军司令，在法国前线组织指挥美军的训练和作战。美国历史上唯一的六星上将。也是巴顿的老师。著有《我在世界大战中的经历》等书。

# "历尽危险，迎来胜利"

## 1918 年 11 月 11 日，43 岁，写作：一战胜利

1918 年 11 月 11 日，德国签署停战协议，第一次世界大战结束。此前，奥匈帝国、保加利亚和土耳其已经投降。德国的停战结束了所有战场前线的战斗。那一天，丘吉尔身处伦敦，正在军需大臣的办公室工作。九年之后，他在《第一次世界大战回忆录：世界危机》第三卷中回忆：

现在是 11 月 11 日 11 时前几分钟。我站立在房间的窗口，眺望伸向特拉法加广场①的诺森伯兰大街，静候大本钟②宣告大战的结束。我的悠悠思绪越过伤痕累累的岁月，闪回到在海军部那一夜的情景和感触，当时我侧耳倾听着同样的钟声，那时的钟声为谁而鸣？那是为了向我方舰队和英国遍布世界的舰艇中队发布对德宣战的信号。现在一切都已成过去！赤手空拳未经训练的岛国人民，除了海军没有其他防御手段，但是直面人类历史上无疑是最强大的军事武装，而且胜利完成任务。祖国摆脱了苦难，安全存活于世，广大领地完整无缺，军事战果仍在增多，国家制度屹立不动，人民和帝国空前团结。

在迭经各种危险和苦难之后，我们终于迎来胜利。所有曾与我们

---

① 特拉法加广场：即著名的"鸽子广场"，位于英政府办公厅、议会大厦和白金汉宫之间，伦敦著名景区。

② 英议会大厦上的报时钟。

为敌的国王和皇帝不是逃走就是流亡了。他们所有的陆军和舰队不是被摧毁就是投降了。英国为争取胜利承担了重要责任,并且自始至终尽了最大努力。

时间分分秒秒逝去,我陷入反思而非欢乐。人们工作所追求的物质目的,人们生活中的每个思考过程,全部化为乌有。整个军需供应的庞大事业,不断增长的军需产量,小心谨慎所做军需储备,各项秘密的未来规划——昨天还是整个生命的责任,转眼之间烟消云散,如同一场噩梦,留下一片空白。

我的脑海里机械地反复思索复员问题。300万军需工人将何去何从?现在要他们生产什么?机器轰鸣的工厂如何转产?如何把刀剑打磨成碎犁片?把驻外军队运回国内需要多长时间?他们回国以后做什么?我们当然为军需部拟订了复员计划。计划制订得很仔细,但是在我们脑海中没有发挥作用。现在必须付诸实施。必须拉杆,全速后退。军需委员会必须举行会议,刻不容缓。

这时突然传来了第一响钟声。我再次看看下面宽阔的街道,街上仍空空荡荡。但一位年轻女职员苗条的身影从政府部门征用的一家大酒店门口冲了出来。当另一记钟声响起时,她正在兴奋地打着手势。然后男男女女从四面八方涌入大街。人潮从所有大楼涌出。全伦敦的钟声开始轰鸣。诺森伯兰大街簇拥的人群数以百计,不,应该是数以千计。他们疯狂地来回涌动,欣喜得大喊大叫。我看到特拉法加广场已经是人山人海。

在我周围,在军需部总部,在大都会酒店,秩序开始混乱。门砰砰作响,走廊里响起咔嗒咔嗒的脚步声。每个人都扔下纸笔,从办公桌前起身。一切束缚完全放开。越来越喧闹了。人潮鼎沸,响声来自四面八方。街上现在成了沸腾的人海。彩旗像变魔术般出现。男女人潮从泰晤士河堤方向涌来,他们注入滨河大街的人流,汇合前去向国王欢呼胜利。几乎在最后一响钟声消失以前,受战时严格管制的伦敦街道变成喧闹庆祝胜利的场所。无论如何,这一天不可能再上班做事。

是的,钳制世界的锁链被打破了。纪律的锁链,蛮力的锁链,自我牺牲的锁链,恐怖的锁链,荣誉的锁链,这些迫使我们国家,不,迫使大部分人类忍受苦难、强迫担负战斗事业的种种锁链,在几记钟声中噼噼啪啪碎裂了。人们安全了,自由了,和平了,回家了,亲人回到壁炉边团聚。在人们背负沉重的负担,历经 52 个月憔悴折磨之后,终于突然一下子全部扔掉了这些重负。至少目前看来如此。

# "哀痛永不能回家的阵亡者"

1918 年 11 月 11 日,44 岁,写作:停战纪念日

丘吉尔看着伦敦人和所有英国人欣喜于第一次世界大战终于结束。11 年后,他在《第一次世界大战回忆录:世界危机》第四卷中描写了停战纪念日那一天伦敦的场景:

谁会埋怨或讥笑这些无法抑制的狂喜呢? 协约国各族人民都在分享这种喜悦。五大洲每一个战胜国的首都或城市都以自己的方式再现了伦敦的欢庆情景。欢乐的时刻是短暂的,留给人们的记忆转瞬即逝;它们突然消失,恰似突如其来。

我们流了太多的鲜血,付出了太多的生命。每家每户都人丁稀缺、空空荡荡。几亿人先是在可怜的欣喜中振奋于夙愿实现的伟大功绩,而后突然醒悟,感到幻灭。

虽然仍旧还有各种满足——安全有保障了,和平恢复了,荣誉保留了,而且有发展迅速的产业足以安稳度日,以及士兵正在回家,但这些情况只是背景。与这些欢欣交融混杂的,是对那些永远不能回家的阵亡者的哀痛。

# "忠诚勇敢的人"

1918 年,44 岁,写作:间谍

     丘吉尔在第一次世界大战之前对于建立英国情报服务系统起到了核心作用。和平时期与战争时期不同的间谍活动都是他身为大臣的职责。他给英国第一次世界大战间谍马特·麦肯纳①一书作序,写下了对间谍活动危险和伦理的思考。陆军元帅黑格对马特·麦肯纳给予战报嘉奖,正是 1919 年担任陆军大臣②的丘吉尔签署了这份通告:"在该领域做出英勇和卓越的贡献。"

每个时代的国家和军队出于自我保护,都会被迫勒令间谍付出生命。精心设计的骗局是间谍活动的本质,也让从事间谍活动的人遭受污名中伤。

但是,间谍不是出于任何肮脏的动机,而是受爱国主义驱策,愿意付出众所周知的代价。他如此忠诚效力,值得尊敬,并授予荣耀。

与间谍相比,怀着渺茫希望前进、孤注一掷的士兵勇气不会更大、磨难则少得多;而间谍,无论男女,混迹于敌人之中,有时潜伏好些年,

---

① 马特系比利时女双重间谍,嫁给英国军官麦肯纳。

② 陆军大臣(Secretary of State for War)。丘吉尔时任陆军大臣兼空军大臣。海军大臣(First Lord of the Admiralty)、陆军大臣(Secretary of State for War)和空军大臣(Secretary of State for Air)都是非内阁阁员的政府部门首长。

可能因为偶尔某一句话或某一次行动而命悬一线。

间谍承受这种压力所需不屈不挠的毅力,与对最勇敢的战斗部队所提全部要求是相当的。情报可以呈报君主和国家,其中有的重要性远远超过了最壮烈的血洒战场的结果。

很多间谍英勇无畏,百折不挠,为了协约国的事业悄无声息、默默无闻地牺牲了生命。

我们同胞通常贬低自身在这类问题上的效率,认为外国人的技能和本领更好。

但我坚定不移地笃信,英国情报服务在这次大战之前和其间比其他任何敌国或友国都组织得更巧妙、追求更勇敢、成就也更显赫。

# "重建废墟，医治创伤"

## 1918 年 11 月 26 日，44 岁，邓迪演讲：停战团结

1918 年 11 月 26 日，丘吉尔在停战之后第一次面向邓迪选民做公开演讲，《邓迪信使报》做了刊载：

为什么战争是能够团结我们、增进友谊的唯一办法？为什么战争是足以唤起伟大光荣牺牲的唯一原因？看看人们为了投入战争、赢得胜利所甘愿做的卓越贡献。看看他们愿意为之放弃什么。看看他们经历了怎样的忙碌，遭遇了多大的风险，承受了多么悲戚的痛苦，克服了多么沉重的磨难，贡献了多么奇妙的聪明才智，并展示了多么英勇美好的品质。一切都是为了战争。

为战争做什么都不为过。我们为什么不能在和平时期也这样？为什么唯有战争才涌现出各种壮美显赫、高贵精神和勇气忠诚？为什么和平时期只有争吵、自私和琐碎的日常生活？如果所有的人，无论性别、阶级和政党，可以在一起共同工作五年，像一台强大的机器产生破坏力，为什么大家不能再共同工作五年来生产富足呢？[①]

我们在战争中使用的所有艺术和科学，现在都已准备好支持和平建设。我们有聪明的头脑、忠诚勇敢的心和强壮勤劳的双手，所有这些

---

① 丘吉尔原文里"abundance""destruction"两个词加了下划线，此处分别译作"富足"和"破坏力"。

力量组织起来,驱动了舰队和陆军,搜寻了深海的潜艇,帮助夺取了空中作战的胜利,生产出各种复杂的无穷无尽的弹药,这些力量都是可用的。我们只需要一点,即人人能懂且为之奋斗的共同纲领和普泛目标。我们打败德国人时也有共同原则和目标。没有这个,我们不能成功。但是我们确定有一个共同目标吗?我们确定要把重建阶段视作战争的一部分吗?如果自我保护意识促使我们团结一致征服侵略者,那么同样的自我保护意识就一定能使我们恢复和重建繁荣吗?

············

所有阶级这五年的共同努力,正如我们在这次战争中所付出的努力,但是如若没有战争悲剧,这些努力将在这片土地上,不,在世界各地,创造富足繁荣的景象,那是我们从未有过或梦想过的愿景。而五年的派系分野、争吵不休、阶级猜忌和政党泡沫,不仅不会带给我们繁荣,还会使我们陷入彻底、普遍的贫困。

选择权在我们自己手中。就像古老的以色列人,祝福和魔咒就在我们面前。今天我们一旦做出抉择,将会走向最大胜利或者失败。对所有人来说,这就够了。地球是位慷慨的母亲。科学从来没有向人类提供这样童话般美好的礼物,从来没有。科学知识和组织机构也从来没有这么高瞻远瞩。再建荒地,重修废墟,医治创伤,嘉奖胜者,安慰受伤者和心碎者,这是我们现在必须投入的战斗。这是我们现在必须赢取的胜利。让我们共同努力。

# "俄国人民的心"

## 1919 年 2 月 19 日，44 岁，下院演讲：呼吁援俄

　　自从 1917 年 11 月布尔什维克革命之后，丘吉尔成为协约国军事干预布尔什维克的主要倡导者①。他于 1919 年 1 月出任陆军大臣后，提议当时在俄国的英国军队：在 1919 年从西部前往彼得格勒郊区、从南部前往莫斯科时，尽可能支援众多对抗布尔什维克的军队，希望摧毁新生政权。在内阁的支持下，丘吉尔授权当时在俄国的英国军队援助抗击布尔什维克的军队。2 月 19 日，他告知下议院：

　　如果俄国将被拯救，正如我祈祷她的那样，只能由俄国人拯救。只有俄国人的英雄气概、勇气和美德才能独立拯救和重建这个一度强大的国家和欧洲大家庭里著名的分支。

　　我们不能忘记，在德国战争中，这些俄国军队起初在某种程度上正是应我们的呼吁而奔赴战场。他们现在正与臭布尔什维克作战，我们可以提供的援助包括自愿提供武器、弹药、装备和技术服务等。但是俄国必须由俄国人尽力拯救。俄国人民必须举起强壮的双臂，全心全意反对布尔什维主义。

---

　　① 丘吉尔是坚决的反布尔什维克者，本书中多处原文体现了他的两极对立和冷战思维。

# "未来充满了不吉之兆"

## 1919 年,44 岁,写作:法德未来

    当儿时的丘吉尔和父亲途经巴黎时,父亲总是带他去看协和广场上代表法国阿尔萨斯和洛林两省的雕像。两座雕像都盖着黑纱,象征 1871 年曾被德国侵吞。丘吉尔当时还是学生,但一直记得法国爱国志士莱昂·甘必大①关于痛失阿尔萨斯和洛林的言论:"不要放在嘴边,而要铭记心间。"1919年,丘吉尔明白了德国被打败并不意味着英法两国纷争自动终结。他在撰写《第二次世界大战回忆录》第一卷时写道:

    法国人奋起反抗侵略者,以生命保家卫国,其中牺牲近 150 万人。在 100 年的时间里,高耸的巴黎圣母院钟楼曾五次目睹普鲁士人冷冽刺眼的刀光剑影和震耳欲聋的枪炮轰鸣,分别在 1814 年、1815 年、1870 年、1914 年和 1918 年。而这一次,法国 13 个省被普鲁士军事统治严酷管制长达四年悲惨时间。大片大片的地区接连遭到敌人的破坏,或在两军激战中沦为一片焦土。从凡尔登到土伦,几乎每一间农舍、每一个家庭都在悼念死去的亲人,或者在照顾伤残的幸存者。

    曾经亲历 1870 年战争并饱受那场战争之苦的法国人,其中很多人

---

    ① 莱昂·甘必大(法语:Léon Gambetta, 1838—1882 年),法国著名共和派政治家。

已经成为声名显赫的人物。在他们眼中，在这场刚刚结束、无比残酷的战争中，法国竟然获得胜利，几乎是一个奇迹。他们终生恐惧德意志帝国。他们无法忘记俾斯麦在 1875 年曾企图发起所谓的预防性战争；无法忘记 1905 年迫使外交家德尔卡塞黯然去职①的无情威胁；面对 1906 年摩洛哥事件、1908 年波斯尼亚纠纷和 1911 年阿加迪尔危机，他们都曾战栗不安，如惊弓之鸟。德皇"铁甲拳头"和"闪亮的盔甲"等演讲，在英美人听来也许会引为笑柄，却在法国人心中敲响预示恐怖灾难的丧钟。他们几乎在德国军事武力的恐怖阴云下生活了近五十年。现在，他们经过浴血奋战，赶走长期压迫，终于迎来和平与安全。法国人民充满激情地振奋呼喊："绝不能再有第二次！"

但未来充满了不吉之兆。法国的人口不及德国的 2/3。法国人口没有变动，而德国人口却在不断增长。在十年或不到十年之内，每年将有大批德国热血青年达到服役年龄，人数将是法国青年的两倍还多。德国曾举一国之力，几乎单枪匹马挑战了整个世界，并且几近征服了世界。熟知情况的人很清楚：有好几次，大战胜负系于千钧一发之间，只是由于一些突发事件和偶然机会才使大局转危为安。但是，将来万一再有什么风波，强大的英法等协约国成员是不是还会再度在法国或东方战场陈兵百万呢？俄国正陷于瓦解崩溃和动荡不安，所有一切均已变得面目全非。意大利颇有可能站到敌方。大不列颠联合王国和美利坚合众国与欧洲大陆远隔大海或重洋。除了英帝国公民之外，别人很难理解我们英帝国是如何联系团结在一起的。

将来，究竟在什么形势下，才能使法国和弗兰德斯再次获得援助？参加过维米岭战役的英勇奋战的加拿大军还能来吗？参加过维莱－蒙蒂尼勒战役的光荣的澳洲军还能来吗？英勇无畏参加过遍地弹坑的帕

---

① 法、德两国争夺摩洛哥，引起战争危机。1905 年，德国给法国的照会以战争相威胁，法国外长 T. 德尔卡塞采取强硬态度，并得到英国的支持。6 月 6 日，法国内阁会议发生激烈争论，德尔卡塞被迫辞职。

斯尚尔战役的新西兰军还能来吗？曾在 1914 年寒冬守住阿尔芒蒂埃尔防线的刚毅无敌的印度军还能来吗？爱好和平、自由散漫、反军国主义的英国人何时能再次率两三百万军队在阿图瓦和皮卡迪平原驰骋野战？美国两百万充满英雄气概的军队何时能再次远渡重洋，开到香培黎和阿尔贡战场呢？

当时的法国，虽然是无可非议的主人，但已疲惫不堪，人口损失惨重；它在瞻望未来的前景时，既深感庆幸，又惶恐不安。和平安全的生活在何处呢？如若没有和平安全，生命也将毫无意义；即便在胜利的欢呼声中，也是不可忍受的。人们迫切需要安全，要不惜一切代价、想尽一切方法确保安全，无论多么严苛，甚至严厉残酷，都要获得安全。

在停战的那一天，德国军队撤军回国，井然有序。"他们打得还行。"头戴荣耀桂冠的协约国盟军总司令福煦元帅以军人的胸襟说，"允许他们保留武器吧。"但他要求法国边界必须推至莱茵河。德国将被解除武装、解体军事系统、拆除堡垒要塞：德国可能变得穷困潦倒，它得缴付数额极为惊人的战争赔款，可能陷入内乱。但所有这些，在十年或二十年之内，都会成为过去。"全体日耳曼民族"的坚不可摧的力量将卷土重来，普鲁士战士未曾扑灭的火种将再次熊熊燃烧。但是莱茵河，这条广阔无垠、水深流急的莱茵河，一旦由法国军队据守和设防，即可以成为保卫法国的天堑，法国人可以在莱茵河那边过上世世代代长久平安的日子。

但英语世界的感受和看法却与法国人大相径庭。正是因为他们施以援手，法国才得以摆脱向德国屈服的命运。根据《凡尔赛和约》中的有关领土条款，德国实际上领土原封不动、寸土未失。她依旧是欧洲最大的单一民族国家。因此，当福煦元帅听到《凡尔赛和约》签订的消息，作出了极为精准的判断："这不是和平，这是二十年的休战。"

# "可怕的压倒一切的力量"

## 1919 年 7 月 18 日,44 岁,写作:飞行历险

尽管丘吉尔之妻克莱门蒂娜因为战前他的两名飞行教员发生致命意外而不希望他飞行,但他认为应该继续学习飞行课程。1919 年,丘吉尔让飞行员朋友、上校杰克·斯科特给予进一步指导。斯科特是王牌飞行员,曾在第一次世界大战中击落 13 架德军飞机。他的腿在一次飞行事故中严重受伤,因此每次飞行时不得不降低进入驾驶舱。丘吉尔时年 44 岁。他在 13 年后出版的《思想与经历》一书中描写了 1919 年 7 月 18 日的飞行经历:

当时超过四十岁的人通常不能成为优秀的、值得信赖的飞行员,现在依然如此。年轻人反应快、能力强,几乎总是实现"飞翔感觉"的不二人选。但我坚持努力,继续学飞。因为我想获得稳步进展,因此注定要有更多悲壮冒险。这时我无论如何都不想放弃使人神魂颠倒的飞行艺术学习。事件发生在 1919 年夏天。我在陆军大臣办公室忙碌了整整一天后,和斯科特上校驱车来到克罗伊登机场,准备夜间飞行。

我驾驶飞机起飞离地。发动机运转良好,我们平稳迅速升至二十多米高。那时的克罗伊登机场周围有几处长有高大的榆树,所以我们要打两个半圈——首先向右,然后向左——方能升至安全的高度以飞越榆树。

飞机转第一个圈时很完美，刻度盘显示飞行速度是每小时逾96千米，这一飞行速度非常平稳。然后我向左打轮，和以往做法一样，我把操纵杆放好，然后轻轻向中心靠，以恢复平衡。但凡有过驾驶飞机飞行经验的人都知道，飞机的操纵杆很灵巧，只需做出极细微的动作，飞机就会立刻给予反应。

令我惊奇的是，导杆往回返了至少30多厘米，丝毫没有效果。飞机仍然保持45度角倾斜，并开始逐渐增加倾斜角度。"导杆失控了。"我通过话筒对飞行员说。我立刻感觉到他的手和脚在踩踏导杆和方向舵，拼命使劲，希望让飞机头朝下冲，以恢复之前的飞行速度。但是已经太迟了。

我们离地面几乎只有不到30米，通常这是侧滑事故的常见高度。飞机无助地冲向地面。如果飞到约60米以上就不会发生危险；事实上我们不止一次在三四百米高处故意暂停飞行，让它失控，直到侧滑（像所有侧滑那样），最后变成俯冲，然后，当速度增加到每小时130～160千米的时候，重新开始操控飞行，把它轻轻拉回正常飞行。

但是现在没有时间。我看见阳光普照的机场紧贴身畔，有个想法一掠而过：邪恶的淡黄色炫光正笼罩着机场。我脑海里马上又清晰形成另一个想法："死神就在眼前。"我迅速回想起一个月前在比克飞机场撞击的感受。那样的事情即将发生，就现在！我准确记录下这些印象，因为它们的确发生过。它们不仅真实发生过，同时发生的时间也就和这段文字的时间差不多。我只觉得天地间充斥着异样的光，顾不上害怕。幸运的是，无论发生什么事，我们每次只能定量品尝。

飞机正要从侧滑转为垂直俯冲时，突然以大约每小时80千米的速度，带着可怕的冲击力撞到地面。机身左翼破损，螺旋桨和机头猛烈撞入地表。我再次感到自己被推向前，有股可怕的压倒一切的力量推着我穿越无法感知的空间，似乎进入新的天地。因为安全带勒紧了，我胸口有种难以忍受的压迫感。汽油蒸汽柱冲向相反的方向。接着，我感觉震荡消解了。突然压力消失，安全带分开，我轻轻落在面前的刻度板。安全了！一瞬间！

我跳出破碎的机身，跑向同伴。他已晕厥，正在流血。我站在旁边，以备飞机着火时把他拖出来。否则，我最好让他原地不动，直到专业救援到来。

谢天谢地，飞机撞击之后没有起火或者爆炸。

# "胜利者的宽大处理"

1920 年 7 月 8 日，45 岁，下院演讲：谈印度殖民冲突

　　1919 年 4 月，丘吉尔时任陆军大臣。驻军印度的英国少将雷吉纳德·戴尔在北部阿姆利则市一个封闭空间里开枪射击一大群手无寸铁的印度人，酿成阿姆利则血案。三百余名印度人被杀害。当战争办公室的特设调查委员会谴责戴尔将军时，英国一名高级军官的批评之声震惊了很多议员。1920 年 7 月 8 日，丘吉尔在下议院发表演讲，为戴尔将军辩护、希望使之免受谴责。他回顾了第一次世界大战期间西线的一幕幕：

　　我们已经一次又一次看到，英国官兵的风暴防御工事处在最密集的炮火中，已有一半官兵被击倒在进入敌人位置之前。他们肯定正在面对漫长的流血的一天，巨大的轰击炸得到处都是碎片。我们看到，在这样的环境下，他们拿出地图和手表，校准精细到每一分钟。我们看到，他们对囚犯不仅表现出仁慈，而且还有善良。他们观察对囚犯克制的治疗过程，惩处那些罪有应得的战争犯，存留了那些声称已获得胜利者宽大处理的人。

　　我们看到，他们尽力表现出同情，甚至不惜自身危险去救助伤员。他们已经这样处理了数千次，并应要求在危急时刻处理民事骚乱。当危险解除时，考虑到这些宽泛、简单的指令，我认为真的不要强迫他们

去做超出能力的事。

当然我们可以制定一个总的禁令。我的意思是禁止所谓的"令人发指的罪行"。我所指的"令人发指的行为"是指大规模的屠杀,或者对特定人群的屠杀。这种屠杀不仅想恐吓人群里其他人,更是想恐吓整个国家或地区。

（一名保守党议员打断了丘吉尔,并提问:"三天前发生了令人发指的事吗?地球另一端不是发生了令人发指的事吗?"丘吉尔忽略了这一提问,继续演讲。）

我们必须拒绝任何形式的教条主义。令人发指不是英国药典所知的补救方法。
············
相反,当我们考虑英国政府在处理与印度原住民的关系时投入了大量的物力与军力,必须牢记麦考利的话:"我们认为当时所见是最令人发指的惨象,实则是文明却不仁慈的力量。"

我们对印度或其他任何地方的统治从来不是单独基于武力,而且如果我们试图仅仅立足于武力统治,对大英帝国来说将造成致命伤害。英国人的做事方式,正如尊敬的印度事务大臣所言——他对这个议题颇为紧张,英国人总是在着力和这个国家的人民进行密切而有效的合作。在大英帝国的每一片辖区,这已成为我们的宗旨;而印度是其中最成功的。印度官员为合作事业投入钱财,印度勇敢的士兵与英国士兵并肩战斗,印度聪明智慧的人民此刻正在各政府部门和产业中与我们协作。

# "彻底厌倦战争"

1920 年 7 月 28 日,45 岁,写作:国际形势

　　丘吉尔在 1919 年 1 月至 1921 年 1 月担任了两年的战争大臣,其间常常发表公开演讲,并在报纸上刊发文章,谈论如此切近的世界大战记忆和持续不断的欧洲冲突。1920 年夏天,《晚报》于 7 月 28 日刊登了丘吉尔的一篇文章。他思考了第一次世界大战的性质,谈到 1920 年年初波兰向东进军深入苏维埃乌克兰,苏维埃深入反击到新独立的波兰领土。这次反击发生时,丘吉尔正在撰写一篇思考德国在欧洲发展前景的文章。

　　我们已经赢得胜利的这场大战,与古代所有战争都不同,有着巨大的战斗力和可怕的机构破坏力;在残酷无情的战斗方面,它也不同于现代所有战争。大战让所有年龄阶段的人都恐惧不已。不仅军队,所有人都被推入恐怖的深渊。强大的、有着良好教育的各国被卷入战争,他们有充分理由认为自身的生存岌岌可危。德国放纵黑暗势力成为恐怖行动的先锋,而绝望并最终复仇的各国随后一步步攻袭德国。

　　对人类或国际法的每一次践踏,都遭到了往往更大规模和更长时间的报复。任何休战协议或谈判都不能制止军队火拼。各列行伍中都有伤员死了:死者在土中腐去。海上的商船、中立或医用船只都被击沉,船上人员全部面临灭顶之灾,当他们游走时也被击毙。无论年龄与

性别，所有这一切都是要让整个民族国家弹尽粮绝，全部屈服就范。城市和古迹都被炮弹炸碎。

空中炮弹不加选择地盲投下来。各种类型的毒气让士兵窒息或灼烧。液体火弹投掷到他们身上。人们从空中坠入火海，或在大海的黑暗深处缓慢窒息。军队的战斗力仅因其国家的英雄气概而受限。欧洲、大部分的亚洲和非洲地区成为巨大的战场，经过多年的征战，被摧毁打垮跑的不是军队，而是国家。

当一切结束时，酷刑折磨和同类相食只是两个权宜之计，文明、科学的基督教国家有可能拒绝这样做。这些是否管用尚且存疑。

然而，人类勇敢的心毫不气馁。石器时代的儿子，征服了大自然所有的考验和怪物们，却遭到了极度可怕的痛苦，这是他们咎由自取，却也积蓄了不屈不挠的新生力量。他的聪明才智主要释放出中世纪的恐惧，自尊渐无，走向死亡。他的神经系统在 20 世纪可以忍受身体和道德的双重压力；如果是在原始时代，本性更为简单，一定早已坍塌。他一次又一次走向可怕的炮轰，一次又一次从医院返回前线，一次又一次走向张嘴意欲吞噬一切的潜艇，他大步流星、步伐坚定。而且，作为个体，他在经历这些折磨时存留了通情达理、富有同情心的光彩。

世上没有哪个国家像大不列颠联合王国这般强烈地渴望和平。这是她发自肺腑的衷心渴望。和平也是她的核心利益。她的子民已经彻底厌倦战争。他们在五年痛苦战乱当中品尝到太多的残酷奴役、肮脏、嘲讽、失望和曾经挥之不去的失落感。

进一步，大英帝国赢得胜利、获得安全。而很多大国在可怕的战乱中碎成肉酱。大英帝国此刻团结一致、有所扩充、傲然屹立，处于人类政权的领先地位，处在我们有史以来最辉煌的顶峰。难怪我们希望自身和每个民族都能和平。

现在，人们普遍希望并一致呼吁让世界获得并且永久享有和平。这一希望和需求理所当然。在未来几年，世界先进国家的明智、谨慎而坚决的共同政策应是休养生息，迎来一个光辉灿烂的新时代。

然而，这样的政策要求我们认识并理解各种可怕危险；如果我们处理得很愚蠢，或是昂首忽视这些危险，将损害公平美好的未来前景，并抵消过去已取得的伟大成就。

正是从保护与捍卫世界和平的角度出发，我们必须考虑波兰的情况。

波兰是《凡尔赛和约》的关键。这个古老的国家一度被奥匈帝国、普鲁士和俄国撕成三块，如今推翻压迫者、获得解放，在经过 150 年的奴役和分隔之后完整团聚。

我们扪心自问，在旷日持久和悲伤的经历中，波兰民族的性格与精神受到了怎样的影响？在沧桑中，波兰学到了什么？在囚禁中，她失去了什么？

我们根据过去 18 个月的情况做出判断，波兰在 150 年的逆境中既未精神崩溃，也未增进智慧。"巴士底狱"的大门已经打破。塔楼和城堞在霸权撼动中被推翻，18 世纪的囚犯从废墟中涌出。他们长长的伤痕大白天下，四肢因为严刑拷打而脱臼，但是天性依然聪慧、心灵依旧高傲、头颅高昂更胜往昔。但是我们需要公正认识到波兰的极大困难，方能给予其正义。

············

当她还在为新发现的阳光而眼花缭乱，来不及拥抱这一新时代，就已经迎头撞上了一系列危险、困惑和尴尬。即便是睿智资深、训练有素的英国遇到这些也会一筹莫展。

波兰西边盘踞着强大的德国，虽然它正被压制、有些不知所措，但仍有充足的人力和装备来立即独自悍然发起几乎挑战全世界的、穷兵黩武的战争。

波兰东部还横卧着俄国。同样陷入混乱，但体量庞大。俄国不仅受伤了，而且中毒了，受感染了，罹患了瘟疫。俄国的大批武装分子不仅拥有刺刀和大炮，还有成群斑疹伤寒害虫伴随同行、残杀肌体，以及政治教义摧毁国家健康肌体乃至灵魂。

波兰就夹在这两个极度痛苦的帝国之间,不断因他们的社会动乱而发生连锁反应。而波兰相对贫弱,相对微小,毫无经验,没有组织,没有体系,缺乏食物,缺乏武器,也缺乏钱财,挥舞着她毫无争议、新近重申的自由独立宣言书。

只有真正了解波兰的困难,方能真正看到它的危险。

这些远离布尔什维克俄国的国家,特别是有海洋地缘保护和强大民主政治基石的国家,便于用冷静、开放的眼光看待共产主义教条。

但是像波兰这样的国家,刚刚成立,弱小贫穷,处于贫困线,内部还在争斗,却与如此强国为邻,这就如同坐在火山口上,时刻都有危险。

布尔什维克世界革命的目的不是和平就是战争。事实上,布尔什维克激进的和平只是另一种形式的战争。如果他们此刻不在武器上占优势,也能借助宣传发挥威力。布尔什维克可以在整个前线不开一枪,不装配一把刺刀,不调配一个兵营,不费一兵一卒,仍然可以迅速无情地入侵。他们激发农民对抗地主,工人对抗雇主,诱使铁路工人和公共服务机构罢工,煽动士兵叛乱并杀死长官,推动暴民反抗中产阶级,谋杀他们,掠夺他们的房子……煞费苦心罗织了一个秘密政党网络,让正常的政治行动变得混乱,并尽可能到处收编大众媒体。

这就是波兰所恐惧的情况。它的继续恐惧情有可原,这就是原因。这比俄国在波兰国界屯兵更可怕。这种情况持续了将近一年,导致波兰人在军事上殊死突围,或是反击。对此,英国自由舆论产生大面积误解,而社会主义观点如此成功加以歪解。

但是波兰人的看法并不是唯一的观点。我们还要考虑英国利益、法国利益、战争导致并体现在《凡尔赛和约》中的主要成果。

如果布尔什维克军队侵袭波兰,或布尔什维克的宣传和行动颠覆了波兰政府,所有这些利益将受到严重甚至致命的损害。

《凡尔赛和约》的缔结者希望在波兰创立一个充满活力、健康、繁华的有机体,从而在德国和俄国之间、在布尔什维克和西方欧洲之间构建一道和平的屏障。

无论是来自外部的武力还是源自内部的颠覆，波兰如果毁灭或崩溃了，并作为一个整体被裹挟卷入俄国布尔什维克体系，都将扫除大家深切依赖的屏障，使俄国和德国短兵相接。

如果这种不幸事件发生，我们必须看到，德国将面临一个可怕的、在某种层面上也是美妙的选择。

德国人已经在大战中失败，在很多事情上无能为力。他们要么双手继续并加倍让欧洲痛苦，要么效力于最高文明。

德国人可以自由选择。他们要么将自身社会结构沉入总体混乱的布尔什维克，将这一混乱区域蔓延至欧洲大陆；或者，另一方面，他们经过清醒、坚决、自我约束和充满勇气的最大努力，就像大多数丰功伟业那样，在特别困难和令人受挫的条件下，凝聚和平、合法且耐心的力量和美德，构筑堤岸，抗击野蛮洪流，从而维护自身利益，也维护他们在西方世界主要对手的利益。

如果德国人民愿意如此效力，不是出于军事炫耀或别有用心，他们无疑将在自我救赎之路上迈一大步，假以时日肯定引导他们迅速回归基督王国殿堂的原有强大位置，并且使拯救欧洲所必需的英国、法国、德国更为便利开展真诚合作。

# "无限的辛苦和危险"

## 1920 年 8 月 4 日,45 岁,写作:给苏联的最后通牒

1920 年 8 月 4 日,布尔什维克军队深入侵袭波兰到距其首都华沙不到 10 千米处。那天上午,丘吉尔正在唐宁街 10 号的内阁会议室。首相劳合·乔治传唤两名苏维埃特使,向他们发出了强有力的最后通牒。自从英国向德国交付最后通牒以来,已经过去 6 年时间。丘吉尔在《第一次世界大战回忆录:世界危机》第四卷中回忆当时的场景:

8 月 4 日,劳合·乔治先生警告加米涅夫和克拉辛:"如果苏联军队继续侵袭波兰,必然将与协约国决裂。"在这著名的周年纪念日,当我们坐在内阁会议室讨论这一严肃的议题,我的脑海里回顾了过去 6 年的屠杀、恐怖及我们经历的奋斗。

这将永无宁日吗? 即使是最为彻底的胜利,也不能换来公正和持久的和平吗? 在未知的道路上似乎总会遇到无数辛苦和危险。现在又是 8 月 4 日,而这一次我们无能为力。英法两国的公共舆论已经偃旗息鼓。我们不可能搞任何形式的军事干预。我们无计可施,只能苍白无力动动嘴皮子、表表姿态。

# "从混乱暴政到法律治理"

## 1922 年 2 月 26 日,47 岁,下院演讲:推动爱尔兰自治

1921 年 1 月,劳合·乔治任命丘吉尔为殖民大臣[①]。丘吉尔在接下来的两年中致力于确保南爱尔兰和阿尔斯特诸国的和平,并且推动南爱尔兰独立。这是一项艰巨的任务,但是丘吉尔决心结束英国和爱尔兰的争端。2 月 26 日[②],他向下议院介绍《爱尔兰自由邦法案》:

如果你想看见爱尔兰沉沦到没有法制、充满困惑、无章可循的混乱不堪状态,那就延误这项法案。如果你想看见阿尔斯特边境流血冲突日益严重,那就延误这项法案。倘若你希望本届下院就像现在这样,肩负着维护南爱尔兰和平与秩序的责任,却又缺乏履行此项责任的手段,倘若你想把这些相同的灾难性条件也强加给爱尔兰临时政府,那就延误这项法案。如果你想让一些暗中策划仇恨阴谋的危险偏激分子得以破坏和颠覆一个忠诚履职以兑现对我们的承诺、并让我们可以履行对其诺言的政府,那就延误这项法案。如果你希望一周又一周地向世界宣告,不列颠帝国无法有法一个样,都能相安无事、生存发展,那就延误

---

① 也译作"殖民地事务部大臣"。

② 《永不屈服:温斯顿·丘吉尔一生最佳演讲集》认为此次议会下院演说时间是 1922 年 2 月 16 日。(英)温斯顿·S. 丘吉尔(Winstons S. Churchill)编选,李阳译:《永不屈服:温斯顿·丘吉尔一生最佳演讲集》,76 页,北京,世界知识出版社,2009。

这项法案。

但是，如果你希望给议会一个公正的机会，使之能够兑现所承诺的政策，并且让你满怀信任、也一直对你表现忠诚的爱尔兰部长们参与公平竞争、拥有公平待遇，如果你希望看到爱尔兰从暴政混乱状态回复到法治社会，如果你希望我们所致力的政策和试验产生符合逻辑和前后一致的效果，你将不会阻碍这一法案的顺利通过，哪怕是延误一周时间也无必要。

⋯⋯⋯⋯⋯⋯

我还记得，在第一次世界大战前夕，我们聚集在唐宁街的内阁会议，讨论了一个小时或者一个半小时之久。白金汉宫会议已经失败。我们讨论了弗马纳和蒂龙的边界问题，双方政党争吵激烈。争论中频繁提到内战。与会者做出一切努力，试图解决这一问题，并使双方意见趋于一致。分歧不仅缩小到了弗马纳郡和蒂龙郡的范围，而且进一步缩小到弗马纳和蒂龙两个郡内的行政区和族群居住区的范围。但是，即使已经把分歧压缩到这么小，问题似乎依旧难以解决，双方并未达成任何共识。

随即爆发了第一次世界大战。世界上几乎所有制度都遭到严重损害。几大帝国被推翻。整个欧洲版图被改写。一些国家的地位产生了剧烈变动。在这场世界性的暴风骤雨中，人们的思维模式、世界观和政党的组合，都遭受了猛烈而巨大的冲击。然而，一旦风停雨止、洪水消退，我们又看到弗马纳和蒂龙阴郁的尖塔再次浮出水面、浮现眼前。他们争论的核心是：在这场席卷全球的灾难中，那些始终未曾改变的机构。

这在很大程度上说明了为什么爱尔兰人的对立双方能长期争论不休，同时也在很大程度上说明了为什么爱尔兰人，无论是民族主义者还是奥林奇派新教徒，一举一动年复一年、代复一代地牵动着我们这个强大国家的政治神经、影响英国人民的生活。

# "破坏性倾向还未结束"

1922 年 11 月 11 日,47 岁,邓迪演讲:停战纪念日

　　1922 年 10 月 19 日,保守党决定退出劳合·乔治在和平时期的联合政府。保守党为之服务了几乎四年时间。当天下午,在议会中依靠大多数保守党议员的劳合·乔治辞职。保守党领袖安德鲁·博纳·劳成为首相。大选将在 11 月中旬举行。丘吉尔因阑尾炎住在医院,没法参与这些戏剧性的政治事件,或者像他早先那样,尽力尝试劝说保守党留在联合政府。当选举日期宣布时,病重的丘吉尔无法参加竞选,只能等到 11 月 10 日痊愈时前往邓迪向选民演讲。11 月 11 日,即停战纪念日,他第一次向邓迪选民演讲。他的笔记便笺纸以他和秘书们熟知的"演讲形式"或"诗篇形式"存留于丘吉尔文献。他以惯用的缩写记录下来,并且据之演讲:

20 世纪多么令人失望啊
如此糟糕,如此令人悲伤
一长串灾难
已经令世纪之初的前 20 年岁月黯淡无光
我们已经看到列国
离散分崩
信念遭质疑

信仰在衰亡
希望被剥夺
而这些都是文明社会
赖以建构和维持的基石
我们看到,在全球各地
曾经建立起文明社会
实现有序、和平、繁华的
一个又一个伟大国家
却噩梦重现,相继堕落
重归崩溃、野蛮和混乱

这个过程无法
完全用这场大战解释
它在大战之前已然开始
即便大战已经结束
它仍在继续,或者威胁着
遭受大战严重破坏的诸国
先生们,富饶、美丽的国度
例如中国和墨西哥
在开第一枪射击之前
已经陷入混乱

然后你们遭遇战争浩劫
在德国,在奥地利,在整个巴尔干半岛
以及整个土耳其帝国
这些严重的破坏如今延至
波斯和美索不达米亚之远

俄国曾在战火中饱受苦难
但是1.8亿俄国人在敌人手中所受之苦
相比遭受极权主义的折磨
显得无足轻重
他们已经灭绝了
数十万俄国人
他们碾碎整个俄国的
生命与自由
正如他们尽一切可能碾碎
世界其他地区

我随后将向诸位谈到爱尔兰
但是即使关起门来在这里说
我们在文明和基督教方面
也有巨大的倒退
而爱尔兰自由邦政府苦苦挣扎
不仅为了荣誉和自由
更为了爱尔兰人民的
存在

印度和埃及
同样存在这一普遍倾向
我们看见数十万人民迄今为止仍受
卓越科学与先进法律的荫庇
他们希望改变生活结构
盲目草率地回归到
原始混乱状态
当你们俯瞰这一黯淡前景

忠实的朋友们，你们会怀疑
人类正在历此大劫
不仅在人类物种上
遭受巨大破坏和锐减
不仅在生存方式上
普遍降低变得贫瘠
而且这条毁灭之路
还未真正走到尽头

只有各个民族
共同联合，长期努力
方可避免更深甚至可能更大的
灾难

# "我不会被钳制"

## 1922 年 11 月 13 日,47 岁,邓迪竞选骚乱

在为时五天的大选期间,丘吉尔在他的选区参加竞选,尽力发挥出最佳水平。1922 年 11 月 13 日,也就是投票之前两天,他在演讲时忍受着巨大的身体疼痛。《邓迪信使报》进行了完整记录:

他开始申诉:"我并没有太多的机会……"(有人说:"这次你怎么不去曼彻斯特竞选?")(笑声)"我的选区在邓迪。很多人已经在批评我……"(有人说:"你活该!")"但是,无论我是否活该,我都有权做出回答。"(欢呼)

竞选演讲不时被听众席中另一区的哭喊声和"闭嘴"声打断。

丘吉尔先生说,在英国还没有听说过谁不被骂几句。竞选活动已经开展近三周时间,但他直至上周六才能来到选区,这是他第二次有机会在大型会议中演讲,而后天星期三就要投票了。(有人说:"你将在投票中垫底。")"如果我将在投票中垫底,"丘吉尔反驳说,"为什么不让我最后临门一脚?"(欢呼)他只有三天时间向邓迪选民进行陈述。很显然,现场非常拥挤。当人数众多时,他担心……(有人说:"你就是个失败的政客。"笑声)他担心民众挤在一起很不舒服,显然没有人组织一场公共集会……(中断)除非大家互相照应[有人说:"认真点。"(笑声)]……"如果大家互相照应,"丘吉尔继续说,"我们可以进行重要的

政治讨论；如果大家挤成一堆，这里将乱糟糟吵哄哄。"(骚乱)
··········

"我要对诸位说，作为公平交易，如果你们真的要我讲，必须允许我选择所讲内容。不能钳制我，也不要让我攻击这个人或那个人；或者不允许我说任何反对这个或那个候选人的话。不，不能这样。如果谁有机灵的反驳，就让他们反驳吧。但是无论如何，我们要广泛做好调查。"

　　丘吉尔无法继续演讲。听众里传来叫喊声："达达尼尔海峡战役是怎么回事？"丘吉尔回答说，如果大家不安静倾听，他不会给予任何进一步的讨论。这时观众中传来另一声怒吼。当丘吉尔再次演讲，他的注意力转向了共产党候选人威廉·加拉赫及其追随者：

"如果观众中有 100 名年轻男女选择破坏整个集会，如果大约有100 只年轻的爬行动物……"(欢呼声和骚动)"选择拒绝民主，那么，大多数的人，有力量组织大型集会的人，问题在他们身上，要谴责他们，选民要惩罚他们。"(喝彩和嘘声)"现在你们看到加拉赫人群的价值……"(欢呼声和骚动)"现在你们看到这个国家一度实行的民主……"(欢呼声和中断)"他们没有意识，没有思考，只是打断一个会议，他们没有演讲的智慧。"(欢呼声)"对于只会愚蠢呼号的政党，选民知道如何处理。"(欢呼声)

　　这时会场重又陷入混乱，当相对安静之时，丘吉尔说他过去做了25 年的公共演讲，但是从未遇到听众不愿倾听政治争论。"你们此刻也许想听其他人演讲。如果是这样，我很高兴让路。我很乐意听其他人演讲。"

　　接着中断了近五分钟。丘吉尔先生耐心等待着，评论道："他们很快就会累。"("送他回家。"有个声音叫道)

丘吉尔无法再说下去。他放弃演讲,建议改为回答提问。立刻出现"问题成群轰炸"。现场花了几分钟来劝他们按顺序逐个提问。有5名提问者成功确保他们的提问在嘘声和喧嚣中能被听到。然后涌现出如潮般的提问。但是会场太吵,没有人能听清楚。"暴徒叫嚷着,努力制造最为嘈杂刺耳的乌合之声。"《邓迪信使报》报道说。面对强烈抗议,丘吉尔仍然坐着。最后,因为杂音继续有增无减,他站起身来,希望说几句结束语。根据《邓迪信使报》报道:

　　他的开场试图唱"红旗",但是很快被淹没。

　　他说:"女士们,先生们,我最为诚挚地感谢你们认真聆听……"(掌声)"感谢你们认真听我讲,我认为你们已用最有效的方式表达了社会党对言论自由的热爱。你们已经表明,事实也已证明,一小撮流氓可以破坏一场大型集会,并且阻止数量达其十倍的人们处理公共事务。"(鼓掌)"我们今晚可能被中断,但我们将在投票中贯彻自身意志。"(鼓掌)"我们将支持英国公民的权利,英国公民有权利和自由反对社会党候选人的支持者:如果这些人用他们的方式,将减少……"(骚动)"正如他们让这场大型集会规模缩减,伟大祖国沦为嘈杂喧嚣的场所。"(掌声和嘘声)

# "我一直坚持中间道路"

1923 年 11 月 27 日,48 岁,西莱彻斯特,竞选演讲

　　1922 年 11 月 16 日,丘吉尔在邓迪竞选败于一名禁酒主义者和一名劳工党候选人。自 1900 年以来,他第一次在议会失去一席之地。新的保守党政府无意给他物色或提供一个内阁职务。尽管自由党的力量已经大幅削减,他依旧决心保持自由党人的立场。1923 年 11 月 23 日,新任保守党首相斯坦利·鲍德温发起普选。丘吉尔已经离开议会一年时间了。七个地方自由协会邀请他担任候选人。他同意代表西莱彻斯特参选。11 月 27 日,他首次在新的选区演讲:

　　无论竞选结果怎样,我当然不会指责选民。我脑海中有个冲动的念头,要扫除英国工业已经建立近百年、错综复杂的自由贸易制度,这也是为期两周的竞选结果。这样的想法是有害的,没有真正关注到最重要的影响,以及英国多数民众的需求。鲍德温先生已经想不出任何建议。这位首相正诱导选民踏上可怕的赌局。尽管他真心想得出明确结论,但不会头脑发热惹麻烦这么做。或者,即便他已经得出如此结论,他也已表明完全不会公之于众。

　　鲍德温先生没有说关税是永久的还是暂时的。他小心翼翼、神神秘秘地遮遮掩掩,所以德比勋爵拥有兰开夏郡的开发权,并声称只是为了满足临时需要;而首相可以在伍斯特说,我们将在遥远的未来想要这

块土地。(笑声)我们也不知晓关税的高低多少。对此,我们有知情权,因为整个或者几乎整个讨论都要以此为基础。(欢呼声)

我们需要考虑是否应该扫除英国的商业基础,在《爱丽丝漫游仙境》中主角三月兔和帽匠的领导下开始某个意想不到的保护项目。(欢呼声)这是有意冲击一个我极为憎恨的决定。我们被要求向一名陌生人开具空白支票。鲍德温先生自我形容是一个普通的、坦率的人,但他与莱斯特一样富有,肯定不是数百万劳苦大众的代表。这些穷人的生计与家庭在激烈的党争中岌岌可危。(欢呼声)英国是一个出口大国,出口型国家没有必要保护国内市场。棉花制品的进口是 500 万英镑,而出口是 1.48 亿英镑;钢铁的进口是 1 100 万英镑,而出口是 6 800万英镑;羊毛制品的进口是 800 万英镑,而出口是 5 300 万英镑。(欢呼声)

当我们已经打破障碍,将产品通过英国航运输往各大洲,成为最大的出口国家,为什么要假装胆怯地躺在关税保护网之后,蜷缩于本土市场,通过彼此洗衣服度日,就像摇尾狗一样喂养(笑),呵护英国繁荣的最后一线光焰? 这么做有什么意义?

我看见沉闷的社会党闹剧已经上演。其中约一半来自当地劳工党人,他们骑着自行车到处乱转,气喘吁吁地冲到自由党集会,而不是探访劳工党自己的集会。现在我们将听到他们蓄谋发动的扰乱和事先准备的提问。他们走到哪里都是鹦鹉学舌般提这些问题。

(一个女孩说:"是啊,可我们不得不在工厂劳动,汗流浃背,挣钱养家。")

(丘吉尔先生)"嗯,你经过一天劳动之后,还可以卖力出很多汗。"

············

社会主义将意味着政府有义务尝试此前从未做过的事项,也就是规定整个国家每一个人的日常任务和职责。

············

这看起来很奇怪,所以我始终坚持中间路线,一方面反对保护主义,另一方面反对征收资本税。基于中间道路,怎么不能汇聚起很多聪明人来呢?他们不相信任何人有快速治愈人类疾苦的妙方。

⋯⋯⋯⋯

20年前,我因反对保护主义而离开保守党。因为我相信保护主义将严重伤害国家福祉。选民被号召改变整个国家工业的整个基础制度之前,有权知晓更多,有权得出一致共识。我们的港口是自由的,因而获得了全世界航运的领导权,这是不言而喻的事实。如果我们保护本土市场,失去将多于收获。保护主义将严重侵犯英国大多数劳动阶级人民的简单权利和生活必需品。

⋯⋯⋯⋯

劳工党是刚刚存立于世的新生政党,不应该忘记过去,因为自由党驱动产生了大量社会改革和改善措施。

(有人说:)"达达尼尔海峡战役是怎么回事?"

你了解达达尼尔海峡战役吗?你张嘴就是不假思索反驳,并未思考这一问题。达达尼尔海峡战役可能拯救了数百万人的生命。(反对声)我相信这位绅士并不是有意对这一讨论持偏见立场。

在战争中背负可怕职责、必须做出糟糕决定的人们,有权获得同胞宽大慷慨的评判。我认为历史将证明他们是最棒的,将记录下他们做法正确这一观点。如果有人拥有更大权力和影响力,能够有力通过决策,那将产生巨大不同,并让我们免于战争最后两年的痛苦折磨。不要以为我想逃避达达尼尔海峡战役。我以之为荣。

# 我是一名老迈的候选人，不能沮丧

1924 年 3 月 19 日，49 岁，演讲：谈党派竞选

大选于 1923 年 12 月 6 日举行。丘吉尔刚刚在一周前度过 49 岁生日。他代表西莱斯特选区，但未能当选。工党政府上台，拉姆齐·麦克唐纳成为首相，依靠自由党议员维护他的权力。丘吉尔看到自由党同伴听凭工党政府统治，感到希望落空，继而作为一名独立候选人而非自由党代表参加 1924 年 3 月在威斯敏斯特区的递补选举。他请求保守党领袖斯坦利·鲍德温：保守党拥有全国最重要的保守派席位，希望不要反对他。鲍德温同意了，但是不能阻止当地保守协会提名自己的候选人。3 月 19 日举行投票。这是丘吉尔职业生涯中第九次参加议会选举。当最后一个票箱计票完毕，丘吉尔得知他以 100 票的优势当选，这一结果通过新闻传递到伦敦所有俱乐部。事实上，丘吉尔被 43 票打败。他在知晓这一真实结果后，对支持者发表演讲，阐述其政治观点和个人立场：

三足鼎立的政党制度再也不能产生多数派政府了。联盟或中心党的理念如今不再是盛行的统治规则。唯一可行的措施是联合全国各地大量的自由主义者形成一个统一的保守党。

投票日期是在法律允许范围内设定了最短时限。这对我产生不利影响。从一开始，我就在做非同寻常的惊人尝试。

如果是另外一天，如果是另外两三天当然更好，可以产生我们致力追求的结果。我们每小时都有进展。我们建立这个非常高效的组织只花了四五天时间，它就像魔杖一点，应运而生。直到一周之前，我们才开始有效运作。我想，当考虑到我将来与这个伟大选区的关系时，这一事实必须进入我和其他人的考虑视野。（欢呼声，还有人说："下次再来参选。"）

我是一个老迈的竞选者，不能因为政治生涯的起起落落而沮丧（欢呼）。我自告奋勇提议如此尝试，不是出于个人的考虑，也不是为了个人目的。我始终在考虑国家的真正需要，以及国家在未来数年将越来越赖以发展的稳定军事力量的真正需要。

虽然一个强大的政党机器在另外两个政党机器的协助下，已经对单一个体产生有效影响，但我认为已经激发起人民对政治事务的关注，这值得他们密切关注。我们已经成功发起全国运动、宣布政策，这将在不久的将来对政治事务产生现实的、潜在的、可能是决定性的影响。

我认为，保守党不能拒绝或驳回代表了 8 000 个反社会党的独立选民的力量。我认为，整个英国大地上众多爱国、忠诚和进取的民众都清楚地看到了历史性政党的领导人应该带领追随者前进的方向，他们不会认同狭隘、报复的政党观念或者羸弱、零散的政党行为。我很乐见全国上下接受这一教训，而且预测在未来数月、肯定不到一年的时间里，事件进展将清晰地表明民众的远见、准确判断和爱国决心，这些已经激励我的同伴们为之奋斗不止。

我期待着那一天。那时，你将看到伟大的保守党可以感知，并且仍旧拥有广泛、进步的平台，联合了全国各地大量的自由主义者；你将看到这些合力击退社会党针对我们机构的攻击；你将看到政府做出必要调整，与伟大的前首相索尔斯伯里勋爵时代的联合党政府呼应，并能为组织管理国内外事务提供坚强保证。

# "人们手中持有的力量"

## 1924年9月,49岁,写作:未来隐忧

　　1924年9月,丘吉尔一篇题为"我们都要自寻死路吗"[①]
的文章,在《贝尔美尔街》杂志首度刊发了,然后以小册子的形
式重印,后来又在他的散文集《思想与冒险》一书中辑纳出版。
丘吉尔对未来有着不祥的预感:

　　战争戛然而止、全面停火,正如它骤然开战、普遍开枪。世界抬起
头来,检视了断壁残垣的劫后废墟,战胜者与战败者同样喘息未定。在
成百个实验室里,在成千个军火库、兵工厂和办事机构里,人们猛地从
被裹挟卷入的应战任务中抽身而出。他们的项目中途搁置,未能完成。
但是知识仍然存留;资料、数据和发明都被各国国防部门以"留供将来
查阅"的名义匆忙打包和归档。1919年根本没有打响战役,战争思想
却在不断发展。各国军队都在和平的外表掩盖下探索、研究和不断推
进战争思想。如果世界再次爆发战争,不是使用1919年备战的武器和
力量,而是这些武器和力量的发展膨胀,它们将变得无可比拟地可怕和
致命。

　　正是在这种背景下,我们进入被称为"和平"的疲惫期。当然,这样
的和平期让我们有机会思考当前形势。某些灰暗严峻的情况已然浮

---

　　① 　该文也译作《我们要全体自杀吗》或《我们非得自我毁灭吗》。

现,确定无疑、无法改变,好像山峰的轮廓逐渐从飘移的云雾中显露出来。可以确定,从此以后,一旦打仗,全体国民都将被波及,都要竭尽所能,都将遭受敌人的凶猛攻击。可以确定,任何民族,只要认定他们的生命岌岌可危,将毫无限制地不惜采取一切手段来确保其生存。这很可能,不,是可以肯定——在下次战争中,他们将随心所欲、大规模地、无限制地使用毁灭性武器和力量,也许一旦启用就会失控。

人类从未面临过这种处境。人类的思想水准没有明显提高,道德指引也没有更加明智,但手中却第一次掌握了可以彻底灭绝自身的工具。这是人类的终极命运,人类用所有光荣和辛劳把自己最终引导到此,实质就在于此。人类最好还是暂停下来,思考新的责任。死神正恭候一旁,满心期待,蓄势待发,准备夺走大批人的生命;只要得到召唤,就能彻底摧毁文明留下的一切,而且毫无修复的可能。死神在等待召唤,等待那个意志薄弱、神情恍惚者发出召唤。死神一直是那个人长久以来的牺牲品,但到此时——仅仅在此时——死神已成了那个人的主人。

千万不要认为让欧洲再次经受爆炸的危险已经消失。目前,大战过后的麻木和崩溃暂时确保了沉闷的被动不抵抗;而且,对战争及其屠杀和暴政的恐惧已经渗透灵魂、主导思想,无论哪个种族、哪个阶级。但是战争的根源没有办法清除;而且所谓的和平条约及之后的连锁反应在某些方面让战况雪上加霜。欧洲家族中两个强大分支绝不会安于目前的生存形势。被剥夺了环波罗的海各省的俄国,将随着年岁的流逝,不断燃起彼得大帝的战火。

因对法国的强烈仇恨,德国全境同仇敌忾,团结起全体民众。德国青年的庞大部队尤其义愤填膺、受之驱动,逐年生出军国主义倾向。而且,德国人骨子里都梦想着一场解放之战或报复之战。这些想法只是暂时受制于力量薄弱。法国已经武装到了牙齿。而德国在很大程度上

216

被解除了武装，也被瓦解了军事系统。法国希望通过军事技术装备、防卫体系保障、黑人部队以及与欧洲小国联盟系统来维持现状。目前，他们无论如何都有压倒性优势力量。但是只有物力，而没有世界舆论支持，并不能确保持久的安全。德国是比法国强大得多的实体，不可能永远受制于人。

几年前，一位著名的美国人对我说："战争要用钢铁。武器可以改变，但钢铁始终是所有现代战争的核心。法国控制了欧洲的钢铁，而德国则失去了这一控制权。无论如何，这一点不会改变。""你肯定吗？"我问道，"未来的战争也将靠钢铁？"几周之后，我与一个德国人谈话。"铝怎么样？"他回答说，"有些人认为下一场战争将用电力。"如果是这样，我们可以预见电流会使汽车引擎瘫痪，击落空中飞机，并且想象得到将毁灭人的生命或视觉。

还有各种炸弹。我们到了武器尽头吗？关于武器的科学研究已经翻到了最后一页吗？会不会出现利用爆炸能量的新方法，使之破坏力远远大于此前任何发明？会不会发明一种橘子大小的炸弹，具有足以炸毁整栋建筑的秘密力量——不，会不会集合千吨无烟炸药的力量，瞬间夷平整个市镇？即使是现有炸弹，是否可以装在飞行运载工具上，用无线电或其他射线来操纵，不用驾驶员，自动持续轰击敌方城市、兵工厂、军营或造船厂呢？

至于各种形式的毒气战和化学战，如果其恐怖程度可以写成一本书，那么现在写就的还只是其中第一章罢了。可以肯定，莱茵河两岸的德、法两国都在运用科学并以极大耐心研究各种新型毁灭性武器。而且，为什么要认定这些方法只局限在无机化学领域呢？肯定不止一个大国在调动一切人力和科学，在实验室致力于有系统、蓄意地在人畜身上做瘟疫疾病的研究，包括毁坏庄稼的虫害，杀死马匹和牲口的炭疽，不但毒杀军队、而且毒杀整个地区的瘟疫。多国都在冷酷无情地推进这种军事科学。

很显然,在这种情况下,任何一场势均力敌的战争都有可能毁灭世界、致使人类种族不可估量地锐减;而占有压倒性科学优势的一方,则可能被缺乏警惕的政党彻底奴役。能够摧毁国家生活的,不仅是人们手中现在掌握的力量,而且还有他们可以为一群文明人提供、让对手束手无策的致命武器,这种力量有史以来第一次出现。

# "国家援助的救护车"

## 1925 年 4 月 28 日,51 岁,演讲:下院首次财政预算

  大选于 1924 年 10 月 29 日举行。丘吉尔作为一名"宪政主义者"参选。斯坦利·鲍德温给了他在埃平选区稳妥的保守党席位,而且这次还确保没有保守党候选人和他竞争。丘吉尔打败了自由党和劳工党对手,赢得了席位。他在余生里一直保有议会这个席位,持续近 40 年。大选结果是保守党大获全胜,获得 419 个议员席位,而劳工党获得 151 个,曾经一度强盛的自由党派仅仅 40 个。就在短短十个月前,丘吉尔还曾是自由党的议员候选人和领军人物。1924 年 11 月 5 日,斯坦利·鲍德温邀请丘吉尔担任财政大臣①。他同意了,并且也答应重新加入保守党。他在过完 50 岁生日之后几天,于 11 月 30 日入党。五个月后的 1925 年 4 月 28 日,他在下议院的政府成员前排席位做了首次财政预算演说:

  英国工人普遍健康状况良好,就业充分,有中等收入,认为自己和家庭并不需要救济。但当意外不幸突然降临,使之简陋清贫、漂泊不定,或者某年遭遇不幸、疾病或者失业,或者最严重的是失去养家糊口

---

  ① 财政大臣,是内阁中地位仅次于首相的职位,也是丘吉尔父亲曾经担任过的职务。

的经济支柱劳力,将使这个曾经幸福的家庭面临灭顶之灾。

尽管这些年来逆境厄运一直频频发生,然而大量劳动阶级的寡妇与家庭并未因为家中壮劳力的过世获得有效救济。我并不是责备谁,但这确系当前最为迫在眉睫的需求。

如果我打一个军事上的比方,需要额外奖励和包容的,并非坚定前进的队伍;最需要国家援助救护指导的,是那些掉队者、过度劳累者、弱者、伤者、退伍军人、孤儿寡母。

⋯⋯⋯⋯⋯

先生们,我满怀憧憬,希望可以通过解除一些税务枷锁来解放新财富的生产力。预算可以刺激企业生产、加快工业复兴。如果给予广大工薪阶层及其妻子、孩子更大安全保障,将提升满意度和稳定度,让我们这个岛国更加真切地成为所有民众的家。

# "我要如何利用所有的书？"

1925 年 12 月,51 岁,写作：谈读书

丘吉尔有一个很大的图书馆,馆藏一万多本书,其中好几百本有作者亲笔签名。馆里收集有大量关于拿破仑的书。丘吉尔希望为之写一本传记(尽管他最终并未写)。他在为1925 年 12 月份的《蓓尔美尔街》杂志所写一篇文章里谈到这些书,该文后来收入《画以遣心》一书：

"我要如何利用所有的书?"这是问题。对此的回答是："阅读它们。"提问者清醒了。但是如果你不能阅读这些书,无论如何请善待它们,甚至可以说呵护它们。凝视这些书,让它们随意落下翻开。从抓人眼球的第一句话开始往下读。然后换到另一本。这是一趟探测未知海域的发现之旅。你用双手将书放回书架。按你的计划摆放好书,这样即便你不知道书的内容,至少你知道书的位置。如果书不能成为你的朋友,至少让它们无论如何成为你的熟人。如果书不能进入你的生活圈子,至少点头认可它们、不要拒之门外。

年龄还太小的时候读太多好书是一种错误。有人曾经告诉我,他已读完所有要紧的书。追根究底、反复盘问,他看似读了很多书,但很可能只是浮光掠影。他理解了多少? 有多少真正进入了他的精神世界? 有多少如锤击铁砧一般刻入他的脑海,随后存入有着闪亮兵器的军械库,可以随时取用?

精心选择,明智选择,选择一本。集中精力读此一本。不要浅尝辄止,直至你真正喜欢读它。

# "我们的孩子们将再次流血喘息吗?"

## 1927 年,52 岁,写作:反思一战

丘吉尔在第一次世界大战结束后的十年间多次访问法国,包括担任财政部长的期间。他目睹了遭受战争破坏的大地正在发生的巨变,并困扰于一些低迷的想法。他在 1927 年《第一次世界大战回忆录:世界危机》第三卷中写道:

法国和弗兰德斯漫长的前线终于落下帷幕。时间和自然有着舒缓的手,和平的工业在迅速修复,已经几乎抹去弹痕累累的坑道和从孚日山脉延至大海的宽广战线。它们不久前曾令法国的笑靥黯然失色。废墟正在重建。枯萎的树木被全新的种植园取代。唯有墓园、纪念碑和小尖塔,随处可见废弃的战壕和巨大的煤矿坑湖,让旅行者震撼于历史:不到十年前,在人类历史上这场最大战争中,250 万士兵曾在此地战斗,120 万人抛头颅洒热血。仁慈的遗忘之神戴上了它的面纱,受伤者一瘸一拐地离开,哀悼者重又陷入灰暗悲伤的记忆。新青年在这里主张他们的权利;即便是在曾经的战斗区域,河水也常年奔流向前,仿佛战争往事只是一场梦。

这是终结吗? 或者只是一个残酷且毫无意义的故事中的一章? 新的一代是否会反过来为日耳曼人和高卢人献祭、算账? 我们的孩子们将再次在满目疮痍的土地上流血喘息吗? 或者三大巨头将从战火中和解走向春天,发挥团结精神,确保彼此安全自由,共同重建辉煌欧洲吗?

# "预言或者自夸都徒劳无益"

## 1929 年 4 月 15 日,54 岁,演讲:下院第五次财政预算

1929 年 4 月 15 日,丘吉尔在下议院做第五次也是最后一次财政预算演说。此前只有四位财政大臣做过五次财政预算公布演说。他们分别是沃波尔、皮特、皮尔和格莱斯顿,要么已在首相任上,要么即将成为首相。丘吉尔讲了三个小时。第二天,斯坦利·鲍德温写信给他:"这是你演讲得最完美的一次,而且你讲了很多实在内容⋯⋯我全心全意祝贺你。"丘吉尔在演说过程中讲道:

在财政预算公开时,通常会将当前年份与上一年度作比较。但是这一次,在第五次财政预算演讲之际,在本届议会即将结束之时,我认为有必要回顾任期内的整个情况。这是一个曲折多变的故事,困难远比好运时刻多。1926 年巨大的工业灾难重创了国家生活的统计记录。我经过一段时间思考后,在三年前告知下议院,议会财政将因预算损失而受到严重影响,包括该年煤矿补贴,损失超过 8 000 万英镑。但是,在回顾过去五年之际,我必须承认,事态发展比我希望或预期的要好。(一个议员说:"也是理所应当的。")

没有人会比本届政府和财政部长更关心事态好转。尽管 1926 年的罪恶伤害到国家生活的各个方面,但是我们认识到,正如我将展示的,今年相当数量的可靠盈余已经结束。这个国家的物质繁荣,无论是

223

从财政状况、贸易体量还是国民储蓄和消费能力来判断，都始终保持着稳定发展。我们已经安享了两年多的休养生息时期，没有大罢工、大选或者大的战争。我记得这是自 1914 年以来时间最长的安居乐业期。我们国家休整两年足矣，能够经受住各种考验。而且，经过两年的和平安宁，国家总体形势肯定有了极大改善。

··············

在目前种种不满中，通过观察，我们可以自我安慰的是，尽管伟大的英国人在大战中做出了密集牺牲，但是伦敦已经有效重获其坚实卓越的国际地位；通过观察，我们可以自我安慰的是，英国仍然是最大的国际市场，可以维持货币汇率、低于纽约的领先水平；而且，在大战后受到严重威胁的伦敦汇票，在最近几年里也恢复了其历史悠久的地位，成为最受青睐的国际文书和商务令牌。

但是，我要承认，在执行政策时，对我而言很有吸引力的，是逐渐降低了生活成本，这是我们曾经做出的坚定承诺，也是致力于健全货币的成果。我早些时候谈到茶和糖的消费量有所增长。所有人都知道支持免费早餐的观点，但是与提供给大众消费的救济、降低了 18％ 的生活成本相比，对茶和糖保持征税又算什么？仅仅保险工资和薪金工资所带来的购买力的伴生增长，就相当于减免了一年 1.6 亿英镑的间接课税。这还没有考虑许多人的比例优势，包括我们当中最穷的人、无组织者和未列入编目人群，他们依靠微薄收入来提高购买力。

··············

我把这两个盈余予以公示，打个比喻，可以说是摆设在壁炉台上，听凭政党倾向，对其或褒或贬。当然，我很高兴这些被发现的盈余应该已经超出了 850 万英镑，这是我去年向议会给出的预测数据。但是 1929 年预期盈余所基于的税收有其自身特殊的魅力和价值。今年没有外来救助，也没有意外横财。我们已经度过了这段幸运但也是权宜之计的阶段，还得坚持以恒定持久收入为基础。停滞不前的税收已经不复存在；收入正在独立于临时的救助，或者你也可以称之为收入锐减综合征;我可以在将有发展和提升的收入基础上提交一份有合理盈余预期的平衡预算。

••••••••••••

我对奢侈品消费从来不做太多财政支持,特别是外国奢侈品。大众主要的舒适用品,在某种程度上本质也是大众的必需品,才是我们现在应该投以关注的重点。我已经说过,得益于生活成本的降低,工薪阶层每年至少获得 1.6 亿英镑的巨大福利。与生活成本普遍降低相比,当前任何可以使用的盈余必定是微不足道的。我们去年花费 300 万元收入成本降低了糖税,我现在满心期待降低茶税。委员会在议院年度辩论中知道,我多年来希望在茶税方面有所削减。没有别的消费如此高比重地进入农户家庭或者老、弱、穷人依旧微薄的预算。

议会长期持续要求减少或取消征收茶税。缓解茶税一直被各个政党的社会改革者视作下议院历史上利好的里程碑。自从伊丽莎白女王统治以来就开始征收茶税,我很乐见乔治五世国王陛下将见证全体茶税立刻取消。我相信这也是最终取消:

> 当茶壶冒着泡沫、滋滋作响
> 袅袅升起热腾腾的蒸汽柱
> 举杯庆祝却不醉人
> 杯子等候着每个人
> 让我们欢迎和平之夜的到来①

我曾经说过,茶税减免将惠及全民,而且我是经过深思熟虑特意这么说的。所以,尽管英伦群岛超过 3/4 的饮茶产自大英帝国,但是大量爪哇茶进入到了穷困人家,与最廉价的物品混食。为了保持优惠,对这

---

① 英国丘吉尔所引为英国诗人威廉·柯珀的《冬夜》一诗(*The Winter Evening*)。威廉·柯珀(William Cowper,1731—1800 年),另译为威廉·考珀,英国诗人。

些外贸茶的税收将不享受减免的福利,最为重要的是,我们郑重所做税收牺牲正是为了穷困阶层的利益。

..............

我感觉经济命运的拐点应该已经到来。未来四五年将比我们走过的这些年更加轻松和富有成效。除了我们自己制造点新鲜事物,没有其他原因能够阻止这一走势。

未来掌握在我们手中。恢复贸易、降低失业、扩大收入、贷款低息、更为便利的债务转换条件,此刻就呈现在我们面前,都是合理切实的可能。我们可以凭借智慧和公共精神,推动尽快实现,并且认识到这些被长期孜孜以求的优势。如果我们还是派系斗争、战争冲突,那将再次愚蠢地将它们推出很远。

未来神秘莫测,预言或者自夸同样徒劳无益。但是对我而言,不列颠民族的公平竞争和可敬共识让我充满信心。正如他们此刻的判断,我将在随后几年里满怀信心地提交保守党政府的财务记录。

# "无比强大的适应能力"

## 1930 年,56 岁,牛津大学演讲:议会民主制和经济问题

在 1929 年 5 月的大选中,保守党政府落败,工党政府上台执政。丘吉尔保留了议会席位,出发前往加拿大和美国做广泛访问,研究这两个国家的政治制度。1930 年,他在返回途中,在牛津大学做了有关"议会民主制和经济问题"的演讲,并在该年出版了小册子《议会制度和经济问题》。他谈到他长期以来的忠诚,基于 30 年的经验、政府治理的威斯敏斯特模式①:

我看到,英国议会——特别是下议院——屹立世界参议院和议会下院之林,成为鲜活的执政实体;公众舆论驶入快车道;阶级和社会冲突不可避免在这个场域或者是幸运的舞台上演;国家大臣们出自高等学府;而且,行政权力经久不衰,拥有稳固可靠的基础。

我认为这些议会制度对我们而言是无与伦比的珍贵。它们似乎是到目前为止民众生活和国家行动之间最紧密的纽带。它们显然拥

---

① 威斯敏斯特模式(Westminster Model),又称为西敏寺模式。始于 13 世纪并延续至今的英国议会设在威斯敏斯特宫,故以此命名。主要内容是对议会制的确立。即内阁是国家最高的行政机构,国家首脑为首相,而女王只是国家的虚位元首,礼仪上代表国家。首相和内阁对议会负责。议会制度起源于英国,英国议会被称为议会之母。英国的这种议会制度被称作威斯敏斯特体制(Westminster System)。

有无比强大的适应能力,是抗衡各种形式暴力革命和反动暴力的有效屏障。

忠诚的臣民们有义务保护这些制度的健康活力,防止它们遭到外部力量的侵蚀,发掘国家人才、利益和尊严的源流,推动一代又一代繁荣兴旺。

# "车 祸 撞 击"

## 1931 年 12 月 12 日,57 岁,写作:谈车祸

  1931 年年底,丘吉尔因在 1929 年华尔街经济危机中损失惨重,希望弥补损失,于是同意在美国着手开始紧张的巡回演讲。12 月 12 日晚上,即他完成首次演讲的翌日,在纽约过马路时,看错了路,被一辆车撞倒,受伤严重。他在医院住了一周后,不得不为康复而推迟剩余的演讲安排。12 月 28 日,他恢复得比较好了,于是向英国报纸《每日邮报》发出电报,讲述他的经历。这一文章风靡全球①:

  车祸的痛,甚至可以说是像被大炮击中——不管心灵还是身体,当然都免不了留下创伤。但没有什么忍受不了。我没有时间也没有力气自怜自艾,也容不得懊悔或恐惧。绵绵不绝的万般痛楚,若有那么一刻从灰暗的薄暮转为黝黑,笼罩满室,我也不会觉得格外痛苦或害怕。

  天地有大爱,向大地子女——无论人类、禽兽——施以考验,不会超过他们的承受范围。只有当残忍的人类插手,才会出现炼狱般的折磨。

  至于其他,人生自当险中寻②。随遇而安。既来之,则安之。

  畏惧皆化为乌有,一切都会好起来。

---

  ① 此篇文章以 600 英镑卖出世界版权,创下单篇稿酬最高的纪录,转载于世界各地。

  ② "人生自当险中寻"(Live dangerously,即危险地活着、活在危险之中),德国哲学家尼采在《快乐的科学》中的话语。

# "我们同在说英语的大地"

## 1932年,57岁,美国多地演讲:英美关系

丘吉尔在巴哈马休养一个月后,于1932年1月28日继续在美国的演讲之旅。从当天至2月21日,他在19个城市演讲,短时间内的收入超过了英国首相的年薪。英美关系是他的演讲主题之一:

当英美两国在国际事务上密切合作时,总是听到有人悄声说(有时还哭着喊着):"啊,看! 英国人和美国人搅和在一起呢!"

好吧,我们为什么要感到不好意思呢? 我们为什么不坦率承认,必须有某种学说和权威资源来拯救各国于混乱呢?

我请求诸位记住,正如我们的资源辽阔无边,还有另一股强大的势力正在形成,吸引了各国某些阶级,并培植了代理机构。我所指的是国际共产主义力量。

我看到两股力量正在迫近,将担负起塑造人类命运的作用。一个是武装亚洲的共产主义概念,另一个是英语文化的个人主义理念。我们的分歧可能导致斗争以错误方式终结。

所以,可能现在并不是我们以家庭、家族、个人和上帝的名义携手联合的好时机? 我们现在可以做的,不是举手反对其他人,而是握紧自己的手。

同在英语大地的我们,如能秉持同样这种精神,像伙伴般共同前进,我们将会走向更加繁荣,将会走得更远。

# "成群结队的强壮的日耳曼青年"

## 1932 年 11 月 23 日,57 岁,下院演讲:德国见闻

1932 年夏天,丘吉尔在德国南部为正在撰写的祖先约翰·丘吉尔传记做文献研究工作。约翰是马尔博罗公爵一世,是个军事将领,曾在 1704 年的布伦海姆之战中击败法国人和巴伐利亚人①。丘吉尔在慕尼黑做研究期间,目睹了纳粹游行。1932 年 11 月 23 日,也就是希特勒在德国上台的十周之前,丘吉尔在下议院演说,回顾自己的见闻经历,并且特别提到比利时、波兰、罗马尼亚、捷克斯洛伐克和南斯拉夫所面临的威胁。他警告说:

不要自欺欺人,不要让国王陛下的政府相信——我肯定他们也不会相信——德国人全部索求只是寻取平等地位。我相信目前精确的表述是:无限延期阶段所带来的本质上定性的平等地位。德国不会满足于此。

成群结队的强壮的日耳曼青年,在德国的大街小巷游行示威。他们目光炯炯,热血沸腾,甘愿为国献身。他们要的不是平等地位,他们要的是武器。一旦他们拥有武器,相信我,他们就会索要失去的领土和

---

① 布伦海姆是现在德国巴伐利亚州多瑙河北岸的村镇,在西班牙王位继承战争(1701—1714 年)中,马尔博罗公爵一世以卓越的军事决断和才能,率参战英军于 1704 年 8 月中旬在布伦海姆完胜法国和巴伐利亚联军。

殖民地。当德国这一索求得到餍足，那么我所提及的这些国家以及没有提到的其他国家将不可避免被撼动立国根基，甚至可能土崩瓦解。

············

在裁减战胜国的军队之前，应该先消除战败国的怨气。如果我们有权，可以提供等量军备或其他条件，幸好我们无权提供。而那些战败的抱怨仍未消除，几乎埋下另一场欧洲战争的隐患。把它当作一场职业拳击赛，解决掉这个隐患吧。

现在重新讨论但泽走廊和特兰西瓦尼亚这类德国与波兰的领土争端问题更为稳妥。它们仍然微妙，而且还有种种困难。但在冷静的计划中，在平静的氛围中，胜利国仍有充足优势，不用等待或者随波逐流，可以一点一点、一步一步地联合起来，彼此不分高下，直到再次形成巨大的联合体。

············

而就我们祖国而言，大臣们需要日日夜夜、时时刻刻确保祖国安全。这是大臣们义不容辞、不可推卸的责任。

# "当我们观察德国"

## 1933 年 3 月 23 日,58 岁,下院演讲:国际裁军

1932 年至 1933 年,英国国民政府在国际联盟中积极支持研究世界裁军。这届国民政府建立于 1931 年,由前工党首相拉姆齐·麦克唐纳领导,保守党在下议院占主导地位。1933 年 3 月 23 日,丘吉尔在下议院演讲时,谈到裁军的话题,也谈及德国纳粹统治的实质。希特勒已于此前 1 月 30 日成为德国总理:

我们都希望看到列国建立和平友好的关系,忘却旧恨,治愈旧伤,信仰基督教的各国团结起来、重建世界格局,解决劳苦大众忧患,为不堪其扰的人群提供更高的生活标准。这些我们都可以详细阐述。差异只在实现的方法。当我们的情感遇到令人费解又极其顽固的具体障碍时,就会出现差异。

我们首要最高目标是防止战争。为此,我们必须尽全力阻止他人发动战争。但我们的阻止过程必须小心谨慎,如果善意努力未能奏效,未能阻止其他大国之间的争执,也要避免让自身涉险卷入战火。我正是想通过这一考验来探讨首相的外交政策。在过去整整四年,他已经指导——不仅是指导,更是主导了英国外交政策。但是毫无疑问,结果并不令人满意。相反,欧洲的局面、远东的状况、英国和日本的关系、国际联盟的权威和声望、不列颠国土的安全,都不同程度地出现了明显的

恶化。对首相而言,这些事情可能过于剧烈。这些任务也超出了凡人的能力范围。事实可能的确如此。他的朋友也将自然而然倾向于持这种看法。但是别人可能认为他从最高动机出发所采取的政策实际上已经越过了首相的职权。

这位议员阁下所执行政策的主要部分已经解除。当然,从某个层面说,他只是执行了所有政党和很多国家根据条约所要推进的政策。然而,在日内瓦会议上强求裁军、一个国家旷日持久地试图解除另一国的武装,还有最近每个国家都将别国置于公众舆论声讨之中,这一漫长的过程始于首相负责这些事务之前。他动用手中全部资源来推进这一政策,却适得其反,效果糟糕。事实上,这些政策在某些方面恶化了大国之间的关系。我这些年来一直持这种看法,并且不断看到被各种事件证实。当各国认为自身国家安全受到威胁,故而争吵、离间,并且导致它们的军备武器和恐惧担心仍然未做调整,我非常怀疑在一定程度上强迫国家裁军能有什么收效。

这么多年来,各国在日内瓦会议桌上错综复杂地衡量刀剑装备,激起了大国之间最深层次的猜疑和焦虑,逼着所有政治家考虑很多假设情况。在这一漫长的过程中,各种讨论可能并未印入他们的脑海,也许始终只是被埋在总参谋部的某个档案室里。

我一直希望并且相信,持久的和平及课税压力将使所有国家逐渐忽视军备问题,正如拿破仑战争结束之后的情况。我并不反对不同国家的外交部门私下达成友好私密外交协议:"如果贵国不愿如此,那么鄙国也将不会那样做。""如果贵国程序不会这么早启动,那么鄙国也将稍晚开始。"诸如此类的协议一直有,还将完全合情合理继续产生。我认为这些方法可能已经在削减军费开支方面取得较大进展,而不是通过裁军会议或者日内瓦会议提出的方案。正是基于这种思想,我看了首相的最新计划。

以局外人的视角来看这些事实和数据,我认为它们并不会损害英国自身的国防利益,但我的确认为当前逼迫法国裁军并不明智。我想法国根本不会同意裁军。他们肯定一直在密切关注德国的动向，以及其他一些邻国的态度。我敢说，在这个焦虑的月份——我们似乎度过了一个非常焦虑的月份——很多人都在对自己说："上帝保佑法国军队。"我也这样祈祷了好些年。

当我们观察德国，看着这些骚乱暴行肆虐，好战风气盛行，无情虐待少数族群，基于种族原因而剥夺大量个体在文明社会中所受正常保护，我们很惊讶，也很难过。当我们看到这些发生在世界上最具才华和科学精神的、博学而强大的国家，现在还没有发现德国有强烈的报复心，也没有发现除了德国人之外的其他宣泄渠道，我们不禁感到由衷欣慰。

在这样的时刻，按照数据规模，按比例要求法国将其陆军力量减半而德国双倍增加，按比例要求法国将其空军力量减半而德国保持原状——我知道也不允许德国保留空军力量，在我看来，当前的法国政府无论如何都极有可能认为这样的提议有些不合理。

·············

我提醒政府，如果我们逼迫法国解除武装，同时鼓励德国重整军备，将在一定程度上制造危险情况。如果你逼着一个国家不顾其本身更好的判断而按照你的建议减少防御力量，那么你就要履行和约义务。无论你如何谨慎表达，都将在军事力量上成倍生效。你将发现身处一个复杂的位置，新生的友情、荣誉和同情的义务都将在你面前凸显，因为采纳你建议的国家陷入严重危机，也许正是被你逼迫的结果。

·············

只要法国保持强大国力，而德国军备不足，它就无法成功袭击法国。所以，根据《洛迦诺公约》，我们也没有义务援助法国。我敢断言，另一方面，法国作为当前欧洲最为太平的国家，并且幸运地拥有最为有效的武装，永远不会尝试违反《凡尔赛和约》，或者不顾制裁规定，公然蓄意侵犯德国，至少她不会反对友邦英国。

# "集权国家怪物"

## 1934 年 6 月,59 岁,写作:谈纳粹德国

丘吉尔密切关注着希特勒在德国所施纳粹独裁专政。1934 年 6 月,他着手将其想法写入一篇文章,题为"议会过时了吗",刊于《皮尔逊杂志》。他在文中谈到德国人:

西方世界里这个强大的民族,这个最有力、也最危险的国家,裹挟着全部现代设施,恼羞成怒地退回到了中世纪的状态。我们正在面对集权主义国家的怪物。所有人的想法都很接近。没有人不同意。它与过去的链条甚至是最光荣的传统全被切断。如果指出一个明显错误或者误判,就将被判处异端罪和叛国罪。一个专制国家木已成舟,可怕程度几近俄国人的噩梦。

昔日王权和辉煌记忆被漠视,让位于后来者的利益。这个种族缓缓织造的物品,却被后来者篡夺了所有特许费。宗教只能从训练手册中读到。犹太人天生要遭受折磨。犹太儿童每周或每月特定几天里要接受侮辱,被迫感受上帝所称"生命耻感"。

可敬的牧师,正直的法官,世界著名的科学家和哲学家,能干的政治家,思想独立的强大的公民,想法过时的虚弱可怜的老女人,都受到武装流氓团伙的侵犯、欺负和暴虐,如果反抗就是严重犯罪。如果认定有人对政权不忠或者甚至持冷淡态度,昨天还不知情,证据并不充分,但却将之关押到集中营迫害,镇压碾碎受害者,贬低其做人的尊严。欧

236

洲最强大、最勤劳、最博学的子孙们面临多么悲惨的命运啊！

在这所有一切事态中，有什么方法能够引导我们英语世界批判这一连串臭名昭著的事件？正是这些事件让我们成为现在这样。废弃议会、人身保护法、权利和各种自由、公正无偏见和行为准则吗？相反，我们不是早就应该加强和巩固古老的宪法，使之不被忽视或轻易疯狂吗？相反，我们不是早就应该加强巩固古老的体制，使之不显无知或轻微混乱吗？如果英国和美国拥有自治权和选举权的民主政体在短短几年里浪费掉，甚至我们岛国长期积累、来之不易的文明瑰宝早晚转瞬消亡，这将是多么令人惋惜的结果！不能这样！

# "我为他的魅力倾倒"

## 1935 年 5 月,60 岁,悼文：阿拉伯的劳伦斯

1921 年,丘吉尔已经任命 T. E. 劳伦斯上校("阿拉伯的
劳伦斯")①担任其殖民地办公室的阿拉伯事务顾问。围绕英
属巴勒斯坦的演化和约旦王国的创建,他们密切合作两年时
间。在 20 世纪 20 年代后期和 30 年代早期,劳伦斯不常造访
丘吉尔在肯特郡查特维尔乡下的居所,但屡受欢迎。劳伦斯
于 1935 年 5 月死于一场摩托车事故。两年之后,丘吉尔写下
一篇文章,发表在劳伦斯的朋友们所出版的《T. E. 劳伦斯》
(由劳伦斯的弟弟 A. W. 劳伦斯编辑)

当克列孟梭在年迈之际从印度回来,记者问他："你现在要做什
么?"他回答说："我要活下去,直到死。"劳伦斯就是这样。他担任空中
军械师 12 年。英勇的军队、正派的同事们、善良的英国同志们,飞机引
擎的机制、水上飞机的设计——他始终专注这些。我在一次非常偶然
的场合见到他时,责备他埋没了天才,而大英帝国需要他把才华发挥到
极致。他回答说,我要树立榜样,成为一个优秀的空军士兵,这是最棒
的事情。他肯定是很好的空军士兵,但是还有更多才华!

---

① T. E. 劳伦斯(1888—1935 年)："阿拉伯的劳伦斯"。英国著名军官。因在 1916
年至 1918 年邓迪巴勒斯坦阿拉伯起义中作为英国联络官而闻名。著有自传《智慧
七柱》。

他对现代世界充满想象力，因为他对自然赋予众生的各种安乐并不热衷。他能充分体会到她的剧痛。她的奖品无法打动他。家庭，金钱，安逸，荣誉，权力，对他而言没什么，甚至什么都不是。现代世界任何方法都不能哪怕轻微地拉住他。他从我们共同的命运抽身，踏上飞机，过得孤单、质朴而理所当然。尽管他忠诚地履行了职责，但是他的存在不仅仅是责任。

我们只是间或有过交谈。但我为他的魅力倾倒，将他引为知己。他有时会把电动自行车停放在我家，我则赶快竭诚欢迎。他有时会驻足逗留，然后匆匆离去，以免打扰——实际上他在我家很受欢迎。

他最后一次来是在去世之前几周。他骑着脚踏车！他买不起摩托车这种奢侈品。我提醒他有取之不尽的钱包。他的确有，但却抬起手来，轻蔑地摇头。摩托车这类物品超过了他的购买力。唉，他没有坚持这个观点！

在我眼中，他是我们这个时代最伟大的人物之一。在其他地方，我都找不到能和他相提并论的人。我担心，不管我们多么需要，像他这样的人都永远不会再有了。乔治五世国王写给劳伦斯的兄弟："他的名字将永载史册。"千真万确。他的英名将在英语世界永生，将在战争史册中永生，将在英国皇家空军的优秀传统中永生，将在阿拉伯传说故事中永生。

# "挥之不去的恐惧和猜疑"

## 1935 年 6 月 7 日，60 岁，下院演讲：呼吁舰队备战

　　丘吉尔在下议院和全国一次又一次发表演讲，试图警告人们放任德国抢在英国之前筹备陆军和空军力量的危险隐患。他希望通过警告为自己在保守党占主导的国民政府获得一席之地。此届政府形成于 1931 年严重的经济危机之时，近四年来一直由工党前首相拉姆齐·麦克唐纳领导。1935 年 6 月 7 日，保守党领袖斯坦利·鲍德温接替身体不佳的麦克唐纳，成功出任首相。同一天，丘吉尔对下议院说：

　　只有到 20 世纪，人们方才认可和接受"通过恐吓无助的平民，通过大规模屠杀妇女和儿童，逼迫国家投降"这一可恶的观念。任何一个国家的和平事业都不是这样。任何国家一旦发现能从地面指挥装置操控轰炸机，将会感到更安全；挥之不去、致使各国越来越接近另一场灾难的恐惧和猜疑也将得以缓解。

　　我们不仅担心我国大城市的平民遭到袭击，而且比世界上其他国家都更易于在造船厂和其他技术机构遭到袭击。舰队仍然是国防中至关重要的因素。如果造船厂和这些技术机构没了，舰队可能瘫痪，甚至毁灭。因此，我们不仅是为了全世界而努力消除引发猜疑和战争的最糟糕的事端，也是为了重建大不列颠联合王国的传统安全。这项事业理应由我们国家和政府里最强大的人以最有力的思想指挥，理应获得全英国所有可以应用的科学资源和可以投入的国家财富大力推进。

# "你不为孩子们感到心惊胆战吗？"

## 1935年9月,60岁,谈国际形势

1935年9月1日,墨索里尼威胁要入侵埃塞俄比亚(他确实于10月发起入侵)。丘吉尔离开英国,来到法国南部,在母亲朋友马克·艾略特的别墅住了三个星期。别墅的客人里有美国作家文森特·希恩。这位作家两年后出版《雷霆和太阳之间》一书,其中记录了丘吉尔对国际秩序的深切关注:

他那时候有一个显著特点,总是试图在每次讨论中引入埃塞俄比亚的话题,这对他似乎十分重要。"这不是我们反对的事情,"他会说,"这是一类事情。"①我一直到后来为他和蔼可亲的魅力折服,方才完全接受这一观点。我提到过红海、去往印度的航线和亚丁的重要性。但是丘吉尔先生推开这些议题:"我们不必担心意大利人。"他说:"完全不是那样。不是这回事。它是这种事……"

有一天,丘吉尔先生被一位优雅的女士牢牢压制。居里夫人说,反对的提议必须务实、必要,而英国没有历史权利来反对这种事情。英国往往从"这种事情"中获利。

"啊,但是你看,那些都是尘封过往了,被锁在过去邪恶岁月的地狱

---

① 英文原著中,"事情"原文"thing"、"一类"原文"kind"和下面"这种"原文"kind"均加了下划线。

里。"丘吉尔说,冲午餐桌那边的她亲切微笑,"世界在发展。我们一直在努力,通过国际联盟和整个国际法体系等各种方式,使得当今各国不能侵犯彼此的权利。墨索里尼为了扰乱埃塞俄比亚帝国,正在对所建立的整个体系发起最危险和鲁莽的攻击。这种攻击的结果极为不可估量。谁又能说未来一年或者两年三年将发生什么?当德国武器正以惊人速度膨胀时,英国迷失在和平主义的梦里,法国在倾轧内讧中腐败分裂,遥远的美国漠不关心——夫人,我亲爱的女士,你难道不为你的孩子们感到心惊胆战吗?"

# "总要有人说出事实"

## 1935 年 9 月 26 日,60 岁,伦敦卡尔顿
## 俱乐部演讲：军备问题

在 20 世纪 30 年代,英国政府未能在空军防务上投入充足资源,这成为丘吉尔的主要担心之一。当雷达的发明者罗伯特·沃特森·瓦特来找他寻求帮助,希望政府提供更多经费资助他的工作,丘吉尔向政府有关部长说情。但是丘吉尔亲眼看到,整个白厅,包括空军部、外交部和秘密情报局的高级公务员,都固顾职业前途,忽略了英国防务和德国重整军备的真实规模。1935 年 9 月 26 日,他在伦敦卡尔顿俱乐部①演讲说：

事到如今,德国已经不止过去一半的强大;事到如今,我们不仅在数量上大大落后,并且每个月都在一步步急剧下跌,已经于事无补了。

··········
毫无疑问,有人不喜欢听我讲这些,但是我不得不说,并且希望在结束演讲之前谈充分。总要有人说出事实。下议院应该有一些议员,置身完全独立的位置,能够用令人不快的事实直面大臣和选民。我们不希望伟大英国传承的悠久自由和优雅宽容的文明命悬一线。

---

① 该俱乐部是英国保守党总部。

# "各 种 迫 害"

## 1935 年 11 月，60 岁，写作：希特勒的真相

丘吉尔阅读了希特勒的《我的奋斗》一书，并且认真严肃看待希特勒对犹太人的威胁。1935 年 11 月，他在《滨海杂志》发表文章《希特勒的真相》：

人们认为犹太人因对德国不忠、信奉和平，导致了 1918 年第一次世界大战结束时德国的垮台，同时认为犹太人是共产主义的主要支柱，也汇聚了各种持失败主义学说的人士。所以，数十万德国犹太人被剥夺所有权利，被驱逐离开公共社会生活的各个位置，被开除了专业岗位，被在新闻媒体禁言噤声，被宣布为违法和可憎的种族。

20 世纪正在惊奇地见证，这些残忍的教条不仅被大肆鼓吹，而且因德国政府和民众强制执行而变本加厉。即便是犹太人不中用了，已经证明其爱国精神了，甚至即便还带着战争中所受的伤，也不能获得个人豁免权。他们唯一的罪行是仅仅因为父母将他们降生到这个世界。上至世界著名的科学家、作家和作曲家，下至国立学校里可怜的小犹太儿童，他们受到或轻或重各种迫害。这种迫害曾被一度施行和炫耀，而且仍旧在施行和炫耀。

各个党派的社会主义者和共产主义者同样被驱逐。工会主义者和自由派知识分子也同样遭受打击。对国家的批评无不被视作犯罪行为，哪怕是最轻微的批评。正义的法院虽然获准在日常情况下运

作,但是被狂热的纳粹分子组成的所谓人民法院以各种政治罪行所取代。

集中营在德国土地上扩张膨胀,与新的军队和庞大的航空站训练场比肩而立。成千上万德国人受到胁迫和恐吓,屈服于集权主义国家不可抵抗的淫威。

# "所定之事悬而未决"

## 1936 年 11 月 12 日,61 岁,下院演讲:英国防卫

丘吉尔针对英国防卫力量遭到忽视的问题,持续有力发出警告。1936 年 11 月 12 日,他对下议院说:

海军大臣那天晚上做了演讲……他说:"我们总在回顾立场。"他向我们保证,一切都不确定。我相信这是真的。任何人都能看出我们的立场。政府根本没有下决心,或者他们根本不能使首相下定决心。所以,他们只能陷入奇怪的悖论,所定之事悬而未决,想毅然决然却又优柔寡断,想坚定不移却又摇摆不定,想坚如磐石却又随波逐流,想全力以赴却又无能为力。

我们就这样继续服务,月复一月,年复一年——这些对伟大英国也许至关重要的宝贵光阴,都让蝗虫吞噬了①。

他们将对我说:"不需要军需大臣,因为一切运转顺利。"我表示否认。

"英国的立场令人满意。"这种说法不符合事实。

"一切都在按计划进行。"我们知道这意味着什么。

---

① "被蝗虫吃光的年代"(《旧约》约珥书,第二章,第 25 节)。意即被荒废了的年代。在这段时期内,希特勒上台,德国已开始重整军备,而英国却还在空谈和平、裁军,无所作为。

# "我们与欧洲同在，但并非欧洲"

1938 年 5 月 29 日,63 岁,写作:呼吁建立欧共体

　　1938 年 5 月 29 日,丘吉尔在《世界新闻报》发表了一篇题为"为什么不是'欧洲合众国'呢"的文章。他在文中呼吁,在欧洲各国"自由传统"的基础上,建立统一的欧洲共同体。他的文章结语写道:

　　但是我们有各自的梦想,有各自的使命。我们与欧洲同在,但并非欧洲。我们互相联系,但相对独立。我们彼此感兴趣、相关联,但没有融为一体。欧洲政治家应该用过去惯常使用的话语"我为国王还是为元帅说话"来向我们演说吗? 我们应该以书念妇人的方式回答:"不,先生,因为我们生活在人民之中。"

　　"欧洲合众国"的构想是正确的。通往这一理想的每一步,正在平息过往的仇恨和消逝的压迫,便捷欧洲的交通和互惠服务,鼓励各国放下他们的威胁性武器或全副盔甲。这是很好的做法,有利于欧洲各国,有利于所有人。

　　然而,随着欧洲迈向更深层次的内部统一,应大幅度提升整个大英帝国的团结度,同时也应深化英语各国人民的自我认识和相互认识,这是势在必行的。这样,我们没有顾虑,没有分裂,可以关注欧洲的悲剧并施以援手;我们没有嫉妒,可以调查他们通往大众富裕的确切、合理的路径;并且清楚意识到,迈向欧洲团结的每一步都有利于公共福利,这将让我们成为好运欧洲的伙伴。

# "放弃或伤害捷克斯洛伐克"

## 1938 年 10 月 5 日，63 岁，下院演讲：批评《慕尼黑协议》

1938 年 9 月底，慕尼黑会议召开。英国和法国同意向捷克斯洛伐克施压，令其放弃巨大的德语居民地区，将苏台德地区割让给德国。苏台德地区在 1914 年前一直隶属奥匈帝国，不属德国。1938 年 3 月吞并奥地利的希特勒正中下怀。他不费一枪一弹获得苏台德地区这块矿产富饶、工业发达的沃土。英国首相内维尔·张伯伦①——他于 1937 年 5 月接替了斯坦利·鲍德温的首相职位——从慕尼黑返回英国，宣布带回了"我们这个时代的和平"。在下议院，丘吉尔是《慕尼黑协议》的主要批评者。1938 年 10 月 5 日，丘吉尔向议员演说，这是他在远离政务和权力几乎九年期间所发表的最悲哀的演讲之一。绥靖政策的几个维护者听完后评价说，这个演讲让他们对未来惴惴不安：

一切都完了。沉默，悲痛，被抛弃，被肢解，捷克斯洛伐克陷入黑暗。她与西方民主国家、国际联盟交好，素来都是乖顺的奴仆，却全方位遭受重创。

---

① 亚瑟·内维尔·张伯伦（Arthur Neville Chamberlain，1869—1940 年），英国政治家，1937 年至 1940 年任英国首相。他由于在第二次世界大战前夕对希特勒纳粹德国实行绥靖政策而倍受谴责。1940 年被迫引咎辞职。

我敢说,捷克斯洛伐克这个国家未来将无法维持政体独立。你会看到,在一段时间以后——也许是几年,也许只有几个月——捷克斯洛伐克将被纳粹政权吞并。他们出于绝望无奈,或是蓄谋报复,也许会转投纳粹阵营。无论如何,故事结束了,并被到处传扬。但我们绝不能只根据上个月刚刚发生的事情来看待捷克斯洛伐克的孤立无援和毁灭殆尽。在过去五年中,我们的所作所为和本该做但尚未做的一切造成最严重的恶果。在这五年里,我们空费心思、徒劳无功;在这五年里,我们孜孜以求彻底不抵抗路线;在这五年里,我们坐视英国军力不断衰退;在这五年里,我们任由空军防务荒废懈怠。

　　我在此揭示的这些特征,标志着英国和法国鼠目寸光的政务管理已经付出沉重代价。

　　到目前为止,就我们国家而言,对政治事务具有管控权的人必须承担责任。他们既不阻止德国重整军备,也不及时重新武装自身。他们谴责意大利,却不解救埃塞俄比亚。他们既利用又抹黑国际联盟的庞大机构,并且忽视了可以弥补此前过失的联盟合作。所以,这些政客让我们没有充分的国防保障和有效的国际安全,而时刻处于痛苦煎熬之中。

............

　　灾难已经降临英国和法国,我们首当其冲。不要掩耳盗铃、视而不见。我们现在必须承认,中欧和东欧各国都将竭尽所能,只求自保,向无往不利的纳粹政权做最大妥协。

　　法国安全所依赖的中欧联盟系统已经荡然无存。我认为这一体系无法重建。从多瑙河到黑海,一直远至土耳其,这条满是玉米和石油的资源之路,已经向德国人敞开了怀抱。

............

　　你们将看到这些地区日复一日、周复一周彻底与我们疏远。在其中很多国家,慑于纳粹的军事扩张,已经有政客、部长或政府变为亲德。但是波兰、罗马尼亚、保加利亚和南斯拉夫也从来不乏向往西方民主、反对集权统治的强大力量,希望能向泛滥的专制思潮发起反击。但是所有这些都被忽视了。我们净谈一些非常遥远的国家;正如首相可能会说,我们对所谈国家一无所知。

············

毫无疑问,很多人当真以为他们只是让出了捷克斯洛伐克的利益。但我担心,人们终会意识到英国做了过多让步,已经严重损害或是致命地危及了英国和法国的安全甚至独立。

这不仅仅是像德国要求的那样放弃殖民地的问题。这也不仅仅是单纯失去欧洲影响力的问题。问题远要严重得多。你必须考虑纳粹运动的性质及其统治的特征。

首相希望看到英国和德国结成友邦关系。我们与德国人民建立友好关系毫无困难。我们的心扉是向德国人民敞开的。但是他们并不掌权。

你们必须谋求正确的外交关系。但是英国民主和纳粹政权之间永无友谊可言。纳粹政权背弃基督教伦理,信奉野蛮异教,鼓吹侵略和征服,并且如我们所见,从迫害淫威和残酷无情地杀戮与威胁中获取邪恶力量和变态快乐。这种政权绝不可能成为英国民主可以信赖的朋友。

真正令我感到痛心疾首的是,我们的国家竟然落入了纳粹魔爪的势力范围,要受纳粹德国的支配和摆布,要仰其鼻息,看其脸色。正是为了防止这种情况发生,我一直在竭尽全力敦促部署一切防御堡垒:首先,创建空军优势,防范我国海疆攻击范围内的一切敌人;其次,尽量联合多国力量;最后,在国联盟约范围内,建立军事同盟,缔结条约,想方设法积聚力量,遏制纳粹霸权扩张。但是我的全部努力都徒劳无功。所有机会都因花言巧语、似是而非的借口被一再破坏和遗弃。

我一直在努力寻觅采取什么措施来保护国民免遭纳粹势力的危害,维护我们格外珍视的生活方式。现在唯一可行的办法是什么?我们现在唯一可行的办法是通过兑现承诺的空军优势来重获英国悠久的独立,再度成为安全岛国。

面对这样惨淡的前景,建立空军优势和保障空防安全成为压倒一切的硬道理。努力重整军备吧,这曾经一度被忽略,现在已经成为当务之急,必须立即付诸行动了。而且,我国全部资源和一切可以团结的力量,都要向这一任务倾斜。我非常高兴地听到鲍德温勋爵昨天在上议院表示,他明天将致力于动员工业力量。但我认为如果鲍德温勋爵在大约两年前表态会好很多,当时每个人都认为军需部必不可少。此刻坐在政府席位后面的尊敬的朋友们,我非常感谢他们耐心听完我的演讲。但我要冒昧地说,他们应对所发生的一切负有一定责任,因为如果他们把慷慨支持捷克斯洛伐克交易的欢呼声哪怕拿出 1/10,支持那一小部分致力于推动我国及时重整军备的议员们,我们也不至于沦落到今天这步田地。尊敬的反对党议员们、尊敬的自由党议员们,也没有资格这样指责。

我记得两年来不仅遭受了政府的贬损,还遭到严厉的反对。鲍德温勋爵如今发出了信号,尽管有些姗姗来迟,让我们还是响应吧。毕竟,目前我们的空军和防空动员方面的情况终归不是什么秘密。这些情况,正如我尊敬的、勇敢的朋友威斯敏斯特海军中队长所指出的,成千上万民众都有目共睹。部长们在这个问题上坚持向我们做出声明,民众会形成各自的评价。现在谁还敢打肿脸充胖子声称我们的空军与德国不相上下?谁还敢装腔作势说我们的防空部队人员充足、设备齐全?我们知道,德国总参谋部对这些情况了如指掌,然而议会下院却仍然没有担负起责任,没有足够重视这些问题。

内政大臣(塞缪尔·霍尔爵士)几天前夜里曾说他欢迎调查。行政机关所做许多事情都表明他们有极好的信誉。但关键是我们要知情。在这三年中,我曾一遍又一遍地请求召开秘密会议,督促研究解决这些工作,或者由下院特别委员会进行调查,或采取其他诸如此类的措施。现在,既然我们又到了秋季会期,我再度要求,政府在这些问题上应当信任议会,因为我们有权了解自身的处境,以及将采取什么措施确保我们的安全。

我不怨恨忠诚勇敢的人民,他们总是尽职尽责,不惜一切代价,随时准备为国效忠。上周面对紧张形势的重压,他们也丝毫没有退缩。他们得知此时此刻将不再需要经受严峻考验时,自然而然地流露出由衷的喜悦与欣慰之情,对此我毫无怨言。但是,他们理应了解真实情况。他们理应知道,我们的防御工作尚有严重疏忽和不足;他们理应知道,我们经历了一场没有对战的持续败退,并将长期深受其害;他们理应知道,我们刚刚走过了历史上一座可怕的里程碑,欧洲的整体平衡已经被打破,西方民主已经听到了恐怖的对抗声音:

　　"你正在生死关头举棋不定,却发现自己根本无能为力。"①

　　不要以为这件事情到此结束。这仅仅是算账的开始。这只是让我们先抿一小口,初尝苦酒的滋味。除非我们倾尽全力重振士气和军威,东山再起,捍卫自由,一如往昔,否则我们以后还将年复一年吞咽这苦酒。

---

　　①　也译作:在天平上称一称你们的分量,就会知道你们还不够格。见(英)大卫·加拿丁:《苦难与血泪:丘吉尔演讲集》,陈钦武译,南京,江苏人民出版社,2000。原文:"Thou art weighed in the balance and found wanting. "

# "强劲的怒吼声"

## 1938 年 11 月 17 日,63 岁,下院演讲:呼吁建立军需部

丘吉尔担心战争来临时英国还未做好准备,但是内维尔·张伯伦拒绝成立军需部。1938 年 11 月 17 日,丘吉尔在下议院讨论是否需要这个部门时说:

我承认要举行另外一场演讲来支持成立军需部很困难。我已经表明所有重要观点,并且尽量解释了这一过程的很多细节,就在三年以前、两年以前,最后一次是六个月以前。我在大好的时候恳求开展军需事业,我在为时已晚的时候也恳求开展军需事业;也许尊敬的议员阁下还记得,我甚至恳求他不要对正义做法知难而退,即便魔鬼逼迫他这么做。但是解释也好,劝说也好,或者是哄骗,都未能对庞大、固执的当局产生哪怕一些轻微影响。而正是这一政权,让我们身陷目前的境遇。

然而,这场辩论与我们就此相同主题的其他讨论不同。今晚很可能会投票表决一项相当清晰的议题。我们感谢自由党让下议院勇敢正视藩篱。下议院必须跳出这一藩篱或者可耻地远离它。我相信结果是输掉一场比赛,其筹码不仅关系英国安全,而且影响到世界范围内的伟大和平事业。

我要特别向坐在大臣背后、下议院前座的朋友们做出阐述。我认为他们当中很多人与大多数有思想的同胞共同承担了这一焦虑。所以,我向这些先生们呼吁,但我不以恳求的话语呼吁;事实上,我根本在

以威胁和恐吓的话语呼吁。我要说,对于目前的困境,他们负有不可推卸的重要责任。

英国的历史仍在书写,仍在发展。历史将厘清个人责任;过失在谁,就归咎于谁。但是,下议院前座的议员阁下——他们发誓在所有场合都忠诚、忠实支持陛下政府——千万不要以为他们可以将自身责任全部扔给皇室的大臣们。他们放弃了太多权力。三年前如能从这些座椅上发出一声强劲的怒吼声,将会导致今天整个军备生产规划多么大相径庭! 唉,这种军需服务并非指日可待。

我们已经在普遍的善意默许中随波逐流整整三年——我们这三年并非无知或不知情,相反整整三年事实就在我们面前明晃晃地摆着。

我们有顺流而下,也有逆流而上。今晚的问题尖锐甚至残酷,我们要么继续随波逐流,要么重新努力,增进对事态的了解。

我尽可能直截了当说清楚。如果今晚只有 50 名保守党议员走进大厅投票支持这项修正案,它不会影响政府的生活,但会促使他们行动。它会让真正的权力、真正的能量向前推进。我们确凿无疑要有军需部门,而且远不止需要这些。我们应该在国外获得新的力量和声望,这才是军需部门真正的服务和价值。我认为在一开始表述意见时就讲明这些要点是对的。这些要点并不代表任何精神,但是表明有人正与议员阁下共同面对我们都涉身其中的国家危险。这不是政党问题。它与党派无关。它实质上是关乎国家普遍安危的重要议题。

# "天资聪颖但却失败"

## 1938 年 12 月 9 日,63 岁,清福演讲：回应张伯伦攻击

1938 年 11 月 17 日,围绕是否成立军需部的辩论,在区分派别立场时,只有两名保守派跟着丘吉尔进入大厅：布伦丹·卜来肯和哈罗德·麦克米伦。内维尔·张伯伦在辩论中评论说,丘吉尔天资聪颖,但缺乏判断力。这一评论传扬开去,也深深刺痛丘吉尔。12 月 9 日,丘吉尔在其埃平选区的清福回应质疑：

首相前几天在下议院说,尽管我天资聪颖,但失败之处在于缺乏判断力。我很乐意提交本人在过去 5 年对外交事务和国家防务的判断,并与他的判断对比。

今年 2 月,首相说欧洲的压力已经大大缓解。几周之后,纳粹德国占领奥地利。我曾预言,只要奥地利被强占的冲击波过去,他将重复这一宣言。果不其然,7 月底,他又重复了类似话语。而到 8 月中旬,德国又在搞一些演习假动作,这让我们所有人都濒于世界大战边缘,而且最终以完全毁坏并吞并捷克斯洛伐克共和国结束。

11 月,他在市政厅的市长宴会上告诉我们,欧洲正在步入更为和平的阶段。话刚出口,纳粹对犹太种族的暴行震惊整个文明世界。

丘吉尔接着说到张伯伦的前任：

我在 1934 年提醒鲍德温先生,德国有一支秘密空军,正在快速超越英国空军。我给出了精确的数据和预测。当然,这些都被官方权威断然否决。我被形容为杞人忧天。不到六个月后,鲍德温勋爵不得不来到议院,承认他的错误。他说:"我们都有责任。"大家都说:"他承认错误,多么真诚啊!"

他犯了这个错误,可能对大英帝国和国家自由造成致命影响,而远不是普通人积极效力以让帝国更为安全和有力之后的作为,他却获得了更多掌声。好吧,张伯伦先生就在鲍德温勋爵旁边,他在那届政府最有实权,他是财政大臣。他知晓所有事实。他的判断就像鲍德温的一样失败了。而且我们今天正在吞咽失败苦果。

丘吉尔接着提到塞缪尔勋爵,这是第一次世界大战之前他在自由党政府的同僚:

4 年以前,当我要求应该加倍、并且再加倍投入空军力量——比现在所做更多——塞缪尔勋爵认为我的判断存在缺陷,所以把我比作马来西亚的杀人狂。如果我的建议当时被采纳,他和受到迫害的民族将会大有改观。他们不会陷入今天这个局面,我们也不会身处今天这种地步。

············

正是基于过去这些已经证明错误的判断,我提请你们注意,有些对未来的判断已经做出,只是结果还未被证明错误而已。

# "另一股对抗和考验的力量"

1939 年 2 月 9 日, 64 岁, 写作:国际形势

《慕尼黑协定》签署之后几个月内,丘吉尔看不到内维尔·张伯伦政府有任何迹象打算采取措施对抗德国将要到来的侵略。1939 年 2 月 9 日,他照例每半个月写下一篇报纸文章,登载于《每日电讯报》和《早报》,后来收入他的演讲精选集《一步一步》出版:

本周一,张伯伦先生在下议院发出了严正声明:无论从哪个方面,侵犯法国的行为都将同样受到英国的抵制。这表明西方两大民主国家决心同仇敌忾、并肩御敌。几乎所有人都感觉到,我们将在未来几个月里见证欧洲敌对力量之间又一股兵力和毅力的对抗与考验。

当阿道夫·希特勒表示,他相信长久和平指日可待,这无疑是期望在经过一段紧张时期之后,事态调整到令两个独裁国家满意的状态。没有人能预测形势是否会如此发展。墨索里尼先生已经再度保证,只要西班牙不触及军事问题,意大利就不会寻求领土扩张。弗朗哥将军取得胜利之后,随之而来的安排不会改变领土主权,而是将西班牙全部领海、领空基地开放给大力帮助过它的德国、意大利两国有效使用。这种安排的意图实际上就是领土交割转移,这将有损英法两国利益。

当然,我们不能只看到黑暗的一面。美国总统罗斯福的卓越行动无疑得到了该国政府和人民的支持,让这一共识广泛传播:美国不仅

在道义上支持无端成为侵略受害者的西方民主国家,而且还将提供弹药和物资等实际援助。美国是一支强大、稳定的力量。罗斯福卓有远见和胆识的政策很可能将确保维护欧洲和平。抵抗纳粹侵略的精神火种并未在欧洲东部和东南部熄灭。慕尼黑前面的各国曾认为英法两国要求他们援助。他们现在已被迫意识到,正是自身的生活已经濒危。

在英国国内,民族共同体正在巩固加强。政府的态度变得强硬,过去一些分歧正在淡出历史。最重要的是,我们感觉到力量在积蓄增强。相对于皇家海军将来可能面临的任务,它的力量和条件前所未有的强大。长期延误的飞机和弹药运输也正在到达。

如果加倍努力,面临空袭的平民可以获得更大程度的安全。虽然只有占星师和其他迷信的商人可能预言未来,但和平、尊重法律的英国也许可以再次继续前行,而无须周复一周等待通过无线监听敌国的独裁演说。那些国家以往便是英国的手下败将,或曾得到英国的援助。

# "规模更加庞大"

1939 年 2 月 21 日,64 岁,下院演讲:备战

丘吉尔担心政府并没有充分绷紧亟待加速备战的弦,所以持续施压要求组建军需部。1939 年 2 月 21 日,丘吉尔在下议院再次重提这一话题,并且认为内维尔·张伯伦及其议员支持者的绥靖政策理想希望已经破灭:

我们对于面前席卷一切的动荡、令人不安的事件,可能都深感遗憾。但我希望尊敬的议员阁下意识到,他和所有同坐的人已经尽最大努力向国家呈现这些理念,而且获得了全国大量民众的支持。他们表示支持并绝对忠诚于他提出的政策。我希望他明白,他提到政府予以鼓励的众多希望和理想无疑落空了,而且根本不能令人心满意足。

然而,我并不想斥责,反而首先想祝贺尊敬的议员阁下、财政大臣(约翰·西蒙先生),他正确无误地处理着所肩负的艰巨任务。现在没有时间卖弄金融学问。我们正在挺过的阶段并不是普通的和平时期。我们正处于战时,可以称之为"不流血的战争"。我们都希望并且祈祷这一战争阶段避免流血冲突,并在尽可能短的中断之后,实现真正的和平。但是,我们正处于半途之中,当前形势是历史上前所未有的,要确保实现我们的希望,非常关键的是将英国的全部实力用到极致,无论是现有还是潜在的力量。所以,财政大臣使用英国品牌的强大的重型武

器非常正确。这些武器一直被小心翼翼地护理,保持干净光洁。只要大臣不弄坏它,他可以尽量使用。我必须说,他和财政部可以使用重型武器的地步,足以用他们掌控的各种信息源和强大装备来佐证。

此外,政府没有动力,也没有值得的动机,不必倚靠借款而非信贷,过度侵害借贷能力。因为众所周知:无论新的、额外的税收是什么,只要他们认为应该征收,都将获得议会绝大多数人的支持,并将得到全国纳税人的准时缴付。

············

在这因压力、损失而焦虑、忧郁的时刻,有些国家还罹受严重穷困、人口锐减,我们无论何时谈及"不流血的战争",都不要认为,战争并未席卷全部国家。相反,不流血的战争正愈演愈烈。几乎没有一天,报纸不在报道战争正日益加剧。由此造成的压力将持续全年;如果战争拖延,压力还将持续更长时间。这不仅检验各国财政和经济实力,也在考验各国制度和社会文明结构的健康程度。

我们丝毫不能沉溺于任何虚荣自夸。然而,应该说,正如财政大臣所表示的,适度谦虚但毋庸置疑的事实表明,也许我们能够承受这种压力。这种压力可能长期存在,但好过世上其他国家。这是出于各个方面的分析,既因为我国的金融和经济实力,也因为在执政进程中通过议会所联系的全体人民。

这是一个巨大的安慰,也是新增的安全源泉。尽管反对党双方存在严重分歧,尽管他们可能提出很多犀利的批评——这些批评也值得提出,但是,政府认为义不容辞要采取的特殊措施的原则,双方无论如何不会反对。相反,大臣们所要承担的唯一政治风险是双方党派可能认为他们提议得太少,或者责备他们没有尽早提出来。

············

在我看来,应该很早之前就着手实施军队弹药的生产,并且规模要更大、远超战争办公室迄今为止已经允准考虑的其他事项。这也是要求尽快任命军需大臣的另一个原因,它不是单靠作坊和工厂开足马力饱和生产的问题；我们肯定需要为大规模军队提供大量弹药，我们面临的可恶的战争魔鬼将逼迫军队要求军火供应。

而且——还要继续这个不受欢迎、令人不快的话题——我们当然应该在战争的最初几个月里确保为战争军事力量提供前所未有足够的弹药储备。

# "不列颠民族的忠诚先锋"

## 1939 年 4 月 24 日，64 岁，演讲：支持招募征兵

丘吉尔不顾工党和自由党的坚决反对，敦促政府宣布引入征兵制度。1939 年 4 月 24 日，他在伦敦官邸外的午餐会上代表自愿领地招募发表演讲，支持伦敦分部的招募行动。他在官邸外的大型集会上演讲说：

我被告知所有分部都已竭尽全力，第二梯队分部不但形成，还取得了良好进展。这些成果都很显著，因为我们要考虑到以讨厌方式所形成的存留职业的安排：这一安排的重要性看似高于征兵服务，从而排除了很多兵源。无论如何，所取进展一直很好，所以招募集会让所有负责执行这次任务的人都很满意。

最基本和最高形式的国家兵役服务于军队和战斗部门。其他任何事都不及它的价值和荣耀。任何人不能阻碍此项服务，直至队伍充实到我们认为足够的极限地步。我们的不足在于，国家已授权我们向欧洲很多国家保证，将与之共同抵御进一步的侵略，但是迄今为止我们还未有任何适当措施，或者尝试过不同方法，以提供充足队伍来兑现承诺。

这是一个在道义上站不住脚的立场；而且，这是一个削弱和平机会的立场。它在两个方面削弱了和平机会。首先，英国的军事弱点让潜在的敌人有机可乘，让盟友或者是潜在的盟友为之泄气，并且无论如何

都妨碍了爱好和平的国家聚集成庞大联盟——他们的军事武装合力是维护和平的最大保障。所有党派都同意加盟这一保障力量，赋予其他国家和平保证，党派也都要确保我们能光荣、忠实地履行诺言。

英国民族具有卓越的特质，责任越严峻越繁重，危险越逼近越严重，就越是有更多的英国人自愿前来直面危险。

我希望人们不要误以为将要留下这些志愿兵来独自承受整个重任。这种想法不对。这样想是不公平的。而且，这些志愿兵对于战争任务而言远远不够。任何人都可以看到民意日益赞成各种形式的国家强制征兵，特别是最高形式强制征兵。很可能在不久后，我们将实行义务兵役。（欢呼）

可以肯定的是，如果战争不幸爆发，我们就应设立义务兵役。所以，现在自愿前来承担重任，并且根据需要承受住第一波冲击的那些人，将成为榜样，鼓舞同胞援助和承担国防及自卫的责任；无论阶级与财富分野，所有人平等与公正地分担责任。因此，今天那些志愿者不要自诩为英国实力和荣誉的孤胆英雄，而是如今被迫武装起来、但却决心捍卫人类自由进步的英国民族的忠诚先锋。

# "大使不应该这么说"

1939 年 6 月 14 日,64 岁,晚宴交流:不会战败

　　1939 年夏天,丘吉尔越来越担心失败感和绝望感,他开始感觉到这股暗流缠绕在周遭,挥之不去。在 6 月 14 日的宴会上,他发现身边坐着美国专栏作家沃尔特·李普曼。他很震惊地从李普曼那里得知,美国驻英国大使约瑟夫·肯尼迪正在告诉朋友:当战争打到英国,如果战败,英国将与希特勒谈判。全国工党议员哈罗德·尼尔逊出席了这次晚宴,他在日记里写道,当丘吉尔听到"战败"一词时,立刻转向李普曼说:

　　不,李普曼先生,大使不应该这么说;他不应该说"战败"这个可怕的字眼。即使假设(我自己在任何时候也从不这样假设)肯尼迪先生的悲剧预言成为现实,那么我个人也会心甘情愿在战斗中献出自己的生命,绝不会因恐惧失败而屈服于这些最险恶之人的威胁。战斗将为你,为美国人,保护和维持住英语民族的伟大遗产。

　　沃尔特·李普曼在本人的日记里记录了丘吉尔的主要观点:

　　德国军队不能突破法国防线;西班牙可以忽略不计;英国自治领可

以控制西班牙军队,而西班牙将毁于封锁。宁选土耳其为盟友,不选意大利。意大利是猎物,土耳其则是猎鹰。将在远东削减损失;舰队不会驱散;战后解决日本问题。

1914 年中欧已经作为一个整体动员起来。当时德国从捷克斯洛伐克得到十个师部;现在德国需要六个师来持有捷克斯洛伐克。匈牙利、南斯拉夫、罗马尼亚都是危险之国,不可信赖。波兰是一支新的力量,它的背后有俄国支持。没必要对德国人说,他们未被包围。我们最好义愤填膺地击垮他们。

唯有实力才有话语权。按照戈培尔的宣传,政治没有意义。走自己的路,让他们跟随。万一德国动员起来了,我们就调动舰队;他们一有挑衅行为,我们就切断德国与欧洲的铁路通信,使之无法通过铁路传播任何讯息。

至于通过谈判苟且媾和,当 800 万捷克人还处于水深火热之中,欧洲不可能有安宁之日。

# "最强有力地表达了不列颠民族的希望"

## 1939 年 8 月 2 日,64 岁,下院演讲:反对议会战时休止

1939 年 8 月 2 日,英国政府提议议会休会至 10 月 3 日。欧洲还处于如此危机状态,很多议员在会议结束时感到惴惴不安。这样的议员越来越多。当天在下议院,丘吉尔正是领衔。但是他的诉求并未成功:

坦率地说,我很遗憾政府的提议。尽管大家并非出自相同的原因,但我赞同来自下议院两个反对党提出的请求。只是我仍旧希望首相在此问题上尚未宣布他的最终决定。正是基于这一希望,我冒昧地提出反对政府这项议案的几个理由。

议会在国内时常受到批评,但在国外很有威望。在国外,下议院的地位不容忽视,尤其在独裁国家,下院最强有力地表达不列颠民族希望,也在抵抗侵略过程中表达着民族希望。这当然是不容否认的事实。独裁者本身没有放慢脚步从而注意到议院的少数派似乎在某种程度上影响到政府行动进程。正是按照议院里少数派的意见,我们一致达成了外交政策,并让所有人现在不得不同意,但却遭到两个独裁国家的严厉抨击。所以,我认为下议院在他们的思想中占有很重分量。

如果你希望验证这一观点,看看最近多少次巧合——他们各种袭击都发生在正巧议会休会、议员都在度假之时,这是多么古怪。就拿最近的阿尔巴尼亚复活节为例。很多人都知道,因为过节,议会休会了,

大臣们解散了,而且地中海舰队不巧也解散了,他们蓄意算计了这一节庆时刻。然后再看看去年,我们在类似情况下分开到现在。在那之前,德国没有可疑的军事行动。等到我们议员分开,他们便假借和平的名义,在本土开始所有行动。

对于议员个体来说,这听起来相当虚妄。但是在我看来,议会是对英国防卫的公认的补充力量;当议会还在运转时,我们更加安全;而且议会的实力和意愿非常有分量,如果指挥得当,它将增强英王陛下政府的力量。因此,我认为,如果我们在形势变得最为严重之时准备停止议会活动,实为憾事。

我并不会沿着上述观点推导认为,如果议会继续日夜工作,将不会有危机。那确实是夸大。但我感觉事情都处于良好平衡之中,当有利的哪怕是细枝末节的事物被额外奉送到正义一方,我们都不能忽视。所以,如果我们要通过决议,解散议会自身到 10 月,我将深表遗憾。

当此之际,下院宣布将休假两个月可真是尴尬。当各种邪恶力量甚嚣尘上,我们的暑假与欧洲的危险时月发生冲突,这纯属意外。欧洲的局势比去年此时更为严峻。德国政府已全副武装、荷枪实弹 200 万人,扩充入军队。及至 8 月底,当他们新一批力量注入,将会自动新增逾 50 万人。

从但泽到克拉科夫,整个波兰前线重兵压城,并已为加速前进做好一切准备。仅在布雷斯劳附近,德国即有五个高度自动化的师部。正如自由党领导人所提到的,从波兰通往捷克斯洛伐克的各条道路都有重兵囤守。捷克斯洛伐克劳工被迫开放矿场,以输出矿产物资。

有人告诉我——我可能错误,但过去很少犯错——在捷克斯洛伐克很多地区,当然也包括波希米亚,许多公共建筑和学校已经被清理一空,准备接纳伤亡人员。而且还不止这些地方。从奥地利运往东方的物资和军队肯定也经过这里。

⋯⋯⋯⋯⋯

在我们这边,还有盟友之中,同样也在做重大准备。舰队已被广泛动员起来。我们祝贺政府及时采取措施,并且表示由衷支持。只要营地能够容纳,我们正组织尽可能多的人参与训练。反飞机枪手也已到岗。那么,此时是我们应该解散议会、并且宣布将解散到 10 月 3 日的时候吗？如果真实武器并非最大考验,难道意志力不是最大考验吗？

如果下议院在这种形势下注销掉自身有效、有力的因素,或者削减它所能为国家抵御侵略的坚固前线提供的任何力量,那么,此刻在议院悠久的历史之中将是灾难性的,将是可悲的,将是可耻的。

如果这样,当然会有人说:"你相信首相吗?"两大反对党的领导人都明确表示,他们不相信首相。但这不是那些担心安排这么久、不会被议院完全通过的人的立场;这也不是我们下议院一方采取的立场。我个人接受首相所说,当他郑重做出公开宣言,我相信他将尽力履行这些职责。我信任他各个方面的良好信誉,但这并不是整个问题的解决之道。他的良好诚信毫无问题,也根本不是议会崛起或其他的问题,但是可能会有判断的不同。我使用"判断"一词有些鲁莽,因为尊敬的议员阁下前段时间嘲笑我文章里有臭名昭著的"判断"缺陷。

我还没有以挑剔的眼光去仔细辨识首相的所有声明,今天下午也不想继续这个话题,但是首相基于逐渐明朗的事实形成的判断,在我们中间引起分歧异见,很明显这个话题合情合理。

举一个最近的例子,但泽问题。工党领导人(克莱门特・艾德礼)说但泽的形势如何严峻,而尊敬的议员阁下(内维尔・张伯伦)认为形势危急说是夸大其词。这发生在刚刚两天之前。现在我们读《泰晤士报》,波兰官方公报已经发表声明,指出事实上但泽的形势比工党领导人所提出的、尊敬的首相大人认为夸大了的情况还要严重。所以,基于重点,基于事实,可能会有分歧,非常诚实的分歧;考虑到人们在贯彻同一政策时会出现的这些分歧,我们非常需要在下议院不时交换意见。

这是一件非常艰难的事情,我希望政府不要对议会说:"滚开！跑远些,玩去吧。带上你的防毒面具。不要担心公共事务。把它们留给才华横溢、经验丰富的大臣们。"然而,到目前为止,就我们的防线而言,是大臣们带领我们回到去年9月所处的位置;我充分考虑了种种困难,在失去捷克斯洛伐克之后,也未成功争取到俄国,大臣们带给我们的外交政策此刻好在确保了波兰和罗马尼亚。

这份提议,确实艰难,不合情理,也违背自然,特别是当议会不得不同意这一政策的基础时;当议会与政府出现分歧时,因为议会要求敦促政府更加积极往前,所以不要阻碍议会所宣布的政策。

我的确希望尊敬的议员阁下已经采纳完全相反的看法,转换角色。我期望看见他亲临议会,在选举箱前,承受一份特别的压力,并且说他不得不遗憾地对议会及其公共精神提出善意和耐心的要求;但是情况如此恶劣,以致他无法在没有下议院资源的条件下独自承担全部责任好几个月,所以,他必须要求议会在暂休期间还不时回来。然后,反对党可能说:"形势当然很严峻,但是如果首相要求将我们不得不同意的做法视作政策,我们有责任遵循他的要求。"

如果我们三周后回来,就在8月底之前,情况将会怎样?我们就能完全同意吗?我想现在休会两周或三周将是很安全的。当然我们不会询问是应该昼夜待在这里,还是永远别回来。这是一个非常局促的困境。贝尔福勋爵曾经说这是一个奇异做作的世界,但现在还没有他说的那般做作。我赞同有种看法,即一旦解散议会,那就不能轻而易举重新召集起来。因为事态每天都有发展变化,很难说在什么形势下需要重新召集。而且,在当前形势下重召议会将表示局势到了最严重的危急时刻,因为已经发动了舰队。重召议会极可能意味着发生了重大事情,以致让我们启动最高决策。

我应该想到,在8月底选好一天筹谋策划将是充满远见、也是审慎便利的。这一天可以是8月22日或者25日,或者不论是具体哪一天,如果一切顺利,则几乎只需要少数议员前来。大臣们不必参会。毕竟,我们在同一条船上,需要同舟共济。我留意到,议员当中有种想法,试图凭借普通的效忠于党来打理此事,但我们不会基于对政党的忠诚,呼吁所有人通过爱国来克服这些困难。我相信,如果产生了这种氛围,国家肯定会将之涤除干净。

我对议会这种氛围非常敏感,我想应该尽量尝试让大家尽可能多地聚拢,不去想象人们会被阻止说出他们任何时候想说的话,因为说出来不受欢迎,或者因为某种有组织的怒火蓄意针对他们。我想,从国家管理的角度出发设定这一日期将是明智和谨慎的办法。如果需要,你可以举手;如果不需要,则将如同走一个不必要的形式废掉。我建议并且希望尊敬的首相先生能够权衡、考虑这一方法。

我只想再说一件事,这将吸引尊敬的首相先生。在最近蒙茅斯郡的选举中,他写了一封信,我认为是在呼吁国家团结。国家团结意味着什么?它肯定意味着所有人为了国家安全而在政党意见、个人观点和政党利益方面做出合理牺牲。

现在,尊敬的议员阁下面临一个机会,可以迈出非常重要的一步,改善他与国家中这些力量的关系。他们在他众多忠诚追随者的阶层之外。在这种形势下,议会不宜带着批评责备、意见分歧而分道扬镳。相反,我们应该志同道合,如朋友般面对共同难题,决心尽量尽全力彼此援助。我真心希望尊敬的议员阁下在此时此刻不要拒绝将议会意见作为整体纳入考虑,包括议会的少数派,如果他们想在这个月底再会面,尽力满足他们这一点。如果他现在这么做,我在这里告诉他,他将为国家提供极好的服务,因为英国不能在没有保守党领导人的情况下克服当前困难,而保守党领导人只能靠该政党选择他,否则任何一季都不能入选。所以,他很有必要竭尽全力调和其他意见——这些意见现在如此普遍疏离——让他自身真正成为整个国家的领导人。

# "重新抬头的独裁势力"

### 1939 年 8 月 8 日,64 岁,对美广播:纳粹独裁

丘吉尔是无线电广播的早期先驱,在 1930 年英国广播公司为盲人发出年度呼吁。但是英国广播公司很多年不让他做政治广播。1939 年 8 月 8 日——此时距第二次世界大战爆发不到一个月的时间——因为德国对波兰的压力加剧,丘吉尔使用美国广播网络对美国进行广播:

纳粹说他们正被包围。他们已用一圈邻国将自己团团围住,这些国家不得不一直猜测下一个被侵吞的是哪国。这种猜测是非常累人的游戏。各国,特别是小国家,早就不再觉得游戏有趣。你可以想象,德国的各个邻国,无论大小,都已经考虑停止这种游戏,他们只是对纳粹提及国际联盟的盟约原则:"它若攻击一国,则攻击了联盟各国。它若攻击了联盟中的最弱国,它将发现也已攻击了联盟中的最强国。"正因为这样,在恶劣的天气,在阴云密布的日子,我们利用假期时间聚到这里。我们希望最好聚到一起来。

有一件事让我觉得很奇怪,那就是在数百年发展进步后,独裁势力重新抬头。令人惊奇的是,英语国家对独裁势力始终怀有深度恐惧。他们极可能暂时跟随一个独裁者,只要他一直领导他们;而主导他们的思想没了,锁起来了;他们准备将钱与物、身与心,全部交付给一个独裁者,崇拜他,视之如偶像——这种崇拜一直为我们文明的主旋律与性质

所憎恶。美国宪法的构建者也如英国宪法形成者一般小心翼翼,谨防整个国家的全部生命与财富、法律与自由被交付到一个暴君手中。

英国和美国制度的明显特征,是对政府的制约与反制约,下放庞大的政府权力,讲究自由辩论的方法与过程,经常回顾基本原则,反对强大政府的权利,最重要的是不断警惕,始终警惕,还将警惕。但是在德国,有个人坐在峰顶上,他在短短一天就可以将全世界从笼罩在人们头顶上的恐惧中解放出来;或者,他短短一天就可以将我们所拥有的一切斩断,投入赤焰冒烟的火山。

如果希特勒不发动战争,就不会有战争。其他人都不会制造战争。英国和法国都已决心不再流血,除了自卫或保卫盟友。也没有人想过攻击德国。如果德国想要确保邻国不会攻击她,她只需说出来,我们将根据联盟公约的原则,赋予其充分保证。我们一再说过,我们别无所求,只为安全,愿意与德国人民自由分享。所以,如果战争不可避免,毫无疑问杀人血罪将归到谁的头上。这就是当前最大问题,而且没人可以说出解决的办法。

美国朋友们,相信我,英法人民祈祷和平,不是为了卑鄙地躲避痛苦和死亡。我们今夜以及夜夜祈祷和平,并不是因为我们对纳粹德国和文明世界之间的斗争最终将会结束有丝毫怀疑。但无论是和平还是战争,无论是我们现在触手可及的和平及其广阔、光明的前景,还是战争带来无限杀戮和毁灭,我们都必须在未来努力形成人类关系的特定制度,终结目前这种旷日持久、可怕的不确定性,让全世界有创造力的劳动人民继续工作,让整个人类生活的基础不再取决于某一个体的品行、喜怒或者善恶。

# "一场建立和重塑人类声望的战争"

## 1939 年 9 月 3 日,64 岁,下院演讲:任职海军大臣

1939 年 9 月 1 日,德国入侵波兰。两天之后,英国和法国遵照与波兰的协约,对德国宣战。同一天,即 9 月 3 日,首相内维尔·张伯伦邀请丘吉尔重返内阁,担任英国海军大臣,他从 1911 年至 1915 年一直担任这个职务。丘吉尔在当天下午对下议院的简短演讲中宣称:

在这个庄严的时刻,回顾和深思我们为和平所做的不懈努力,不禁感到欣慰。我们的一切努力都不幸付诸东流了,但全都是忠实和真诚的。这些努力有最高的道德价值——而且不仅有道德价值,还有实践价值——因为数千万人的忠心支持是我们经受并战胜考验、征服现代战争苦难的唯一基石。他们的同仇敌忾是不可或缺的,他们的同志友谊和兄弟之情是不可或缺的。

单是这种道德信念,便可以提供修复的强大动力和源头活水,在黑暗、漫长和胜负难料的日子里振奋民众精神、焕发人民活力。在外面,战争的风暴正在猛吹,狂怒的大风冲击着大地,但是在我们的内心,这个周日清晨却是宁静平和的。我们的双手可能在忙碌,但内心却是休息着的。

我们绝不能低估所面临任务的艰巨性,也切勿低估所面临考验的严酷性,我们绝不能经不起这样的考验。我们必将遭遇更多失望,必将

遭遇许多不尽如人意的意外,但是可以确信,我们欣然接受的这项任务并没有超出大英帝国和法兰西帝国的能力范围。首相先生说今天是令人悲伤的一天,的确如此。但是今天可能还存在另一种意义,是一种欣慰感恩之情——如果这些重大的考验即将降临我们的岛屿,我们这一代英国人已经准备就绪,将要证明自己绝对不会辜负往昔的光荣岁月,绝对不会辜负前贤伟人,绝对不会辜负奠定我国法律基业、缔造建国伟业的父辈。

这不是为但泽而战,也不是为波兰而战。我们正在为拯救世界免受瘟疫般的纳粹暴政而战,正在捍卫人类最神圣的一切。这场战争不是为了争夺统治权,不是为了帝国疆土,不是为了攫取物资利益,不是为了剥夺任何国家的阳光或是扼杀其发展而进行的战争。从其本质看,这是一场在坚固基石上建立个人权利的战争,这是一场建立和复苏人类道德境界的战争。这可能看似悖论,这场战争以自由和权利的名义进行,却在进程中必然需要暂时牺牲许多极为珍贵的自由和权利。

最近几天,下议院已经通过大量法案,将我们极为珍惜的许多传统权利交付给行政机构。我们相信掌握了这些权利的人不会滥用它们,不会为了阶级或党派私利滥用它们,将珍惜和捍卫这些权利。我们盼望着有朝一日,自由和权利重新回到我们手中,并且还将与那些尚不知道这些祝福的人们共同分享。我们对这一天的到来信心百倍。

# "我们还将承受更多损失"

1939 年 9 月 26 日,64 岁,下院演讲:潜艇战

1939 年 9 月 3 日夜,英国对德宣战不到 8 个小时后,手无寸铁的"雅典娜号"邮轮,承载着 1 418 名乘客,在从利物浦前往蒙特利尔的路上,被德国潜艇 U-30 击沉。98 名乘客和 19 名船员遇难。9 月 15 日,皇家"方舟号"航空母舰遭德国 U 型潜艇袭击,但是成功避过鱼雷。9 月 18 日,"无畏号"航空母舰被鱼雷击中,沉没在布里斯托尔海峡。在 1 260 名船员中,有 500 多人失踪。英国开始不安于其脆弱的海运船舶、军舰和商船。9 月 26 日,丘吉尔向下议院提交了有关海战的首次报告结果。反对党工党领袖克莱门特·艾德礼称赞他"声明稳健、有力"。丘吉尔讲了 20 分钟。国家工党议员哈罗德·尼尔逊当晚记下日记:"在这 20 分钟里,丘吉尔将自身带到比他以往任何时候都靠近首相的位置。事后,在大堂里,甚至张伯伦派都说'我们找到了领袖'。老议员承认他们毕生从未见过,仅仅一场演说就可以改变议会的倾向。"丘吉尔对下议院说:

火力密集的海上战争开始了。英国遍及全球的所有船只运行在正常轨道上,突然遭到事先精心布置埋伏好的 U 型潜艇袭击。我们在第一周的吨位损失是 1917 年 4 月平均每周损失的一半,那是世界大战

后期潜艇攻击的峰值。这个数值非常严重。我们迅速从三个方面应答。首先,我们启动海军护航系统。这个体系可以非常快速地传送所有船只,但花了两周时间从返航船舶运输车队的另一端组织传送。

这个系统现在已经全面运行——在两端全面运行。但是,同时还有很多在日常和平情况下独立启动的船只,不得不一天又一天在毫无武装或护送的情况下承受 U 型潜艇的伺机袭击,而且后果很严重,尽管我很高兴地说,遭袭数目正在锐减。

护航系统是良好的、行之有效的防御 U 型潜艇攻击的方式。但是任何人不能谎称它是一套完备防御。我们必须承受一定程度的风险和稳定比例的损失。除了潜艇,还有别的袭击方式,包括从地面和从空中来的袭击,我们都要保持警惕。

我可以向议会保证,我们正在做各种准备来应付这些攻击,但必须再次提醒议会,我们不能保证万无一失,肯定还将承受更进一步的损失。

我们应对潜艇攻击的第二个方法是用防御军备来武装全部商船和高速客轮,以对抗 U 型潜艇和飞机的攻击。在过去两周里,大量武装船只持续离开英伦岛屿各港口。有的船只通过护航系统运送,有的独立离开。这种方法不仅适用于联合王国,也适用于我们在世界各地的港口。因此,在短短时间内,大英帝国的庞大商船都将武装起来。我们每天通常有 2000 艘船只在海上运行,数量相当可观。但是,所有的枪支和设备都已在各武装站就绪,还有受过训练、指导普通海员的枪手。我要向海军部前任的关照表示敬意,他为这种意外状况提供了这么好的军备。

我们应对潜艇攻击的第三个方法当然是英国反击 U 型潜艇。我们正在竭尽全力密集交火。对我来说,在 25 年后再次坐在海军部,再次运行在同一条线路,对抗相同的敌人,而且是在同样的月份,这真是匪夷所思的经历——没人愿意这种事情发生。但是这种经历让我有机会进行比较,也许其他人无法做出这种比较。我看到今天我们在潜艇上比 25 年前第一次 U 型潜艇战中的优势大得多。那时候潜艇战问题看似几乎无解,经常需要 15 或 20 艘船共同工作整天追踪一艘 U 型潜艇的模糊迹象。现在两艘甚至一艘驱逐舰就可以保持长时间、不间断的追捕。我们的小舰队和搜寻艇已经发出了大量攻击……毫不夸张地说,对德国 U 型潜艇的攻击已经五或六倍于这场大战中的任何对等时期。毕竟,他们未能打败我们。

尊敬的首相在上周提到六或七艘潜艇被毁的数据。他可能说得轻描淡写。从那时起,我们度过了一些卓有成效、充满希望的日子。但是即便认为六或七艘被毁潜艇是个安全的数字,那也达到宣战之时敌人整个潜艇舰队在战争前两周被毁总数的 1/10,可能是现在积极作业的潜艇总数的 1/4 甚至达到 1/3。所有船只,无论是被击沉的,还是已经获救的,已经承受了据称是在战时所能承受的最为艰难的考验。大量的人永远不能回家了,他们确实经历了可怕的故事。但是英国对潜艇的攻击才刚刚开始。我们的追踪力量将三倍于开战时的运行数目。同时,随着海洋护航系统的使用,在广袤的大海和大洋里暴露成为潜艇攻击目标的数目将大量减少。潜艇攻击船只的方式将受到严重阻碍和限制。

正如首相今天上午已经讲到的,在这场尖锐而严峻的战争中,英国皇家空军和海军航空兵在指挥驱逐舰追捕猎物方面,在实际攻击方面,都发挥了重要作用。正是为了填补我们在开战时准备不足与现在已经准备就绪之间的差距,海军部决定相对自由地调用航空母舰,希望吸引手无寸铁、没有组织和保护遮蔽的航海交通船前来,它们正在大量靠近英国海岸线。海战总是要承受风险,有时候更是损失严重。"无畏号"有四艘驱逐舰护卫,但是其中两艘不得不去搜寻一艘攻击商船的潜艇直至傍晚。当黄昏时"无畏号"为了让飞机降落在其甲板上而调转向风中时,碰巧遇上了一艘潜艇,这个过程不可预知,概率可能只有 1/100 或者略高一点。

(贝伦格先生)但是只有两艘驱逐舰吗?

（丘吉尔先生）这正是我们最大的问题——出于众多需要，其中很多需要我不能向议院提及，但我们迫切需要——务必要找到驱逐舰。战争的重创丝毫未能撼动我们在掌控方法上的信心。恰恰相反，正是因为采用的掌控方法，我们掌控战争的信心也与日俱增；并且我相信，随着很多新船只投入战斗、随着负责搜索的军官们通过频繁实践而掌握了深水炸弹的技巧，这些方法将发挥更加显著的效力。

海军部在战前形成的判断，得到了普通、非内阁议员的支持，我本人获得充足的机会看它运转。因此，在最初三周海战结束时，我认为这一判断不存在纰漏，也不需要修订，而是令人满意。在第一周，我们因为 U 型潜艇击沉的损失共计 6.5 万吨；在第二周，损失 4.6 万吨；在第三周，损失 2.1 万吨。而在过去六天，我们的损失只有 9 000 吨。尽管这些数据令人宽慰，但我们不应过多沉湎其中，因为战争充满了令人不愉快的意外。当然，我有权说，这些数字迄今为止没必要造成任何过度沮丧或引发任何不必要的恐慌。

与此同时，我们全球贸易的庞大业务正在不间断地持续进行，没有明显减少。大量军用车队护送到各自目的地。敌人的船舰和贸易已被清理出海洋。超过两百万吨的德国航运还躲在本国，或被拘留于中立港口。我们的违禁品控制系统，刚刚尊敬的议员阁下提到，正在臻于完善。而且，就战争最初两周而言，唯独我有这组数据，我们确已俘获 6.7 万吨德国商品并转为英国使用。这比我方船舶沉没的货物还多。甚至在石油……

（本杰明·史密斯先生）但你已经失去了这些船只。

（丘吉尔先生）在我们不幸失去一些邮轮的地方，我们在最先两周失去 6 万吨货物，从敌人手中夺得了 5 万吨。我们还用常规方法再次安全引入庞大的额外存货。我要重申告诫：结论不要过于乐观。然而，我们今天下午从德国所获供应实际上比没有宣战、没有潜艇行动时应该有的还要多。如果我说按照这个速度，我们很长时间都不会饿死，这一说法并没有夸张，而是审慎声明。

278

我们现在谈谈这次战争的特点。德国潜艇指挥官们总是尽力发挥人道主义。我们已经看到，他们发出了善意提醒，也努力帮助船员找到返回港口的路径。一位德国船长曾亲自向我标识他刚刚击沉的一艘英国船只的位置，并且呼吁派遣救援前往。他在信息中署名："德国潜艇。"我当时有些疑惑应该直接回复给哪个地址。但是，他现在在我们手中，而且受到周致关照。

　　然而很多残酷无情的事件已经酿成。首先是"雅典娜号"，然后是"皇家权杖号"，32名船员被遗弃在距岸近一千千米的露天船上，估计已经死亡。之后，仅仅就在前天，"黑兹尔赛德号"船上12名水手死于出其不意的炮火，就在一艘普通商船上，船长就以这样勇敢的方式死去，和船一起沉没。

　　与以往长期被认可和接受的传统海战不同，我们根本不能认识这一类型的战争。我们认定它并非只是违反了战争法，这是德国人近年来不遗余力所宣称的。但它是我们最近几天成功击败潜艇的衡量尺度。正如首相对我们说的，潜艇看似更倾向攻击中立航船或简陋渔船，而非一般商船。芬兰、荷兰、瑞典、希腊、挪威和比利时船只都在公海上被击沉，都有人丧生，德国人的攻击不分青红皂白。我们在战时禁运品的运输实践中证明，所有长远的控制越来越有效，没有让中立船只置身危险，也没有违反文明国家认可的法律。甚至当德国船只有意沉没自己，以免被送上和平法庭时，我们也都已经成功解救了他们的船员。

　　这就是U型潜艇战争——这是艰难、广泛和激烈的战争，这是摸索和溺水的战争，这是伏击和计谋的战争，这是科学和航海的战争。而且，我们都必须尊重官兵以及商船队的刚毅精神，坚信灵活出海的他们正履行对于祖国命运不可或缺的责任。

　　未来的战争是什么形态？在上次大战中，1914年冬天，第一次U型潜艇的进攻被我们设计出的如此简易的方法打败。之后有一段长时间的停顿。然后发生可怕的转变。更多潜艇建造出来，并在1917年夏秋两季驱动到海上；但是我们那时候也已把反攻击工作准备就绪。当前，我们在这些反攻击的筹备方面已经取得长足进步。如果在随后的阶段需要新的、更猛烈的攻击，我们完全有理由相信，将做好安排，充分满足这一要求。需要注意的是，在此次世界大战中，对英国和中立贸易造成伤害中的 1/3，遭受潜艇攻击的整个庞大数据中的 1/3，都要归因于 25 名经验丰富、专业的潜艇船长，他们过去曾在德国服潜艇兵役。这将更为有利于敌人。他们正图谋毁灭我们，建造比预期更多的潜艇，替换现在被俘获或被击灭的技能高超但是数量有限的专业军官和船员。

此外，如果我们正失去船舶吨位，同时也正采取相应措施，在更大范围内予以更换。曾经废弃使用的旧船正在被改装，为海战做准备。一个庞大的新式船舰建造项目已经完备，能够非常快速造船，并已开足马力，可以完成迎战行动，实现尊敬的贸易委员会主席在战前的夙愿。因此，我们希望未来有较强信心保证，能够应对新的攻击形式，或者新的攻击规模。

下议院将注意到，今天下午我一直在谈 U 型潜艇战。我现在不想处理皇家海军的其他各种事务，或者其他值得描述、需要警惕的严重问题。如果时机适宜，当事态明朗时，我将另找机会向议院阐释。但是，U 型潜艇攻击英国遍及大洋的贸易毕竟是上一次世界大战中最让人心惊胆战的危害。1917 年最初几个月似乎就可能完全毁灭我们。唯有在攻击巅峰中挺过来的才明白潜艇战意味着什么。那时候我不在位，但是当时尊敬的首相先生、尊敬的卡那封自治市郡议员（劳合·乔治先生）使我密切知晓战况。我胆战心惊地观察事态。我认为那场战争中唯有潜艇战时沉船数目攀升峰值超过了新到船只数目。在我看来，潜艇战是那场跌宕起伏的世界大战中遭遇的最严重的危险。

我们已有现成可用的资料和经验，不会让过去这种情况重演。而且，如果这种推测——不会超出这种假设——被证明是正确的，那意味着什么？那意味着主要危险正控制在适当范围内；我们在焦虑中能感受到某种稳定的保障措施——大英帝国和其全球所有盟友都可以发展潜艇不可估量的潜能，国际社会的整体力量、财富、资源和人力可以日益增强并集中于我们正在推进的使命，集中于我们坚持不懈力求实现的使命。

# "前 路 艰 难"

### 1939 年 10 月 1 日, 64 岁,
### 伦敦首次战时广播: 信心和希望

    1939 年 10 月 1 日, 丘吉尔做了首次战时广播。他既讲到了几周之前的一些事件, 又谈到了要从历史中汲取的经验教训。当晚, 内维尔·张伯伦的初级私人秘书约翰·克维尔(也译作"科尔维尔")——当时他还未成为丘吉尔的拥趸——听到丘吉尔的广播, 写下日记:"他的确给人信心和希望, 我猜测他将在战争结束之前就成为首相。"丘吉尔在广播中说:

    波兰再次被曾奴役她达 150 年之久的两大强国侵占, 但是民族精神不可熄灭。华沙英雄保卫战表明, 波兰的灵魂不朽。她将坚如磐石, 尽管一时被汹涌的浪潮吞没, 但终究会像磐石一般重新露出水面。

    战争爆发第一个月里的第二件大事是什么? 当然是俄国军方的宣言。俄国一向冷漠奉行自私自利的利己主义政策。我们当然希望俄国军队坚持目前立场, 作为波兰的朋友和同盟, 而不要成为侵略者。但是, 俄国军队在目前防线的应有立场, 显然是出于抵御纳粹威胁、捍卫俄国安全的需要。无论如何, 俄国的立场已经明确, 东部战线已经创建, 纳粹德国不敢进攻。当赫尔·冯·里宾特洛甫上周应邀到莫斯科讲学, 他将认识并接受这一事实: 纳粹对波罗的海沿岸国家和乌克兰的野心蓄谋必须彻底终结。

我无法为你预测俄国的行动。它是笼罩在谜团之中、不可思议的谜中之谜。但也许有个关键之处，这便是俄国的国家利益。

··········

我的职位与 25 年前并无二致。前路艰难，但是 1914 年 10 月之后的场景是多么不同！当时，英国军队在法国前线共同奋战，似乎即将打破德国帝国主义的可怕影响。然后，俄国战败，俯首称臣；之后，整个奥匈帝国的军力都在对抗英军；随后，英勇善战的土耳其人也要加入敌军阵营。于是，我们不得不日夜准备与在很多方面几乎旗鼓相当的强大的德国舰队打一场决定性的海战。我们当时面对了这么多的不利条件，今晚没有什么更糟糕的要面对。

在 1914 年之际，意大利也是中立国。但我们当时不知她何故中立。直到后来，我们才知道意大利等轴心国之间签署了秘密条款，她明确保留了权利，绝不涉入将使她与大英帝国发生冲突的任何战争。其后发生了很多事。尽管出现了误会和分歧，但我们英国更加欣赏从未交战的伟大友邦意大利，它不参战的原因是于其不利。

我不会低估面前的种种困难，但还必须说：我毫不怀疑我们有能力推进伟大事业，并且打破横亘在每一寸土地上工薪阶层和科学已能满足的自由、更加丰富的日常生活之间的壁垒。这是我的信念。而且，当我回眸历史过往，总是备受鼓舞。

在人们艰难前行的所有征战中，宏伟莫过于近八十年前的美国内战。南北交战双方都秉持高远的信念。战争漫长而艰难。但南方再怎么英勇，也无法弥补奴隶制的污点，正如德国人在战争中表现出来的全部勇气和谋略都无法洗刷纳粹偏狭残酷的罪行。我们可以从 19 世纪美国那段名闻遐迩的岁月中获得有益启发。可以肯定的是，世界将发展繁衍，走向更为广袤的命运。

# "暴风雨不会消逝，而将咆哮怒吼"

## 1940 年 1 月 20 日, 65 岁, 写作: 海陆作战报告

德国军舰和潜艇在继续攻击英国军舰和商船, 作为英国海军大臣的丘吉尔重任在肩。1940 年 1 月 20 日, 他向下议院提交一份海陆作战同样危险的报告。在陆上, 波兰被德国和苏联瓜分, 芬兰被苏联军队入侵。

我们终于经受住了纳粹德国持续近五个月在海上的肆意攻击。潜艇战争第一次被彻底粉碎, 矿业威胁得到良好控制, 英国航运几乎没有减损, 全球所有海洋免受舰艇侵袭。九死一生的德国, 的确躲过了英国巡洋舰的利爪, 但是"斯佩海军上将号"还在蒙得维的亚港, 成为可怕的历史遗迹, 象征着在广阔水域犯下海盗行径的纳粹军舰不可避免的厄运。

正如你们所知晓的, 在一段漫长而艰难的经历之后, 我总是以最大克制和谨慎来谈海上战争; 我非常笃定, 不远的未来还会有很多损失与不幸, 但是, 我满怀谦逊和自省地认为, 可以在海军部宣称, 法国海洋部的事情远没有变得这么糟。事实上, 他们比史上任何海战都顺利。我们期盼几个月后可以建立起一定程度的航海安全, 帮助所有接受英国指导的各国贸易航运, 使之不仅能够存活, 而且繁荣发展。海洋事务——至少是纳粹攻击自由的这一海战部分, 难以阻止我们双方走向正义或报应。

很多不幸的中立者遭遇了极为不同的命运。无论是在海上还是在陆地,他们都是希特勒仇恨和暴虐的牺牲品。看看位于北部的这组国家,虽然小,却历史悠久;或再看看巴尔干地区或多瑙河流域另一群焦急的人们,他们的背后站立着坚定的土耳其人。他们每一个人都想知道,柏林铤而走险的罪犯又将向谁扬起攻击的利爪,谁又将成为下一个受害者。

一个德军少校强行降落比利时之际,企图入侵这一中立国,尽管德国最近承诺过任其中立。罗马尼亚陷入深深的恐惧,担心莫斯科与柏林达成交易,以致他们成为下一个入侵目标。德国图谋破坏南部斯拉夫人新近巩固的团结。耐寒的瑞士军队和人民有山路为天险。荷兰人屹立于堤岸,反抗暴君一如往昔;在希特勒被清理出人类道路之后,荷兰人对欧洲自由的贡献将被长久铭记。所有的斯堪的纳维亚人都在纳粹和布尔什维克的双重威胁下陷入沉默。

只有芬兰是卓越的,不,是崇高的。它在虎口险境下展示了自由人类可以做的努力。他们为人类做出了卓越的贡献。我们没法判断芬兰的命运何去何从,但是这个辉煌的北欧民族如果最后被人数上具有压倒优势的武力拖垮,并陷入比死亡更糟糕的奴役境地,将是人类文明中极为悲哀的景象。

自由之火依然在冰冻的北欧灿烂地燃烧。如果它最终熄灭,可能也预示着回到黑暗时代,人类 2 000 年进程中的所有印迹都将被吞没。

但是,如果我提到的所有这些中立国家,以及其他未提及的中立国,都能自发遵照联盟条约承担责任,与英、法帝国并肩反抗侵略和错误行径,将会怎样呢?他们现在陷入可悲的困境,而且还将每况愈下。他们点头哈腰,害怕德国武力威胁,同时又自我安慰,认为盟军会赢,英法将严格遵守所有法律和惯例,而指望这些法则只会偏向德国一方。

每个妥协者都希望自己把鳄鱼喂得饱饱的,希望鳄鱼最后一个才来吃他。他们都希望在被吞噬掉之前能够躲过暴风雨。但是我担心,我深深担心,暴风雨不会结束。它将大发雷霆,它将咆哮,并且更加大声,席卷更多区域。它将蔓延到南欧。它将蔓延到北欧。我们唯有联合迎战,否则根本不能早日结束战争。如果英法哪天厌倦战争,打算苟且偷安,欧洲这些小国将无以为继。他们的航运和财产将被两个对立敌国——纳粹德国和布尔什维克苏联瓜分。

如果中立国对西方同盟国实力和决心日益充满信心,那么将最有助于他们下决心反抗。这些小国都恐慌于一个事实,那就是德军人数众多,而且他们空军仍然庞大,并且这些小国距离德国陆军空军比英法军队近。虽然我们胜算的概率很低,但是以小博大、以弱胜强已经在英国历史上一演再演。

鲜有战争单纯靠人数获胜。这些已被证明是人类战争故事中的决定性因素:质量、意志力、地理优势、自然资源和财政支援、制海权,最重要的是,促使数百万人心中自发振奋人文精神的事业目标。如果不然,人类如何从猿进化而来?如何征服并且灭绝龙和怪兽?如何提升道德水准?如何跨世纪地迈向同情、自由和正义的广泛理念?人类如何看见那些指明灯,使之召唤和引导我们穿越熊熊的战火线,迈向未来更美好的生活?

# "在冰冷黑暗、风雨交加的海上
# 不停接受考验，时刻保持警惕"

### 1940 年 2 月 23 日,65 岁,伦敦致辞欢迎获胜船员

　　1939 年 10 月、11 月和 12 月初,德国袖珍战列舰"格拉夫·斯佩海军上将号"一直在毫不间断地击沉商船。12 月 13 日,三艘英国巡洋舰追捕到它,并且命中超过三十次。"格拉夫·斯佩海军上将号"被迫寻求避难于拉普拉塔河的乌拉圭领海地区。四天后,它出海航行,自行引爆①。英国皇家军舰"埃克塞特号"是其中一艘追捕的巡洋舰,于 1940 年 2 月 15 日到达英国普利茅斯。丘吉尔登上军舰向船员致辞。2 月 23 日,他在伦敦市政厅欢迎英国皇家军舰"埃克塞特号"和"阿贾克斯号"的船员们。

　　非常感谢你们邀请海事局和战争内阁的同僚今天来到这里,共享伦敦城给予拉特河海战胜利者的热情款待。这是一个欢乐、独特并且难忘的场合。这是古老的市政当局向"埃克塞特号"和"阿贾克斯号"全体官兵及其后全体海军所致最高礼赞。正是有了他们,受命于天,我们

---

　　①　国际法规定交战方舰船只能在中立港口停留 72 小时,而修好"格拉夫·斯佩海军上将号"需要约两周时间。在强大的军事和外交压力下,该船在 72 小时期限之后被迫自沉。

的国家和生活得以维系。

我想，团结英国海军和民族国家的纽带——这些纽带花了很长一段时间才形成，或者联系海军和商船的纽带，并非一直像今天这般强有力。战争突然爆发，海员和沿海空军首当其冲。在夜以继日并且持续至今、没有片刻喘息的艰苦无情的战斗中，我们已经失去了近三千名官兵。

海军上将哈伍德设计的辉煌海战，还有在这里的执行者，将永载海军史册。而且我还要说，你们在黑暗寒冷的冬天温暖了英国人的内心深处。而海军所承受的压力，不仅在这些致命数小时的战斗中引人注目。海军在这些周、这些月承受了更多压力，在冰冷黑暗和风雨交加的海上不断经受考验、始终保持警惕。这些风浪波涛和阴沉咆哮随时都让死亡和破坏急剧增加。这一任务，一度由在场诸位履行，现在也正由同事们履行着。从某种意义上说，在这一任务中，激烈的战斗几乎是种安慰。

在此，请允许我为海军委员会的同僚说话，特别是第一海军大臣达德利·庞德勋爵和他的副手、海军参谋长（菲利普，刚刚晋升为海军上将）。他们面对重任，默契配合。你们必须牢记，一次行程就能刻骨铭心，一个紧要关头就能抓住入侵者，他们的成绩在浩瀚的海洋里往往被遗漏。因为一切顺利，所以有很多不足之处。你们永远不能忘记，危险总被小心谨慎和深谋远虑遮挡，人们认为危险不大，所以常常只看到重重危险的冰山一角，因此危险常常被忽略。

海军部和舰队正在共同研究这场艰难而新奇之战的特殊情况。尽管肯定会有错误和事故，不时会遭遇悲伤，但我们希望从白厅体会到决心，将核心设计倾囊相授给海军舰队所有人，减轻他们的重任负担，使之在战斗中焕发活力。这不是纯粹巧合，例如英国"阿溪里号"巡洋舰从浩瀚的太平洋来到遥远的新西兰海岸，希望在澳大利亚和新西兰受到如她姐妹轻巡洋舰"埃阿斯号"和重巡洋舰"埃克塞特号"现在在老伦敦般的热烈欢迎。

我们所有海上力量从没有像现在这样极为强大、斗志昂扬。过去的战斗英雄可能正如现在正俯视我们的纳尔逊纪念碑①，不列颠民族还保有胆识，他们在以往数个世纪里树立的榜样随着一代又一代的发展并未褪色。海军上将哈伍德在船舰可能被重枪齐射击没时立即全速攻击敌人，这并非毫无意义。无论新老时代，无论哪个级别的士兵，无论最终结果是否值得，他弘扬了纳尔逊不朽的精神。

　　在甲板抗战的光辉故事中，最近新增了一段后记——就在敌人眼皮底下，就在一边倒的中立国的纠结之中，英国驱逐舰"哥萨克号"和船队上周对沉没的德国袭击舰上的英国俘虏施以营救。就在这些不幸的俘虏正要交付给德国囚禁之时，英国施以营救，表明英国海权的强大臂膀可以延展，不仅对敌斗争，也能援助忠诚的朋友。

　　135年前，纳尔逊的精神闪耀光辉："英国希望所有人恪尽职守。"现在可以增添上周同样骄傲的回复："海军就在这里！"

---

　　① 纳尔逊纪念碑：为了纪念赢得多次海战胜利的海军上将纳尔逊勋爵而建。霍雷肖·纳尔逊(Horatio Nelson，1758－1805年)，18世纪后半叶至19世纪初英国海军上将，是英国海上霸权的奠基者之一，是英国皇家海军职业精神的象征，被誉为"英国皇家海军之魂"。世界著名海军统帅。在英国及国外有多处纪念纳尔逊的纪念碑。

# "我觉得正与命运同行"

## 1940 年 5 月 10 日,65 岁,首相就职演讲

  1940 年 5 月 10 日,内维尔·张伯伦辞去首相一职,丘吉尔接任,时年已经 65 岁。他立即着手组建多党执政的联合政府。自劳合·乔治第一次世界大战联合政府在 1922 年解散以来,这是首次建立联合政府。国王乔治六世在白金汉宫告诉他:"我要你组建新的政府。"他向国王递交了一份名单,想邀请四个资深工党政治家进入政府。到午夜时分,主要的任命下来了。丘吉尔后来在《第二次世界大战》中写道:

  就这样,在 5 月 10 日夜晚,在"不列颠战役"这场大战开始之际,我获得了主持国政的大权。此后,我的权力日益扩大,历经五年零三个月的世界大战,到最后,在所有敌人已经无条件投降或即将无条件投降之际,我立即被英国选民摒弃,被解除了所有继续管理民众事务的权力。

  在这场高强度的政治危机的最后几天里,我丝毫都没有感到紧张。我心境坦然地接受了这一切,始终未感到异常兴奋,而是安之若素。但我无法向阅读这篇真实记载的读者隐瞒真实感受:当我凌晨 3 点入睡时,强烈地感到如释重负、无比轻松。我终于获得了指挥全局的大权。我觉得命运之神仿佛正在身畔同行,过去毕生的经历似乎不过是为了这个时刻、为承担这种考验铺平道路。十年政治在野独行,反而让我卸

下了政党对立的寻常羁绊。我在过去六年苦心孤诣呼吁,何其频繁,何其详细,并且现在全都不幸言中,所以谁也不能非难我,谁也不能指责我发动战争,或缺乏备战。我自认为对眼前的战争全局胸有成竹,也自信能不负所托。所以,尽管我对黎明的到来迫不及待,但还是酣然入睡。我无须美梦相伴,因为现实比梦境更美妙。

# "头号职位"

## 1940 年 5 月 12 日,65 岁,写作:首相权力

1900 年,在南非战争期间,47 岁的海军炮手指挥官、船长、后来成为南非德班军事指挥官的铂西·斯科特,致信 25 岁的丘吉尔:"我确信终有一天将与成为英国首相的你握手。你拥有天才和勤奋这两个必要条件,而且两者俱备,我肯定没有什么能使你丢掉这两点特性。"40 年即将过去,斯科特的预言成真了,但是并非主动实现。唉,斯科特已经死于 1924 年。1940 年 5 月 12 日,丘吉尔之子伦道夫从军营致信其父:"您最终获得权威力量,而政治核心已经消磨了您和英国整整九年! 我为您自豪,为您高兴,难以言表。我只希望一切来得不算太晚。"丘吉尔在《第二次世界大战》中阐述了首相权力的意义:

我在漫长的政治生涯中,历任国家要职,但我乐于承认最为喜欢现在赋予我的职位。如果权力用来凌驾于同胞之上,作威作福、称王称霸,或用来满足个人虚荣心,我们应该认为卑鄙可耻。然而,受命于国家危难之际,相信自己不会被权力欲望冲昏头脑,知道应该下达什么命令,这种权力实乃幸事。在我的作用范围内,第二号、三号、四号职位与头号职位是不可相提并论、同日而语的。

头号职位的责任和问题与其他人截然不同,而且在很多方面难度

更大。当第二号或三号人物不得不提议一项重大计划或政策,往往是桩不幸的事,因为他不仅要考虑政策的优劣,还要揣度上级的想法;不仅要考虑提出什么建议,还要考虑怎样恰当表现在其位谋其职;不仅要考虑该做什么,还要考虑如何才能使人信服、怎样才能推行实施。而且,第二号或三号人物还要和第四号、五号、六号人物或者更外围的要人例如第二十号人物商量。

每个人都雄心万丈,不是为了庸俗的目的,而是为了赢得荣耀。有些观点往往是正确且颇有见地的,而很多观点似是而非。我在1915年达达尼尔海峡战役曾一度吃过大亏,巅峰事业一落千丈。我通过努力从附属身份升为负责一项重要的、主要的战斗。试图铤而走险发动战争的人都受误导了。这一教训对我性格的影响极其深刻。

位居顶层,情况就大大简化了。一位公认的领袖只需确认做出最好的决策,或至少拿定主意。人们对一号人物是绝对忠诚的。

如果他跌倒了,必须继续前进。

如果他犯错误,必须弥补过失。

如果他入睡了,不能随意打扰。

如果他百无是处,必须罢他的官。

但是不能每天都这样走极端采取非常手段,尤其是肯定不能在他刚刚被选为首相之时。

# "热血，辛劳，眼泪和汗水"

## 1940 年 5 月 13 日,65 岁,首相下院首次演讲

丘吉尔在 1940 年 5 月 11 日至 12 日期间正在组建新一届政府。他称之为大联合政府。5 月 13 日,大多数高级职位已经部署完毕。丘吉尔当天下午在海军部大楼召见了新的大臣们,他说:"我能奉献的,只有热血、辛劳、眼泪和汗水。"数小时后,他作为首相第一次在下议院演讲时,又重复了这一短语。

议长先生:

上周星期五晚上,我奉国王陛下之命,组建新一届政府。显而易见,议会和国家都非常希望新组阁的政府拥有尽可能广泛的基础,兼容所有党派,既包括上届政府的支持者,也包括上届政府的反对党。我已完成组建任务中最重要的部分。战时内阁已经建立,由五位阁员组成,其中包括反对派中的自由党。这体现了举国团结一致。三党领袖已经同意加入战时内阁,或者担任国家高级行政职务。三军作战指挥部已加以充实。

由于事态极端紧急和严峻,新组阁政府须于短短一天之内组成。其他关键岗位也于昨日安排就绪。今晚还要向英王陛下呈递一份任命名单。我希望政府主要负责人明天都任命到位。虽然其余大臣们的任命通常需要更多时日,但我相信当议会下次召开会议时,我的这项任务

将告完成,本届政府将在各方面臻于完备。

先生们,为公众利益着想,我建议下议院今天召集开会。议长先生同意这个建议,并根据下院决议所授予他的权力,采取了必要的措施。在今天议程结束时,建议下院休会到 5 月 21 日星期二;当然如果有必要,也将做好准备提前开会。当周所需考虑的有关事项将会及早通知各位议员。现在,我请求下院作出决议,批准我所采取的各项步骤,记录在案,并且宣布信任新政府。

议长先生,组建一届如此规模和结构复杂的政府,原本是一项重大的任务。但我们必须记住,现在正处于一场史上罕见大战的初始阶段,我们正在挪威和荷兰许多地方进行战斗,并要在地中海地区做好备战;空战仍在继续,而且国内需要做大量战备工作。

在这危急存亡之际,如果我今天向下院所做报告过于简略,希望能够得到你们的谅解。我还希望,因为这次政府重组而受到影响的朋友们、同事们,或者以前共事的同僚,会对我礼节上的不周之处予以充分谅解。这种礼节不周,眼下是在所难免的。正如我刚刚对加入本届政府的要员所表明的那样,我要向下院表明:"我所能奉献的,唯有热血、辛劳、眼泪和汗水。"

我们所面临的是一场极为严酷的考验。我们将要面临旷日持久的斗争和磨难。

若问我们的政策是什么? 我的回答是:在陆上、海上、空中作战。尽我们的全力,凭上帝赋予我们的全部力量,去海、陆、空作战,打击人类黑暗悲惨的罪恶史上空前凶残、十恶不赦的极端暴政。这就是我们的政策。

若问我们的目标是什么? 我可以用一个词来回答:胜利——不惜一切代价,去争取胜利;无惧一切恐怖,也要争取胜利;无论道路何等艰险漫长,也要争取胜利。若不胜利,我们将无法存活。我们要认识到,若不胜利,大英帝国将不复存在,大英帝国所代表的一切也将不复存在,促使人类朝着目标奋勇前进的时代要求和动力更将不复存在。

　　尽管如此,我还是精神抖擞、满怀信心地肩负起这一使命。我坚信,我们的事业不会失败。值此危急关头,我认为有权要求大家的支持。我要说:"来吧,让我们同心协力,万众一心,并肩前进。"

# "我重申战斗到底"

## 1940 年 5 月 31 日,65 岁,写作：英法会议

当德国军队占领比利时和荷兰,并向巴黎逼近之时,被困于敦刻尔克的 198 229 名英国军人、139 997 名法国军人正被撤退至英国,在滩头阵地留下几乎所有弹药和装甲车。1940 年 5 月 31 日,丘吉尔飞往巴黎,参加英法最高军事会议[1]。同行的还有政府的工党资深会员克莱门特·艾德礼,准将爱德华·路易·斯皮尔斯,他是丘吉尔的老朋友,两人相识于 1916 年的战壕。斯皮尔斯懂得英法双语,丘吉尔称他可以"与法国高级专员轻松有力地交谈,我发现无人可及"。丘吉尔基于本人对那时秘密会议的记录,在《第二次世界大战》中写道：

我和艾德礼发现,唯一反对我们的法国部长是雷诺和贝当元帅[2]。贝当现在是委员会副主席,他首次出席了会议,身着便装。

---

① 英法最高军事会议,也称英法最高战事委员会。这个机构由英国和法国的最高领导人及其选派的要员代表。

② 贝当,亨利·菲利浦·贝当(1856 年 4 月 24 日—1951 年 7 月 22 日),法国陆军将领、政治家。法国元帅、维希法国国家元首、总理。第一次世界大战期间因领导 1916 年凡尔登战役(第一次世界大战中历时长、破坏性大的重要战役)而出名,成为当时的国家英雄。二战法国战败后,先后出任维希政府总理和元首,成为纳粹德国的傀儡。战后以战犯之姿受审,被判死刑,后由戴高乐减为终身监禁。1951 年死于囚禁地利勒迪厄岛。

．．．．．．．．．．

　　首要问题是挪威的立场。我说，英国政府考虑认为应该立刻疏散纳尔维克地区。我们在该地区的部队，包括驱逐舰和 100 台高射炮，别的地方也迫切需要。所以，我们提议于 6 月 2 日开始疏散。英国海军将运输和遣返法国部队，也将运送挪威国王和任何愿意前来的挪威军队。雷诺说法国政府同意这一政策。地中海地区对意大利的战争也迫切需要驱逐舰；这 16 000 人将在埃纳和索姆河战线发挥重要作用。因此，这一问题解决了。

　　我于是转向敦刻尔克话题。法国人似乎并不太知晓北欧军队发生了什么，不及我们对法国主要前线的情况掌握得多。当我告诉他们，在已经起飞的 165 000 人中有 15 000 人是法国人、并且均已送离时，他们震惊了。他们自然关注英国的明显优势。我解释说，这很大程度上归功于后方地区有英国众多行政部门，可以赶在从前线匀出战斗部队之前组织撤退登船。而且，法国至今仍无撤离命令。我前来巴黎的一个主要目的就是确认撤离命令下达给英军的同时也给到了法军。英国三个师部正掌控中心，将覆盖全部盟军的撤离工作。这一保障和海洋运输将是英国做出的贡献，可以抵消现在必须面对的盟军全部损失。陛下政府认为有必要在可怕的环境下要求戈特勋爵运走战斗力量，而留下伤员。如果目前希望得到证实，那么将可能脱逃 20 万健全部队。这几乎是一个奇迹。四天之前，我打赌认为最大数额不超过五万人。我详细介绍了装备方面的惨重损失。雷诺对英国海军和空军的工作致以慷慨敬意，对此我表示感谢。我们随后就在法国重建英军做了长时间的发言。

　　同时，海军上将达尔朗起草了一份致敦刻尔克海军上将阿布离亚尔的电报：

　　(1) 你负责指挥的部队及英国指挥的部队应在敦刻尔克周围据守桥头堡。

（2）只要确认桥头堡外没有军队退让，你就可以组织驻守桥头堡的军队撤离上船，让英军先登船。

我立即插话说，英军不会先登船，英军和法军应按同等条件、"手挽着手"撤离。由英军担任后卫。对此双方达成一致。

············

我有绝对的信心，能将战斗进行到底，征服敌人。即便盟友有一国被击倒，另一国也不应放弃战斗。即使英国本土惨遭蹂躏、化作焦土，英国政府也已做好准备从"新世界"继续战斗。如果德国打败两个盟友中任何一方或者英法两国，她绝不会对我们心慈手软；我们将永远沦为附庸和奴仆。即使西欧文明及其全部成果最终走向悲壮消失，也要远远好过两大民主国家苟延残喘，被剥夺所有生命的价值。

艾德礼先生说他完全同意我的看法。"英国人民现在已经认识到他们正面临的危险，并且深知，如果德国获胜，英国人苦心经营的所有一切都将毁于一旦。德国人不仅杀人，还扼杀思想。我国人民都前所未有地坚定了决心。"

雷诺对我们的发言表示感谢。他确信，德国人民的士气并未像当前德军获得暂时胜利而表现出的那般高昂。如果法国在英国的帮助下能够坚守索姆河，如果美国工业能够补充军火装备，那么我们必将胜利。他说最为感激我的再次保证——如果一个国家战败，另一个国家绝不放弃战斗。

正式会晤到此结束。

我们起身离开会议桌后，和一些显要人物聚在窗边交谈，讨论气氛稍有不同。人群以贝当元帅为首。斯皮尔斯和我在一起，帮我翻译法语，并用法语发表他本人的见解。马士理上尉是个年轻的法国人，他谈及要在非洲一决高下。但是贝当元帅的态度未置可否，甚至有些阴郁，让我感觉他将独自议和。他有个性，有名望，平静地接受了三月事件，足以对崇拜他的人造成无法抗拒的负面影响,感染力无须言表。有个法国人——我不记得是谁了——委婉地说道,持续军事失利有可能迫使调整对法国的外交政策。这时斯皮尔斯应变自如,特意转向贝当元帅,用地道纯正的法语说:"元帅先生,我想您明白,马歇尔,这不是意味着封锁吗?"另一个人说:"这或许不可避免。"但是斯皮尔斯转为直视贝当的脸:"这不仅意味着封锁,而且是轰炸德国人占领的所有法国港口。"我很高兴他说出这些。我仍是老调重弹,唱着往昔的歌:无论发生什么,无论并肩战斗的还剩几人,我们都要继续战斗到底。

# "我们绝不气馁、绝不言败，而将战斗到底"

## 1940年6月4日,65岁,下院演讲:绝不投降

在敦刻尔克撤退之后,不能排除德国即将入侵英国的可能性。6月4日,敦刻尔克撤退的最后一天,这时丘吉尔担任首相仅仅25天。他回忆起1918年3月克列孟梭两次演讲所用词句,在下议院向焦虑的议员、也向焦虑的英国人民表达了他对侵略的看法:

据我观察,在漫长的好几个世纪以来,我们从来没有任何时刻像今天这样,向人民保证绝对不会发生侵略,或者是程度略轻些的严重袭击。在拿破仑时代,能够将他吹过英吉利海峡的风,也同样有可能驱散封锁的舰队。这样的机会始终存在,也正是这种机会,激起了欧洲大陆很多暴君的欲望,冲昏了他们的头脑。

这方面流传着很多脍炙人口的故事。我们相信敌人将采取新的手段。而当我们看到敌人展示出的恶意独创、别出心裁的侵略手段时,自然也会准备采取各种新奇的策略和残酷危险的计谋。我认为这种想法并不古怪,完全可以用探究、同时我希望也是沉稳的眼光来看待。我们永远不要忘记提供坚实保障的海军力量,不要忘记可以就地战斗的空军力量。

我本人满怀信心。如果所有人都忠于职守,如果大家一丝不苟、不出任何纰漏,如果事事都像现在这样周密安排,那么我们将再次证明能

够保家卫国,抵御战争风暴,摆脱专制威胁。如果有必要,我们将持久作战;如果有必要,我们将孤军奋斗。无论如何,我们将这样做。这是国王陛下政府里每一个人的决心。这是议会和国家的意志。

大英帝国和法兰西共和国,因为共同的事业和共同的需求紧密团结起来,将誓死捍卫国土,像志同道合的战友般尽最大努力相互援助。

尽管欧洲大片土地和许多著名古国已经或即将陷入盖世太保①的控制,落入纳粹邪恶统治的魔爪,我们也绝不气馁、绝不言败。

我们将战斗到底。

我们将战斗在法国。

我们将战斗在海洋。

我们将战斗在空中。越战越勇、越战越强。

我们将不惜一切代价矢志捍卫英伦群岛。

我们将战斗在海滩。

我们将战斗在敌人的登陆地面。

我们将战斗在田野和街头。

我们将战斗在高山。

我们绝不投降。

我从不相信这片国土或其中大部分岛屿会被征服并陷入饥饿之中。即便如此,大英帝国的海外臣民也将在英国舰队的武装护卫下继续战斗,全力以赴,战斗到神佑时光,直到新世界出现,挺身而出,拯救和解放这个旧世界。

---

① 盖世太保亦即秘密警察和纳粹统治。是德语"国家秘密警察"(Geheime Staats Polizei)的缩写 Gestapo 的音译,由党卫队控制。成立之初是一个秘密警察组织,后加入大量党卫队人员,一起实施"最终解决方案",屠杀无辜。纳粹通过盖世太保来实现对德国及被占领国家的控制。纳粹德国战败后被取缔。1946 年被纽伦堡国际军事法庭宣判为犯罪组织。

# "我们将继续战斗，绝不屈服"

## 1940 年 6 月 17 日，65 岁，向英国人民广播：法国投降

    1940 年 5 月 16 日至 6 月 13 日期间，丘吉尔四次飞往法国敦促法国政府不要投降。同时，随着德国军队重重深入法国，11.1 万英国兵从法国西部撤军，还有 1.6 万来不及撤退上船者被俘。6 月 16 日，当德国军队往南横扫法国时，法国政府在港口城市波尔多举行紧急会议。法国总理保罗·雷诺徒劳要求继续战斗。战争大臣、可敬的贝当元帅——他是1916 年凡尔赛保卫战的英雄——占了上风：法国必须向德国寻求和解①。丘吉尔在 6 月 17 日获知此事，向英国人民广播了一则简短的公开声明：

从法国传来了极为糟糕的消息。我为英勇的法国人民陷入如此悲惨的境地而深感痛心。任何事情都不能改变我们对法国人民的感情。我们也坚信法国的英雄志士将重新崛起。我们的战斗和愿景不会因为法国所发生的一切而受到任何影响。

---

    ① 6 月 16 日，法国政府中的一群失败主义者在波尔多拥立贝当元帅为政府首脑，代替坚持抗敌的雷诺总理，并立即向德国求和；7 月 1 日，在维希成立傀儡政府，并于 7 月 5 日正式与英国断绝关系；7 月 11 日，贝当元帅代替总统勒布伦，成了国家首脑。参见温斯顿·丘吉尔著，多人译，薛鸿时选编：《不需的战争》，126 页，桂林：漓江出版社，1991。

现在，我们成了武装捍卫世界和平正义事业的唯一守护者。我们将竭尽全力捍卫这一崇高荣誉。我们将保家卫国。大英帝国将战斗到底，绝不屈服，直至彻底铲除希特勒带给人类的灾祸。

我们坚信，形势终将好转。

# "我们必须思考未来，不能沉湎过去"

1940年6月18日，65岁，下院演讲：统一力量

      因为德国装甲部队和空军力量都很强大，英国人无法做更多工作以帮助阻止德军侵犯法国，所以英国人在法国品尝着苦涩的滋味。因为大臣们战前未能让英国的作战部队和空军力量强大起来，所以英国人在国内也品尝着苦涩的滋味。1940年6月18日，丘吉尔对下议院说：

    我们的陆军和12万法军部队诚然被英国海军从敦刻尔克营救出来，但是损失了大炮、车辆和现代装备。这些损失不得不花好几个星期去休整。然而休整刚刚开始两个星期，法国就溃败了。如果我们考虑到法国军队在这场条件极其不利的战斗中面对强敌、英勇抵抗，使敌人遭受了重大损失、疲于应付时，我们满可以认为军队中最为训练有素、装备精良的这25个师可望扭转战局。然而魏刚将军①只能在没有他们的情况下进行战斗了。英国只有相当于3个师的兵力及装备可与法国同志并肩战斗。他们损失惨重，但打得不错。但凡我们可以重新装备和组织运输，已经竭尽所能向法国输送了每一位士兵。

    我引述这些事实，并不是为了相互指责。我认为指责完全无益甚

---

① 马克西姆·魏刚（Maxime Weygand，1867—1965年），法国将军。时任法国国防部参谋总长和法军总司令。他后来在维希法国担任过一段时间的国防部长。

至是有害的。我们承受不起。我引述这些事实，是为了解释说明：为何我们在这场大战前线参战的英军师部没有12至14个——我们本应有那么多，但实际只有3个师。现在不必多谈这一切。我把它们束之高阁，留待历史学家得空从中翻阅档案、讲述故事。

如果沉湎于过去和现在，我们将失去未来。这一点无疑也小范围地适用于我们国内的事务。下议院有不少人主张调查政府和议会的所作所为，他们认为，政府和议会在导致这场悲剧的这些年中难辞其咎。他们企图控诉那些对国务负有领导责任的人。这也是一种愚蠢有害的做法。涉及的人太多了。每个人都应扪心自问，反省自己的言论，我经常这样自问。

我坚信，如果为过去和现在争吵，我们日后将发现已经失去了未来。所以，我不赞成让目前政府成员之间出现任何裂痕。我们这任政府成立于危机时刻，其职责是团结各党派、协调各方面的意见。它几乎得到了议会两院的一致支持。议员们将团结一致，服从权威的下议院；我们将共同治国、打赢战争。

在这样的时刻，每天都恪尽职守的各位部长都应受到尊重。而且他们的下属都应懂得，长官并非受制于人，并非朝不保夕；必须按时并不折不扣忠实执行长官的指令。没有这种统一力量，我们无法迎战面临的任务。

# "如果希特勒入侵失败"

## 1940 年 6 月 20 日,65 岁,下院秘密会议笔记:充满信心

      1940 年 6 月 20 日,下议院召开秘密会议,所有记者和公众不得入内。丘吉尔在演讲中让议员们感觉到他对战争进程充满信心。英国议会议事录没有这场演讲的文本记录,但是丘吉尔的有关笔记保存下来了。笔记中这一页,由他的秘书打字存录,记下了他的核心信息:

如果希特勒入侵失败
或未能摧毁英国
他已经输掉战争

我认为欧洲的冬天
绝非只有严酷创伤

我看到未来
在空军力量的优势

增援部队横跨大西洋而来

如果熬过接下来三个月

熬过接下来三年

很可能我们优秀的军队
不必与欧洲大陆
说再见

如果敌人的海岸线从北极
延伸到地中海

而我们保持住制海权
和日益增强的空军实力

很明显,希特勒所统治的欧洲
将变得饥荒、苦闷、风雨飘摇

将和我们一样面临危险

# "决定性时刻"

## 1940 年 7 月 4 日,65 岁,下院演讲:奥兰事件

　　1940 年 6 月 25 日,法国与德国签署停战协议,条款包括将法国舰队转归德国控制。7 月 3 日,停驻在法属北非军事港口凯比尔港的法国舰队拒绝了英国的要求——将法国舰队转交英国控制,或转移至第三方中立港口。丘吉尔命令英国海军立即炮击,阻止这些船舰驶向德国控制的法国东南部港口城市土伦。1 297 名法国船员死于这场轰炸。史称奥兰事件①。第二天,丘吉尔对下议院说:

　　我怀着诚挚的悲痛之情,向下议院报告,我们为阻止法国舰队落入德国之手而不得不采取一些措施。当两国建立长期而神圣的联盟,并肩奋战,对抗共同的敌人时,其中一国可能被打败、被占领,而且可能被迫要求盟友解除其义务。但我们至少可以预期到,法国政府在丢盔弃甲、放弃战斗并将全部重任都压在大不列颠和大英帝国身上时,会小心从事,避免冲突给其忠诚士兵增加不必要的伤害,他们是法国重获自由和最终胜利的全部希望。

---

　　① 奥兰事件:为了避免法国舰队落入德国之手,从 1940 年 7 月 3 日开始,英国执行"弩炮"作战计划,对停泊在奥兰等港口的法国舰队进行奇袭,夺取、控制之,有效地使之失去作用,或予以击毁。参见温斯顿·丘吉尔著,多人译,薛鸿时选编:《不需要的战争》,127 页,桂林,漓江出版社,1991 年。

下议院应该记得，我们允诺法国完全免于条约义务是有明确限定的，只有一种情况，也就是法国在单独与敌人停战谈判之前，法国舰队必须驶至英国港口。但事实并非如此，而且恰恰相反，尽管达尔朗海军上将向我们海军大臣及第一海务大臣做出各种私下、个人的承诺和保证，但是根据法德两国签署的停战协议，法国舰队必须有效交付德国及其追随者意大利，包括存放于我们势力范围内的一部分法国舰队。它们当中很多大约十天前无法到达非洲港口，所以来到朴次茅斯港口和普利茅斯港口。

所以，我必须记录在案，迁往波尔多的法国政府已造成多么致命的伤害。而他们完全知晓这么做的后果与带给英国的危险。他们在抛弃联盟时拒绝我们所有的呼吁，并且破坏承诺、恶化关系。

这是我们收到的又一份冷酷无情、甚至恶意的条约，确实不是来自法国民族。从来没有人，而且将来显然也不会有人征询他们对这些交易的看法。这条约来自波尔多政府。举个例子。法国囚禁着超过400个德国飞行员，其中很多人，甚至是大部分人，都是由英国皇家空军击落。雷诺给了我私人承诺，称这些飞行员将安全送至英国，他已下达指令，要求确保效果。但是他一下野，这些飞行员就被依次交付德国，为波尔多政府讨好其德国主子，丝毫不顾及对我们的伤害。

德国空军已经敏锐意识到优质飞行员的紧缺，对我来说特别可憎的是——如果我可以使用该词——这400名经验丰富的飞行员将被交付德国，肯定会用于轰炸英国，所以我们空军被迫再次击落他们。我相信历史不会宽恕这种错误行径，我坚信一代法国人将挺身而出，他们将清楚法国的荣耀来自所有支持鼓励。

我上周说过，我们现在必须特别注意自我保护。根据经验，我从未见过要在内阁讨论要如何对待法国舰队这样冷酷和沉重的问题。这表明，我们认为义不容辞要做的事理由非常充分：每个议员都认为应该去做；议员没有丝毫犹豫或分歧；三大后勤部长，以及信息部长、殖民地事务大臣，尤其考虑到他们与法国的长期友好关系，故此咨询他们，也都一致认同这一决策。

我们异常艰难地做出这一决定，虽然内心痛苦，但愿景清晰。我们团结一致达成了决策。因此，在所有准备工作就绪之后，我们在昨天早晨，也就是 7 月 3 日，接管了大部分的法国舰队，或者呼吁他们拿出足够兵力来达到我们的要求。2 艘战列舰，2 艘轻巡洋舰，一些潜艇，包括 1 架大型"苏尔古夫号"潜艇，8 艘巡洋舰，大约 200 架小巧但极其有用的扫雷和反潜艇，大部分已经停入朴次茅斯和普利茅斯。不过，在我们尽可能向一些驻有优势兵力的舰船船长发出简短通知后，也有部分停驻到希尔内斯。

我们成功实施了这一行动，没有阻力或流血冲突，除了一个例外。因为误解，双方在"苏尔古夫号"潜艇上扭打起来。结果英国一名核心船员被杀，两名军官和一名海军士兵受伤；法国军官一死一伤。

其余大部分法国海员愉快地接受了待定时期的终结。相当数量的海员表达了希望继续战斗的强烈意愿，大约有八九百人，还有一些人要求加入英国国籍。我们准备应允其入籍申请。这不妨碍其他数以千计的法国人希望在保持法国国籍的情况下与我们一起战斗。只要法国政府在其德国统治者允许下可以安排接待，剩余所有船员都将被迅速送归法国港口。

我们也遣返了国内所有法国军队，除了那些自觉自愿跟随戴高乐将军①所领导的"自由法国军队"的法国军人。一些法国潜艇也纷纷独立加入，我们均已接收。

我现在转而谈谈地中海。一艘强大的英国战舰正在亚历山大港部署，此外还有一艘法国战舰、四艘法国巡洋舰，其中三艘有现代八英寸

① 戴高乐(1890—1970 年)，法国军事家、政治家、外交家、作家，法兰西第五共和国的创建者。第二次世界大战期间创建并领导自由法国政府(法兰西民族委员会)，抗击德国的侵略；二战后成立法兰西第五共和国，并担任第一任共和国总统。著有《战争回忆录》《希望回忆录》等。

炮船和大量小船。这些船舰已被告知再也不准离开港口,因此落入德属法国势力范围。肯定有反复谈判和讨论,我就不向下议院赘述细节。一名非常英勇的海军上将正在指挥采取措施,以确保沉没这些船只,或用其他办法来实现我们的意愿。

当我告诉下议院,就是单单今天上午,在意大利飞机对亚历山大港的空袭中,一些法国船只密集有效开火,与我们并肩对抗共同的敌人,这一过程对身处其中的英法海军军官肯定造成巨大的痛苦,我们足以想象得到。当然,只要亚历山大港的法国官兵希望继续战斗,我们将为之提供充足设备,将为之提供并保障战斗期间的供给。我们也已承诺送返其余所有人。如果他们为了安全和舒适,允许我们照顾,我们将尽力悉心照顾。亚历山大港就是这些情况。

但是战事之中还有最为严峻的情况。法国海军中两艘最好的战舰,"敦刻尔克号"和"斯特拉斯堡号",它们是性能远远优于德国"沙恩霍斯特号"和"纳森瑙号"的现代战斗巡洋舰——建造它们的目的就是要超越后者——和两艘战列舰、几艘轻巡洋舰和大量驱逐舰,还有潜艇和其他船舰,都停泊在非洲北部海岸的奥兰及其相邻的军事港口凯比尔港……昨天上午,被精心挑选的英国军官、最新任命的巴黎海军武官霍兰海军上校,乘一艘驱逐舰求见法国舰队司令让苏尔。上校提出面谈遭拒之后,呈上了如下文件,我将向议会宣读。材料头两段介绍了停战协议总体情况,我已经用自己的语言做了说明。第四段开始如下——这是关键的一段:

> 我们一直是贵国盟友,不允许友军精良的战舰落入德国和意大利敌人之手。我们决心继续战斗到底。如果我们赢了,我们也自信必胜,将永远不会忘记法国是盟友,英国利益和法国一致,我们共同的敌人是德国。假如我们战胜,将郑重宣布,恢复法兰西的领土和崇高地位。为了这个目的,我们必须确保法国海军最好的战舰不被共同的敌人用来对付我们。

在这种情况下,英王陛下政府指示我:英国海军上将"要求目前停在凯比尔港和奥兰港的法国舰队遵照如下可选方案之一来行动":

（1）与我们一起航行,继续战斗,直至战胜德国和意大利。

（2）裁减船员,在我方监督下,驶往英国港口。削减的船员将会尽快送返回国。

假设你们选取上述任何一项方案,我们将在战争结束后归还你们的舰船;其间如有损坏,将全部赔偿。

（3）如果你们认为必须保证舰船不被用于对战德国和意大利,以免破坏停战协定,那么,你们也可以在裁减船员的情况下,与我们一起航行,前往法属西印度群岛的港口,如马提尼克岛,在那里解除武装,我们表示同意;或由美国托管,确保安全,直到战争结束、送返船员。

如果你们拒绝这些公平的提议,那么我只能深表遗憾地要求在六小时内自沉舰船。最后,如果你们未能遵照上述办法行事,我将奉英王陛下政府的命令,动用任何必要手段来阻止你们的舰船落入德国或意大利之手。


我们曾希望,你们能接受上述备选方案中的一种,而不必让我们动用英国分舰队的骇人力量。在霍兰海军上校及其驱逐舰到达奥兰两小时后,这支分舰队也紧随而至。它由海军上将萨默维尔指挥,这位军官在敦刻尔克撤退中带回逾十万法国人,表现杰出。海军上将萨默维尔麾下不仅统帅战列舰,还将另外划拨一支巡洋舰军队和一些强悍的小舰队。

谈判持续了一整天,直到下午我们还希望法国可以和平接受英国条款、避免流血冲突。然而,让苏尔将军无疑遵从了来自德国威斯巴登的命令,法德停战委员会正在威斯巴登开会。让苏尔拒绝遵从英国条款,宣布意欲打战。因此,萨默维尔上将受命在天黑之前完成任务。他在下午5时53分向强大的法国舰队开火,这支舰队也受到海岸炮兵保护。下午6时,他通报称正忙于激战。战斗持续了大约十分钟,接着是我方航空母舰"皇家方舟号"上起飞的海军航空兵也发起了猛烈攻击。傍晚7时20分,萨默维尔发来了一份深入报告,表明一艘"斯特拉斯堡型"战列舰受损搁浅;一艘"布列塔尼型"战舰被击沉;另一艘同样级别的战舰遭到重创;还有两艘法国驱逐舰和一艘航空母舰"泰斯特司令官号",也被击沉或起火。

虽然这一令人悲伤的战斗最终还是发生了,但"斯特拉斯堡号"战斗巡洋舰或"敦刻尔克号"战斗巡洋舰中的一艘成功逃出了港口,顽固地试图冲向土伦或北非某港口,依照波尔多政府的停战协议,投靠德国控制之下。

··········

我几乎不必赘言,尽管法国军舰出于违心原因投入战斗,但表现出了法国海军特有的勇气。也应体谅海军上将让苏尔及其麾下军官们,他们认为有义务服从本国政府发出的命令,却看不到政府背后的德国授意。

我担心法国和海港内的人员伤亡损失一定很惨重,因为我们被迫使用严厉的武力举措,都能听到几声巨大的爆炸。参战的英国军舰无一被炮火击中,也未因遭到密集火力攻击而被迫转移。我尚未收到我方有任何伤亡报告。但是基于各方面军事分析,萨默维尔上将的舰队完好无损,并已做好进一步战斗的准备。

意大利海军的舰艇数目无疑比我们用于奥兰的舰队数目强大得多,但我们也做好了迎击它们的准备。它们始终保持谨慎,置身事外,未卷入战斗。不过,当我们致力于确保有效掌控地中海时,就该轮到它们吃苦头了。

因此,经过昨天的战斗,大部分的法国船舰已经转入我们手中,或者失去了战斗力,或者被成功阻止投向德国。下议院不会希望我再提及其他任何尚处于逍遥状态的法国舰艇，他们非常希望我们能以坚定不移的决心，不惜一切手段，阻止它们落入德国控制。

我满怀信心地将我们的战斗情况交由议院评判，交由英国评判，交由美国评判，交由世界和历史评判。

现在我要转而谈谈即将发生的情况了。我们当然要预估到，这座岛国不久以后很可能会遭到攻击，甚至遭到入侵，如果这证明具备可能性——当然迄今尚未被证明。我们正在尽一切努力做好各种准备，以击退敌人的进攻，无论他们是进攻不列颠还是爱尔兰。所有爱尔兰人，无论信仰或政党，都应该意识到迫在眉睫的危险。对于这些事项，我们均有明确看法。为了持续做好准备工作，我们辛勤工作，从早到晚，一直忙到深夜。尽管我们已有明确看法，但我认为并不适宜公开讨论，或者，就政府而言，除非已有非常重要的准备，否则不宜举行私密会议。我呼吁国王陛下的所有臣民，号召英国盟友，呼吁大西洋两岸、世界各地怀有善良愿望的人们——他们为数众多——给予我们最大援助。我们与英属自治领的关系正处于最为和睦的阶段，我们共同经历一段从极端危险走向灿烂辉煌的时期。当此之际，大英民族的所有美德都将面临考验，我们所拥有的一切都将被肆意危及。我们无暇犹豫或软弱。我们称此为"决定性时刻"。

# "无论多么艰苦，都不会辜负使命"

1940 年 7 月 4 日，65 岁，议会演讲：凯比尔轰炸

1940 年 7 月 4 日，面对失败主义者对政府治理诸多层面的评论，丘吉尔向政府所有部门的各高级公务员发出号召。他在演讲最后谈到对凯比尔港法国舰队的轰炸，并告诉与会议员：

我已经不得不将一条信息发给为皇室效力的所有要职人员，并不揣冒昧地把这条消息念给下议院听。如果下议院同意，我乐于发送一份副本供每位议员参考，我们不需要这样的劝告。消息是这样的：

这可能是企图入侵或保卫国土战争的前夜。首相要求政府中所有要职人员都要牢记，无论是在军事战斗部门，还是在民事部门，履职都要保持清醒，并充满自信活力。当我们采取了各种预防措施，提供了各种防护手段，德军毫无可能登陆英国，无论是通过其空军还是海军，他们将被当前荷枪实弹的强大英军击毁或俘获。英国皇家空军秩序井然，实力达到巅峰。德国海军从未如此薄弱，而本土的英国军队则从未如此强大。

首相希望陛下政府中所有高官都树立沉稳而坚定的榜样。他们应当制止并谴责周围或下属中任何放纵散漫和理解错误的言论。如果发现任何军官或文官故意施加扰乱人心、

使人消沉的影响，或者散布制造恐慌、令人灰心丧气的言论，应该毫不犹豫地检举，如有必要并撤掉相关官员。只有那些已经在海陆空遭遇劲敌并在军事素质上毫不示弱的人，才配成为战士。

我认为我们有资格获得议会的信任。无论多么艰苦，我们都不会辜负使命。我们已经采取的战斗，本身将足以彻底消灭德国宣传机器和第五纵队无孔不入散布的所有谎言和谣言。我们绝不会通过任何渠道与德国和意大利政府进行任何形式的谈判。相反，我们将全力以赴，动用一切能够采取的手段，战斗到底，直至最终实现孜孜以求的正义目标。

# "无名英雄的战争"

## 1940 年 7 月 14 日,65 岁,伦敦广播演讲:号召反抗

1940 年 7 月整个前两周,英国都在严阵以待德国的入侵[①]。丘吉尔召集英国海滨防卫组织者举行了系列紧急会议。因为德国战机轰炸了英吉利海峡口岸,丘吉尔检阅了南部海岸的军队和防御工事。步枪和弹药正从美国跨海运来。7 月 14 日,丘吉尔通过广播发布了一条乐观的消息,号召英国人民反抗:

我们不仅要备战夏季,还要备战冬季;不仅要备战 1941 年,还要备战 1942 年。那时,我相信这场应战将要采取不同于防御的方法。这已经成为必然要求。我看重英国力量中的这些元素——我们已经动用和掌握的资源——我看重实力,看重资源,因为这些有力表明了正义事业可以掌握生存方式;当我们历经辛劳,穿过黑暗山谷,可以看到高地上喷薄而出的太阳。

---

① 不列颠空战,也称不列颠之战(二战期间著名空战)。始于 1940 年 7 月 10 日。是第二次世界大战中德军准备侵入英国而实行的大规模空袭。这次战争亦是第二次世界大战中规模最大的空战,除了英、德两国之外,包括新西兰、加拿大、澳大利亚、南非、爱尔兰、牙买加、斯里兰卡、南罗德西亚等国的空勤人员也投入英军;许多被纳粹德国占领的欧洲国家,包括波兰、比利时、捷克斯洛伐克、法国等撤至英国的空军,也加入了保卫英国的行列;当时属于中立的美国,也有志愿者组成了"飞鹰中队"(Eagle Squadrons)与英国并肩作战。1941 年 10 月 12 日,空战以德国失败告终。

我正率领的此届政府代表了全国所有党派,他们怀有各种信条,来自各个阶层,持有各种可辨识的主张。我们秉承古老的君主制,为国王效忠。我们得到了议会自由和新闻自由的支持。但是还有一根纽带,将我们所有人团结起来,并且维系我们的公众支持(正如人们越来越清楚地认识到),那就是:我们准备继续尽全力采取一切极端手段并且持续增强这根纽带,这①便是今晚国王陛下政府维系团结的纽带。所以,在这样的时刻,只有这样,国家方能维系自由;只有这样,他们方能捍卫受托付的事业。

但是,现在一切取决于遍及世界各地的英伦民族、与我们关联的所有民族,以及对我们怀有美好祝愿的各国人民。他们都在努力奋斗,不分昼夜,贡献全部力量,拿出全部勇气,忍受一切苦难,竭尽全力,战斗到底。

这不是王公贵族群雄逐鹿的战争,也不是野心勃勃改朝换代的战争。这是人民之战,和平事业之战。不仅在英国,而且在世界各地,将有许多人在这场大战中恪尽职守。但是他们的名字将永远不为人知,他们的事迹也将永远不著史册。

这是一场无名英雄的战争。但是,让我们所有人都全力以赴,不要放弃信仰,不要舍弃责任。从我们这个时代起,让希特勒遗臭万年。

---

① 英文原著里"that"一词加了下划线。

# "人类战争史上前所未有"

1940 年 8 月 20 日,65 岁,下院演讲:致敬英国空军

    1940 年 8 月 14 日,丘吉尔获知,526 名英国飞行员在英国和英吉利海峡上空 6 月和 7 月的空战中牺牲。8 月 15 日,他通告罗斯福:较前一周"空战最为剧烈"。8 月 16 日,他前往英国皇家空军阿克斯布里奇基地,在皇家空军第十一集团军当天空战高峰时刻访问了其作战指挥室。当他乘车离开时,对坐在前面的国防秘书处负责人黑斯廷斯·伊斯爵士说:"别和我说话,我从未如此感动过。"在大约 5 分钟的静默后,丘吉尔往前靠着,说:"在人类战争史上,此前从来没有过,以如此少的人,取得如此大的成功,保护如此多的众生。"伊斯后来回忆说:"这句话深深烙入我的脑海。当我回到家,便向妻子重述了这句话。丘吉尔显然也将他们铭记于心。""如此少的人"一词很快用以形容英国皇家空军战斗机司令部的盟军飞行员,他们在 1940 年八九月间为了阻止德国空军意图摧毁英国战斗机空中防御而浴血奋战。因为这些防御力量仍坚守岗位,德国入侵英国变得极其艰难。8 月 20 日,丘吉尔在访问皇家空军阿克斯布里奇基地之后第四天,对下议院说:

    自从新一任政府上台执政以来,倏忽已过去三个多月了。多少灾难如倾盆大雨兜头浇在我们身上!……同时,我们不仅增强了自信心,

也巩固了岛上的防御。我们已经重建并重新装备了军队。这在几个月前被视为根本不可能的任务……全国上下同仇敌忾严阵以待，准备痛击无论是海上还是空中来的侵略者。

···········

我们本土的军队越是强大，侵略军就越是要庞大；而侵略军集结的阵容越是庞大，海军就越发容易侦察到这一目标，并沿途将其拦截和摧毁。如果侵略者登陆，在我们海军和空军不断攻击其交通线的情况下，他们所需粮食和其他军需品的供给也将越发困难。……我们的海军远比开战时强大。自战争爆发时就已启动的大批新建舰艇现在开始投入使用了。

···········

我为什么说这些？不，绝对不是大言不惭地自吹自擂。不，确实不是自鸣得意地沾沾自喜。我们依然面临重重危险，但也有巨大优势与资源相伴而生。我详述这些事实，因为人民有权知道，我们的自信是建立在坚实的基础之上。我们有充分的理由自信有能力继续战斗，正如我在两个月前最黑暗的时刻所说，"如果有必要，我们将孤军奋战；如果有必要，我们将持久作战。"

···········

最近几周，英国上空持续进行着大规模的激烈空战，近来更达到高度白热化的程度，迅猛得来不及试图限制其规模限度或持续时间。我们必须做好预计，敌人将付出前所未有、比迄今为止更大的努力。

···········

很明显，希特勒在遭受最惨重的损失之前，绝不会承认他对英国空袭的失败。如果他大肆吹嘘、威胁恐吓并向全世界夸张报道他以多么小的损失，给我们造成了骇人听闻的伤害、击落了我们大量空军飞机……如果他的整个空中攻势在经过这些之后很快被迫乖乖偃旗息鼓，这位"元首"的声誉可能会声名狼藉。因此，我们可以肯定，只要他还有本钱，必将继续孤注一掷。

··········

我们也记得,所有在我国上空或者周围海域被击落的敌机与飞行员,都是或死或俘;而我们相当大部分的飞机和飞行员则被救起,其中很多人很快重新投入战斗。

··········

我们相信,在空战方面,只要敌人愿意,我们能够无限期奉陪到底。而空战持续的时间越长,我们追赶的步伐就越快,先是取得均势,继而占据优势,而空中优势在很大程度上决定着整个战争的胜负。

··········

在我们国家,在大英帝国,乃至整个世界,除了罪恶之地,每个家庭都会由衷感恩英国飞行员。他们勇敢无畏面对巨大劣势,顽强不屈面对持续挑战和致命危险,靠智勇本领和忠诚精神扭转了世界大战的局势。在人类战争史上,此前从来没有过,以如此少的兵力,取得如此大的成功,保护如此多的众生。

··········

所有人都心系战斗机飞行员,他们的光辉业绩天天历历在目。我们千万不要忘记,夜复一夜,月复一月,我们的轰炸机中队不断深入德国境内,运用高超的航行技术,在黑暗中发现目标,命中轰击。他们经常涉身最密集猛烈的火力攻击,经常承受着惨重的损失,但是他们深思熟虑,明察秋毫,对纳粹部队整个技术和战争体系造成粉碎性打击。战争对皇家空军中任何部队的倚重都不及实施白昼空袭的轰炸机部队。他们在敌人入侵时将发挥重要作用,而在其他很多情况下,也需要他们时时展现大无畏精神。

··········

很多人给我来信,要我借此机会充分谈谈我们的作战目标以及战后追求的和平愿景。他们要求我在今年早秋所做、已收入长篇宣言的声明基础上,发表一个更全面更充分的宣言。……但我认为现在就煞费苦心思考欧洲未来的格局并不理智,因为战斗还在激烈进行,战争可能还仅仅处于初级阶段。……但是在我们承担重建任务之前，不仅要使自己确信，更要让其他国家确信，纳粹暴政终将彻底灭亡。对世界历史进程的引领，便是胜利的最高嘉奖。我们仍然在奋力攀登，还未抵达山的顶峰。我们还不能饱览风景，或者假想翘首期盼的黎明到来之际的景象，因为横亘在我们面前的紧迫任务更加实际、简明而严峻。

…………

我们必须为大多数人赢得胜利。这是我们的任务。

…………

几个月前，我们得出了结论，美国和大英帝国的共同利益都要求美国加强西半球的海防和空防设施，以防纳粹势力的进攻……所以，我们在没有收到请求也没有任何诱因的情况下，已经自发决定并知会美国政府，欣然同意在大西洋彼岸、我们的势力范围内允许美国租借合适场地，供其自由放置防御设施，助其加强安保、谨防不测……

国王陛下政府也完全同意在 99 年租借期的基础上向美国提供防御设施。

…………

这一进程无疑意味着大英帝国和美国这两大英语世界的民主国家将在某些事务上相濡以沫、互助合作，以维护彼此和大局利益。就我而言，展望未来，我对这一进程毫无疑虑。一旦抱有希望，我不会轻易罢手。任何人也不能阻止希望。正如密西西比河，滔滔洪流始终奔腾向前。让洪流滚滚向前，桀骜不驯，势不可挡，却又宽厚仁慈，奔向更广袤的天地，奔向更美好的未来。

# "让上帝保卫我们的权利"

*1940 年 9 月 11 日，65 岁，英国广播演讲：德国空袭*

　　1940 年秋天，德国一直在做侵略准备。入侵的驳船在英吉利海峡和法国、比利时和荷兰的北海港口，准备将部队运往英国东南部的海滩。空军方面，德国轰炸机试图摧毁英国各机场和战斗机防御。是年 8 月，超过 5 000 名平民在德国空袭中丧生，大部分人死于伦敦。9 月 11 日，随着轰炸的加剧，据称，在之前一周有 1211 名平民被杀，其中 976 人死于伦敦。当天，丘吉尔再次向英国人民广播：

如果德国真的试图入侵的话，看来不会拖延太久。天气随时会有突变。此外，敌人很难让这些集结的船只无限期等待，因为它们每晚都遭到我方轰炸机的轰炸，而且经常受到我方盘踞在港外的战舰的炮击。

因此，我们必须把未来一周左右视为我国历史上非常重要的阶段。

这可以与西班牙无敌舰队逼近英吉利海峡、德雷克刚打完保龄球游戏①的日子相提并论；也堪与纳尔逊站在布洛涅为我们抵挡拿破仑大军②的往事相媲美。所有这些事迹，我们已在历史书上读过；但是，当前正在发生的一切，与往昔这些英雄时代相比，规模更为宏大，对人类生活、未来以及世界文明的影响更为深远。

所以，每一个人，无论男女，无论岗位，都要做好准备，充满自豪，也以认真细致的精神恪尽职守。我们的舰队和支队数量庞大、威力无比；空军达到了有史以来最强状态，他们还小心地保存着自己的实力，不仅在数量上，还体现在人员素质和飞机性能上。我们的海岸线筑有坚固的防御工事，设有重兵把守；在重兵后面，还有一支史无前例的大规模、精装备的机动部队，随时准备迎击侵略者。

此外，英国还有超过 150 万人的地方志愿军。他们有如正规军的掷弹兵卫般众多，并且决心奋战保卫每一个村庄和每一条街道的每一寸土地。

我满怀虔诚并充满信心地说：让上帝保卫正义的一方吧。

发生在伦敦的这些惨无人道、肆无忌惮且不分青红皂白的狂轰滥炸，当然是希特勒侵略计划的一部分。他希望通过屠杀大量平民、妇女和儿童，来恐吓和威胁这座强大王城的人民，让他们成为政府的负担和忧虑，从而转移我们的注意力，迫使我们不再关注他正准备的残暴屠

---

① 弗朗西斯·德雷克(Francis Drake，1540—1596 年)是英国历史上著名探险家、海盗和海军将领。1578 年发现了合恩角和德雷克海峡，德雷克海峡就是用他的姓氏命名。1588 年西班牙无敌舰队进攻英国时，德雷克成为海军中将，任舰队副司令，奉命迎击。据说，当无敌舰队浩浩荡荡杀向英国的消息传来时，德雷克正在和朋友玩保龄球，看到朋友十分紧张，德雷克轻松地说："来！先玩完这局我再去收拾西班牙人。"当年，东晋的统帅谢安也是在对弈中得知前秦百万大军挥兵南下的消息，并显示出与德雷克一样的从容不迫。

② 纳尔逊(Horatio Nelson，1758—1805 年)，英国近代史上著名的海军将领、军事家。是英国海上霸权的奠基者之一，是英国皇家海军职业精神的象征，被誉为"英国皇家海军之魂"。世界著名海军统帅。他亲自指挥特拉法尔加大海战，一举歼灭了拿破仑舰队。

杀。但他根本不了解不列颠民族精神，也根本不了解伦敦人的坚忍不拔——我们的祖先是议会民主制度的先驱，我们自幼受的教育便是自由高于生命。

希特勒这个恶魔，是各种可憎仇恨的化身，是昔日邪恶与耻辱累加的妖魔般的产物，现在竟妄图以不分青红皂白的屠杀和毁灭来击垮我们著名的不列颠民族。他的暴行将点燃全国和全世界不列颠人内心的怒火。即便他轰炸伦敦、引发火灾的所有罪行都被清除，这股怒火还将长久炽热放射光芒。他燃起的火焰将越烧越旺，直至纳粹暴政的最后残余从欧洲斩草除根，直至旧世界和新世界携手重建人类自由与荣耀的圣殿，而这圣殿的基础既不会很快被推翻，也不可能轻易被推翻。

............

伦敦市民正在直面并且克服敌人强加的巨大磨难，这磨难的严重性或其终结之日尚无法预测，但他们表现出的坚韧和镇定让全世界惊叹。对于我们正在海上和空中浴血奋战的将士们来说，对于我们从首都输出、正在各基地和军营整装待发的官兵们来说，这个消息将让他们欢欣鼓舞。他们深知，背后有人民的支持。尽管战斗将艰苦而漫长，但人民绝不会退缩或厌倦。然而，我们要从心灵遭受的苦难中汲取呼吸和生存的力量，赢取胜利——这胜利不仅属于我们，更属于所有人；不仅属于我们这个时代的胜利，更属于即将到来的美好长久的明天。

............

每当天气适宜的时候，一批又一批的德国轰炸机在战斗机的掩护下，往往一次三四百架，向我们这个岛特别是肯特海角蜂拥而至，妄图光天化日之下袭击军队和其他目标。但他们几乎总是遭遇到英国飞行中队的迎击，并几乎被打得支离破碎。他们的平均损失与我方的损失相比，战机方面三架中必损一架、飞行员方面六人中必损一人。

德国人妄图夺取英格兰上空白天的制空权，这当然是决定整个战争的关键。到目前为止，这一图谋显然已经落空。这让他们付出了沉重的代价，而我们则感到越战越强，而且的确比 7 月开始艰苦硬战时强大得多。希特勒无疑正在非常频繁地调用战斗机部队。如果他继续再频繁动用数周,将会把这部分最为重要的空军力量完全消耗殆尽。这将让我们更为有利。

另一方面,他在未能掌握制空权的情况下试图入侵英国将是非常危险的行径。然而,他正在全面准备大规模入侵,稳步推进各项筹备。几百艘自航驳船正沿着欧洲海岸,从德国和荷兰海港开往法国北部口岸,从敦刻尔克开往布雷斯特,以及离开布雷斯特前往比斯开湾的法国港口。

此外,数万商船正在一组组从多佛海峡运往英吉利海峡,每组10 至 12 艘船,沿途不断躲过德国在法国海岸新建炮列庇护的一个个港口。还有相当多的船舰集中于德国、荷兰、比利时和法国港口,一路上从德国汉堡去往法国布雷斯特。最后,还有一些战备:船舰从挪威水域运来入侵部队。

在这些船舶或驳船集群背后,还有大批德国军队,只待军令登上甲板,漂洋过海开启极为危险且不确定的征伐航程。我们不能判断他们何时会来,我们不能肯定他们实际会否开来,但是任何人不能忽视一个事实:德国千方百计在准备全面入侵英国,而且可能现在就发动对英格兰、苏格兰或爱尔兰甚至英伦三岛的侵略。

# "未来数周形势严峻、令人担忧"

## 1940 年 9 月 17 日，65 岁，下院秘密
## 会议演说：防范希特勒入侵

　　1940 年 9 月的前两周里，因为德国空军轰炸，2 000 名英国平民被杀，8 000 人受伤，其中 4/5 的死伤发生在伦敦。与此同时，丘吉尔从英国情报部门获知最为机密的信息：德国空军力量已经转而准备为军队登陆英国土壤的入侵驳船提供掩护。他也知道，英吉利海峡和北海不断加剧的雾天将进一步保护那些驳船。他所不知道的是，希特勒正要改变主意，优先考虑入侵苏联。9 月 17 日，在一个谢绝所有访客和记者的秘密会议，丘吉尔对下议院说：

　　接下来几周形势严峻，令人担忧。我刚刚在公开会议说，敌人正在推进入侵准备，船舰和驳船也正在稳步集结进军。他们随时有可能向本岛大举侵犯。现在我还要在这个秘密会议私下说，有超过 1 700 艘自航驳船和 200 多艘适于渡海的战舰，还有一些巨型战舰，已经集结在德占区很多可发动入侵的港口。

　　如果这些完全是为了把我们牵制在这里而制造的假象、要弄的诡计，那么其贯彻之彻底、规模之庞大，达到了令人吃惊的程度。其中一些舰船和驳船被我方反击轰炸和预防性攻击击中后，产生了巨大的爆炸声。这表明船上为侵略军满载了企图彻底打败我们、征服我们的所

需弹药。

德军现在已经集结并可投入使用的舰船，足以在一次航程中运载近 50 万人。我们当然希望在他们前来的途中就击沉其大多数舰船。但是当你考虑到他们众多可能开战的点时，当你考虑到极有可能侵犯的区域时，例如，在有着轰炸机和俯冲轰炸机的区域，从沃什湾一直延伸到怀特岛，几乎覆盖整个法国前线（从阿尔卑斯山脉直到海边）那么长，再加上大雾或人造迷雾的危险，我们必须同时预判英国许多滩头阵地或敌人企图登陆的点。当这些入侵发生时，我们希望能够应付，并且切断敌人试图跨海支援其登陆部队的海上供应线。

当侵略者踏上我们的海岸来，他们的困难并未结束，而将面临新的危险。敌人正在威胁我们要大举侵犯，但我相信，他们将被成功挫败，并遭到严重打击。无论如何，不管发生什么，我们都将坚持死战到底。我深信我们必胜，就像坚信太阳明天必将升起。

# "人类反抗暴政的本能"

1940 年 9 月 30 日，65 岁，英国广播公司，向捷克人民广播演讲

> 1940 年 9 月最后一天，《慕尼黑协定》签署两周年。通过协定，希特勒向内维尔·张伯伦保证，德国不愿统治更多捷克人；希特勒想吞并矿产资源丰富、主要讲德语的捷克斯洛伐克边界地区苏台德的要求，获得英法首肯。丘吉尔在 9 月 30 日那天通过英国广播公司向捷克人民广播演讲，他们自德国 1939 年 3 月占领布拉格以来一直生活在严苛的纳粹统治之下。

今天是《慕尼黑协定》签署两周年。全世界将永远记得这一天，因为捷克斯洛伐克人民为了欧洲和平大局而做出了沉痛牺牲；协议在人类文明内心激发的希望变为失望。不到六个月的时间，这个控制了德国命运的无耻之徒就打破了他所做庄严承诺，残酷无情破坏了协定，暴露了他们不顾一切妄图征服全世界的真实本质。

希特勒强加给你们的所谓"保护"，一直都是骗局，是谎言。他声称将你们一度繁荣的国家编入所谓的超级大帝国，他带给你们的不是保护，根本一无是处，只有精神和物质的双重破坏；信奉"伟大宽容人道主义"的捷克斯洛伐克总统马萨里克的追随者，今天正遭受现代历史上几乎前所未有的蓄意虐待迫害。

在你们做出牺牲的这一时刻，我向你们传递一个讯息：我们英国

今天所做战斗，不仅仅是英国人的战斗。它也是你们捷克人民的战斗，事实上也是追求自由而非无灵魂的农奴制度的所有国家的战斗。这是文明国家为了有权自由选择各自生活方式的斗争。它彰显了人类对暴政和冷酷世界的本能反抗。

纵观欧洲各国历史，你们展示了最强烈的生存意志，今天在逆境中又彰显了无穷的勇气。我们在英国满怀自豪与感激，欢迎你们的战士和飞行员，他们勇敢逃生，不断成功加入并壮大了为英国也是为捷克斯洛伐克而战的队伍。对那些在本国前线冒着生命危险，冒着比死亡更可怕的危险，只为促进反抗残酷无情压迫者的捷克人和斯洛伐克人，我们也满怀真心钦佩。

正因为我们都在为维护人类生活的基本行为准则而战斗，所以矢志绝不让我们的斗争徒劳、也绝不让你们的斗争白费力气。正是出于这个原因，我们拒绝承认德国在欧洲中部和其他地区的任何野蛮征服，我们欢迎捷克斯洛伐克临时政府在该国建立，我们还把恢复捷克斯洛伐克的自由立为主要战斗目标之一。我们两大民族都有意志坚定和决心这两大品质，必将实现这些目标。

振作起来吧！你们将迎来解放的时刻。自由的灵魂不朽，它不可灭亡，也不会灭亡。

# "睡吧，为黎明积蓄力量"

## 1940 年 10 月 21 日，65 岁，
## 伦敦，向英法人民广播演讲：共同御德

丘吉尔极度苦恼于法国被德国占领和控制的困境，正如他痛心疾首于下令轰炸凯比尔港的法国军舰。1940 年 7 月 22 日，他创建特别行动处（简称 SOE），负责在法国及欧洲其他德占区建立抵抗组织，在适当时机对德反扑。他指示行动处成员："点亮欧洲！"10 月 21 日，他再做广播，首先用英语，然后用法语，呼吁所有法国人：

请记住，我们将永不停步，永不倦怠，永不屈服。整个不列颠民族和大英帝国已经发誓投身将纳粹瘟疫清除出欧洲、从新的黑暗时代拯救世界的重任。不要像纳粹控制的无线电收音机告诉你们的那样，猜度我们英国人想要占领你们的船舰和殖民地。我们想夺取的是希特勒和希特勒主义的生命和灵魂。仅此而已，别无其他，不达目的，誓不罢休。

我们并不垂涎贪图其他国家的任何东西，只希望获得他们的尊重。那些身处法兰西帝国的法国人，还有那些身处号称未被占领的法国地区的人们，也许能不时提供有用的行动。我就不细说了。敌人正在竖着耳朵监听。对于那些因受到德国佬残酷压制、迫害和监视，从而被英国人民深深同情的人——也就是沦陷区的法国人，我要说，当他们思索

未来时，请记住法国律师及政治家甘必大在 1870 年后展望法国未来走向时所说的话："永远那样想，却永远不要说出来。"

好了，晚安。请睡个好觉，为黎明积蓄力量。因为曙光定会到来。晨曦将会照耀勇敢而忠诚的人们，照耀所有为正义事业而艰苦奋斗的人们，照耀英雄之墓。黎明将光芒四射。法国万岁[①]！广袤大地上迈向正义和真理的传承、迈向更广阔成熟时代的人民万岁！

---

① 原文为法语 Vice la France，加下划线。

# "良心是个人的唯一指引"

## 1940 年 11 月 12 日,65 岁,下院悼念张伯伦

1940 年 11 月 9 日,内维尔·张伯伦①逝世。他在首相任期的两年和平时期中,一直是丘吉尔的主要政敌,始终让丘吉尔下野,并公开贬低丘吉尔的判断力。1939 年 9 月,他将丘吉尔引入战时内阁;1940 年 4 月,他在战时内阁扩大丘吉尔的权力。1940 年 5 月 10 日,丘吉尔成为首相,组建战时内阁,请张伯伦担任阁员。11 月 12 日,首相丘吉尔向下议院谈及前任:

自从我们上次会晤以来,议院遭受了非常重大的损失,因为最杰出的议长、政治家和公仆张伯伦先生与世长辞了。在令人难忘的三年时光中,他大部分时间都是大英联合王国的政府首脑亦即首相。

曾经纠缠着他的激烈、苦涩的争议,近来因为他生病的消息而沉默,更因为他辞世的消息而终止。我们对这位卓越人士的永远离开深表敬意和哀悼。我们没有义务去改变已经形成的观念,也不必对过往历史发表评价。但我们在停枢门前可以回顾省视自己的行为举止和判断。

---

① 亚瑟·内维尔·张伯伦(Arthur Neville Chamberlain,1869—1940 年),英国政治家,1937 年至 1940 年任英国首相。他由于在第二次世界大战前夕对希特勒纳粹德国实行绥靖政策而倍受谴责。1940 年被迫引咎辞职。

谁也不能向人类保证,尽可能预知或预测事情的演变过程,也许变得幸福,也许相反、变得无法容忍。在某个阶段,人们看似正确;但是到另一个阶段,则又似乎错了。若干年之后,当时势变化,所有标准又重新设置,产生新的比值,采用新的价值尺度。历史凭借跳闪的灯火,沿着过往小径跌绊着往前走,试图重建其场景,重振其共鸣,以微弱亮光辉映往昔激情。

　　这有什么意义呢? 良心是个人的唯一指引,行为公正诚恳是记忆的最佳护盾。如果漫长人生路没有这种庇护,我们将轻率失策走完人生,并常常因为希望落空、算计失策而遭到嘲笑;但是如有良心、公正、诚恳的庇护,无论命运怎样捉弄,我们总在光荣的行列中前进。

　　在世界的危急关头,内维尔·张伯伦必须与很多事件相矛盾,他的希望落空,甚至被坏人欺骗。但是,他落空的希望究竟是什么? 他被挫败的愿望是什么? 他被践踏的信仰是什么? 这希望这愿望这信仰肯定出自人类心灵中最崇高最善良的本性——热爱和平,谋求和平,为和平而辛劳;不顾极端危险,不顾个人名誉遭到彻底蔑视或抗议,孜孜以求和平。

　　无论历史是否会就这些惊心动魄的岁月说些什么,我们可以肯定,内维尔·张伯伦靠赤胆忠心和智慧行动,将自身光亮和权威发挥到了极致,形成强大的力量,希望拯救世界于水火,把我们从正身处的这种生灵涂炭的可怕战争中拯救出来。单单此项将使之足以完美面对所谓历史的裁决。

　　这也惠及英国和整个大英帝国,惠及我们高雅忠诚的生活方式。无论斗争将持续多久,无论阴云如何逼近我们的道路,英语人民的未来一代将坚信我们是无罪的——也是我们所祈求的裁决。我们在技术准备上付出了巨大代价,是流血战争的无辜受害者;恐怖吞噬了广阔大地,痛苦摧残着亿万人民,而且还将有新的受害者牺牲品,这些都证明我们是无罪的。希特勒用疯狂的言语和姿态抗议说他只是追求和平。这些胡言乱语在静默的内维尔·张伯伦墓前能有价值几何? 我们将面临漫长、艰巨而危险的战争岁月，但是至少面对这些时团结一致、内心纯净。

我不打算夸赞内维尔·张伯伦的身世和性格，但他身上确实有一些特质向来为我们岛国敬佩，他所拥有的这些特质也达到了卓绝不凡的程度。他身心坚韧，在多变的职业生涯中，能够忍受不幸和失望，而不会过分气馁或者感到厌烦。他思维缜密，能力卓越，远胜我们这代人的总体水平。他思想坚定，成功了不会志得意满，失败了不会垂头丧气，而且从不惊慌失措。

当与他的希望、信念和努力相背离的战争来临时，正如他自己所言，他曾经为之努力的一切前功尽弃；从来没有人像他那样，更加坚定地投入这场战斗，直至生命的最后时刻。相同的品质使他最后一个进入战争，又是最后一个退出战争，直至正义事业全面胜利。我的经历奇特，一天之内，先是他最突出的反对者和批评者，后又成为他主要的助手；在另一天，我从他的下属一跃而成为政府首脑，而他极为忠诚、乐意甘为我的阁员。这种关系在我们的公众生活中非同寻常。

我曾对议会讲过，我在五月初的议院辩论中挑战了他的权威，他第二天向我和其他几个朋友声明，只有国民政府才能直面骤现眼前的风暴；如果他成为这一政府的绊脚石，他将立刻辞职。此后，他始终如一公正无私地管理，特别在紧急时刻，这种品质应成为我们所有人的楷模。他在接受极为艰难的手术之后几周即返回工作岗位，当时纳粹德国对伦敦和英政府所在地的轰炸已经开始。在那两周里，我目睹他极其刚毅地忍受着身体上极其难受的痛楚。我可以证明，尽管他身体虚弱，但是他的坚定意志未有动摇，他的非凡智慧未受影响。

他从政府卸任后，拒绝了一切荣誉。他想如其父那般平民终老。我获得国王的允许，无论如何请其在内阁从事文件工作。直到病故的那几天，他还满怀热情与顽强精神奉公尽责。他从容不迫迎接死神的到来。如果他有一丝悲哀，那是因为未能亲眼见证我们胜利。但我想他是安然瞑目的，因为他知道祖国至少已经扭转形势、转危为安。

此刻,我们一定会注意到优雅迷人的张伯伦太太,她勇敢地与他共度胜利和逆境的岁月,拥有与他并驾齐驱的品质。张伯伦像父亲,也像兄弟奥斯丁。奥斯丁就在他前面,是著名的下议院议员。我们今天上午汇聚于此,所有政党的成员,无一例外悉数出席,缅怀致敬张伯伦先生。我们以之为荣,英国以之为荣。他当之无愧位居迪斯雷利①所称颂的"英国名士"。

---

① 本杰明·迪斯雷利(Benjamin Disraeli,1804—1881 年),英国犹太人,保守党领袖、大英帝国的两任首相(1868 年,1874—1880 年)、政治家兼小说家。被视为维多利亚时期最伟大的首相之一。

# "给我们武器，必定打完战争"

## 1941 年 2 月 9 日,66 岁,广播演讲：传递信心

　　尽管 1940 年夏秋两季英国皇家空军英勇努力击退了德国空袭,但是受到德国闪击战猛烈重创的英国公众仍然深感焦虑,担心希特勒在征服丹麦、挪威、比利时、卢森堡、荷兰和法国,并把各国悉数纳入纳粹统治之后,将在 1941 年春季入侵英国。1941 年 2 月 9 日[①],丘吉尔发表广播演讲,传递信心信念：

　　你们可能已经看到,我们的第一军事顾问、皇家总参谋长约翰·迪尔[②]告诫我们,希特勒将迫于欧洲战略、经济和政治压力,很快入侵英伦三岛。任何人都不应忽视他的警告。

　　我们自然在日夜备战。我们现在显然远胜以往,比去年 7 月、8月、9 月的实力强得多。海军更强,舰队更多。相比去年秋天战斗机司

---

　　① 《永不屈服：温斯顿·丘吉尔一生最佳演讲集》认为此次演说发生于 1941 年 5月 3 日。(英)温斯顿 · S. 丘吉尔(Winstons S. Churchill)编选：《永不屈服：温斯顿·丘吉尔一生最佳演讲集》,李阳译,416 页,北京,世界知识出版社,2009。

　　② 约翰·格瑞尔·迪尔(John Greer Dill,1881—1944 年),英国陆军元帅。参加过英布战争和第一次世界大战。1939 年第二次世界大战爆发后赴法参战,任英国远征军第一军军长。1940 年 4 月回国任帝国副总参谋长,5 月任总参谋长。曾多次随同丘吉尔参加盟国首脑会议,参与研讨和制定战略方针。1941 年 12 月起任英美参谋长联合委员会英方首席代表,为协调英美两国战略计划作出了贡献。

令部击退并打败纳粹攻击时,空军实力实际上也强多了。相比去年9月,我们军队规模更大,更为灵活,装备更现代化,训练更加有素,而且也超过了去年7月的水平。

我对总司令布鲁克及其所领导的、已经证明能力、护卫祖国各地的将领们抱有极大信心。但最为重要的是,我对这种单纯真挚、矢志不渝、誓死战胜的纯粹意志和决心充满信心,它将鼓舞并激发近400万英国人拿起手中可用武器投入战斗。没有制海权和制空权,妄想入侵大不列颠这样的国家,并非一个轻而易举的军事行动。紧随其后,我们正在这里等着侵略者呢。

但我必须提醒一句,切勿轻信轻敌。因为过于自信,会导致忽视和怠慢,是最严重的军事罪行,仅次于懦弱和背叛。所以,我要提醒一句。纳粹去年秋天入侵英国可能或多或少是一种妄念之下的轻举妄动。希特勒想当然地以为,法国投降了,我们也会投降。但是我们没有缴械屈服。他不得不三思。现在想入侵英国,需要更为精心准备,需要登陆舰和其他设施。所有这些可能需要利用冬季数月做好部署和制造。我们必须全副武装,具有坚忍不拔的恒心、具有洞察力的前瞻性,具有熟练技巧,准备迎战毒气战、空降战和滑翔战。

我要再次强调迪尔将军所说的话,本人在去年也已指出过。希特勒为了赢得战争,必须摧毁大不列颠。他也许要在巴尔干诸国制造混乱,也许要侵占苏联大片土地;然后,长驱直入里海;也许还将向印度各大门户进军。但所有这一切都无济于事,将让他一无所获,只会让他的骂名远扬传播,遍及整个欧亚,而他的厄运无法扭转。随着岁月流逝,很多一度幸福并且自豪的各国,现在却被他的残酷高压和卑鄙阴谋压迫得忍气吞声,正在掀起对普鲁士枷锁和纳粹恶名的仇恨。这种强烈广泛的憎恨之情史无前例。总有一天,领海和领空的霸主大英帝国——不,不仅如此,甚至是整个英语世界——都会上天入地追逐他,向他挥起正义的宝剑。

几天前,罗斯福总统派来了他最近总统竞选中的对手,这位先生带来了他的亲笔信，信上有他亲笔摘录的朗费罗的诗句。罗斯福说："这首诗适用于我们美国人民，也适用于你们英国人民。"请看诗句：

> 扬帆起航吧，祖国之舰！
> 扬帆起航吧，伟大联邦！
> 忧患中的人类
> 满怀对未来岁月的希冀
> 凝神关注着你的存亡

我将如何以英国人民的名义答复这位伟人？他是由1.3亿人民票选而连任三次的国家领袖。我将给予罗斯福总统的答复是：相信我们。赋予我们信任和祝福。在上帝的庇护下，一切都会好转。

我们绝不能失败，绝不能动摇；绝不能软弱，绝不能倦怠。无论是突如其来的战局突变，还是长期考验我们的警惕性和努力程度，都不能拖垮我们。给我们武器，我们将完成战斗伟业。

# "表现出色"

## 1941 年 4 月 27 日,66 岁,向美国广播：捍卫和平

　　1941 年 3 月 11 日,罗斯福总统签署了《租借法案》。英国据此可以购买所需战争物资,待到战争结束后再支付租借费用。不过美国保持中立。罗斯福在 1940 年 11 月总统大选期间曾承诺不会派遣美国军队到海外参战。他信守了诺言,但在 1941 年 4 月中旬同意美国舰队在大西洋西部巡逻,并提醒所有商船提防德国和意大利潜水艇的出现。4 月 27 日,德国军队已经进攻并占领了南斯拉夫,即将吞并希腊。丘吉尔向美国广播：

　　我们的海军和空军表现非常出色。尽管敌人丧心病狂竭尽破坏之能事,但英国数百艘扫雷舰及其神奇的装备确保了港口畅通、免受鱼雷侵袭,表现出色。建造和修复众多商船大舰队的工人,表现出色。负责装卸的工人,表现出色。我还要说,商船队的官兵风雨无阻全天候出海,冒着各种危险,为了祖国的生存而战斗,为了他们理解并效忠的事业而战斗,也表现出色。

　　然而,当你们美国人民想到在海上击沉舰船是多么容易、而造船和护船又是多么艰难,当你们想到我们在海上航行的船只从未少于两千艘、其中在危险海域从未少于三四百艘船,当你们想到我们在东方保持和供给的庞大军队,以及我们必须维护世界范围内的交通运输——当

你们想到所有这一切时,你们还会怀疑这一点吗:在人们心目中,在博取战争胜利的过程中,大西洋战役①不是占有最重要的位置吗?

正是因为如此,当我得知美国总统和人民新近做出的重大决策时,感到难以名状的莫大欣慰。美国舰队和水上飞机已奉命在西半球广阔水域巡逻,并警告所有国家的和平航运远离有两个侵略国的潜艇或巡洋舰出没的交战区。因此,英国得以集中更多防卫力量保护离家较近的航线,并且更为有力打击附近的德国U型潜艇。我一直笃信必然发生这样的事情。

美国总统和国会最近与选民进一步加强了联系。他们已郑重承诺在这场战争中援助英国,因为他们认为我们的事业是正义的,因为他们认识到:一旦英国被摧毁,美国的利益和安全将面临威胁。美国极大地提高了税收。美国通过了重大立法。他们将庞大工业的大部分转为制造我们需要的军火,甚至将其贵重武器赠予或者借给我们。我不相信他们会听任自身设立的远大目标被挫败,不相信他们会听任通过自身技能和辛劳制造出的装备被击沉到海底。

德国发动的U型潜艇战完全违背了它刚刚在几年前自愿签订的国际条约。德国人根本无法实施有效封锁,只能在超出德国海军力量控制的广阔海域全然肆无忌惮地残忍杀戮和劫掠。

我曾在十周前说过:"给我们武器,我们将打完战争。"我的意思是把武器交给②我们,把武器放到我们能够施展的地方。美国人看起来正打算这么做。尽管战争将漫长而艰难,并且战局根本还未明朗,但我正是基于上述分析,才笃信大西洋战役已经进入更为严峻但同时也更

---

① 大西洋战役:是第二次世界大战期间英美两国同德国在大西洋战区进行的保护与破坏海上交通线的作战。大西洋交通线是同盟国赖以支持欧洲战区的生命线。1939年9月大战爆发时,德国的战舰就开始袭扰英国的海上贸易。英国则针锋相对,将强大的皇家海军投入保卫海上交通线,战争遂由此起。盟军出动3 000架飞机对抗德国潜艇,有效地掩护了运输船队。1943年5月,德国被迫退出北大西洋主航道,大西洋海战结束。

② 丘吉尔原文里"give"一词加了下划线,此处译作"交给"。

加有利于我们的阶段。请细想一想，美国现在已经与我们密切合作，在道义、物资上，在我上述的范围内，更加投入支持海军。

因此，当我们看到大西洋两岸军队正在这场可怕斗争中博弈，绝不后退，那么一切都是值得的。因此，我们很有必要对比一下在这场不能退让的恶战中大洋两岸双方的实力。任何审慎小心和深谋远虑的人，在看到英美两大民主国家已各自宣布参战、决心捍卫和平之后，都不会怀疑最终必然彻底击败希特勒和墨索里尼。受到毒害的德国佬不到7 000万人——其中有些可以救治转化，另一部分则该杀——他们其中许多人正被用于管制奥地利人、捷克人、波兰人、法国人，并正欺凌掠夺其他许多古老民族。

大英帝国和美国的人民，单是在两国本土和英国自治领的人数，就有近两亿。他们有着不容挑战的制海权，并将很快获得决定性的制空权。他们拥有更多财富、技术、资源，钢铁产量比世界其他国家的钢铁总和都多。他们绝不容许自由事业遭到邪恶的独裁者践踏，绝不容许世界进步潮流被逆转。

因此，我们在纵观欧洲和非洲正在发生的一切，以及在亚洲也可能发生的事件时，难免忧心忡忡、焦灼不安。但是，我们千万不可丧失判断力、辨不清方向，以致悲观失望或惊慌失措。当我们以沉着的目光面对眼前的种种困难，回忆过往已经克服的困难，便能从中汲取新的信心。正在发生的事情，都不及去年所克服的危险那般严重。东部可能发生的一切都不及西部正在发生的情况严峻。

我上次向你们演讲时，引述了罗斯福总统亲笔写给我的朗费罗的诗句。我也想起其他的诗句，尽管没有那几句有名，但形容今晚的境遇似乎更为贴切中肯，而且我相信凡是英语盛行、自由之旗所飘扬的地方也是这样认为的：

当海浪疲惫徒然击拍
仿佛寸步难行的时候

迢遥穿行于溪流港湾
悄无声息汇成了汪洋

当旭日晨光初照人间
岂止东窗正晨光熹微
朝阳在前从容冉冉升
西看大地已灿烂辉煌

# "我们心连着心"

1941 年 6 月 16 日,66 岁,向美国广播：呼吁抗战

1941 年 6 月 16 日,丘吉尔在伦敦的中央作战室向美国广播。他被纽约州的罗彻斯特大学授予荣誉学位,因而广播发表获奖感言。他在演讲中说,他的母亲在儿时曾住在罗彻斯特,但不是出生在那里,而是生于布鲁克林。丘吉尔用此契机向美国人发出强烈呼吁。他在朗诵这一演讲之前所修改的单词短语已用方括号标记：

瓦伦廷校长先生,我感谢你赋予的荣耀,授予我纽约州罗彻斯特大学法律博士的荣誉学位。我非常感激你在致辞中的赞美表扬,并非我当得起这份厚誉,而是因为这表达了美国人民的信任和厚爱,我将努力不辜负这份真情。

但这个典礼最感人的是,今天下午我们之间所弥漫的家人般的亲切感和团结感,所拥有的团结纽带。当我从伦敦唐宁街向罗彻斯特大学演讲,并通过你们向美国人民演讲,我感到自己有权利这么做,正如你所说,因为我母亲出生在你们这个城市,我的祖父伦纳德·杰罗姆在这里生活很多年,作为一名市民崭露头角,主办了一份报纸,18 世纪时称为《普通商人》。

伟人伯克曾经说："数典忘祖之人,难以寄予厚望。"我表示赞同,并要欣然告诉你们,杰罗姆家族植根在美国的土地上,子孙世代繁衍,

并在华盛顿军队中为美国殖民地的独立和美利坚合众国的诞生而战斗。真希望我那时就在两岸。而且我必须说,现在我感受到自己同是大西洋两岸的人。

在过去四十年中,我不时向美国听众演讲,几乎遍及合众国每一个州。我领略了美国听众的彬彬有礼;领略了他们的公平正义感;领略了他们绝妙的幽默感,他们从不介意自己被开玩笑;领略了他们严肃认真、孜孜以求事物本源和真实准确获知旧世界事物的强烈求知欲。我对他们深表敬佩。

现在,在全世界处于凄风苦雨之中时,我奉陛下和议会之命,在英国所有政党的一致支持下,担任英国首相;我在英国处于最为致命危险的时刻和最为光荣美好的时刻,极其有幸为祖国代言,令我感到欢欣鼓舞。我们都感到彼此的手正跨越重洋紧紧牵握,彼此的脉搏心跳律动一致。在母亲的出生地罗彻斯特,我至少要冒昧地宣称持有开启美国人心房的钥匙。

强烈的情感、澎湃的激情,在这命运攸关的一年,横扫过广袤的美国国土。剧烈的痛苦中孕育了很多自然力,有自我反思检讨,有痛苦,有悲伤,有冲突的声音,但是没有恐惧。全世界正在见证崇高的决心伴随着分娩阵痛而诞生。我想向你坦承,我毫不怀疑这一决心。

人类命运①的好坏不能以物质多少来测算。当伟大的事业兴起于世,牵动所有人的心魂,使他们离开有着温暖炉火的家庭,抛却舒适、财富和对幸福(非同寻常)②的追求,立即响应令人敬畏(可怕)③、(崇高)不可抗拒的命运脉动时,我们认识到:人是有灵魂的,不是动物;有种精神运行于时空之间,并且超越时空,无论我们喜欢与否,都会唤起我

---

① 原文手稿采用 destiny,删去[fate]。本段及下文多处推敲字词、字斟句酌。

② 原文手稿为: the pursuit of happiness [for something quite out of the ordinary]…

③ 原文手稿为: in response to impulses at once [awful] awestriking and [sublime] irresistible…

346

们的责任感。

我们眼前正在迤逦展开一个精彩的故事。结局如何,我们还不得而知。但是在大西洋两岸,我们都感觉到,我要再强调一遍,是全体所有人都自认为是故事中的一员,我们的未来以及后世数代的未来都危在旦夕。我们坚信,我们的决心和行动将塑造人类社会。我们受到召唤,要求承担这一庄严责任,这无需哀叹。尽管要承受巨大的痛苦,但我们应为生于这个伟大的时代、生于这个关键的时刻、有如此宝贵的大好机会可以施展才华,而感到骄傲,甚至欣喜。

穷凶极恶、穷兵黩武、四面楚歌、看上去趾高气扬实际上却强弩之末的邪恶笼罩着欧亚大陆。法律(立场)①、习俗和传统遭到破坏。正义被打落尘埃。弱者的权利被践踏。美国总统口中如此感人的伟大自由遭到唾弃和束缚。整个人类的发展、才华、(生性优良的)首创精神②和高贵品质,都被机械的野蛮愚昧和有组织有预谋的恐怖践踏在地。

我们英国人已经孤军奋战一年多了,用你们的同情与尊重而屹立不倒,用我们不可战胜的意志力而顽强坚持,并用你们的巨大援助而倍增希望。(小小的)英不列颠群岛在地图上虽然只有一点点,但却有权利的忠实守护者和数十个国家贡献的希望,他们正在残酷奴役之下受苦受难。但无论发生什么情况,我们都要坚持到底。

然而,怎么解释德国纳粹政权对欧洲的奴役? 他是如何做到的?今天被打落尘埃的各国,如果能在仅仅几年前,无论大小,团结起来发出同一个声音,人类就可免受当前可怕的厄运。但是他们没有统一体。他们缺乏远见。这些国家一个接一个被打倒,而其他国家目瞪口呆,浑身发颤,袖手旁观,说个没完。一个接一个,谁都没逃过,诸国依次束手就擒。一个接一个,他们被野蛮暴力击倒,或被内部阴谋毒害。

现在老狮子(和)带着身边的小狮子屹立着,绝望地,怒不可遏地,

---

① 原文手稿为:Laws [and position],删去"立场"。

② 原文手稿为:[better nature] initiative,删去"天性优良的"。

独自对抗手持致命武器的猎人了。悲剧还会重演吗？不！这不是故事的结束。人类事业的群星在昭示人类将获得解救。（各国）人民前进的道路不会如此轻易受阻。自由的光芒不会如此轻易熄灭。

　　但是时不我待。匆匆流逝的每一个月都增加了我们必经跋涉路途的（困难）长度和危险性。团结则存。分裂则亡。（团结）如果分裂，黑暗时代将会死灰复燃。如能团结，（我们可以拯救人类）我们可以拯救和引领世界①。

---

　　① 　原文手稿为：[we can save mankind] we can save & guide the world，删去"我们可以拯救人类"。

# "我们将竭尽全力帮助俄国"

## 1941年6月22日,66岁,德国入侵苏联当晚向英国广播

1941年6月22日,在丘吉尔向美国人民广播不到一周后,德国入侵苏联。德国希特勒和苏联斯大林自1939年8月起建立联盟。1939年10月,两国联手占领并瓜分了波兰。英国为了波兰的独立不得不投入战争。1941年6月22日,德国悍然发动猛烈突袭,丘吉尔不得不作出决策:英国是否考虑将苏联纳为盟友;为了阻止德国胜利,英国将努力提供哪些援助。他在当晚向英国人民无线电广播时给出了回答:

纳粹制度只有贪得无厌和种族统治,别无宗旨和原则。它横暴凶悍,野蛮侵略,所犯下的滔天罪行,超过了人类历史上一切形式的卑劣行径。

..........

我们只有一个目标,这个目标始终如一、不可动摇——我们决心消灭希特勒,肃清纳粹制度的一切痕迹。任何事情都不能使我们偏离这一目标,任何事情都不能。

这是我们的政策,这是我们的宣言。因此,我们将尽力向俄国和俄国人民提供一切援助。我们还将呼吁世界各地的朋友和盟国也同心协力,忠诚不渝,战斗到底。我们绝不谈判。我们绝不与希特勒及其党羽议和。我们将与他战斗在陆地上,我们将与他战斗在海上,我们将与他

战斗在空中,直至在上帝佑护下,使地球肃清他的魔影,使人民从他的枷锁中解放出来。

我们已经向苏俄政府提供我方所掌握的技术援助和经济援助,可能对他们有用。我们将夜以继日、不断加大轰炸德国的规模力度,月复一月向它大量投掷炸弹,使它每个月都尝到并吞下苦果,比它倾泻给人类的苦难更加深重。值得一提的是,就在昨天,皇家空军一度深入法国腹地,以极小损失击落了 28 架侵犯、玷污并扬言要控制法兰西领空的德国战斗机。而这仅仅是个开始。从现在起,我国空军将加速扩充。在今后六个月,美国提供的重大援助,包括各种战争物资,特别是重型轰炸机,将开始发挥作用。

这绝不是一场阶级战争,而是整个大英帝国和英联邦全体参与的战争,而且不分种族、不分信仰、不分党派、全民参与。美国的行动举措,本不该由我代言,但是我要声明:如果希特勒妄图进攻苏俄,迫使那些决心埋葬他的伟大民主国家目标有丝毫偏离或斗志有些微松懈,那么他将大错特错。恰恰相反,我们将会更加坚强、更加勇敢,努力将人类从他的暴政中拯救出来。我们的决心和力量将得到加强,而非削弱。

那些任由自己被敌人各个击破的国家和政权,当初若是联合作战,本可以使自己和全世界免遭这场劫难。现在当然没有闲工夫道德说教其愚蠢行为。但在几分钟前,当我谈及希特勒受其嗜血成性、可憎欲望的驱使或引诱,贸然发动了这次对俄国的侵略冒险时,我还说过在他疯狂行为的背后隐藏着一个老谋深算的动机:他想要摧毁俄国实力,指望一旦得手后,可以将其陆军和空军主力从东线调回,集中火力攻击英伦三岛。他心知肚明,必须征服英国,否则他将因犯下种种罪行而遭受重惩。

希特勒入侵俄国,只不过是蓄谋入侵大不列颠诸岛的前奏。毫无疑问,他指望在冬季到来之前结束这一切,并在美国海军和空军进行干涉之前击溃英国。他指望在更大范围内故伎重演,各个击破。他过去一贯凭借这种伎俩屡屡得逞。届时，他便可以为最后行动清除障碍了——也就是说，他要迫使西半球屈服于其意志和制度。而如果做不到这一点，他的所有战果都将徒劳化为幻影。

因此，俄国的危难就是我国的危难，也是美国的危难。俄国人民为保卫家乡而战的事业，就是世界各地自由人民和自由民族的事业。让我们汲取历史经验中的惨痛教训吧。只要我们生命尚存、力量犹在，就要加倍努力，奋战到底。

# "永不放弃"

1941 年 10 月 29 日,66 岁,哈罗公学演讲:鼓励作战

1941 年 10 月 29 日,丘吉尔在这一年间第二次访问哈罗公学。他听到一些传统的曲目,得知其中一首加入了额外的诗行,部分诗句如下:

在更为黑暗的时代里

我们更加赞美国家领袖

丘吉尔的名字

他还将赢得每一代新人的赞誉……

丘吉尔对孩子们说:

上次我承蒙校长先生的盛情邀请,前来吟唱我们的校歌,以激励自己,并激励一些朋友,距今已快一年了。在过去十个月里,我们目睹了极为可怕的人间灾难——战局起伏跌宕,危难接踵而至——但是今天下午,在十月份的这个下午,任何坐在这里的人,谁不感激过去发生的一切终成历史,感激我们伟大的祖国和家园取得的巨大腾飞呢?

当我上一次来哈罗公学时,我们非常孤独,充满绝望,孤军作战持续五六个月,为什么?当时装备简陋。现在我们装备好多了,但当时装备极其落后。敌人始终在无限威胁我们,而且他们的空袭仍在攻击我们,你们也都亲身经历过这些空袭;不过,最近好长时间都一成不变,没

有发生任何新鲜事情,我想你们一定开始厌烦了吧?

但我们必须学会既善于应对短促而急速的斗争,也善于应对漫长而艰辛的考验。人们常说,英国人往往笑到最后。他们并不希望危机接踵而至,也不希望每天都迎来宏伟的战斗机会。但当他们逐渐认识到必须做的事情、必须克服的困难、必须完成的任务,那么,即使需要经年累月,他们也会当仁不让。

当我们回顾十个月前来到这里的情景,我想还可以吸取的另一个教训是,表象通常很有欺骗性,吉卜林[①]说得好,我们必须:

······既遇到胜利,也会遇到灾难

对待这两种欺骗,要一视同仁

你不能通过表象来判断事态如何发展。有时候凭想象得到的判断比实际情况要糟糕得多,但没有想象力很多事干不成。富有想象力的人可以看见更多潜在危险,远远多于实际存在的危险,远远多于将要发生的危险,但他们也必须祈求更多的勇气来承载这种深远的想象力。而对于每一个人来说,我们在这一时期的经历——正着力向本校演讲——肯定能从这十个月的经历中得到教益:

永不屈服。永不屈服。永不,永不,永不屈服。永不屈服于任何事情,无论大事还是小事、要事还是琐事。永不屈服,除非信服于荣誉和理智。永不屈服于武力,永不屈服于貌似强大的敌人。

一年以前,我们在孤军奋战。许多国家都认为我们的末日到了,要完蛋了。我们的一切传统,我们的校歌、校史、国史,似乎都要随风而去、曲尽人散了。

但是今天的形势大不相同了。其他国家认为英国将一败涂地,我们却在独当难局。我们没有畏葸不前,也从未幻想屈服。不列颠岛外

_____

① 吉卜林:英国作家,诺贝尔文学获得者。

的人认为我们几乎创造了奇迹,我们自己却从未怀疑。我们今天已经
取得这样的地位,正如我所说的,只要坚持到底,就一定能获得胜利。

你们刚刚唱了校歌,还额外唱了对我的溢美之词,对我大加夸奖,
并且还反复吟唱称颂。但我想改换其中一个词汇。去年我就想改写,
但是没有冒昧这么做。具体是这一行:

在更为黑暗的时代里
我们更加赞美国家领袖

我已征得校长允许,将"更为黑暗"一词改为"更为严峻":

在更为严峻的时代里
我们更加赞美国家领袖

我们不要说这是"黑暗时代",换用"严峻时代"来表达吧。我们此
时身处的不是黑暗的时代,而是伟大的时代,是祖国有史以来最伟大的
时代。我们都应该感谢上帝允许我们人人生而有幸,为了国家,将这个
时代深深镌刻在民族历史的长河之中。

# "我们赢得了这场战争"

## 1941 年 12 月 7 日,67 岁,写作:美国参战

1941 年 12 月 7 日,日本袭击了美国珍珠港海军基地,并且调动海军和空军袭击美国在太平洋的属地(关岛、中途岛、威克岛和菲律宾群岛)。日军也袭击了英国在东南亚的殖民地(香港和马来半岛)、荷属东印度群岛。丘吉尔在《第二次世界大战》中回顾了这一决定命运的时刻:

如果我宣称与美国并肩作战是最为高兴的事,美国人都不会反对。我无法预知事态的发展进程。我也不擅自以为已经精确测量日本的军备力量,但是在此时此刻,我知道美国进入了战争,彻底投入,并将拼命到底。因此,我们终于赢了!是的,在敦刻尔克大撤退之后,在法国陷落之后,在可怕的奥兰事件之后,在英国面临入侵威胁之后——当时英国除了空军和海军,几乎没有武装,在经过 U 型潜艇战的殊死搏斗后,大西洋战役开启首战,从一掌之宽中获益,在 17 个月的孤独战斗和 19 个月的责任重压之后,我们终于赢了!

我们终于赢得战争。英格兰将长存,不列颠将长存,英联邦国家和大英帝国也将长存。没有人可以预知这场战争会持续多久、会以什么方式结束。此刻我也毫不关心这一点。在祖国悠久的历史长河中,不管我们受到怎样的创伤和毁坏,我们都将再次屹立,以稳健和胜利的姿态屹立。我们不会被消灭。我们的历史不会走到尽头。作为个体,我

们甚至都不会死亡。

希特勒的命运已经注定。墨索里尼的命运也已成定局。至于日本人，他们将被碾成为粉末。其余一切侵略者的结局都不过是压倒性力量的正确应用。大英帝国、苏俄现在还有美国，他们每一个生命和每一分力量都已紧密联系。根据我的理解，这是两倍甚至三倍于对手的力量。毫无疑问，战争还将耗费很长时间。我曾预计东部战线将付出沉重的代价，但这些都将只是过渡阶段。我们只要团结起来，定能征服世界上其他所有人。众多灾难、不可估量的代价和磨难摆在面前，但是我们对结局已无更多疑虑。

有些愚蠢的人低估了美国的力量，这种蠢人很多，而且不仅在敌对国家。有人称美国人软弱，也有人说美国永远不会团结一致，他们这些蠢人只会在远处无所事事。他们永远不会努力和敌人搏斗。他们永远经不起流血牺牲。他们的民主和循环选举制度会使作战能力丧失。他们在敌友眼中只不过是地平线上一个模糊的斑点。在这个人数众多却袖手旁观、生活富裕却夸夸其谈的庞大人群身上，我们现在看到了如此多的弱点。

但我曾研究美国内战，南北双方寸土不让、拼得你死我活。我的血管里流淌着美国人的血液。我想到爱德华·格雷三十多年前对我说的一句话——美国就像"一个巨大的熔炉，只要在下面点上火，就会产生无穷无尽的能量"。我满怀激动，带着感激之情，上床睡得安安稳稳。

# "奇怪的圣诞节平安夜"

1941 年 12 月 24 日，67 岁，华盛顿，向美国广播演讲

1941 年 12 月 11 日，在日本偷袭美国珍珠港之后的第五天，德国向美国宣战。丘吉尔担心美国可能不会将其主要精力集中于太平洋战争，于是在 12 月 13 日乘船离开英国，前往华盛顿。从 12 月 22 日开始，他在华盛顿花了整整 14 天与罗斯福总统会谈。总统最终同意：将优先考虑欧洲和地中海的战争，战败日本排在其次。12 月 24 日，丘吉尔在华盛顿向美国人民广播演讲：

在这个圣诞佳节纪念日，我虽然远离祖国，远离家人，但丝毫没有背井离乡的感觉。无论是我母亲这一脉的血缘纽带，还是本人多年在此所得友谊，或是持同种语言、信仰同种宗教、在很大程度上说也追求同种理想的伟大国度为共同事业而奋斗时结下的深情厚谊，此刻我在美国的政治中心，无论如何都无法自诩为异乡客。我体会到团结如兄弟般的情谊，加上各位热情欢迎，我觉得很应该和诸位共坐在家园壁炉边，同享圣诞喜乐。

但今年的圣诞前夕，却是一个奇异的圣诞前夕。

但今年的圣诞前夕，我们迎来一个奇怪的平安夜。几乎整个世界都陷入致命的殊死搏斗，并且各国操着科学技术所能设计发明的恐怖武器彼此屠杀。正是对别国领土或财富的觊觎、攫取物资的野心、卑鄙

的欲望、为了功利而不顾其他,导致我们被推上战场。如果我们还不能深信没有贪图这些,那么今年圣诞节将非常难过。战争的狂潮虽然在各地奔腾,使我们心惊肉跳,但在今天,每家每户都在宁静肃穆的气氛里过节。因此,今夜至少可以抛开困扰我们的忧虑和危险,在暴风雨的世界中为孩子们营造一个幸福之夜。在这短短一夜,英语世界里每个家庭都将成为一个幸福和平、光明灿烂的岛屿。

让孩子们拥有一个充满乐趣和欢笑的良宵吧。让圣诞老人的礼物陪他们开心玩耍吧。也让我们成年人在再次面临严峻任务和艰难岁月前尽情分享这种无牵无挂的愉悦吧。我们决心付出各种牺牲,让孩子们继承产业的权利不被剥夺,在文明世界的自由生活不被破坏。

所以,感谢上帝庇佑,谨祝各位圣诞快乐。

# "需要重重的当头棒喝"

1941 年 12 月 27 日,67 岁,美国国会演讲:相信人民

1941 年 12 月 26 日,丘吉尔前往美国国会,向美国参议院和众议院发表演讲:

你们邀请我来到美国参议院会议厅,并向国会两大分支的代表发表演讲,我深感荣幸。事实上,我的美国祖先在数代本地生活中发挥了重要作用。而我作为一个英国人来到这里,受到你们欢迎,这段经历将成为我生命中最为感人和激动人心的体验。我的生命已很漫长,但还未彻底平淡无奇。我真心希望过世的母亲可以在此看到,我在世间一直珍惜有关她的记忆。

顺便说一下,我忍不住想说,如果我父亲是美国人,而我母亲是英国人,而不是相反,我可能早就来这里了。如果是那样,这将不是我第一次对你们演讲。如果是那样,我不需要任何邀请。但是如果有邀请,也很可能如出一致。因此,事情或许会更好。然而,我也承认,在讲英语的议院,我感觉如鱼得水。

我是下议院的孩子。我在父系家族长大,相信民主。"相信人民。"这是父亲的信条。在贵族政治的维多利亚时代,首相迪斯雷利曾说那是一个少数人、极少数人当权的世界,我曾看到父亲在街上被蜂拥而至的工人们簇拥着,在集会上欢呼。因此,我毕生都与大西洋两岸反对特权和垄断的潮流高度一致,并且信心十足地迈向葛底斯堡战役的理想

"民有、民治、民享的政府"①。我感谢下议院赋予我的进步,我是它的仆人。在我们英国,正如在美国,公众人物以成为国家的仆人为荣,而以成为国家主人为耻。只要下议院认为出自人民的需要,无论哪一天,他们都可以通过简单投票把我赶出办公室。但我毫不担心。事实上,我确信他们会高度赞许我来这里。我此行得到了国王陛下的批准,前来与美国总统会面,与他商议筹谋两国的军事规划、双方武装部队高官的私密会晤,这些对于成功起诉战争必不可少。

............

当我们考虑到美国和英帝国的资源远比日本富饶,并且中国人这么长时间英勇抵抗入侵,也观察到俄罗斯的威胁笼罩着日本,我们依然很难审慎或者理智地调和日本的战斗。日本人认为我们是什么样的人?我们将永不放弃,坚持抵抗他们,直至使之记取他们和世界将永不忘记的教训,难道日本人不知道这些?

参议院和众议院的各位议员们,我马上从当前的社会骚乱和动荡转而探讨面向未来的更广泛的基础。我们在此共同面对一伙强大的敌人,他们试图毁灭我们;我们在此共同捍卫自由人类所珍视的一切。我们这一代人已经先后两次遭遇世界大战的灾难;在这一生中已经先后两次伸出宿命的长长手臂,漂洋过海,将美利坚合众国带到战斗的第一线。如果我们在上一次世界大战结束之后保持团结,如果我们为了安全联合采取了措施,这种战乱就永远不会再度横祸飞来。

为了避免巨大灾难第三次吞噬我们,难道不应该依靠我们自己,依靠我们的孩子们,依靠饱受磨难的人类吗?欧洲东半球旧世界的瘟疫可能突然爆发,携带其毁灭性的破坏力,席卷美洲西半球的新世界,这已经得到证明。一旦瘟疫来临,新世界无处可逃。首先,要有责任感,

---

① 葛底斯堡,位于美国宾夕法尼亚州南部。美国南北战争中葛底斯堡战役(1863年7月1日—3日)的战场,林肯总统曾在此发表具有历史意义的演说,提出"民有、民治、民享的政府"理念。

小心谨慎，不时警醒检视仇恨和复仇的胚芽并及时根除。其次，妥当建立一个组织，确保在瘟疫初现苗头时即有效遏止其蔓延和肆虐到整个世界。

在五六年前，美国和英国本可以不流一滴血，即能从容坚持让德国履行在第一次世界大战后所签协约中的裁军条款。那时也有机会向德国保证，任何战胜国或战败国都应拥有《大西洋宪章》所宣布的这些原材料。但是我们已经错失这样的机会。机会已经过去。为了让我们再度团结起来，还需要重重的当头棒喝。换句话说，如果你们允许我使用其他语言，我要说他的心肯定瞎了，未能看见这里接下来正在做伟大规划和设计，而我们有幸为之忠诚服务。

我们注定不能窥视未来的奥秘。但我依旧公开宣称希望和信念是确定无疑和不可侵犯的：在未来的日子里，英美两国人民将为了自身安全和所有人的利益，庄严、公正并且和平地结伴而行。

# "鸡！ 脖子！"

1941 年 12 月 30 日, 67 岁, 加拿大议会演讲: 彼此支持

1941 年 12 月, 丘吉尔停止在华盛顿的演讲, 乘坐火车来到加拿大首都渥太华。12 月 30 日, 他向加拿大议会演讲。1900 年, 他在北美巡回演讲时首次造访加拿大, 并在 1929 年回到这里度假, 到处旅游。1941 年是他第三次访问加拿大。

有幸来到加拿大下议院, 受邀向大英帝国王权之下资深的自治领议会演讲, 我深感自豪, 备受鼓舞。

我向你们保证, 祖国每一个人都充满善意和感情。衷心感谢你们为共同事业所做一切, 而且我们深知, 只要有必要, 只要条件允许, 你们决心付出更多。加拿大在大英帝国中有着独一无二的地位, 因为它与英国有着坚不可摧的联系, 而且它与美国的友谊不断发展、交往密切。加拿大是一块强大的磁铁, 吸引了来自新世界和旧世界的人们。大家团结一致, 为了生命和荣誉, 在一场殊死战斗中共同御敌。为了大英帝国的战斗事业, 加拿大在军队、舰船、飞机、食品和资金等方面做出了杰出的贡献。

············

我们并没有制造这场战争, 也没有挑起这场战争。为了避免开战, 我们想尽了各种方法。为了避免开战, 我们付出了太多太多。为了避免开战, 我们甚至在战争突然爆发时几乎毁于一旦。但是我们已经扭

转这一危险的局面。敌人试图拿着武器建立可恶统治，而每一年每一月我们也将拿着同样充足、锋利和破坏性的武器，直面这群豺狼虎豹。

我要向你们指明，我们任何时候都没有企图替敌人的暴怒和怨恨开脱。大英帝国的人民热爱和平。他们并不贪求任何别国的土地或财富，但他们是坚忍不拔、吃苦耐劳的民族。我们跨越几个世纪，一路跋山涉水，穿越草原，因为我们绝不是糖块制成，怎么轻易化掉。

请看伦敦人，地道伦敦人；请看看他们的勇敢反抗。战事残酷，但他们愉快地高呼"我们挺得住"，他们在战时的想法是"只要对别人有好处，那就对我们有好处"。我们并未要求修改游戏规则。我们永远不会堕落如德国人和日本人，但是任何人只要妄想逞凶，我们也能以暴制暴、以牙还牙。希特勒及其纳粹党羽已经恶有恶报。让他们自食恶果吧。无论战争怎样漫长与艰巨，都无法让我们疲倦或放弃。

我本周与美国总统在一起，这个大人物的命运标志着人类命运的高峰。我们协同做出联合约定，让三十多个州和国家下决心团结一致、继续战斗、彼此忠诚，心无旁骛，只求最终全面覆灭希特勒的暴政、日本的狂暴和墨索里尼的败笔。

我们不能半途而废，不能苟且折中，不能有丝毫妥协或媾和。这伙强盗试图泯灭世界之光，试图阻挡所有大地上的人民、阻碍他们迈向传承的步伐。他们必将被赶入死亡和耻辱的深渊。唯有清除了他们的罪行与邪恶，净化了大地，才算终结他们强加给我们的任务。我们本不愿意承担这一任务，但是现在仍然极为忠实、一丝不苟地履行。

根据我对轻重缓急的判断，现在没有时间谈论未来希望，或者斗争胜利后的广阔世界。我们必须为孩子们赢取这一世界。我们必须为赢取胜利付出牺牲。我们还未赢取胜利。危机已经来临。敌人的实力雄厚。如果我们稍微低估敌人的实力资源或残忍野蛮的程度，不仅会伤害到自身生命，因为敌人的肆意侵犯，还会伤害到我们发誓捍卫所拥有的人类自由进步事业。我们一刻也不能松懈。相反，我们必须以饱满热情向前推进。每个人在这场奇怪、可怕的世界大战中都责无旁贷，无论男女老少，无论健壮或者病跛。战争中有千万种服务形式。

浅薄、懦弱的人，逃避责任的人，或游手好闲的人，都没有立足之地。矿山工厂，造船厂，盐田，农田耕种，家庭，医院，科学家的讲座，传教士的布道——所有的任务，无论高尚或者卑微，都同样光荣，都有其可发挥的作用。

敌人远程攻击了我们，他们联合作战，组合攻击，寻求全面战争。我们要打得敌人全面开花。

············

德国穷凶极恶入侵了波兰，很快扼杀了波兰人的英勇抵抗。因为我们信守承诺支持波兰，所以毫无准备地卷入这场战争。接着是七个月令人震惊的战况，我们称之为大西洋西线"假性战争"①。德国精心准备、蓄势已久的力量突然大爆发，猛然面向挪威、丹麦、荷兰和比利时一触即发。这些无辜的中立国，直到开战前最后一刻还得到过德国所做各种许诺、保证，此刻纷纷望风披靡、惨遭蹂躏。

法国首当其冲，大祸临头。法国军队崩溃，全国彻底混乱，迄今为止已证明是无可挽救的崩溃。法国政府曾与英国郑重缔约，绝不单独媾和。前往北非，既是法国的职责驱使，也是他们的利益所在，因为那里有法兰西帝国属地。在非洲，他们有英国援助，本可以拥有占压倒优势的海军力量。他们本已得到美国允准，可以使用他们在大洋彼岸所租全部黄金。如果他们这么做了，意大利将有可能在 1940 年年底之前被迫赶出战场，法国将在同盟国的讨论决策和胜利国的会议桌上占据一席之地。但是法国将帅误导了他们。当我警告他们说"无论他们怎样做，英国都将独自继续战斗下去"时，他们的指挥官对总理及其存在分歧的内阁说："三周之内，英国人的脖子将像鸡一样被拧断。"嘿！鸡！脖子！

---

① "虚假的战争"，指 1939 年 9 月宣战至 1940 年 5 月纳粹对比利时和法国发动闪电战之间的平静战期。

英勇、坚毅的荷兰人形成鲜明对立，他们依然挺身而出，在斗争中成为强大、鲜活的伙伴！尊敬的荷兰国王和政权都在英国，公主和她的孩子们在你们当中得到庇佑保护。而荷兰民族正以顽强的勇气，在海、陆、空三军坚韧作战，捍卫其帝国。日本强盗越洋过海来窃取东印度群岛财富、掠夺和开发其沃土文明，遭到荷兰人民潜艇日复一日重创。英帝国和美国将援助荷兰。我们将共同投入新的抗击日本的战争。我们已经共患难，我们也将共征伐。

但是波尔多和维希①的人不会做类似任何事。他们匍匐于征服者的脚下，献媚讨好。他们得到什么了吗？法国支离破碎，留给他们的只有无能为力、饥饿甚至更加悲惨，因为更加四分五裂，比被占领地区更严重。希特勒每天玩着猫捉老鼠的游戏，折磨他们。他某天会因镇压法国人而收取少许费用，另一天将从汇集的 150 万或 130 万战俘中释放已经被残害的几千人。或又朝 100 名法国人质开枪，让他们尝尝鞭笞的滋味。而维希政府在这些恩威并施中甘于一天天活着。但是，即便如此，也不能无限期苟活下去。希特勒可以随时清理掉他们。他们只能仰仗希特勒的善意来苟延残喘。众所周知，他咬一口就像美洲无毒的猪鼻蛇，剧痛如同非洲的毒蛇角蝰。

但是也有一些法国人不愿卑躬屈膝。他们在戴高乐将军率领下继续和盟军并肩战斗。他们已被维希政府的人判处死刑，但是他们的名字却被 90％ 的法国人越加尊崇，这些同胞遍及曾经幸福、欢笑的法国乐土。而我们现在掌握了强大实力。形势变得对德国佬不利。波尔多人曾认为并盼望英国很快完蛋，但是英国乃至英帝国在长达整整一年里独自承受着战争的重任，熬过了山谷中最为黑暗的一段。她正日益强大。你可以在加拿大这里看到。但凡对英国事务有些微了解，就会

---

① 维希政权：第二次世界大战期间纳粹德国占领下的法国傀儡政府。1940 年 6 月，法国政府向德国投降。7 月，政府所在地迁至法国中部的维希。

意识到,尽管敌人曾一度优越于我们半武装的英国人,但我们很快将在各种装备上胜过敌人。

...........

我已说过,今天下午亚德比附近正在打响一场重要战役。我们不能试图预言战果,但我很有信心。发生在利比亚的所有战斗表明,当英国人手中有对等的武器,有空军恰当的支持,他们不只是纳粹团伙的劲敌。在利比亚,正如在俄国,已经发生了非常重要且极有意义的事件。但最为重要的是,强大的美利坚合众国进入了战争,而且这种参战方式表明,她不会撤军,而将誓死胜利。

丘吉尔接着用法语说:

【翻译】法国各地,无论是否占领区,有着完全相同的命运。这些诚实的人民,这个伟大的法兰西民族,正在重新崛起。战斗民族的心中再度油然而生希望,即便被解除武装。这里是自由革命的摇篮,征服了可怕的奴性。处处已初现晨曦,光芒正在扩散,虽然还是绯红,但清晰可见。我们永远不要失去信心:法国将再次肩负起自由引领人民的重任,走过艰苦的路途,再次屹立于带来自由和胜利的伟大民族之林。这里,在加拿大,人们以说法语为荣。我们全副武装,准备帮助这个国家复兴。

既然整个北美大陆正在成为一个庞大的兵工厂和全副武装的军营,既然俄国正在显露储备的巨大力量,既然长期受苦受难但不可征服的中国已有救援前往,既然被征服的、愤怒的各国可以看到前方的曙光,那么我们便能以宽广朝前的视野看待这场战争。

...........

丘吉尔继续用英语演讲:

我认为此刻应该清楚一点,虽然对德不断增加的轰炸攻势仍是我们希望终结战争的主要方法,但它绝不是唯一方法,我们还应考虑到日益增强的实力。

显然,每个人都要做出最为艰苦的努力。至于采取什么形式的努力,伟大联盟的各个合作伙伴可以自行判断,与盟国协商,与总体方案保持一致。让我们致力于各自的任务,无论如何不能低估其巨大的困难和危险,但要精神饱满,且有清醒自信;下定决心,无论付出什么代价,无论承受多大痛苦,我们都将支持彼此,支持真诚忠实的战友,在上帝佑护下履行职责,直至结束。

# "浩劫继续甚嚣尘上"

## 1942 年,67 岁,写作:二战之大西洋局势

英国破译了德国的绝密信号,导致德国 U 型潜艇在 1941
年击沉船只数目大幅降低。但在 1942 年年初,德国海军绝密
信号系统改变。在这一年后来大部分时间里,同盟国无从预
先得知 U 型潜艇的位置而下令攻击。虽然《第二次世界大
战》不能揭示这一事实,也不能揭示怎样于 1943 年年初漂亮
地破译了德国海军密码,但丘吉尔在回忆录中说明了整个
1942 年大西洋局势的严重性:

美国怀着救济和起义的精神参战,我们已经对此表示欢迎。今后
我们将与伙伴共享所承载的、几乎无限的资源,并希望在海上战争中
迅速掌控潜艇。有了美国的援助,大西洋的生命线将变得安全,当然
必定会有损伤,直至同盟国投入全部力量。所以我们让兵力有所保
留,足以在欧洲和中东地区抗击希特勒。目前远东的战况将是最为
悲惨的。

但是 1942 年将发起很多猛攻,大西洋战场将在整个战争中变得最
为艰苦。截至 1941 年年底,潜艇舰队已经增至近 250 个。邓尼茨海军
上将可以报告其中运行的近 100 个,还有每月增补 75 个。起初我们联
合防御,虽然比孤立无援时强大得多,但也成为更庞大的攻击目标,与
新的攻击并不对等。在六七个月的时间里,潜艇几乎不受控制地肆意

践踏美国水域,实际上几令我们陷入无限延长战争的灾难。如果我们被迫暂停,或者严格限制一段时间,我们所有共同计划中的大西洋航运将会被扣留。

............

在加勒比海,在大量攻击目标中,U型潜艇主要选择猎食油轮。各种中立油轮与同盟国船只一样都遭到攻击。周复一周,这种屠杀规模日渐扩大。2月,大西洋的U型潜艇损失增至71艘船,吨位达38.4万;除了其中两艘,其余69艘全部在美国水域被击沉。这是整个战争期间到目前为止我们遭受的最重损失,而且又很快被超越。

所有这些破坏,远远超过了我们在这场战争中已经知晓的一切,不过并未达到1917年最糟时期的灾难性数据,当时破坏导致不足15艘船在这一区域同时运行。美国海军提供的保护在好几个月里远远不够。在全面战争侵向美洲大陆之前,他们并未针对这种致命猛攻做更多预先准备,的确令人惊讶。但在美国总统"针对英国战时短缺,提供一切援助"的政策之下,我们获益良多。我们已经得到50艘旧的驱逐舰和10艘缉私船。作为交换,我们出让了宝贵的西印度群岛基地。但是盟军很遗憾丢掉了这些船只。在珍珠港事件之后,太平洋让美国海军面临沉重压力。尽管美国知晓我们在战争之前和其间已采用的保护措施,但值得注意的是,他们并未针对沿海护航船队和成倍的小型飞艇制订计划。

............

与此同时,美国大西洋沿岸继续遭到肆意破坏。一名潜艇指挥官向邓尼茨报告说,十倍之多的U型潜艇都能找到充裕的目标。它们白天在水底休息,晚上就通过水面航速选择最丰富的猎物。它们运输的每一个鱼雷几乎都产生了受害者。当鱼雷被耗尽时,枪也几乎同样有效。在大西洋沿岸的城镇,战火一度燃亮了整个水面战线,晚上都能听到岸边战斗的声音,都能看见船离岸着火并沉没,幸存者与伤员被救下。大家愤怒反对管理部门,这些机构也极其尴尬。但是,激怒美国人比恐吓他们容易。

............

2月10日,我们主动向美国海军提供24艘装备最好的反潜艇拖网渔船和10艘轻巡洋舰,并配备训练有素的海员。盟友表示欢迎。第一批于3月抵达纽约。船舰数量极少,却是我们能够尽量匀出的最大数目。"她倾尽所有了。""她毫无保留地交付了所有。"只有等到建立必要组织、聚拢基本必备护卫,沿海护航队才能出发。可用的战舰和飞机起初只用于巡逻在受到威胁的地区。敌人可以轻易躲避开巡逻,在别处追击毫无防备的猎物。2月16日,一艘德国潜艇在荷属西印度群岛的石油大港阿鲁巴出现,先是重创和击沉小型油轮各一艘,随后从海港外面炮轰岸上的设施,好在未造成严重损坏。潜艇还企图用鱼雷袭击旁边一艘大油轮,好在功亏一篑。同一天,在同一区域,另一艘U型潜艇又击沉3艘油轮。很快又有U型潜艇进入英国特立尼大港,击沉2艘抛锚停泊的船,并完好无损地撤回。后一事件迫使我们将运输部队转至中东,频繁在那里加油。幸运的是,"玛丽女王号"和其他大船在这一地区未受攻击。

3月,主要的压力下沉至查尔斯顿至纽约之间的区域,同时U型潜艇单独监视整个加勒比和墨西哥海湾,其肆意和傲慢令人难以忍受。同样在3月,沉没油轮吨位近50万吨,其中3/4都在距美国海岸300英里亦即480千米以内击沉,近半是在油船吨位。而与此对应的是,仅有2艘U型潜艇在美国水域被该国海上飞机击沉。飞机是3月由护航舰从纽芬兰岛护送过来。

............

8月,U型潜艇的注意力转向特立尼达和巴西北海岸周边地区,那里的船只为美国飞机制造业运送铝土矿,为中东提供出海船舶流,成为最引人注目的攻击对象。其他U型潜艇在弗里敦附近巡回作业;有的

370

潜艇范围往南远至好望角，几艘甚至渗透进入印度洋。南大西洋曾有一度让我们坐立不安，因为这里在9月和10月有五艘单独航行回家的大型班轮被炸沉，而我们所有结伴出海前往中东的兵船毫发无伤。五艘大船中的"拉科尼亚号"，有近两万吨重，载着两千名意大利战俘去往英国。其中很多人员溺死于海中。

北大西洋庞大的护航线现在再次发起主要战斗。U型潜艇已经学会尊重空军力量，他们在新的攻击中几乎完全集中于中段，让基于冰岛和纽芬兰的飞机轰炸不到。8月，两支护航队遭到重创，其中一支失去11艘船；潜艇击沉108艘船，总量超过50万吨。9月和10月，德国人重又回到之前每日水下攻击的状态。我们现在与更多数量的"狼群"共舞，资源却又有限，护航队损失严重是不可避免的。

············

所以，威胁来自飞机战斗范围之外的水域。11月4日，我个人召集了一个新的反U型潜艇委员会，专门处理这一问题。这一机构可以做出影响深远的决策，在战斗中发挥了不小的作用。为了努力扩展我方运载雷达的"解放号"飞机的飞行范围，我们决定暂时撤回战斗中的飞机，作出必要改进。作为该政策的一部分，总统应我所求派出美国全部适配飞机，都装备了最新类型的雷达，在英国工作。所以，我们目前可以在比斯开湾投入更大力量、以更好装备继续作战。这一决策和1942年11月采取的其他措施，将在1943年收获胜利硕果。

············

大西洋战役是整个战争的主导因素。我们片刻也不能忘记，其他各处所发生的一切，无论是在陆地作战、海上或者空中战役，最终取决于其结果；在各种关切之中，我们认为命运正伴随希望或恐惧一天天地改变。通常，经过艰辛而不懈的努力，在急剧不适或令人沮丧的条件下，并且总是处在看不见的危险中，战况总是被意外或戏剧性事件推进。但是对于U型潜艇战中的海员或飞行员个体来说，他们几无令人振奋的战斗来打破日复一日千篇一律无休止的单调、焦虑、平淡无奇。永远不能放松警惕。任何时刻都可能突然冒出灿烂好运，也可能酿成人间悲剧。许多英勇壮举和令人难以置信的持久功勋正在记录下来，但那些死难者的功绩将永远不为人知。我国商船海员表现了最高尚的品质，海上兄弟表现出前所未有的、矢志不渝地击败U型潜艇的决心。

# "今晚日本人正得意扬扬"

## 1942 年 2 月 15 日，67 岁，广播演讲：二战之新加坡陷落

　　1942 年 2 月 15 日，英国驻新加坡自治领军队指挥波西瓦尔将军向日本无条件投降。就在这一毁灭性的打击发生之前四天，德国三艘战斗巡洋舰，即"沙恩霍斯特号""格奈森瑙号"和"欧根亲王号"，在光天化日之下，从大西洋沿岸的布雷斯特港，经由英吉利海峡，成功回到德国本土港口。如此事件当然引起英国公众不安。在新加坡陷落当晚，丘吉尔向英国人民和全世界广播，给出了迄今为止对此次战争的综合调查，认为战争高潮就在新加坡的陷落：

　　自从 8 月底我直接向祖国同胞们广播之后，时间已过去近六个月。所以，我们有必要回顾这半年的斗争生活，我们过去是怎样战斗的，现在又是怎样的斗争形态，再看看我们的命运和前景将会怎样变化。

　　8 月，我有幸见到美国总统，与他起草英美政策的宣言，现已作为《大西洋宪章》举世闻名。我们也解决了有关战争的其他若干问题，其中一些已对战争进程产生重要影响。在那些日子里，我们为步步紧逼的战斗所迫，提出优惠条件，希望寻求好朋友的帮助，然而只有仁慈的中立国。

　　在那些日子里，德国似乎要把俄国军队撕成碎片，而且挟迅猛势头大举入侵列宁格勒、莫斯科和罗斯托夫，甚至更远深入到俄国腹地。当

总统宣称俄国军队将坚持到冬天时，这被视作一个非常大胆的断言。可以说，各国军人，无论敌友还是来自中立国，都非常怀疑这一宣言能否实现。

至于我们英国，已经把资源充分发挥到了最大极限。我们在一年多里独自与希特勒和墨索里尼战斗。我们不得不为德国入侵祖国做好防御准备；还要保护埃及、尼罗河领域和苏伊士运河。首先，我们必须穿越大西洋上德国和意大利 U 型潜艇和飞机的武装封锁，引进食物、原料和成品弹药。没有这些，我们无法生存；没有这些，无法继续战斗。我们不得不悄悄完成所有这些。

在 8 月期间，我们英国似乎有责任尽全力帮助俄国人民直面他们所遭受的巨大冲击。如果考虑到俄国为了打败希特勒、为了共同的和平事业所做一切，那么英国为俄国所做微不足道。在这种情况下，英国无论如何未能有效发起一场新的对日战争。8 月中旬，当我和罗斯福总统在"威尔士亲王号"①甲级船舶上对话时，情况就是这样。唉，这条船现在已经沉入波涛海底。诚然，我们在 1941 年 8 月的处境似乎比一年前 1940 年的好得多，当时法国刚刚被打入可怕的虚脱——她至今仍在虚脱；当时英国本土几乎毫无武装防卫；当时埃及和整个中东似乎要被意大利征服，它仍占有阿比西尼亚，并于最近将我们赶出了英属索马里。

在 1940 年，除了我们自己，全世界都认为我们将倒下，永远出局。与那时相比，我和总统在 1941 年 8 月所做调查时的形势有了巨大改善。不过，当你坦率老实正视，美国保持中立并存在激烈分歧，俄国军

---

① "威尔士亲王号"：英国海军的威尔士亲王号战列舰（HMS Prince of Wales），是乔治五世国王级战列舰的二号舰。是第二次世界大战期间英国最新型的战列舰，也是二战中英国皇家海军的战列舰主要兵力之一。二战中受命支援美国在太平洋等的战事，还曾载送丘吉尔前往纽芬兰岛参与制定《大西洋宪章》。1941 年 12 月 10 日，在远东海域被日本陆基轰炸机击沉，这个事件成为飞机取代战列舰成为海上霸主的标志之一。

队倒下并损失惨重,德国军事力量获胜并毫发无损,日本威胁要让每天都更可怕,前景当然看似非常黯淡和令人焦虑。

目前情况怎么样了?通盘考虑全局,我们的生存概率比1941年8月时更好还是更糟?大英帝国和英联邦国家会怎么样?我们将崛起还是堕落?我们为之奋斗的自由原则和优雅文明遭遇了什么?它们正向前发展,还是陷入更大危险?

我们既要看到顺境,也要看到逆境;既要看到有利因素,也要看到不利情况。让我们无论好坏,都宠辱不惊,努力看清身处何方。首先也最重大的事件,是美国如今团结一致全心全意与我们共同战斗。前几天,我再次横渡大西洋去见罗斯福总统。这一次,我们不仅作为朋友见面,也作为并肩而立的同志,为了宝贵的生命和更宝贵的荣誉,为了共同的事业,同仇敌忾,投入战斗。

当我考量和计算美国的实力和巨大的资源时,感觉到他们正与我们英国和英联邦各国一起,坚持抗敌,无论多久,誓死战胜。我想整个世界不会有能与此媲美的其他事情。这是我一直以来的梦想、宗旨和工作目标,现在梦想成真了。而且还有另一个事实,从某种程度来说更直接有效:俄国军队未被打败,未被打得七零八落。

俄国人民未被征服或者摧毁。列宁格勒和莫斯科未被占领。俄国军队正在战场之中。他们并不固守乌拉尔或伏尔加线,而是大获全胜往前推进,把罪恶的侵略者驱赶出他们英勇守护和深深挚爱的祖国大地。更为重要的是,他们第一次打破了希特勒的神话。希特勒发现,在俄国,不像他及其党羽聚集于西方那般轻易获胜、缴获大量战利品;在俄国,迄今为止只有灾难、失败、罄竹难书的可耻罪行、大量德国士兵被屠杀或损失,还有雪地上空刮过冰冷的风。

于是,两种惊人的基本事实,将最终主宰天下形势,并以前所未有的形式取得胜利。但是还要考虑沉重可怕的另一面,这些必须和不可估量的斩获相提并论。日本已悍然发动战争,正在踩躏美丽富饶、繁荣兴旺、人口稠密的远东大地。英国正在与德意两国奋战,这两个国家久经沙场,而且蓄谋已久发动战争。我们正在北海、地中海和大西洋战斗,无法保卫太平洋和远东,只能任由其独自应对日本的侵略。

我们刚刚仅能在国内水域露出头部,仅凭微弱狭缝输入食物和供给,仅凭微薄力量控制住英属尼罗河领域和中东地区。地中海已被封锁,我们所有运输只能绕道好望角,每艘船只一年仅能航行三趟。

没有一艘船、一架飞机、一辆坦克、一架反坦克枪或高射机枪闲置。我们已经部署了一切装备,以抗击敌人或防备来袭。我们正在利比亚沙漠艰难战斗,也许又一场严峻的战斗随即又将打响。我们必须确保广大地区的安全和秩序:解放了的阿比西尼亚,征服了的厄立特里亚、巴勒斯坦,解放了的叙利亚,解救了的伊拉克,以及新的盟友波斯。在一年半的时间里,船、人和物资源源不断从波斯国流出,用以组建并维持驻守中东的英国军队,以保卫尼罗河两岸广大地区。

我们必须尽力向俄国提供大量援助。在她最黑暗的时刻,给予她援助,并且不能让我们的事业功亏一篑。我们处于这样的情况,被抓、被控和被攻打,又怎能抵抗日本投掷的如滚滚雪球般的火力与钢铁武器,确保远东安全?亲爱的朋友,我们的脑海中总在思考这一问题。

然而,还有一个希望,而且是唯一希望,也就是如果日本随其盟友德意参战,美国将站在我们这一边,其意义远远胜过修复了平衡。出于这一原因,我在这几个月里一直极为小心,不去挑衅日本,并且忍受着日本人的侵占,尽管他们危险。这样做是为了确保,如果有可能,无论发生什么事,我们不要独自应对这一新的敌人。我不能笃定这个政策能够成功,但它已经应验了。日本施以残忍痛击,而一个新的超级战友已经拔剑,誓不两立要复仇打击日本,站到了我们这一边。

我要坦率对你们说,我认为日本对英帝国和美国骤然开战有违它的利益。我认为这是非常不合理的行为。的确,你会记得,在敦刻尔克撤退之后,我们如此虚弱,但日本并未攻击我们;当美国援助我们的希望如此渺茫,当我们孤立作战时,我简直不能相信日本人会犯下如此看似疯狂的举动。今晚日本人正得意扬扬。他们欣喜若狂向全世界炫耀。我们却在受苦。我们始料未及,受到猛烈攻击。但我相信,即使在这黑暗时刻,当1942年和1943年的事件被黯然镌刻入史册,"疯狂犯罪"将成为历史对日本侵略始作俑者的判决。

美洲联盟提供无限资源的战斗事业,占主导地位的美国作战舰队现身太平洋,加上我们可以贡献的海军力量,借助优越的制海权,对抗日本侵略,构成美国向日本所施直接威慑。但是,亲爱的朋友,突然的暴力行动惊慑住我们。这个行动蓄谋已久,经过计算和准备,反复权衡,并在谈判的幌子下,将曾经一度并且仅仅暂时护卫公海和太平洋群岛的制海权之盾摔到地上。突破口打开,日本侵略军闯进来。我们面临一个好战种族的攻击,他们有近8 000万人口,拿着大量全套装备的现代武器来了。日本军阀为了这一天筹划已久,也许盼望了20年;而与此同时,大西洋两岸的好人正在空谈永久和平,彼此削减海军力量以树立榜样。英美两国在太平洋的制海权暂时被推翻,立即就像一座宏伟的大坝溃烂,长期积蓄、被压抑的洪水冲出宁静的山谷,泡沫肆虐,所到之处全部毁灭殆尽,泛滥成灾。

没有人可以低估日本战争机器的严重性和破坏力。无论是在空中或者海上,或者地面陆军作战,他们已经证明自身是强大的、致命的;我还要遗憾地说,是残暴的大反派。尽管我们已经在很多方面的准备大为改观,即便被纳粹德国扼住咽喉、被法西斯意大利深入腹地时也能独自勇敢面对劲敌,然而事实已证明百遍,我们丝毫没有战胜日本的可能。

还有别的事情也有明证。而且这将是一种安慰和保证。我们现在可以估量到中国人民的非凡力量,他们独自与可怕的日本侵略者战斗四年半,让敌人困惑和沮丧。尽管他们整个民族千百年来的哲学是反对战争、反对战争艺术,尽管他们苦于缺乏武装和弹药供给,并且在空军力量上绝对薄弱,但他们在坚持抗战。

我们决不能低估日军这一最新敌人的邪恶力量,但也不能低估正站在我们这边、为全世界自由而奋战的巨大的、压倒性的力量。一旦他们开发出天生固有的全部力量，无论同时发生什么事情，我们都将发现完全有能力让所有人达成一致，并能为将来好长一段时间安排妥当一切。

你们知道我从未预言或承诺过冠冕堂皇或轻而易举的事情，现在我所要提示的是接下来的好几个月都要面对艰难、不利的战争。我必须提醒你们，正如我两周前对下议院慷慨投我信任票之前所提醒他们的那样，我们面临很多不幸、严峻、磨人的损失，面临无情、噬人的焦虑。英国民间似乎认为，当野蛮的"德国佬"①让我们的城市化为废墟时，我们对此袖手旁观远比自身投入战争更难忍受。而同样的品质使我们挺过了1940年夏天极其可怕的危险境地，经受了漫长秋冬的空中轰炸；尽管我们还要付出更多代价，而且肯定要耗费更长时间，但这种品质还将帮助我们克服其他新的严峻考验。

一次过失，一次罪孽，而且仅仅一次罪孽就能洗劫联合国和英国人。基于英国人民不屈不挠的追求，联合国应运而生。这个大联盟的生命和荣誉建立在胜利基础之上。削弱我们的意志，进而破坏我们的团结，将是不共戴天的罪行。无论谁犯下这样的罪孽，或者将别人带入这样的险境，老实说最好把磨石拴在他脖子上后把他扔进海里。

去年秋天，当俄国处于最危难的时候，大量士兵被杀或被俘，整个弹药存量的1/3被纳粹德国控制至今，基辅陷落，外国大使被勒令离开莫斯科，俄国人民并没有彼此争吵不休。他们只是团结一致，加倍努力战斗。他们并没有丧失对领导人的信任，并没有试图推翻政府。希特勒妄图在侵占的广阔地区、在落入魔爪的不幸人群中找到内奸走狗和第五纵队队员②。他寻找过。他搜索过。但他一无所获。

苏联政府建立的社会制度与英国或美国大为不同。然而，无论何

---

① 第二次世界大战期间，德国人被英国人等骂做"匈奴鬼子"，也译作"德国佬"。
② "第五纵队"（Fifth column），指在内部进行破坏，里应外合，意图颠覆、破坏国家团结的团体。泛称隐藏在对方内部、尚未曝光的敌方间谍。词语源自西班牙马德里保卫战。因而在国际上尤其是西班牙，常用"第五纵队"来表示内奸叛徒。

种社会制度,事实仍然是,俄国受到打击,她的盟友为此担心,敌人则认为打击是致命的;但是俄国通过维护民族团结、坚持英勇无畏,神奇地东山再起。为此,我们感谢上帝。在英语世界,我们享有自由制度。我们有议会自由和新闻自由。这是我们习以为常的生活方式。这是我们正在奋力保卫的生活方式。

但是所有加入这些自由体系的人都有责任确保,正如上下两院所致力于的,而且不会怀疑,确保战时国家执行政府有坚实的基础,据此屹立并行动;确保不会再次利用战争的不幸和错误来针对他们;确保他们尽管忠言逆耳,需要听取有益而明智的批评或建议,但也不被剥夺坚持到底的力量,从而坚持挺过一段糟糕的时期,克服许多让人痛苦的烦恼,从另一边走出来,到达山顶。

今晚我在英国本土向你们讲话;我向澳大利亚和新西兰人讲话,我们将竭力确保你们的安全;我向印度、缅甸忠诚的朋友讲话;我向英勇的盟友荷兰人、中国人讲话;我向美国的朋友和亲属讲话。我向笼罩在沉重而深远的军事失败阴云之下的所有人讲话。这是不列颠和大英帝国的失败。

新加坡已经沦陷。马来半岛全部被侵占。还有其他危险正压在我们头顶。迄今为止我们在国内和东部战线成功经受住了很多考验,但这些危险丝毫不见缓解的迹象。所以,在这样的时刻,不列颠民族和国家应该展示其品质和才能;在这样的时刻,我们应该从内心不幸中汲取走向胜利的重大动力;在这样的时刻,我们应该表现出刚刚带领人们死里逃生的沉着冷静和坚定决心。这是又一次展示我们能以高贵尊严和新生力量应对逆境的机会,英国在悠久的历史中葆有这样的精神。请牢记,我们不再孤军作战。

我们正处于伟大联盟之中。人类3/4的民族正与我们共同前进。整个人类的未来将取决于我们的行动和指挥。到目前为止,我们并未失败。我们也不能失败。让我们坚定不移,共同往前,直面风暴,并走过风雨浩劫。

# "即将面临充满考验和折磨的困难时期"

## 1942 年 4 月 23 日,67 岁,下院秘密会议演讲:三军战况

1942 年 4 月 23 日,丘吉尔在一次秘密会议向焦虑的下议院演讲。记者和公民不得进入会议厅内。他概述了欧洲和远东地区最近海陆空三军战况,继续展望未来:

一切都表明,也许甚至在 5 月底之前,希特勒将对俄国重新发动攻势,所有迹象都与这个总体判断一致,即他的主要火力将朝向里海和高加索地区。我们不知道俄国人储备了什么。每个人总是低估了俄国人。他们向敌友均保守了自身的秘密。德国人今年的再次猛攻也许将启动得稍早一些,当然也将比去年进犯东部更远地区。但是这一次,俄国一方毫无意外。

俄国军队在冬天重创敌人,不仅损及德国军事力量,并且正深深啮噬和灼烧整个纳粹政权的躯体。凶野的德国纠集全部力量与组织。希特勒领导发起新的攻击俄国的凶猛、血腥的战役。他身后躺着不断扭动、满怀仇恨并渴望反抗的欧洲。

我们能为俄国提供什么帮助? 我们愿意做任何事。如果牺牲成千上万的英国生命能够扭转局面,祖国同胞不会退缩。我们当前可以做出两方面重要贡献。首先,我们可以尽自身航运的最大限度来供应弹药。我们一直想方设法向斯大林提供巨大数额军火,迄今为止没有失败。

我们不能自暴自弃,要将弹药安全准时运送到俄国。北方的护航舰队正面临一个极其困难、危险的任务。因为在接下来几周里,冰的漂移将越来越低,冰川和挪威北角之间的海峡将越来越狭窄。我们的车队不仅护航自身的舰船,同时也护送美国舰船。这在很大程度上与美国在其他方面所给予我们的相呼应。我们使用的最重的舰船及其护航舰,受冰川压迫,离挪威海岸更近了。而德国大量 U 型潜艇和强大的空军可以频繁攻击商船及其护航队。

　　我们还有一个更深层次的严重的并发症——德国的"提尔皮茨号""希尔号""希佩号"就在特隆赫姆峡湾。德国水面舰艇迅速、巨大且现代,英美每支去往俄国的护航队都容易受到其攻击。我们不得不为各个场合提供战舰护航。而敌人通过威胁攻击护航队、铺设 U 型潜艇陷阱,制造了重创我方舰队的绝好机会。我们主要的舰船冒着巨大的风险——舰船这么少、这么珍贵,在上一次世界大战的时候还只有目前八支舰队中的一支——它们每次都增进了这一危机四伏的职能;海军部甚至国防部长无论如何可能都要预设一些要花五年时间才能弥补的损失。

　　我不能再进一步讲我们的海军部署,美国海军与我们共同担负这一任务。这是一项残酷和痛苦的任务,其间有可怕的飓风和不停的危险,但只要在我们人力范围之内,将为英勇投入崇高战斗的盟友提供坦克、飞机和其他必需品。

　　我们还有另一个直接提供帮助的方法。当德国军队在 3 200 千米长的东部战线大量伤亡时,我们将从其背后进入德国。英国对德国的轰炸攻势已经开始。德国的六个城市已经遭遇全面轰炸,正如他们向英国考文垂市所施轰炸那样。轰炸名单上还有另外 30 个或更多城市。我们已经改进夜间寻找轰炸目标和建筑区的方法。炸弹的损耗率已经减少,也许已经减半。

　　我们将向当前敌人发起进攻,日间猛扎德国核心腹地,致命精准地击中其最敏感的工业区——例如上周五的不朽军功。当下——事实上，很快——庞大的美国军队将在英国建立，将与我们共同战斗。这个夏天、秋天，啊，还有冬天，德国将尝到重量级、大规模、频繁的、科学精准的、他们蹂躏过的任何国家从未承受过的轰炸。我们不能让错误指挥把注意力从这些重大、可怕的战争举措中转移开去，或者诱使我们一点点浪费掉坚定奋斗的大多数人群。

............

我去年12月最后一次去美国，向总统提议：英美准备联合进入德国侵占的欧洲，解放被奴役的各族人民，并最终消灭希特勒主义。我们不能以把日本赶回本国疆域、打败其海外军队结束战争，而只能通过打败德国在欧洲的军队，或通过战斗进程、经济封锁和盟军的轰炸攻势来对德不利，引发德国内部崩溃，从而结束战争。

美国、英国和俄国实力的发展，开始为德国认识，它有可能内部崩溃。但我们不能一味指望这个。我们的计划必须基于假设德国陆军、空军将以当前水平继续负隅抵抗，并不断增加投入众多小舰队，开始潜艇战。

因此，我们必须准备在合适的地点先后或同时登陆，解放欧洲西部和南部沦陷的国家。英美军队足够强大，能够推动被征服的人们奋起反抗。他们自身永远无法反抗，因为将招致无情镇压。但是如果数目足量、配有适当装备的部队降落到以下国家中的几处，也就是挪威、丹麦、荷兰、比利时、法国海峡、法国大西洋海岸，还有意大利，还可能包括巴尔干半岛，那么德国驻军将不足以应对这些增强的解放力量和愤怒反抗的民众。

当我们保存必要的海军实力、选择一个或多个攻击地点时，德国人不可能有足够的军队在每个国家都有效抵抗，特别是他们不能从北向南或从西向东横向转移装甲部队。他们要么在已经征服的各国分散开来，在这种情况下，将无可救药地解散军队，要么退回到德国中心地带，在这种情况下，唯有我们在海外留下大量重要的滩头阵地，他们才能到达德国。

我们已经预计到美国的注意力会集中在对日作战,所以自身做好了准备,认为战败日本并不等于打败希特勒,但是打败希特勒将使日本问题的终结只是时间问题,只是小菜一碟。我们发现美国政府和主导力量正认真而自发分享这些简单但经典的战争观念,尽管强大的孤立主义派系表示强烈反对,但我们都松了一口气。马歇尔将军和霍普金斯先生此行是要与我们协商最广泛、最迅捷的进攻措施。

英美两国投入相同数量兵力解放欧洲大陆,这一主要作战计划无疑将成为共识。进攻时机、规模和方法,亦即这项最高任务的方向,必须做好安全保密,确保不为人知,并且不可获知,直至攻击的那一时刻,炸弹落下。我不能说更多,只能说今天凌晨我接到总统的消息。既然我们是在秘密会议,我把材料部分读给大家听:

> 我很高兴你及军事顾问和马歇尔、霍普金斯所达成的协议。他们随身携带了对提议所达成的一致意见,并已经向我报告。我非常感激你以个人信息加以确认。我相信这一进展将让希特勒受到打击,甚至可能诱发导致他的垮台。对于前景,我非常振奋。可以肯定的是,我们的军队将以高涨的热情和蓬勃的活力解决这一事端。尽管我们双方的困难很多,但我要坦率地说,我认为战争态势比过去两年任何时候都好多了。

我们将面临充满考验和折磨的困难时期。我们必须尽最大努力承担重任。当战争冷酷地上升到巅峰,下议院作为英国斗争生活的基础——本届下院有着特殊的使命——将有机会再次向世界证明刚毅的精神、判断轻重缓急的能力和坚定不移的目标。这些在以往岁月著称于世的品质精神,将再次引领伟大人民和更为伟大的事业走向胜利。

# "把硕大无比的冰块搬往北极"

1942 年 8 月 12～15 日, 67 岁, 写作: 与斯大林会晤

随着德国军力深入苏联作战, 约瑟夫·斯大林呼吁建立"第二战线", 即英美两国在欧洲西北登陆, 分担东线的压力。但英美两国没有兵力作此登陆 (1942 年代号"痛击"计划, 1943 年代号"围歼"计划)。相反, 他们计划海陆两栖登陆法属摩洛哥 ("火炬"行动), 从而把德国赶出北非。另外, 英美两国将 24 小时轮值轰炸德国, 美国白天, 英国晚上。1942 年 8 月, 丘吉尔飞往莫斯科, 向斯大林解释这一切。后来, 他在《第二次世界大战》中回顾自己在 8 月 12 日从德黑兰出发的 10 小时航程及与斯大林会晤中的想法:

我思考着自己对这个沉闷的布尔什维克国家的使命, 试图将之扼杀在摇篮之中, 直到希特勒出现。现在, 我要对他们说, 我的职责是什么? 有文学天赋的韦维尔将军在一首诗中概括了一切。他有几行诗, 每段最后一句都是: "1942 年没有第二战线。"这就像把硕大无比的冰块搬往北极。但我确信有责任亲自告诉他们这些事实, 并与斯大林面对面全力以赴, 而不是一味靠电报和中间人。我至少表明了关心他们的命运, 理解他们的奋斗对整个战争的价值。

我们一直痛恨他们的政权, 他们一直冷漠地看着我们被扫荡, 并和希特勒欢快地瓜分东方帝国, 直到德国连枷打到他们身上。

前两个小时会谈沉重阴郁。我首先谈到"第二战线"的话题，表明希望坦率交谈，也希望斯大林完全坦诚相对。我来到莫斯科，是因为他确信自己可以讨论现实。当 M. 莫洛托夫来伦敦时，我已告诉他，我们正试图制订计划转移法国兵力。我也明确告知莫洛托夫，我不能对 1942 年做任何承诺，并且将相关备忘录给了他。此后，英美两国对此问题详尽检视。两国政府认为自身不能在 9 月担负起主要战斗，而 9 月是天气允许有效战斗的最后一个月。但是，正如斯大林所知，他们在为 1943 年的特大战斗做准备。为此，现在预计有 100 万美国军队到达英国，并在 1943 年春季集结，组成 27 个师的远征军，英国政府准备再增 21 个师。这支军队近一半将使用装甲车。截至目前，美国仅有两个半师部抵达英国，但是 10 月、11 月和 12 月将有大规模运输。

我告诉斯大林，我意识到这个计划在 1942 年未能助力苏联，但是 1943 年的计划已经准备好，将有助于苏联，因为德国将要在西线部署比现在更强的兵力。此时斯大林蹙额皱眉，但他并未打断。我于是说有充分理由对抗 1942 年在法国海岸的进攻。我们只有足够的登陆艇，能在加固海岸突击登陆——这些登陆艇足以确保投放并供养六个师部。如果登陆成功，可能会派出更多师部，但限制因素是登陆艇，我们正在英国大量建造，特别还有美国也在建造。每个师部明年可以运送的数目将是今年的八倍到十倍之多。

斯大林开始表现得闷闷不乐，看起来并不赞同我的观点。他询问是否根本不可能攻击法国海岸的任何地方。我给他看了地图，指明除了飞越海峡，空降在任何地方都有困难。他似乎不理解，问了一些关于战斗机范围的问题，例如，它们能一直飞来飞去吗？我解释说，它们确实可以飞来飞去，但在此范围内无暇战斗。我又补充说，空军降落伞只有打开来才能启用。然后他说，德国在法国的师部没有任何价值。我对这一声明提出异议。德国在法国设有 25 个师部，其中 9 个列阵在第一行。他摇了摇头。我说已经带来帝国总参谋长阿奇博尔德·韦维尔

385

将军,可以和俄国总参谋部详细研究。这些超出了政治家讨论的范围。

斯大林现在更加郁闷。他说,按照他的理解,我们无法投入兵力创建第二条战线,甚至不愿登陆六个师部。我说的确没有兵力。我们可以组织六个师部登陆,但是这些登陆将极大损害明年计划推出的大行动,因此弊大于利。战争要打,但不能愚蠢地打。如果招致一场对任何人都没好处的灾难,那将愚不可及。我说,我担心带来的消息并非好消息。如果投下15万至20万军人,可以帮助他从为数可观的德军所驻俄国前线撤走,我们绝不退缩,丝毫不会顾及损失。但是如果撤不走一个人,并且破坏1943年的前景,将是一个巨大的错误。

斯大林已经变得焦躁不安。他说他对战争有不同看法。不准备承担风险,就不可能赢得战争。我们为什么如此害怕德国人?他不能理解。他的经验表明,战斗的军队必然流血。如果你不让军队流血牺牲,你无从知晓他们的价值所在。我问他是否自问过,为什么希特勒在1940年处于实力巅峰之时,而我们仅有2万个受过训练的士兵、200杆枪和50辆坦克,他都没有入侵英国?希特勒没有来。事实上,他害怕这一行动。横渡海峡并不容易。斯大林回答说,这不能类比。希特勒如果登陆英国,将会遭到人民抵抗;而在英国人登陆法国的情况下,人民将支持英国。我指出,这更为重要,因此不要把撤退的法国人暴露给报复心强的希特勒,不要浪费将在1943年的大行动中发挥作用的法国人。

接着是让人感到压抑的沉默。斯大林终于说,如果我们今年不能在法国登陆,他无权要求或坚持要求英国登陆。但他一定要说,他不同意我的观点。

然后,我打开地图,上面是南欧、地中海和北非。"第二战线"在哪里?仅仅是英国对面一个加固海岸的登陆点吗?或者可以采取某些其他形式的措施来促进共同的事业呢?我认为最好让他一步一步南下。例如,假若我们可以集中英国主力将敌人控制在英法之间的多佛尔海峡,同时攻击其他地方,例如,攻击法国卢瓦尔河、吉伦特省或者斯凯尔特河,这无疑大有希望。这确实是明年大行动的蓝图。斯大林担心这不可行。我说,登陆 100 万人确实很难,但我们必须坚持试试。

我们接着转到对德轰炸的话题,总体形势令人满意。斯大林先生强调了打击德国人士气的重要性。他说最为重视轰炸,并且知道我们的袭击行动在德国产生了巨大影响。

这段插曲让紧张局势有所缓解。斯大林意识到,通过我们的长谈,看来我们所要做的,不是"痛击"计划,也不是"围歼"计划,而是靠轰炸德国来以暴制暴。我决定从最难的一关下手,然后为前来洽谈的项目创造适宜的条件。因此,我没有立即尝试缓解担忧。事实上,我特意要求处于危险之中的朋友和同志之间应开诚布公,有最为清晰无碍的会话。然而,礼貌和尊严占了上风。

现在,让"火炬"计划付诸行动的时刻到了。我说,我想回过头谈谈1942 年"第二战线"的问题,这是我来的原因。我认为法国并不是适合这一行动的唯一地点。还有其他地方。英美已经确立另一个计划,美国总统授权我秘密告知斯大林。我现在正要告诉他。我强调了务必高度保密。对此,斯大林坐起来笑着说,他希望这一机密不要出现在英国媒体上。

我于是精确解释了"火炬"计划的行动细节。当我介绍整个情况时,斯大林极感兴趣。他的第一个问题是西班牙和维希法国政府将会发生什么。随后他评论说,这一行动在军事上完全正确,但在政治上有所疑虑:行动将影响到法国。他特别询问了行动的时机。我说不迟于10 月 30 日,总统和我们都将争取提前至 10 月 7 日。这似乎让三个俄国人松了一口气。

我接着描述了解放地中海的军事优势,那里还可以打开另一条战线。我们必须 9 月在埃及取胜、10 月在北非取胜,始终把敌军牵制在法国北部。如果到年底我们能够攻下北非,便可以威胁到希特勒在欧洲的腹地,这一行动应考虑结合 1943 年的行动。这就是英美两国已经决定要实施的计划。

为了论证观点，我同时画了一幅鳄鱼的画，并借此画向斯大林解释，当我们攻击鳄鱼的硬鼻子时，其实是想攻击它柔软的腹部。斯大林此时兴致很高，说："愿上帝保佑这项任务成功。"

⋯⋯⋯⋯⋯⋯

此时，斯大林似乎突然把握住了"火炬"计划的战略优势。他陈述了优势的四点主要原因：第一，"火炬"将在背部打击隆美尔；第二，将威慑西班牙；第三，将促使德法在法国开战；第四，将使意大利面临战争的全面冲击。

他卓越不凡的论述让我印象深刻。这显示出俄国独裁者迅速彻底掌握了对他而言比较新奇的问题。很少有人能够在这么短短几分钟内理解我们几个月来一直全力设法解决的问题。而他在一瞬间看清了一切。

⋯⋯⋯⋯⋯⋯

然后，我们围在一个大型地球仪前，我向斯大林解释了将敌人清除出地中海的巨大优势。我告诉他，如果他想再见到我，我很乐意。他回答说，俄国人的习俗是访问者应该说出本人的意愿，他乐意随时接待我的到访。他现在了解到最糟糕的情况，但我们在友好的气氛中告别。

会议到现在已持续近四个小时。我花了半个小时或半个多小时到达国立七号别墅。虽然已经很累，但我还是在午夜以后打字写成发给战时内阁和总统的电报。我感觉至少已经破冰、建立接触，很快香甜入睡，睡了很久。

# "这些邪恶的罪行"

1942 年 10 月 29 日,67 岁,口信:抗议纳粹罪行

1942 年秋,英国报纸刊登了从德国私下流到中立国瑞士的信息。消息揭露了德国在俄国和波兰的德占区屠杀犹太人的惨景,揭示了犹太人从法国、比利时与荷兰被驱逐出境去往东方"未知目的地"的惨状。10 月 29 日,抗议集会在阿尔伯特音乐厅举行。丘吉尔为集会捎去口信,由坎特博雷大主教汤朴·威廉宣读:

今天,在你的主持下,人们聚集在阿尔伯特音乐厅,抗议纳粹强加给犹太人的暴行。我忍不住通过你向听众传递我对此次集会主题的深切同情。

纳粹统治对犹太人——无论男女老少——所施系统迫害是史上最可怕的事件。为非作歹和煽动他们的人将留下不可磨灭的污点。

自由的人们谴责这些邪恶的罪行,而当这场世界战争最终以人权获胜加冕结束,同时也将终结种族迫害。

# "我认为戴高乐并不等于法国"

## 1942 年 12 月 10 日,67 岁,下院秘密会议演讲

丘吉尔与罗斯福总统都不愿承认,"自由法国"运动领导人戴高乐是法兰西民族的唯一代表。1942 年 12 月 10 日,在下议院的秘密会议,他解释了原因。当战后出版这一秘密会议的演讲时,他决定省略了此篇。

我现在必须谈谈戴高乐。

1940 年,我谨代表陛下政府与他通信,认可他是所有自由法国人的领导,无论他们身处何处。他应当让自由法国人重整旗鼓,支持同盟国的事业。我们小心翼翼地保守着与他的约定,竭尽所能帮助他。我们资助他的运动,支援他的战斗,但从未承认他代表法国。我们认为,不能仅仅因为他及相关这些人在法国投降时表现正义勇敢,他们就可以垄断法国的未来。

我在过去 35 年或更多时间中,在心理感情上赞同称为"法国"的抽象体。我想这不是错觉。我认为戴高乐并不等于法国,更不用说法国海军上将达尔朗和维希政府就能代表法国。与这些组成部分相比,法国更为宏大,更为复杂,更加强大。

我一直体谅戴高乐有很多困难、性格急躁、视野有限,设法尽可能与他合作。在美国占领法属北非时,因为他们被排除在事业之外,而我们之前同意了他的提名候选人,为了维护他的运动,安慰他及其朋友,

所以我们宣布勒尚蒂罗姆上将为马达加斯加高级专员,尽管此举略微平添了我们安抚那个大岛的困难,奇怪的是,在我们看来该岛似乎更喜欢达尔朗。目前我们正在争取团结非洲的吉布提加入"自由法国"运动。因此,我认为我们一直在各个方面始终忠诚履行了对戴高乐的义务,而且将继续到底。

但是,既然我们现在是开秘密会议,那就不能让下院误以为戴高乐是对英国专心不渝的朋友。恰恰相反,我认为他代表了那些在数世纪对英战争中根深蒂固持抵抗心理的法国人。1941年夏天,他在从叙利亚经非洲中部和西部法属殖民地回来的途中,留下一串反英的踪迹。1941年8月25日,他在刚果布拉柴维尔接受《芝加哥每日新闻》记者采访时暗示,英国觊觎法国在非洲的殖民地,并说:"英国害怕法国舰队。英国实际上正与希特勒达成战时协议,而维希政府在其间充当了中间人。"他解释说,维希通过保持法国人的从属状态来服务德国,通过将舰队脱离德国控制来服务英国。

他所有这些以及更多的言谈都是非常徒劳的闲话,但我们不能在公开场合抱怨。

戴高乐希望今年7月再度访问叙利亚。我本可以让其不能成行。在我同意促成他的旅途之前,他允诺将表现友善、有益。但他一到达埃及开罗,就表现出极为颐指气使的态度。他在叙利亚似乎完全想煽动英国军队和"自由法国公民政府"之间的敌意;尽管他之前已同意在战后、甚至尽可能在战争期间允许叙利亚享有独立,但却声称法国要求对叙利亚的最高统治权。

我继续保持了与戴高乐友好的私人关系,并尽可能帮他。我觉得应该这么做,因为当法国毫无抵抗意志时,波尔多人可耻地投降了,他却挺身而出反对波尔多人。同样,我认为你们不能将所有希望和信心建立在他身上,更不要认定在现阶段只要我们有能力,就有责任将法国命运交到他的手上。正如我所读电报里的总统所言,我们寻求立足于整个法兰西民族的意愿,而不是任何组成部分的表现,即便是最有价值的组成部分。

# "你们的功勋将熠熠生辉"

## 1943年2月3日,68岁,演讲:阿拉曼战役

1943年2月3日,丘吉尔从开罗飞往的黎波里,从那里去往第八军总部。这是他五个月里第二次访问英国和英联邦在北非的驻军。他们此前与隆美尔将军①所率德意联军在埃及北部阿拉曼激战12天,终于在1942年11月4日获得重大胜利。丘吉尔后来这样描写阿拉曼战役②:"在阿拉曼战役以前,我们战无不败,从无胜绩;在阿拉曼战役之后,我们战无不胜,再无败绩。"在一座军营里,他对集合的士兵、海员和飞行员演讲。丘吉尔的医生查尔斯·威尔逊先生(后来成为莫兰勋爵)③随行,记录说:"当首相向军队演讲时,真是如鱼得水、得其所哉。没人能够如此出色处理这种事情。"丘吉尔对集合在山坡上的军人说:

---

① 隆美尔,德国名将(Marshall Erwin Rommel),有"沙漠之狐"之称,后晋升为元帅。参见温斯顿·丘吉尔著,多人译,薛鸿时选编:《不需要的战争》,187页,桂林,漓江出版社,1991。

② 阿拉曼:埃及北部村庄。阿拉曼战役,是第二次世界大战北非战场上,轴心国司令埃尔温·隆美尔所指挥的非洲装甲军团与英国伯纳德·蒙哥马利将军统领之英联邦军队在埃及阿拉曼进行之战役。这场战役以英国为首的盟军的胜利而告终,扭转了北非战场的形势。

③ 查尔斯·麦克莫兰·威尔逊(1882—1977年),英国贵族。丘吉尔的私人医生。

我上次看见这支军队是在 8 月末,在阿拉曼①和鲁维萨特岭附近布满沙砾和尖锐岩石的悬崖峭壁,当时一切迹象都表明隆美尔正要最终强攻亚历山大港和开罗。接下去将是一场生死大战。现在我从阿拉曼远道而来看望你们,我发现这支军队在著名指挥官(蒙哥马利将军)的率领下,已是一支胜利之师。你们的胜利对于扭转整个战局,无疑起到了决定性的作用。

　　阿拉曼战役打得艰苦激烈,打得很好,在敌人向海的侧翼炸开了突破口,装甲部队发动了雷霆万钧的突击,彻底打破了隆美尔曾吹嘘将征服埃及、德国和意大利人曾寄予厚望的军队。在此后三个月坚持不懈的穷追猛打里,你们赶得这支敌军仓皇四处奔逃了 2 250 多千米——这相当于从伦敦到莫斯科的距离。你们以最引人瞩目的方式改变了战争的面貌。

　　部队调兵遣将和作战的技巧组织,不知疲倦的毅力,自我牺牲的精神,以及战斗展现的无畏的领导作风,其间滋味只有实际在场的人能够体会得到。但是我必须告诉你们,"沙漠雄狮"的美名已经遍传全世界。

　　在利比亚托布鲁克投降之后,出现过一段黑暗时期。当很多人不了解我们、不了解不列颠和大英帝国各民族时,都准备对我们不屑一顾。但是现在,人们到处都在以尊敬和钦佩的口吻称颂你们的战绩。当我与帝国总参谋长(布鲁克将军)在卡萨布兰卡和美国总统会晤时,传来了"沙漠雄狮"攻克的黎波里的消息,这个新的因素推动了我们磋商的进程,也打开了未来充满希望的窗口。你们有权知晓这些情况,并且满意地仔细回顾,正如低调谦逊之人终于完成一桩大事的感觉。你们为祖国与和平事业做出了卓越的贡献。

　　我今天上午花了 6 个多小时以每小时 320 多千米的速度飞行,而你们日复一日穿越沙漠,真是件惊人的壮举。你们一路追击残敌,在身后留下越来越长的通信线路,将整个沙漠作战艺术推向极致。古老的

---

① 阿拉曼:埃及北部村庄。

赞美诗说,你们"连夜拔营起,一日驱驰到家门"。是的,不仅是军队在行军,战争也有进展,你们离家越来越近了。我来到这里,代表不列颠群岛的陛下政府,代表世界各地的朋友,感谢你们!

未来还需艰苦奋斗。隆美尔逃亡埃及、昔兰尼加和的黎波里塔尼亚,不停奔走 2 250 千米,正在试图扮演突尼斯的救世主。突尼斯的东部海岸有大量德国和意大利军队。他们的装备虽不及以前的标准,但日益发展壮大。另一方面,还有一个重大行动按计划与你们的进展配合呼应,将英国第一军、美国同志和法国军队带到了距离比塞大和突尼斯 56 千米以内。由此改变的军事形势,已经不言而喻。

你们胜利的时刻绝不是终结。只有集结四面八方的军队,我们才有望最终消灭或驱逐非洲海岸所有全副武装的德国人或意大利人。当你在沙漠里跋涉数百千米,再次走进一片绿洲,有树,有草,你一定会感到如释重负。我想你不会坐失这一优势。

当你肩负起命中注定的重任时,你将在多国作战,无疑将遭遇严重的战术困难,但这不会再有沙漠战争那般残酷,你已知道怎么忍受、如何克服。

士兵们,飞行员们,我要向你们保证,祖国同胞们怀着敬佩与感激之情看待你们的联合作战。在战争结束后,当人们问起你做了什么,你可以坦然回答:"我在沙漠军团共同战斗和前进。"多年以后,当我们汇聚于此的人已与世长辞,当青史写就、史迹流传,你们的功勋将熠熠生辉,成为歌曲与故事的源泉。

# "奥地利的心"

## 1943年2月18日,68岁,
## 唐宁街演讲:与奥地利人并肩作战

1943年2月18日,奥地利前驻伦敦大使乔治·弗兰肯斯坦勋爵代表在英国的奥地利人,向妇女自愿服务机构(WVS)展示一个活动食堂。丘吉尔在唐宁街10号门前演讲:

我怀着深厚的感情,参加这个简洁的仪式。尽管奥地利被纳粹和普鲁士的车轮碾压,但我们在这里看见了奥地利的心灵。我们在英伦岛永远不会忘记,奥地利是纳粹侵略的第一个受害者。我们知道,中欧数千万人创造了幸福的生活。我们记得充满魅力、美好典范、历史辉煌的维也纳,优雅的生活,拥有尊严的个体;在我们心目中,过往世代历史都与奥地利和维也纳紧密联系。

乔治·弗兰肯斯坦勋爵,您在这里,将我们与黑暗过去、疲惫现在和我依旧笃信的美好未来相联系。

我们将继续努力,继续战斗。英国人民永远不会抛弃将奥地利从普鲁士枷锁中解放出来的事业。我们将继续前进。我们将前行很多路,通过舰船在海上发现很多盟友,并且完成数百万千米的航行;大量的人将倾注勇敢的心,倾注大量努力。好在我们有全人类3/4的种族同仇敌忾。

只有自身愚蠢的行为才能剥夺我们的胜利。自由的奥地利将在同盟国的胜利中找到她光荣的席位。

# "敌人依旧强大、依然猖狂"

## 1943 年 5 月 19 日，68 岁，
## 美国国会第二次演讲：英美抗击法西斯

丘吉尔在 1941 年 12 月至 1944 年 9 月，五次横跨大西洋，航行到达美国。在每次访问中，他调动各种说服力，劝罗斯福总统推进两国战争合作策略来击败德国和日本。他也明白美国国会支持的重要性。1943 年 5 月 19 日，他在国会第二次演讲时，阐释了英美两国所面临的繁重任务：

如果我们希望缩短正蔓延到如此多地屠杀就必须承担起这份痛苦与牺牲，不能有丝毫的松懈，要顽强抗争到底。敌人依旧强大、依然猖狂。他一时难以颠覆。他仍拥有庞大的军队、丰富的资源，并占领着许多宝贵的战略要地。

战争充满疑团，出人意料。迈错一步，走错方向，决策失误，盟友不和或倦怠，都可能很快让敌人卷土重来、反攻倒算。我们已经克服了很多严峻危险，但仍有一个巨大危险将如影随形直至战争结束，这个危险即不恰当地拖延战争。没有人敢说再战四五年将引发什么新的并发症和复杂危险情况。如果只是寄希望于民主国家的懈怠或瓦解，或者德军和日军早投降，将会使我们在战争中付出昂贵的代价。

我们必须像之前那样彻底打碎这一念头。为此，我们必须警惕任何耸人听闻的话题，警惕任何看似中立的倾向，以免思想和精力从争取联合国大获全胜的最高目标上发生偏移。坚持专一目标、采取坚定行动，发扬迄今为止我们也已表现出的坚忍不拔精神——只有如此，我们才能承担起未来世界的使命，才能肩负起人类命运的职责。

# "我根本不知所云"

## 1943 年 6 月 1 日,68 岁,写作：北非胜利

1943 年 6 月 1 日,丘吉尔在突尼斯。在迦太基古城遗址的罗马式圆形剧场,他向集合的英国军队演讲。他在当晚宴请包括帝国总参谋长艾伦·布鲁克将军在内的宾客,对客人们说:"是的,我正在狮子咆哮着吞吃基督圣女、而圣女哭声响彻云霄的地方演讲。不过,我还不是狮子,当然也不是圣女。"他在《第二次世界大战》一书中写到他在圆形剧场的情景：

空气中弥漫着胜利的气氛。整个北非已经清除敌人。25 万囚徒被关入狱。每个人都非常自豪和高兴。毋庸置疑,人们万分欣喜于胜利。我在迦太基古城遗址中巨大的圆形剧场废墟对成千上万士兵演讲。当然,这一时刻的欢庆场景喜不自胜、无须言表。我根本不知道自己讲了什么,但是全场观众鼓掌欢呼,正如两千年前的祖先观看角斗士搏斗时那样热烈。

# "我们的敌人是暴政"

## 1943 年 9 月 6 日,68 岁,哈佛演讲:英美有共同语言

1943 年 9 月 6 日,丘吉尔在第四次战时访问美国期间,参观了哈佛大学,在那里获得荣誉学位。他曾在从华盛顿驶出的火车旅途当晚向其中一个秘书伊丽莎白·莱顿口述演讲内容。莱顿后来致信父母:"这是丘吉尔最棒的演讲之一。人们感觉他能完全掌握所说每一件事物,即使一枚炸弹也不能撼动他。"丘吉尔在演讲中说:

即使像我这样老迈的议员也被迫要求有高度的灵活性。但对于美国青年,正如对于英国青年一样,我要说:"你们不能止步不前。"这是刻不容缓的时候。我们的征程已经到了不能停步的阶段。我们必须继续向前。前面不是一个混乱不堪的世界,就是一个秩序井然的世界。考验和斗争是这个时代的主题,你将在磨难和斗争的过程中,通过国家政策、公共需要之外的其他纽带,在英联邦和英帝国中找到好战友,彼此紧密团结。这些联系在很大程度上是血脉和历史的纽带。我是英美这两个世界的后裔,自然对这些纽带联系感受至深。

法律,语言,文学,这些都是相当重要的因素。共同的是非观念,对公平竞争的高度重视,特别是关注弱者和穷人,对公正无私司法制度的坚定追求,以及最为重要的是对个人自由的热爱,或者如吉卜林所说"在法律之下,不需要任何人许可而自由生活"——这些都是大西洋两

岸英语民族的共识。像你们美国人一样,我们英国人坚决秉持这些理念。

我们根本不会与抱持这些观念的民族为敌。我们的敌人是暴政。无论它如何装扮伪饰,无论它讲什么语言,无论它是外敌还是内患,我们必须永远保持警醒,行动起来,永远保持警惕,随时准备掐住其咽喉。我们在这些方面并肩而行。我们不仅在敌人的战火或空袭的当下并肩奋斗,而且在事关神圣权利、人的尊严的思想领域也共同前进。

⋯⋯⋯⋯⋯

据说,伟人俾斯麦——德国也曾有一批伟人——晚年曾评论道,19世纪末人类社会最具影响力的因素是英国和美国人民都讲英语。这句话语意味深长。但的确,共同的语言推动我们高度团结一致、共同抵御外敌。

天赋共同语言是一份珍贵的遗产,假以时日,很可能成为共同公民的基础。我希望英美两国人民在彼此国土自由来往,相互间几无身处异国他乡的感觉。我想我们有充分理由努力将这一共同语言在全世界发扬光大,而不是自私地想要优越于别人,独享这宝贵的便利与优势。

# "我敬佩海军上将的冒险精神"

## 1944 年 6 月 12 日，69 岁，写作：军舰对敌开火

　　1944 年 6 月 6 日，英国、加拿大和美国部队实行了期待已久的法国海岸登陆：诺曼底登陆。丘吉尔曾在之前六个月中密切参与行动计划。他数次前往海滩，第一次在 6 月 12 日。他在《第二次世界大战》中回忆了第一次访问期间与蒙哥马利将军在其大约八千米远的内陆总部见面的情景，同时还有驳船上的海军上将维安：

　　我们在帐篷里午餐，看向敌人。维安上将情绪高昂。我问他，这里距真正的前线多远。他说不到五千米。我问他是否有一条连续不断的防线。他说："没有。"

　　"那么，如果德国装甲入侵打破我们的午宴，怎么防范？"他说，他认为敌人根本不会来。

　　工作人员告诉我，城堡前一晚被密集轰炸，而且附近还有很多弹坑。我告诉他，如果他习惯这么冒险行动，实在太以身涉险了。一瞬间可能发生任何事，或者出现临时情况，战争中总难免有惯性、重复和延期，这些都要尽量避免。他照做了，尽管他及随从两天后还未找到另一个落脚点，但还是搬走了。

　　后续太平无事。除了偶尔有防空警报和高射炮火，似乎没有战斗打响了。我们对有限的桥头堡做了相当多检查。

..........

丘吉尔接着登上上将的驳船：

炮击仍在从容继续，但敌人没有任何回音。当我们正要转身时，我对维安说："既然我们已经靠得这么近，为什么不在返回之前亲自给他们来一炮呢？"

他说："好啊！"于是，过一两分钟，我们所有的枪都朝寂静的海岸开火。我们当然在对方炮兵的射程之内。所以，我们一开火，维安就让驱逐舰转身，全速返航。我们很快脱离危险，穿过了巡洋舰和战舰防线。

这是我唯一一次在海军军舰上目睹其"愤怒"开火——如果可以这么说的话。我敬佩海军上将的冒险精神。

# "令人难忘的表演"

1944 年 7 月 20 日,69 岁,写作:诺曼底滩头的人机登陆

1944 年 7 月 20 日,丘吉尔开始第二次造访诺曼底滩头。他首次视察是在 8 天之前。他在这次访问期间专程看了人机登陆的情况,包括运送物资的两栖卡车,俗称"水鸭子"①。他在《第二次世界大战》中回忆道:

7 月 20 日,我从达科塔的美国陆军直接飞到他们在法国瑟堡半岛的着陆场,由美国指挥官带着巡视港口四周。我在这里首次看到飞行炸弹发射点。这是件煞费苦心的事情。我震惊于德国人对该镇的严重破坏,而且与全体员工职员一样遗憾于港口运行工作不可避免被延期。港口盆地密布触发水雷。十几个英国潜水员冒着生命危险日夜专注扫雷。美国同伴们向他们赠送了温馨的礼物。

经过一段漫长而危险的车程,我们来到美国桥头堡,即著名的犹他海滩②。我登上英国的电机鱼雷船,艰难船行来到了阿罗芒什。人老了会晕船。但我没有屈服,而是沉沉睡着,一觉睡到合成环礁湖的平静水面。我登上巡洋舰"进取号",待了 3 天,彻底掌握了整个港口的运

---

① DUKW,两栖运兵卡车,第二次世界大战时期的一种 2.5 吨美军水陆两用军车,具有螺旋推进、方向舵及六轮传动的水陆两栖特性,所以也被称为"军鸭车"或"水鸭子"。

② 犹他海滩(Utah Beach)位于卡伦坦(Carentan)湾的西侧,是一处宽约 3 英里、被覆低矮沙丘的沙滩。盟军在诺曼底实际登陆的地点。

作,整个军队现在几乎完全依赖于此。同时,我也处理伦敦的事物。

那几晚都很吵,一架飞机反反复复来袭,警报声更是不时响起。白天,我研究物资和军队的登陆全程,他们既在码头又在滩头登陆。我一直对码头登陆感兴趣。有一次,六架战车登陆艇排成一行,驶至海滩。当它们船首触地,吊桥往前跌落,坦克出来了,一次三四辆,飞溅着上岸。我的秒表跑了不到八分钟,坦克就已在公路列阵,准备驶入行动。这真是令人难忘的表演,现在已经实现的倾卸速度非常快。

我如痴如醉地看着"鸭子"游泳穿过港口,鸭步上岸,然后迅速跑到山上的大型转储点,水陆两栖卡车正在等候将物资运往各个部门。这个系统非常高效,效果远远超出我们之前预期,快捷行动和战斗胜利的希望就在于此。

第一晚,当我们参观军官室时,军官们正在唱歌。最后,他们合唱道:"统治吧,不列颠尼亚。"[①]我问他们,歌词是什么。但无人知晓。所以我自己引用了汤姆逊的高贵咏叹,以飨读者,同时也请读者赐教(如果作者需要建议),我在此转载:

> 万邦之中,你最神圣
> 驱逐暴君,责无旁贷
> 繁荣伟大自由伴君在
> 所有外族畏惧并歆羡
>
> 文艺科学女神永携自由

---

① 英国海军军歌《统治吧,不列颠尼亚》(又称《不列颠万岁》)(Rule, Britannia),是英国著名军歌之一。词源自詹姆士·汤姆森(James Thomson,1700—1748年,苏格兰诗人)的同名诗作。此歌与英国皇家海军有着密切的联系,但同时也被英国陆军使用,也被视为英国的第二国歌。不列颠尼亚(Britannia)是罗马帝国对不列颠岛的古意大利语称呼。这一古意大利语称谓,后衍生出守护不列颠岛的女神名称。不列颠女神成为现代英国的化身和象征,她的现代形象通常是身披盔甲,手持三叉戟和盾。

去创造幸福的彼岸乐园
福佑之岛无比美丽加冕
千万勇者心捍卫不列颠

　　我在阿罗芒什的最后一天,访问了蒙哥马利在几千米远的内陆总部。总司令即将指挥他的最大战役,在大战前夕意气风发,向我详细阐释作战细节。他带我进入法国卡昂废墟,并穿越河流,参观了英国前线的其他地方。然后,他任我操纵他所俘获的"白鹳"飞机,空中司令员亲自驾驶带我看英国的所有站点。飞机在紧要关头可以降落在几乎任何地方,因此谁都可以飞出地面几百米,获得对现场极好的视野与了解,比其他任何方法都强。我也参观了几处空军站点,并向集合的官兵简短发言。

　　最后,我去了野战医院。尽管这天很安静,但是那里的伤亡仍不绝于缕,不断汇入。一个穷人正要做大手术,已经躺在手术台上了,即将上麻醉剂。当他表示想见我,我轻轻走了进去。他小心翼翼地笑了,吻了我的手。我深受感动,后来得知手术非常成功,也极为高兴。

# "不朽的灵魂"

## 1944 年 8 月 2 日，69 岁，下院演讲：法兰西精神

　　罗斯福总统不愿看到"自由法国"被视作同盟国的力量，因为这将意味着在打败德国之后分给他们一部分德占区。他还公开批评戴高乐将军。尽管丘吉尔早先对"自由法国"领导人持保留态度，但他这次不同意罗斯福的观点，正如他于1944 年 8 月 2 日向下议院解释：

　　在过去四年里，我和戴高乐将军有很多分歧。但我从未忘记，也永远不会忘记，在他的国家生死存亡之际，也可能是我们英国大厦将倾之际，他作为杰出的法国人率先站起来，面对共同的敌人。当法国需要重振雄风、恢复其在欧洲和世界强国中的应有地位时，正是基于公平和为了变得公平，他才会率先挺身而出。

　　在过去 40 年里，我一直是法国及其英勇军队的忠实朋友。我毕生都感谢法国为欧洲光辉文化所作贡献，最重要的是从法国灵魂深处散发出来的个人自由和权利感。但这些都不是个人感觉或情绪。友邦法国应该恢复并保持她在欧洲和世界主要大国中的地位，这也是英国的主要利益之一。如果我背离了这一观念，请立刻告诉我；如果我错了，也请即刻告诉我。

　　我必须承认，本人素不喜欢托洛茨基，但他提及残忍的德国布列斯特－立陶夫斯克条约时的言论让我印象深刻。他对德国侵略者说：

"一个伟大民族的命运从来不会取决于其技术装备的临时状况。"所以，德国将在与法国几周痛苦挣扎后被推翻，并且几乎被剥夺自我表达的力量和存在的权利。但是法兰西灵魂不朽。它处处燃烧着灼人光亮。它的火焰微弱但不会熄灭，并燃向更广阔的天地。

我们的诺曼底登陆、战争的进程、世界大事的发展潮流，都清晰表明目前需要再次处理莱茵河畔法国和德国之间的问题。法国绝不可以排除在这一讨论之外。我所说过的话显而易见表明：我期待英国、美国、俄国和法国代表密切联系，处理好这些重要的欧洲问题。

我们是个团结一致、热爱和平的国家联盟，被迫拿起武器来捍卫自身基本权利。在胜利之际，我们应有必要举措捍卫和平，因为这和平是我们付出如此高昂代价方才换来。

# "人民有权推翻政府吗？"

## 1944 年 8 月 28 日，69 岁，写作：民主政府

　　1943 年 9 月 8 日，意大利投降。新的意大利政府产生，决心弃绝意大利法西斯主义，与西方盟国并肩战斗。因为德国迅速占领了除意大利南部以外的整个国家，所以意大利与德国开战。1944 年 8 月，丘吉尔访问意大利，被问及新的意大利民主应该依据的原则。8 月 28 日，他为所有潜在的民主政府设置了七组问题，后来出版收入《第二次世界大战》：

　　人民有权自由表达对当前政府的观点看法、反对意见和批评之声吗？

　　人民有权推翻他们反对的政府吗？宪法可以保障他们的意志得以伸张吗？

　　正义法庭可以免受行政暴力与暴民暴徒的威胁、并且免受各个特殊政党的干扰吗？

　　这些将人类思想和尊严、正义的广泛原则紧密结合的法院法庭和所建法律，可以公开执法吗？

　　能一视同仁、公平对待穷人，如对富人般公平吗？对个体私人能如对政府官员般公平吗？

　　受制于国家种种义务的个体，自由能得到维护、坚持和弘扬吗？

由纳粹法西斯政党发起的如盖世太保般、受政党控制的严苛警察组织,可能拍拍人的肩膀,不加公平或公开审判就囚禁或虐待人。每日辛劳谋生、努力养家糊口的普通农民或工人可以免受这种组织的恐吓吗?

这些简单、可行的考验,是建立全新意大利的某种契约。

# "民主的基础"

1944 年 10 月 31 日,69 岁,下院演讲:反对此时大选

1944 年夏末,威斯敏斯特呼吁提前举行大选。之前一届大选是九年之前的 1935 年,经过绝大多数选民再选产生国民政府,其中保守党获得 386 个席位,工党 154 个席位,自由党 21 个席位。工党作为丘吉尔多党派联合政府的伙伴,共事四年之后,其领导人想要扭转早些时候的选举命运,独立组建政府。1944 年 10 月 31 日,丘吉尔向下议院阐述他对这一议题的看法:

我的意见很明确,在粉碎纳粹帝国之前不应破坏多党联合的局面。这是我们走到一起来组成本届政府的目的,并且仍旧是影响国家和帝国安危的最高宗旨。我在前几天说过了,任何试图评估出的正式宣布结束对德战争的日期都不过是猜测。德国倘若发生政治动乱,无论发生任何事,都将会加速其终结。但是为了防止这种情况的发生,德国人将处于各种铁腕控制下,包括由希特勒的风暴部队和秘密警察组建的军队。这是人们之前所不知晓的情况。所以,我们不能单凭公众舆论的正常反应决策。从各个角度看,公民大众似乎陷入了沉闷的冷漠,当然谁若反对警察将被立即击毙或斩首。所以,我不能单纯依赖德国的政治起义。

尽管正如我说过的,军事当局很多高层通过一切方式来形成正确

判断,他们已经表示更加迫切希望抗击敌人,尽管他们正在想方设法御敌,而且还将继续抗击,但是,在军事层面,战争看来很难在圣诞节前结束,甚至难以在复活节前结束。虽然德国军队很多地方已被阻断,而且防守位置显然被丢弃,但他们还在负隅顽抗。虽然他们在荷兰和摩泽尔河还未成功,但是其反击一直相当有力。我们还需要做大量工作来改进港口工作,并专注于不断增长的盟军力量,为之建立供应。意大利的战斗也极为顽强。而且,天气也变得糟糕。东部战线已在南北两翼展开主要战斗。巨大的成功激励了俄国军队奋发战斗,推动了技艺娴熟的俄国与同盟国①之间建立外交。尽管差距还很大,但是很多敌对、防卫的立场已经改变或扭转。考虑到所有这些情况,我当然不能预测,更不能保证,将在暮春季节之前或者在初夏之前结束德国战争。战争也许会结束得早一些;没有人比我更欣喜于它的早日结束。

总之,我毫不犹豫地宣布,在了解我们与希特勒德国的关系所处阶段之前,打破当前管理结构将是错误行为,有损英国声誉。那么,强迫甚至是草率强逼酿成如此灾难的人应当承担无限责任,他们的行为将招致整个国家的强烈不满。我很感激地说,任何有责任感的部门还没有表现出如此破坏意图。

但是,让我们假设,如果德国战争在 3 月、4 月或 5 月结束,联合政府其他一些或全部政党召回他们的大臣,要求撤出政府,或希望在期限以内结束联合政府,这将让很多人感到遗憾,无论是基于公众还是个人理由;但是,一旦打败德国,那么在政府或议院都将不是什么耻辱或痛苦的事。

---

① 第二次世界大战中的同盟国是指世界 26 个国家为对抗法西斯所联合成立起来的反法西斯联盟。参与该联盟的国家主要有美国、英国、法国、苏联、中国、加拿大、朝鲜、澳大利亚等国家。同盟国集团最终打败了轴心国集团,取得了胜利。法西斯国家即轴心国:德国、日本、意大利(也叫柏林—罗马—东京轴心)。第一次世界大战中的同盟国指德国、奥匈帝国、保加利亚、土耳其;协约国包括英、法、俄、意、美、日、中国等 27 国。

我们被告知绝对不能搞所谓"票选"①。我推测这是政党之间的官方协定，不要大面积彼此反对，并针对那些批评或反对我们的人结成一条牢固的战线。换句话说，它意味着当前的联合政府应该走进国民，并从中重振信心。我相信他们将重树信心，但有人会说信心唾手可得、来得容易。然而人们必须承认，很多人认为英国很难有公平测试意见的渠道，事实上，我们很难在这一做法上争取到政党同意。很多人认为它将妨碍选民表达其自由选择的权利。而且，一旦宣布解散政府，让大臣们面向全国表达对彼此观念和记录的极大厌恶，而又仍作为同事在内阁共处，讨论此刻最为严峻的问题，这也似乎不现实，或者确实不太可行。如果大臣在某些情况下同时也是领导人，国家需要其学识来指引，而他们再保持沉默、对其政党或候选人的命运明显漠不关心，将不再合乎时宜。我认为很难摆脱这些争论的重重压力。

宣布解散政府，将导致目前管理体系的终结。保守党在当前议院中比其他所有党派和无党派人士多出一百多个席位，我们将要为不可避免的大选作出安排。我无法想象，有人会希望在仓促战火中举行大选，或在我们快乐共事并感谢上帝拯救时举行大选。必须间隔一段时间。而且，我们首先要确保一切稳妥细致，保障每个有权投票的个体实际都能有公平投票的机会。这首先适用于士兵，而他们当中很多人正在距祖国很远的地方服役。

如果否定士兵这一大群体，拒绝空军和海军服役力量，不能完全记录他们的投票，这将是最为惭愧和可耻的事情。在我看来，他们比全国上下其他人都更有权利投票；如果我们做了什么事阻碍这些士兵——我们感谢他们所做一切——阻碍他们充分参与对祖国当下和未来命运的讨论，我们都将羞愧不已。这不是说在最遥远哨所的个体肯定能够

① 党鞭将保举信发给支持劳合·乔治战时联合政府延期的自由党与保守党候选人。该次选举以 1918 年 11 月 11 日停战协议命名，因此劳合·乔治得以在新议会的授权下前往巴黎和会。

投票,但是我们应尽所有人力措施,尽最大可能,给予所有战斗服务部门行使投票权的机会。

然而,从发布公文到举行投票之间,至少要八周时间,所以,即便是新的选举安排已经开始生效,这实际上可能并不合法,就像他们今年12月1日的行为。从发布公文到独立提名候选之间,实际至少要有六周时间。这些都要与相关措施协调一致,并获得议院同意,从而获得最为充分和公平的全民意见的表达。除了上述这些,还应落实重新分配近期法案授权的部分。我们可以立即启动,不要等到对德战争结束,但是这一过程肯定要花上好几个月。

所以,我们可以确信认为,自国王答应解散政府的时刻起,我们肯定需要两三个月时间。这样也对各大政党及其候选人公平,因为他们必须以惯常活跃的方式彼此反对……因此,如果采取我刚所讲的这一进程,粗略地讲,看起来从现在开始的7至9个月内不可能大选。最后一点,如果政府坚持办公直至其合法任期的最后一刻,或合法延伸任期,这有违先例。如果引入这种先例,将产生重大弊端。基于这些原因,我们决定不采纳任何类似于我所听闻到的将要削减法案中任期的谣传——从12个月缩减至6个月等提议或建议;而且我今天要求,为了推介这一法案,将本届议会的任期延长12个月。

我们认为已向议会给出充分理由,说明延长12个月将是当下明智适宜的条款。另一方面,我们必须假定对日战争将在粉碎纳粹政权后没有期限地继续。当然日本可能会有一些政治动荡诱发其突然投降,但是完全指望这个将愚不可及。这个民族具有绝望和野蛮的特质,其整个宪法被陆军和海军阶层主导,将他们拽入疯狂侵略。当我们省视整个日本问题,如果单纯基于军事方面的考虑来假定在毁灭希特勒之后需要不到18个月时间来彻底消灭日本人的战斗意志或战斗力,这肯定有失草率;而且,总参谋长每隔几个月必须不断修正这一战斗时长。

如果将现任议会生命周期再延长两三年,将是非常严重的宪制失效。即使时至今日,30岁以下的人从未在换届选举或者甚至在议员递补选举中投过票，因为登记工作在战争开始时被中止。所以，对我来说，除非所有政党决心保持现有联合政府，直至打败日本人，我们必须把反纳粹主义战争的终结视作确定大选日期的指针。我将遗憾当前高效运转的政府被解体。这届政府投入战争的成效无与伦比，并且在过去两年里形成或实施了社会改革与进步的方案，这在和平年代普通条件下将要整个议会耗费五六年的时间。事实上，我可以说——而且我要坦率地说出这一点——我在议会效劳42年间，还从未对哪届政府给予如此高度的忠诚、自信和始终如一的支持。

尽管我将遗憾和痛心于这些力量的解散——它们由个人的良好意愿、为伟大事业战斗的同志情谊以及这种情谊催生的不断增长的成就感交织而成，但如果有人声称一旦解除德国危险，就要呼吁人民选举，我不能求全责备他们。事实上，我本人的观点很明确，认为议会任期只到对德战争结束将是错误的。

一切民主的基础是人民有权进行投票选举。嘲讽戏弄这些冠冕堂皇的词句，是剥夺人民选举权利的常用伎俩。形成民主基座的是众生凡人，他们走进小小的投票席，拿着一支小小的铅笔，在一张小纸条上，划出小小的记号——再多的花言巧语和无数讨论都不能淹没绝对重要的这一点。

人们有权根据自身意愿和好恶选择代表。我认为，如此老迈的首相试图领导议会，试图解决繁杂巨大的战争与和平的问题，试图解决从战争过渡到和平的问题，而不与人民接触从而获得新的活力，这将极为可憎。

# "他屹立巅峰，所向无敌"

## 1945 年 3 月 28 日，70 岁，下院悼念前首相劳合·乔治

丘吉尔的好朋友、前首相戴维·劳合·乔治，于 1945 年 3 月 26 日逝世，享年 86 岁。两天之后的 3 月 28 日，丘吉尔在下议院悼念这位亡友和同事：

从来没人像他那样睿智、雄辩、坚强有力，并且深刻了解民生疾苦。他热忱的心常常为茅舍小屋的种种艰险触动：家庭顶梁柱的健康状况，寡妇孤独的命运，赡养子女，缺医少药的医疗防治条件，老人缺乏有组织和易获得的医疗服务，以及大多数打工者和穷人。劳苦大众饱受这些苦难的折磨。所有这一切让他义愤填膺。悲天悯人的情怀又使之如虎添翼。他知道劳苦大众面临衰老的恐惧——在毕生辛劳之后，到头来只能蜷缩在火炉旁苟延残喘，成为苦苦挣扎于生活的儿子家中的累赘。

我与劳合·乔治成为朋友并积极合作，至今已有四十多年了。他对人民有深厚的爱，对人民的生活境遇以及所承受的过度且不必要的重压有深刻认识，这些都给我留下了不可磨灭的印象。

尽管他不熟悉军事艺术，尽管他被公众视作激昂的反战主义者，但是，在国家危亡的紧要关头，他全力以赴挽回战争，把其他想法或愿望抛诸脑后。他最先察觉到弹药、大炮及其他军械短缺将很快影响交战双方，特别是给俄帝国带来致命影响。他比其他任何人都更早敏锐发

现这些征兆。

联合政府成立后,劳合·乔治离开财政大臣的岗位,担任军需大臣。就在这个部门,他着手动员兴办英国工业。1915 年,他负责建立的大型军工厂,运营还不到两年时间。在战争结束后几个月,就变成了闲谈。但他毫不犹豫提前两年计划大规模建设。我很幸运地在 1917 年接手了这些军工厂——它们产量丰富、源源不断。劳合·乔治掌控了国家和政府中的主要领导权。

(议员们问:"掌控了吗?")

是的,掌控了。我想是凯雷评论奥利弗·麦伦威尔时说了这番话:"他梦寐以求的位置,也许原本就是他的。"他立即生发出一股新生的力量,传递了新一波的动力,比那个时代已知的任何事物都要强大,并且延伸到整个战时政府各个部门,他对每个部门都同样重视。

在这个时期,我写过他的事迹。因为与他接触密切,我欣赏他的自信,钦佩他的人品,并且总结了他的两个特征,我认为这些在那个时代无比重要:第一,他活在当下,但又高瞻远瞩,并不短视;第二,他善于从不幸中汲取有益于未来成功的教训。

所有这些都已获得明证:战事连连告捷;采用护航系统,加强了海军部,挫败了德国潜艇攻袭;坚持在西线授予福煦元帅权力,有力领导我们大获全胜;还有很多事迹,串成了那段阴沉、漫长岁月里的系列故事。我永久铭记这些,并在当前反对德国二度入侵的繁重战争走向胜利结局之际常常回想。

这位政治家和领路人,毕生效忠祖国、英格兰岛和我们这个时代——无论在和平时期还是战争年代,他都忠心耿耿,做出忠实卓越的贡献。他安然辞世,我们深表哀悼。他的漫长一生,自始至终都是在政治冲突与斗争的激流旋涡中度过。他拥有强烈、有时甚至是无尽的斗争精神。他曾在各种场合与所有党派发生唇枪舌剑的辩论。他镇定自若地面对这些来势汹汹如暴风雨的批评和挑衅。尽管他的一生磨难重重,包括他自身惹出的麻烦,但他最终都一一克服,实现了主要的夙愿。

在他的巅峰时代,他的实干精神、才能谋略和创造力,举国上下无人能出其左右。

他所开创的事业还将继往开来,其中一部分还将发扬光大。我们的后来人将发现,他毕生辛劳所建立的支柱始终巍然屹立、坚不可摧。我们今天汇聚于此,真切感激他与我们同舟共济,共度风雨,并给予我们如此大力帮助和指导。

# "胜利的光环照耀着他"

1945 年 4 月 17 日,70 岁,下院悼念罗斯福总统

1945 年 4 月 12 日,午夜过后,丘吉尔还在伏案工作,富兰克林·罗斯福去世的消息传来。"他的过世给我各个方面都带来很大损失。"第二天一早,他对地图室负责人、海军上校理查德·皮姆说。4 月 17 日,丘吉尔在圣·保罗教堂参加了罗斯福的国家哀悼活动后,又去下议院追悼他和英国的这位朋友:

我对他这位政治家、实干家和战争领袖满怀钦佩。我对他正直、鼓舞人心的性格和理念充满信赖,我个人认为——我必须说是感情——对他的感情,今天我已经难以言表。他挚爱祖国,推崇宪法,有能力把握时代潮流及当下变化的公众舆论。这些都显而易见。但是,除了这些众所周知的品质之外,他还有一颗跳动的豪侠之心,总是义愤填膺于侵略、压迫、以弱凌强的行为,愤而打抱不平。

他的心永远停止了跳动,这确实是损失,是全人类的一大损失。

············

他设计了称为"租借法案"的特别援助措施,这将作为最无私、最高尚的财政法案,从世界各国中脱颖而出。这一举措大大增强了英国的战斗力,也使得我方抗战成员国数量剧增。那年秋天,在阿根廷纽芬兰岛的战役中,我与总统第一次会面,共同起草了宣言,后来被称为《大西

洋宪章》。我相信它将长久指导我们两国人民和世界其他民族。

在此期间，日本人一直在偷偷地、秘密地准备发起背信弃义、罪恶贪婪的侵略战争。当我们在华盛顿再次见面，日本、德国和意大利已经对美国宣战，因此，英美两国并肩战斗。从那以后，我们两国的友谊跨过了国界和海岸线，克服了很多困难挫折，取得成功。我无须赘述在西半球发生的一系列重大战事，也不用赘述正在进行于世界另一端的其他大战；无须将我们与伟大盟军俄国在德黑兰共同制定的计划公之于众，因为这些已经付诸实施，世人有目共睹。

但是，在雅尔塔会议时，我注意到总统的身体不适。他的微笑仍然优雅、举止仍然快乐，但是脸上白得透明，带着寂然的神色，眼中常现出恍惚的神情。当我在亚历山大港与他作别时，坦率地说我有一种莫名的担心，感觉他的健康状况和力量在走下坡路。但是他顽强地日理万机，直至生命的最后时刻。总统有项工作就是签字，他每天亲笔签署一两百份州文件，还有一些委员会文件等。他始终一丝不苟地做着这一切。

当死亡突然降临时，"他已经写完了信件"。他已经完成了当日工作。正如谚语所说，他"鞠躬尽瘁死而后已"。我们可以说，他死在了战斗岗位上，像他的陆军、海军、空军战士一样，他与三军战士在世界各地并肩战斗，直到停止了呼吸。他与世长辞，多么悲壮。他带领美国度过了最危险的时刻，度过了最困苦的难关。胜利的光环照耀着他。

罗斯福总统与世长辞了。他是我们迄今所知的最伟大的美国朋友，也是从新世界给旧世界带来帮助和慰藉的最伟大的自由战士。

# "德国战争就此结束"

*1945 年 5 月 8 日,70 岁,欧洲胜利日当晚广播演讲*

1945 年 5 月 7 日,德国无条件投降。英国、英联邦和美国宣布 5 月 8 日为欧洲胜利日。抗日战争还在继续。当晚,丘吉尔在下议院演讲之前对英国人民广播讲话:

昨天凌晨 2 时 41 分,在盟军司令部,德军最高统帅部代表约德尔指挥与德国政府指定的邓尼茨海军元帅签署了德国在欧洲全部海陆空三军向同盟国远征军、同时向苏联最高司令部的无条件投降协议书。

同盟国远征军参谋长贝德尔·史密斯将军和弗朗西斯·索瓦将军代表同盟国远征军最高司令,苏斯洛巴罗夫将军代表苏联最高司令部,签署了协议。

今天,这一协议将在柏林获得认可批准。同盟国远征军副总司令、空军参谋长特德元帅和德拉特·德塔西尼将军将在那里代表艾森豪威尔将军签字。朱可夫元帅将代表苏联最高司令部签字。凯特尔元帅代表德国,他是德国最高统帅部参谋长兼海陆空三军总司令。

敌对行动将在今晚午夜之后立刻正式结束。但是为了救民于水火,整个前线昨天已经"停止战火",我们亲爱的英属海峡群岛今天也解放了。

德国人仍在一些地方负隅抵抗俄国军队,但如果他们在午夜之后继续顽抗,将发现不再受战争法保护,肯定会在所有战区受到同盟国军队的抗击。这并不出乎意料，因为战线这么长，敌军现在混乱不堪，不可能在全部地方立即执行德军最高统帅部的指令。根据所掌握的最可靠的军事建议，我们认为，不能向国民隐瞒艾森豪威尔将军通报给我们的事实，即已经在法国兰斯签署无条件投降书，这也不能妨碍我们今明天庆祝欧洲胜利日。

今天，我们或许可以沉浸在自己的喜悦中。明天，我们应特别致谢俄国战友，他们在战场上的英勇功绩是对德战争胜利结束的重大贡献。

因此，德国战争宣告结束。此前，经过多年紧张筹备，德国在 1939年 9 月初闪击波兰。根据我们对波兰的承诺，大不列颠、大英帝国和英联邦国家与法兰西共和国达成协议，向这卑鄙的侵略行径宣战。在英勇的法国沦陷之后，我们从英国来，从统一的大英帝国而来，坚持独自战斗整整一年，直至苏维埃俄国军事力量加入，然后是美利坚合众国压倒性的实力和资源加盟。

最后，几乎全世界都联合起来，对抗邪恶，使之如今俯首称臣。我们英国和整个大英帝国发自肺腑由衷感谢卓越的盟友。

我们可以暂时欣喜片刻，但时刻不要忘记前方还有艰苦和辛劳。日本阴险狡诈、贪得无厌，仍未降服。它给英国、美国和其他国家造成的伤害，它那罪大恶极的暴行，都将受到公正裁决。我们必须全力以赴，倾尽资源，去完成国内外的战斗任务。前进吧，不列颠人！自由事业万岁！上帝保佑国王！


英国首相在发布广播宣告德国无条件投降之后，又在几分钟后向下议院宣读了同一声明，并补充说：


我奉命向英国和英联邦国家传达这一讯息。我只有两三句话补充。我要向议院表示对下议院的深深谢意。事实证明，下议院是坚持打完漫长历史上这场前所未有大战的最牢固基石。我们所有人都曾犯有过失，但是议会制度的力量表明，我们在进行一场艰苦卓绝、旷日持久的大战的同时,能够维护民主的权利。

我要衷心感谢下院就座于各个席位的各党派人士,感谢他们在敌人的炮火下维持着议会制度的活力,感谢我们能够坚持不懈——如果有必要,我们还能坚持更长时间——直至我们实现在前方的所有目标,即让敌人毫无例外地无条件投降。

我清晰记得,在上次世界大战的最后,在 27 年之前,当议会得知强加给德国的冗长的投降条款或停战协议,他们并没有考虑到负债和经济压力,只想要感谢万能的上帝,感谢它重塑了人民的财富,改写了人类的命运。所以,我请求先生们允许我提出如下动议:

"议会正在威斯敏斯特区的圣玛格丽特教堂,谦恭而虔诚地感谢万能的上帝,将我们从德国统治的威胁下解救出来。"

这是之前提出过的同一动议。

# "永不退缩，永不动摇"

1945 年 5 月 9 日，70 岁，卫生部阳台演讲：再庆胜德

1945 年 5 月 9 日，丘吉尔与英国人继续庆祝战胜德国。他走到卫生部的阳台，向聚集于白厅周围的广大民众发表演讲：

亲爱的朋友们，我希望你度过了两天快乐时光。快乐时光是我们为之奋斗的目标，但幸福并非唾手可得。我们通过训练、斗志、工业、良法和公平机构等方式，为数百万人赢得了幸福的时光。

狰狞可怕的敌人悍然攻击了你们。但是你们从不退缩，永不动摇。你们的战士遍布战场各处，你们的飞行员在天空翱翔——还有，永远不要忘记伟大的海军，他们冒着千辛万苦，勇敢无畏，在棘手和残酷的条件下夺取了胜利。

而在后方的人们承担了所有不得不做的工作——当所有言行付诸实践，这一切足矣。你们从不让前线官兵失望。从来没有人要求安逸，因为伦敦正在受苦蒙难。伦敦，就像一只大犀牛。它说："让他们为非作歹吧。伦敦可以承受。"伦敦可以承受一切。我对伦敦人满腔热情。今天这里会有很多来访客人，还有很多大国代表，他们全副武装和我们一起战斗——当我说"老伦敦好样的"时，他们对我所说会有共鸣反响。

今晚,各大胜利国的每个城市都在欢庆,但是没有一个国家城市不尊重伦敦所起作用。我衷心答谢你们,因为你们从未被漫长单调的日子和漫长漆黑如地狱的黑夜打败。

上帝保佑你们。这个伟大辉煌城市的公民万岁。大英帝国的核心万岁。

# "胜利者必须反躬自问"

1945 年 5 月 13 日,70 岁,广播演讲:呼吁继续战斗

1945 年 5 月 8 日欧洲胜利日之后,对日本的战争仍在继续。5 月 9 日,解放了缅甸首都仰光,但还有很多激烈的战斗将接踵而至。斯大林在雅尔塔会议曾允诺丘吉尔和罗斯福,15 个波兰政治领导人可以参加战后自由开放的大选,但是这 15 人在 5 月 10 日波兰首都华沙郊外被捕,飞往莫斯科,关押在卢宾卡监狱。5 月 12 日,丘吉尔给新任美国总统哈里·杜鲁门拍电报,讨论"莫斯科的进展"和当前欧洲中心"一道铁幕正在他们面前拉开"。5 月 13 日,丘吉尔在唐宁街 10 号广播,演讲从个人记事便笺开始,然后是英国在战时的一项调查,以及对未来的呼吁:

在五年前的一个星期四,我奉英王陛下之命组建一个由各个党派参与的联合政府,执掌国家大事。在人的一生中,五年是很长一段时间,特别是需要孜孜不倦工作时更显得如此。但是这个联合政府毕竟得到了议会、整个不列颠民族和所有背井离乡将士的支持,以及远在海外的自治领和处于全球各地的整个帝国的坚定合作。在经历各种风浪之后,上周形势变得明朗:到目前为止,我们的事业进展良好,英联邦和英帝国比我们悠久浪漫历史中的任何时期都更团结、更坚强有力。的确,我认为凡是公正的人都会承认:我们比五年前要成熟得多,可以

应对未来的各种困难和危险。

曾有一度,我们主要的敌人、强大的敌人,亦即德国,几乎蹂躏了整个欧洲。法国在上次大战中曾经经历了这样极度紧张的时日,这次更是一败涂地,需要相当时间才能恢复。低地国家虽然进行了殊死战斗,但也未能幸免于敌人的征服。挪威被侵吞。墨索里尼认为我们已岌岌可危时,带着意大利从背后捅了我们一刀。但是我们自己——我指的是我们大家,即英联邦及帝国——我们当时完全是单枪匹马。

1940 年 7 月、8 月和 9 月,四五十支英国战斗机队在不列颠之战中狠狠打击了德国航空队的凶焰,敌我损失为 7:1 或 8:1。请允许我复述在最紧要的时刻所说的话:"在人类战争史上,此前从来没有过,以如此少的兵力,取得如此大的成功,保护如此多的众生。"

⋯⋯⋯⋯⋯

闪电战随即开始了。当时希特勒说,他要"把我们的城市夷为平地"。"把我们的城市夷为平地",这是他的原话。这个闪电战我们英国人经受住了,没有一句怨言,也没有丝毫退缩,当时有为数很多的人民——我向他们全体致敬——证明伦敦可以"挺过来",其他遭到蹂躏的中心城市也都可以挺过来。但是 1941 年来临以后,我们仍旧岌岌可危。敌机可以飞临我们海岛入口水道的上空,而 4 600 万人民每天食粮的半数以及他们需要的其他全部战争物资或民用物资,都得经过这些入口水道才能输入。这些敌机能够在单次飞行中从布雷斯特飞过这些入口水道,到达挪威,然后再飞回去。他们能够观察我们进出克莱德湾和默尔西河之间的一切航运活动,因而能向大量的、日益增多的 U型潜艇指出我们的护航队所在,敌人的这些潜艇当时散布在大西洋中——这些潜艇的残余或其接替者现在正集结到英国港口来。

我们苦恼于被包围的感觉,特别是这种包围圈随时有可能绞杀我们。当时我们要运进生活必需品和派出作战军队,都只能通过北爱尔兰和苏格兰之间的那一条西北入口的水道。德·瓦勒拉①的爱尔兰政府跟好几千年驰骋疆场、表现出英勇古风的南爱尔兰人民的性情和气质迥异。由于他的行为,南爱尔兰港口和机场本可以轻易保卫扼守的那些水道,竟然被敌机和潜艇所封锁。这真是威胁我们生存的危急时刻。要不是考虑到与北爱尔兰的忠诚友谊,我们早就不得不与德·瓦勒拉拼个你死我活了,或者从此绝迹于地球之上。

然而,我敢说,英王陛下政府以历史上无与伦比的克制和镇静,从来没有对爱尔兰政府下过毒手,尽管这有些易如反掌、理所当然。我们仍然听任德·瓦勒拉政府先后与德国和日本代表尽情鬼混。

当我想起这些时日,也会想起其他一些插曲和人物。我想起分别荣膺维多利亚勋章的埃斯蒙德海军少校、基尼利一等兵和费根上尉,还有其他爱尔兰英雄们,我常常记起他们的姓名。于是,我必须承认,心中不复有不列颠对爱尔兰民族的恼恨了。我唯有祈愿在未来岁月里,这种耻辱将被忘却,而光荣将永久保持下去;而且不列颠群岛的人民会像英联邦的人民一样,在相互理解和宽宥的基础上并肩前进。

朋友们,当我们把思绪转向西北入口水道时,不会忘记忠诚的商船海员们,不会忘记每天夜间出动的扫雷艇,他们的事迹很少在报纸头条报道。我们也不会忘记庞大的、富有创造力、善于随机应变、全方位而且最后具有全局控制力的皇家海军,以及更加强大的空军新盟友。他们使得生命线保持畅通无阻。因此,我们得以呼吸,得以生存并且得以出击。

我们不得不做可怕的事。我们必须摧毁或俘获法国舰队,否则它们将会落入德国人之手,恐怕已经与意大利舰队合并,使得德国海军足以在公海上与我们对峙。这件事我们做对了。我们不得不在最黑暗的

---

① 埃蒙·德·瓦勒拉(Eamon De Valera,1882—1975 年)爱尔兰革命者,1937 年使得爱尔兰自由邦与英联邦分离,成为一个主权国家,改名为爱尔兰。二战中奉行"友好中立",拒绝了英国的参战请求。战后成为共和国总统(1959—1973 年)。

时刻倾尽岛上实际所有的坦克,绕道好望角,送给韦维尔将军。这件事使我们早在 1940 年 11 月就足以保卫埃及免受侵略,并使意大利军队被俘 25 万人并遭到歼灭,而后将其击退,墨索里尼原本准备尾随这支军队,进驻开罗和亚历山大。

罗斯福总统,实际上还有全美国有识之士,对 1941 年春天我们将会有什么遭遇,都曾经深感忧虑。总统在内心深处认为,假若英国覆灭,不仅本身是桩可怕的事件,而且还将让美国庞大且尚未武装起来的潜力及其国运面临致命危险。他非常担心我们将在 1941 年春天遭到入侵。

············

尽管我们在 1941 年最初几个月处境极其艰难,但比法国溃败之后的那几个月感觉好很多。我们在敦刻尔克的军队和野战部队,几乎雄师百万,全副武装,或者重新装备。我们已经通过大西洋上空从美国运来 100 万支步枪、1 000 门大炮。自 6 月以来,所需要的弹药全部备齐。我们的兵工厂越来越强大,男女工人坚守在机器旁不眠不休工作,有的由于过度劳累晕倒过去。

由一开始近 100 万的工人发展到 200 万人,达到高峰,一方面全天候工作,另一方面还组织了国民自卫队。他们既有枪支武装,同时也有精神武装,并且誓言:“宁死不屈。”

到 1941 年晚些时候,我们仍在孤军奋战。为了支持希腊,我们痛心付出牺牲,在某种程度上是不知不觉牺牲,在北非昔兰尼加和利比亚牺牲了我们冬季所获得的一切。希腊人不会忘记,尽管是无谓的牺牲,但我们付出了那么多,得到的却何其少。我们是为荣誉而战。

我们平息了德国在伊拉克煽动的骚乱。我们保卫了巴勒斯坦。我们在戴高乐不屈不挠的“自由法国”运动的协助下,清除了利比亚和黎巴嫩中拥护维希政府的人以及德国飞行员和阴谋家。

然后,在 1941 年 6 月,另一桩重大的世界事件发生了。你肯定能从英国历史中阅读到,我建议你尽量认真研读。因为我们只有了解历史,才能判断未来;我们只有阅读大不列颠和大英帝国的故事,才会对生活在这片土地理直气壮并真切感到自豪——你在英国历史中无疑会发现,我们时常被迫独自坚守,或者成为联盟的主力,去对抗欧洲大陆的暴君或独裁者。而且我们被迫长期奋战了相当长的时间:在威廉三世和马尔博罗领导下,率领欧洲奋战近25年,长期抗击西班牙无敌舰队和路易十四;150年前,在英勇的俄国军队1812年大捷的支援下,纳尔逊、皮特和威灵顿打败了拿破仑。在所有这些世界性大战中,英国始终是领导欧洲诸国共御外敌,或者孤军奋战。

只要你坚持战斗足够长时间,通常总会迫使暴君犯下严重错误,整个战局也会因此而改变。1941年6月22日,自认为已主宰整个欧洲的希特勒——不,事实上,他认为自己很快就会成为世界霸主,所以没有发出任何警示、毫无征兆,突然穷凶极恶、背信弃义地扑向苏联,与斯大林元帅和亿万俄国人民开战。

随后,1941年年底,日本突袭了美国珍珠港,同时在马来亚和新加坡向我们发动了进攻。紧接着,希特勒和墨索里尼对美利坚合众国宣战。

自那以后,几年过去了。说实话,每挺过一年,对我来说,几乎就是度过了十年。但是,就算美国没有参战,我也丝毫不会怀疑我们终将获救,我知道只要完成我们的任务就一定能赢得胜利。我们在推翻作恶多端之人的进程中发挥了自己的作用。我希望没有虚荣或自夸的话,但是在1942年10月,英美联军从阿拉曼攻入北非,攻下西西里、意大利,收复罗马,长驱直入,从无败绩。

经过两年精心准备,我们去年装备了水陆两栖作战的神奇设备——向你们展示了英国科学家无与伦比地立于世界民族之林,特别是在精通于研发海军武器方面——去年6月6日,我们在法国德占区精心挑选了一处小脚趾大的地方,从英国和大西洋彼岸投入数百万大军,直至塞纳河、索姆河和莱茵河。英美联军所向披靡,让敌人闻风丧胆。

法国解放了。她造就了一支英勇善战的优秀军队，为自由而战。德国门户大开。

现在，另一侧战场上是俄国人民，他们始终牵制了更多敌人，在取得了辉煌的军事胜利后，乘胜前进到德国心脏地带，与我们会师。同时，在意大利，陆军元帅亚历山大汇聚了多国部队，其中大部分来自大不列颠和大英帝国，给了意大利最后一击，迫使一百多万敌军投降。我们所称的"第十五集团军"，由英美两国以几乎同等兵力汇成，正在深入奥地利，右手伸给俄国人，左手伸给艾森豪威尔将军统帅的美国军队，携手作战。

你们可能还记得——但记忆素来是短暂的——恰好在三天时间内，我们获悉了墨索里尼和希特勒果然产生了分歧；也恰好在三天时间内，超过 250 万之众、曾经不可一世的德军向陆军元帅亚历山大和蒙哥马利投降。

此刻，我要明确指出，我们始终清晰意识到美国调用了巨大优势力量以解救法国、打败德国。至于我们，英国人和加拿大人，兵力占总数的 1/3，和美国人数不相上下，但已经倾尽了全部战斗力，我军的战斗伤亡情况也表明已经竭尽全力。我们的海军在大西洋、在狭窄的海面，以及在把车队护航运送到苏联的过程中，都承受了无比沉重的压力；而美国海军则不得不集中强大兵力主攻日本人。我们有合理分工，并都可以相互汇报战事的进展程度。

我们当然还应颂扬最杰出的统帅亚历山大和蒙哥马利。他们才华卓越、战功赫赫。自他们联手指挥阿拉曼战役起，一直都是战无不胜，从未吃过败仗。在非洲、意大利、诺曼底和德国，他们都指挥了最重要的战役，取得了决定性的胜利。同时，我们也深知艾森豪威尔将军的统一指挥和战略指导多么高超，并且深表感激。

............

可以说，我们的战略方针得到贯彻。因此，两国之间的最佳组合和密切协作由英美结合的参谋长们传递给战斗行动。从德黑兰开始，俄国人也加入了战争领袖的阵营,同我们战斗在一起。也可以说,从来没有两个国家的力量如伟大的英美军队这样团结并肩战斗,并在战场上结下如此深情厚谊。

有些人说:好吧,既然两国都说同样的语言,都有同样的法律,在历史上有较多相同之处,并且对生活怀有较为相似的愿景、希望和荣耀,那么你还期待什么呢? 还会有人说:如果英美没有继续并肩协作、并肩前进、扬帆起航、比翼齐飞,全世界和这两个国家必会失利。无论何时,为了全世界的自由和公平,必须付出行动时,两国是未来的伟大希望。

我们还遇到最终危机,幸好德国的溃败把我们解救了。一年来,我们在伦敦和东南部县市遭受了各种形式的飞行炸弹;还有一种武器,也许你听说过,那就是火箭弹。而我们的空军和高射炮炮台对抗它们取得奇效。尤其是空军,及时瞄准那些微小的可疑点射击,阻碍并极大延误了德国的各种战备。但是,只有当英军清理海岸、占领所有装卸据点时,只有当美国人在莱比锡附近缴获大量火箭弹储备时——这是目前对我们已有信息的补充,只有对法兰西和荷兰海岸的所有战备进行仔细检查和科学核验时,我们才知晓危险多么严重:这不仅仅是来自火箭弹和飞行炸弹的威胁,还有多个远程火炮正在准备命中伦敦。幸好盟军及时猛烈轰炸端掉这一毒蛇窝,否则伦敦将在1944年秋天如柏林一般被摧毁,根本不用等到1945年。

同一时期,德国准备了新的潜艇舰队,并采取了奇特的战术,尽管最终被我们摧毁,但也在1942年将反潜艇战推向了高峰。因此,我们应该高兴,应该感恩,不仅为了在独自作战中幸存下来,更为了从不可预测的新苦难、新危险中及时被解救。

我但愿今晚能告诉你,所有的痛苦和磨难都结束了。如能这样,我便能高高兴兴结束这五年的任职。如果你们认为不再需要我,可以让我免职过清闲日子。我告诉你们,我将欣然体面接受。但是,我必须提醒你们,正如我在开始任职时所说——当时没有人能料到这段时间将会如此漫长——还有很多事要做。如果你们不打算再墨守成规,不愿再度混乱盲目、胆小怕事，那就还要在思想和体能两方面做好进一步准备，为伟大事业付出更多牺牲。

你们切不可丝毫放松警惕、不可稍有懈怠。尽管人类需要度假欢乐，但也必须增强力量和觉悟，使每个男女都精神抖擞重返工作岗位，并继续对公共事务保持清醒的见解和必要的关注。

我们在欧洲大陆仍然还要确保参战目的的纯粹和高尚，不致在胜利之后的岁月里被摒弃或漠视，并确保"自由""民主"和"解放"等词不被曲解，还保持我们所理解的真实含义。如果不受法律和正义的统治，如果极权主义或警察政府将取代德国侵略者，那么惩罚希特勒分子的罪行将无济于事。

我们不为自身谋求什么，但必须确保为之战斗的事业能够在和平会议桌上得到事实上和纸面上的承认。尤其重要的是，我们必须努力，让在美国旧金山创建的联合国国际组织不致徒有虚名，不致成为强权的挡箭牌和对弱者的冷嘲热讽。胜利者必须在光辉时刻反躬自问，使自身拥有的力量高尚而有价值。

我们切不可忘记，日本仍在窥伺机会。尽管他们不断受到打击并节节败退，但仍有一亿人口，他们的武士几乎不惧死亡。今晚我还无法告知你们，还要经过多长时间，付出多少努力，才能迫使日本人为其穷凶极恶和残忍暴行付出代价。我们——就像中国，这么长时间英勇顽强战斗——本身也深受日本人的凶残伤害，而且与美国有着光荣的、兄弟般忠诚的情谊，必然要在世界另一端同他们并肩战斗，不能投降，不能失败。我们还必须牢记，澳大利亚、新西兰和加拿大过去和现在都直接受到这股邪恶力量的威胁。他们在我们风雨如晦之际前来援助，我们也决不能把事关他们安危与未来的战斗任务弃置一旁、半途而废。

五年前，在危机一开始，我就曾向你们预告了艰苦，但你们不曾退缩。你们慷慨赋予信任，怎能不令我感动呢？因此我要大声疾呼：大步向前，坚定不移，不屈不挠，坚持不懈吧，直到完成全部使命，直到迎来和平而澄净的世界！

# "巨大问题摆在我们面前"

*1945 年 5 月 26 日,70 岁,广播演讲:大选前继续管理*

　　丘吉尔希望大联合政府继续执政到打败日本。但是工党决心尽快举行大选,并寻求民意授权。1945 年 5 月 21 日,工党领袖、丘吉尔战时内阁的副首相克莱门特·艾德礼打电话表示:"我和同事认为,既然全国上下都在关注并期待大选,那就不能搁置党派争议。"丘吉尔在希望遭拒后,于 5 月 23 日向乔治六世国王递交了辞呈。大联合政府于是结束。7 月将举行大选。在那之前,丘吉尔仍是首相,领衔占主要地位的保守党"守护政府"。工党变为反对党,选举斗争将要开始。5 月 26 日,丘吉尔担任战时领导人已经五年又十六天,他向全国广播演讲:

　　欧洲已经大获全胜,但是繁重的问题还摆在我们面前。整个大陆被激情与仇恨破坏得四分五裂,史无前例。我们还得秉持战争期间的强硬政策,继续全力投入。对此,我将在接下来的六周时间里向你们阐述。

　　你们已经得知这次选举很仓促。我们以往的大多数选举需要 70 天,但是这次不得不压缩到 40 天,而且在战斗早期不能动用全部力量。我们必须全力以赴,在投票日达到高潮。

　　对我来说,这是件悲伤的事——我毫不掩饰——因为工党和工会的很多朋友及自由党人士认为对所在政党有责任，必须离开刚刚结束的国民政府。尽管我非常理解他们所体认的难处，但我有责任继续管理，并且呼吁那些善意的各党派及无党派人士来加入管理。我认为政府有能力承担当前的重任，而且它将在职能承担中表现出近年来任何行政机构无与伦比的能力与无私开明的宗旨。

他们称呼我们为"看守人"。毫无疑问，他们认定了此届政府的职能，我们也接受这一定位，因为这意味着我们将对影响到英国及其所有阶层利益的任何事小心谨慎。

# "阻止言论自由最为容易"

1945 年 7 月 3 日,70 岁,竞选演讲

1945 年 7 月 3 日,当竞选活动接近尾声时,丘吉尔在沃尔瑟姆斯托选区的体育场对超过两万人群演讲。其中有些人持强烈敌意。他的声音时而被嘘声和骚动淹没。但他在竞选活动中越战越勇:

这是一个双方都参加的特殊集会。(笑声)我想首先试试麦克风。我想知道你们能否听见我的声音。你们听见我说话了吗?(会场大声说"是的"。当他继续问"我们都垂头丧气吗"时,人群中响起雷鸣般的"不"。)

我想寻求各位听众的帮助。当然,我们这样一个自由的国度,在世界各地为自由而战,并为很多国家赢取了自由,之前它们甚至不了解英国。在一个自由的国度,每个人都有充分的自主权随心所欲地发出欢呼或喝倒彩。(欢呼声和嘘声)胜利者在欢呼,失败者则发出嘘声。

但是,如果阻止言论自由的意图随着中断奏效了,则是个严重的问题。没有什么比阻止言论自由更为轻而易举,但是这样做的唯一结果是为希特勒和墨索里尼建立的集权国家削弱了我们自身。任何人用有组织的方式来中断大型公共集会就是犯下这种非同寻常的罪行,而我们的士兵已用枪火和刀剑将这种罪行从整个欧洲一扫而空。

我首先要对你们说:这根本不是一个有争议的话题。所以,欢呼

435

者和喝倒彩的人都可以休息片刻。我想祝贺伦敦,因为我正是在这里做了第一个大型演讲,正是在这里第一次参加重要集会并演讲,因为它在战争中创下辉煌成就。你想为此喝倒彩吗?

大伦敦地区①这个伟大的都会区已经凭自身在战争中的表现赢得了举世无双的胜利。如果你把大伦敦地区视作一个整体,现在看看这些在战争开始之前就生活在这里的人民,他们当中每130人就有1个死去,要么因为从这个地方走出去战斗而死,要么因为留在这里被炸弹密集轰炸而死。大伦敦地区作为世界的一部分,遭受的损失远比其他地区严重,尤其是沃尔瑟姆斯托、伊尔福、福德和周边其他地区。

我真诚地感谢并祝贺你们,沉着镇定投入职责,凭此成功经受了极其严酷的变端和异常沉重的压力,结果是赋予祖国有效力量保持从容不迫,并在漫长而激烈的战斗中坚持不懈。

我们曾有一度独自作战,单枪匹马整整一年。但是,我们稳固坚守,不仅自身熬过艰险,而且还使苏联俄国等大国成功获胜(欢呼声和中断)——好的,肯定没人给苏联俄国喝倒彩?我认为英俄两国的共同点是英勇奋战以保卫家园——还有美国,这两个大国得以团结起来,全副武装。我们因此获得了对敌极大优势,取得了当前在欧洲的胜利。

现在,我们已经完全掌握欧洲;被征服的敌人和被摧毁的国家,已经落入我们手中。但还有很多事情要做,还有非常严重的问题亟待解决。采用稳妥方式,将有利于治疗欧洲遭受的创伤,有助于修复可怕的破坏和毁灭,帮助这个大洲以同样团结的方式,伴着她古老的荣耀和在我们心中升腾的对未来的希望,再次崛起。

我的左边有一位先生在反复抱怨政策。我将回答他的质询。我们的政策是把打败日本放在首要位置(大声欢呼),这个贪婪而奸诈的国

---

① 大伦敦(Greater London)是英格兰下属的一级行政区划之一,范围大致包含英国首都伦敦与其周围的卫星城镇所组成的都会区,例如,包括伦敦市(City of London)与西敏市等。

家袭击了美国珍珠港,也袭击了我们。

对日本的战争必须在世界另一端进行。尽管我们在欧洲所投入的强大军队中只能抽出一小部分前往那里,但仍将履行职责、尽力战斗。

美国派出数百万人漂洋过海来到这里,帮助我们打败希特勒的势力,我们也必须在世界另一头另一场战斗中支持他们。对日战争和我们的战争同样重要。

这是我们政策的第一要素。其次是让军队回家(大声欢呼)。在我们将绝大多数军队送回家的同时,也正在重新组织和部署其他军队前往抗击日本。所以,这是我们切实可行的第一要务。

然后,我们要修建被敌人狂轰滥炸而支离破碎的家园和房屋,并且弥补六年战争让建筑所遭受的损失。当战争爆发时,在战前一年,我们全年兴建了 35 万栋房屋。看,请坐稳。你不会喜欢这一点——其中三分之二的房子由私营企业建造。(欢呼)好好发出嘘声吧,嘘吧——私营企业所建。

嗯,每年 35 万栋房屋,一共六年,总共将近两百万栋! 而现在我们全然紧缺这些房屋,此外还有敌人摧毁或粉碎的全部建筑。我们为什么还未修复和重建这些房屋? 好吧,你可以询问艾德礼先生、贝文先生和伦敦大英雄赫伯特·莫里森①先生。如果我们是罪魁,他们也难逃干系。而社会党和劳工党的一些朋友将松一口气,因为我不想责备他们,我们现在也不会责备他们。

但是所有建筑工人都在参战。如果我们一年之前召回这些建筑工人,如果我们从前线和弹药工作中召回他们,那么我们本可以有更多的房屋,但是那将不能结束战争。我们原本可以有房屋,但是战争将继续

---

① 赫伯特·莫里森(Herbert Morrison,1888—1965 年),男爵、英国工党活动家。曾先后任伦敦郡哈克尼市市长、议员、运输大臣、供给大臣、内政大臣和国内安全大臣。他是伦敦东区警察之子,在这个蓝领之家排行老三,一向与工党内部的"贵族"作对。1942—1945 年为战时内阁成员。1951 年任工党领袖、外交大臣。1959 年退出政坛,封终身贵族。著有《政府与议会》《社会化与运输》等。

下去,从夏天一直拖到冬天。(大声欢呼)

这就是我为艾德礼先生、贝文先生和莫里森先生(中断)及我本人辩解的理由。(欢呼和反对的嘘声)

好吧,我们要做的第一件事是建房子,我在此向诸位表示,我们将尽一切人力来建房子。没有什么可以阻碍。我们将调用各种力量,把它当作一次军事行动,我希望并相信——尽管不能保证——不会短缺太久。我希望并相信会取得意想不到的进展,比我们在著名的联合政府时期所能做出的承诺更多,届时所有喝倒彩的人将会欢呼。(这一句话之后是欢呼和嘘声)

我们有一个四年计划,其中已经大量突出社会党领导人。我们还将有重大保险规划,涵盖每个人从摇篮到坟墓的毕生。威廉·贝弗里奇先生并不属于工党,当然有大量工作要做。我们还有大规模的卫生健康发展计划,并且要实施教育法案。

很多大嘴巴的蠢人(欢呼和嘘声)对这些重大政策说三道四。在这些政策中,社会党负责了很大一部分,他们值得支持者给予更好嘉许,而不是蒙受这些无谓的嘘声。政策覆盖了各个方面。此外我们还要重启贸易。重启国内贸易适逢其时,因为每个人都短缺一切物品。锅碗瓢盆、衣服毛毯、家具……这一切在过去六年中一直被忽视。另一方面,我们已存下了相当可观的战时积蓄,国内对于可以生产制造的物资应有充分的需求。

············

当人们询问我们有什么政策时,我想说,我只能告诉你,前面有大量工作,但我相信我们胜任、能够履职;我们没有陷入愚蠢的派系斗争,为荒谬的乌托邦式意识形态、哲学幻想而做口舌之争,那些世界只有大幅提升人类心灵和思想境界才能看见。(中断)

我很遗憾,有人受伤害,但我无能为力。我并非有意造成伤害,但我重申——在我们实现社会主义空想者置于面前的美妙的乌托邦之前,必须提升人类的心灵与思想境界。

438

现在,嘘声党在哪里?我将号召在我的演讲中加入嘘声党。每个人都可以喝倒彩。

**丘吉尔接着从场馆对立面转身,看向另一边说:**

这边可以帮助我吗?(欢呼声雷响)

我认为嘘声党正在犯错误,他们正拖延我们应履行的实际任务。他们正在破坏必须完成的任务,妄图推行他们的梦魇。这绝不可能。他们将在选举中被最果决的方式打败。(欢呼)他们在这里的表演清晰展示了对言论自由的看法。(欢呼)

这对全体英国人民应该是一个很好的警示,勿在下周四做错事。请投票反对那些思想混乱者。他们将毫不犹豫通过这种方式,徒增国内混乱,以阻碍行使英国由来已久的言论自由权利。

我不打算再对喝倒彩的人讲更多,但要敦促那些希望看到祖国伟大胜利的人,在战争结束后这些年看到伟大胜利迎来和平进步。

我很焦急,因为他们应积极帮助建立大型世界组织来阻止未来的战争,而且我们也应维护自身团结,方能立于世界大国前列、积极发挥作用。直到最后,讲完所有故事,无论你是否看到我们在海外的战斗事迹,是否看到我们在赢得战争后如何运用胜利成果,将来人们都可以说:他们干得很漂亮。(长时间的欢呼声,夹杂着嘘声)

# "亲爱的沙漠之鼠"

## 1945 年 7 月 21 日,70 岁,柏林温斯顿俱乐部开幕致辞

1945 年 7 月 15 日,丘吉尔飞往柏林,与美国新任总统哈里·杜鲁门和斯大林元帅参加波茨坦会议。7 月 21 日,他在六天紧张磋商之后,由专车送到柏林参加英国军队胜利游行阅兵的行答礼。他在游行结束之后,参加了"温斯顿俱乐部"开幕式。俱乐部为在柏林的英国军人和女性服务。他说:

我很高兴能够开设这个俱乐部。它以我的名字命名,我将始终以之为荣。

今天上午的阅兵式让我回想起刚刚过去的漫长而激烈的岁月中无数感人的故事。现在,你们来到了柏林,在这个像火山一样将浓烟和烈火燃遍整个欧洲的大中心安顿下来。在过去两代人中,德国人的铁蹄一再践踏到邻国。

现在,由我们取而代之,掌管这个国家。我想斗胆要求陆军元帅蒙哥马利给柏林所有军队放一整天假,以欢庆今天这一大捷阅兵的盛事。陆军元帅,希望你能允许。

我只有一句话对"沙漠之鼠"说。你们是开路先锋。轻骑兵第十一师于 1940 年开始在沙漠作战。从那以后,你们一直在漫长道路上稳步前进,迈向胜利。你们足迹所到这么多国家,见识了各种各样的阵仗,并且一往无前。

440

我没法不动感情。亲爱的沙漠之鼠,祝你们永远光芒四射。祝你们光环永不褪色。祝你们从阿拉曼到波罗的海、柏林的光荣之路的记忆永不磨灭。对历史的读解令我相信,你们的进军历程在整个战争史上无与伦比。

祝此传说永远代代相授。愿你们每一个人都能认识到,你们追随先辈足迹,成就了造福世界、为国增光的伟业,所有人都有资格为之自豪。

# "我致以深厚谢意"

## 1945 年 7 月 26 日,70 岁,首相辞任公开声明

丘吉尔从波茨坦会议返回英国时,选举仍在进行。大选结果在 1945 年 7 月 26 日宣布。在战前有效掌管英国达八年之久的保守党被打败,工党政府开始上任,承诺实施彻底的社会改革。在丘吉尔的五年战时联盟政府中,工党的大臣部长们都是必不可少的组成部分,通过民主方式和自由公平竞选,获权统治国家。当天,丘吉尔辞掉他自 1940 年 5 月开始的首相职位,并发表公开声明:

英国人民的决定已由今天检得的选票记录下来。因此,我可以卸下你们在艰难时期交给我的重担了。我遗憾于未被获准完成对日战争。然而,这方面的一切计划和准备都已就绪,结果的来临可能比我们目前所预期的要快得多。

排解内忧外患的责任落到新政府的肩上,我们都要祝福他们能成功肩负职责。

我所要做的,唯有对英国人民表达深厚的谢意。我深切感谢他们在危难岁月中对我的工作给予无所畏惧、坚定不移的支持,深切感谢他们向公仆所表达的深情厚谊。

# "无论男孩女孩，都不要沮丧"

## 1946年1月26日，70岁，
## 演讲笔记：获得迈阿密大学荣誉学位

保守党在1945年大选中落败，克莱门蒂娜·丘吉尔安慰丈夫"因祸得福"，他回答说："彻头彻尾全副伪装。"他对一个朋友说："我没有假装不烦不恼。失败了，却试图辩解、寻求安慰或不屑一顾，这令人憎恶。"1946年1月7日，他和克莱门蒂娜从英国起航，深入访问美国和古巴。他们于1月14日到达纽约，然后乘火车去往迈阿密。1月26日，他被迈阿密大学授予荣誉学位。尽管他从未读过大学，但已经荣获几十个名誉学位。他在伯丁体育场对17 500名观众发表获奖感言，以标准的"演讲形式"或"诗篇形式"做了笔记，提示演讲。这里转载了一部分：

我很惊讶，时至晚年
我会在获得学位方面
经验如此丰富

当我还是学生时
很不擅长考试
事实上，人们可以说

从来没有人通过这么少的考试
就获得了这么多的学位

基于此，一名肤浅的思想家可以辩称
获得最多学位的方法是
在最多考试中失败

但是，女士们、先生们
在这样的学术氛围中，我现在打扮得很光鲜
却可能导致一个不光彩的结论

所以我要赶紧强调另一个道德准绳
我相信大家都会达成一致
即无论男孩女孩
都不要因青春岁月
不够成功而气馁

而应勤奋忠诚地
不屈不挠地努力
弥补失去的时间

# "铁 幕 笼 罩"

### 1946 年 3 月 5 日,71 岁,美国威斯敏斯特大学演讲

第二次世界大战的直接后果是欧洲东德和西德分裂,丘吉尔对此发出预警,并称为"铁幕"。他在国际领域最为关注苏联和共产主义东欧。1946 年 3 月 5 日,他应哈里·S.杜鲁门总统之邀,在密苏里州富尔顿的威斯敏斯特大学演讲。他在演讲中表达了恐惧和希望,并命名此次演讲为"和平的中流砥柱":

一道阴影笼罩着盟军新近胜利所照亮的大地。无人知晓,苏俄及其共产主义国际组织的膨胀扩张的止境在哪里,如果还有止境的话。我十分钦佩并且尊重勇敢的苏联人民和战时伙伴斯大林元帅。英国人民对苏联人民也有深切的同情和良好的祝愿,并且决心克服种种艰难险阻、发展长久友谊。我毫不怀疑,在美国这里也是一样。我们理解苏联想要确保其西部边疆的安全,以免再次遭受德国的侵略。我们欢迎苏联在世界主要大国中占据应有位置,也欢迎苏联的旗帜在海上高高飘扬。最重要的是,我们欢迎英俄两国人民在大西洋两岸之间保持长久、频繁和日益密切的接触。但是,我也有责任对你们陈述当前的欧洲局势,因为我相信你们希望我说出亲眼所见事实。

从波罗的海的什切青到亚得里亚海边的里雅斯特,一道铁幕已经笼罩整个欧洲大陆。铁幕的背后是中欧和东欧古老各国的都城。华

沙、柏林、布拉格、维也纳、布达佩斯、贝尔格莱德、布加勒斯特和索菲亚，所有这些名城及聚居于周遭的居民，无不处在苏联的势力范围之内，不仅以这种或那种形式屈服于苏联的影响，而且还受到莫斯科日益变本加厉的高压控制。唯有雅典不同，散发出不朽的光辉，可以通过选举，在英、美、法三国的监督下，自由决定其未来。被苏联控制的波兰政府受到指使，正在大规模非法侵占德国领土。数百万德国人遭到驱逐，惨状令人痛心疾首，不敢想象。共产党本是东欧诸国中很小的政党，现在却迅猛膨胀、声名显赫、主导权力了，同其党员人数远不相称，并且正到处致力于极权主义统治。到目前为止，除了捷克斯洛伐克之外，欧洲根本没有真正的民主。

............

现在，如果苏联政府试图单独行动，在其占领的这些地区建立一个亲共的德国，将给英美两国占领区制造新的严重困难，并将让战败的德国得以在苏联和西方民主国家之间讨价还价。无论这些情况——这些情况千真万确——会导致什么结果，都肯定不是我们进行武装斗争所要建立的解放的欧洲，也不是一个具有永久和平必要条件的欧洲。

世界安全需要欧洲建立新的统一体，任何一国都不能遭永久遗弃、被拒之门外。我们亲历或听说过的世界大战又死灰复燃，正是起于欧洲强族的争斗。在有生之年，我们已经两度见证美国不顾国内反对意见、对抗强族的意愿和传统——美国不是不理解这股武力，但在一股不可抗拒的力量的召唤下，在可怕的大屠杀大破坏发生以后，它及时参战，确保了正义事业的胜利。美国已经先后两次派出数百万精壮兵力横渡大西洋来涉身战地。但是现在战争能够燃及任何一个国家，无论是黄昏或者黎明，它无处不在。当然，我们应该为了欧洲伟大和平而努力，遵照联合国框架，遵循《联合国宪章》。我认为这是非常重要、具有政策性、开放的事业。

在笼罩欧洲的铁幕面前，还有其他令人焦虑不安的因素。在意大利，受共产党培养的铁托元帅对亚得里亚海顶端的前意大利领土提出索赔要求,意大利共产党不得不支持这一要求,因而受到严重牵制。尽管如此,意大利仍然前途未卜。此外,人们无法想象复兴的欧洲没有强大的法国。我在毕生公职生活里,始终为法国强大鼓与呼。甚至即便在最黑暗的时刻,我也从未对她的未来丧失信心。我现在也不会对法国失去信心。但是,在远离俄国边界、遍布世界各地的许多国家里,共产国际第五纵队已经建立,不但高度统一运转,而且对共产主义中心发出的指令言听计从。共产主义在英联邦和美国尚处于起步阶段,但共产党和第五纵队到处对基督文明构成了日益严重的挑衅和威胁。即使在胜利的次日,我们任何人也一定要记住这个令人黯淡的事实,因为这一胜利是许多同志为争取自由和民主的事业并肩战斗所取得的。我们应趁时间还来得及的时候正视这些问题,否则将极不明智。

············

我深感一定要刻画出投射在全世界的阴影。这道阴影在东方和西方同样浓重。在《凡尔赛和约》签订时,我是一名高级官员,也是英国代表团团长劳合·乔治的挚友。我本人并不赞同当时的一些情况,但是脑海中对当时的情形有非常深刻的印象,而且将那时形势同现今形势相比较,实在令人感到痛心。那时人们满怀希望、信心百倍,认为战争已经一去不复返,国际联盟将无所不能。但是在眼下这个疲惫不堪的世界,我看不到也感受不到当时那样的信心,甚至不抱有同样的期望。

另一方面,我还反对一种观念:有人认为新的战争不可避免,而且更加迫在眉睫。我相信我们的命运仍掌握在自己手中,我们有力量拯救未来。所以,既然现在有适宜的场合和机会,我认为有义务大胆告诉你们。我认为苏联人并不想打仗。他们真正想要的是获得战果,并希望无限扩张其势力和教条。因此,趁现在还为时未晚,我们在这里要考虑的是如何永久制止战争和尽快在所有国家创立自由和民主的条件。

对于困难和危险,视而不见,不能解决问题;袖手旁观,也不会让问题迎刃而解;采取绥靖政策,更无济于事。我们真正需要的是解决之道。拖得越久,就越困难,对我们的危险也会与日俱增。

大战期间，我经过观察后坚信，俄国朋友和盟友最为尊崇的是实力，而最为唾弃的是懦弱，特别是军事上的软弱。因此，势力均衡的旧理论已经不适用了。我们应尽量避免剑走偏锋，不能因仅仅拥有微弱的优势，便妄图挑起武力较量。如果西方民主国家齐心协力，严守《联合国宪章》的原则，将会产生巨大的影响力来推进发展这些原则，而且没有人胆敢冒犯。然而，如果他们各自为政，或者逃避自身职责，任由这至关重要的几年从我们身边白白溜走，那么浩劫将真的降落到所有人头上。

上一次，我曾目睹大战迫近，对本国同胞和全世界大声疾呼，但是无人理睬。直到1933年，甚至1935年，都还有可能把德国从它后来身陷的噩运中拯救出来，使我们大家都免遭希特勒强加给全人类的苦难。

如果防患于未然，历史上就不会出现这场使地球上那么多地区沦为废墟的战争。我相信本可以不发一枪一弹就能轻松制止这场战争，而且德国本可以发展至今成为一个强大、繁华和受尊敬的国家。但是，谁也听不进我的肺腑之言。我们一个接一个都被卷入可怕的战争旋涡。我们决不能让这种旧戏重演。怎样才能做到？唯有在此刻，在1946年，在联合国组织的权威下，与苏联就所有问题达成良好共识；并通过这个世界性组织，在英语国家及其一切联系地区的全力支持下，维护上述良好共识，度过长久和平年月。这就是我在本次演讲中要敬献给诸位的解决之道，我将之命名为"和平砥柱"。

当你看到我国4 600万人在为粮食而发愁，我们的粮食产量甚至只有战时的一半，或者看到我们在六年炽热战火之后难以重启工业和出口贸易，请不要低估大英帝国和英联邦的永恒实力，请相信我们能够挺过物资匮乏的穷困时期。要知道我们一度经历过虽然痛苦但却辉煌的年代。半个世纪以后，你会看到七八千万个英国人活跃在全世界，团结一致捍卫我们的传统、生活方式和你我信奉的事业。

如果全体英联邦人民再加上全体美国人民，在空中、在海上、在全球各地，在科技和工业领域全面合作，在精神力量上相互支持，就不会出现力量失衡、摇摆、动荡，诱发野心或冒险。相反，我们将会有压倒一切的安全保障。如果我们忠诚恪守《联合国宪章》，沉着冷静稳步向前，不觊觎任何人的土地或财富，不妄图肆意控制他人的思想；如果英国所有精神和物质力量都与美国情同兄弟般联合起来，那么很显然，通往未来的康庄大道将清晰展现，不仅我们可以走这条路，而且所有人都可以走；不仅我们的时代可以走这条路，而且未来千秋万代都可以走。

# "伟大的心必须配备剑和盔甲"

## 1946年3月8日,71岁,
## 弗吉尼亚大会致辞：呼吁英美团结民主

1946年3月8日,在弗吉尼亚首府里士满,丘吉尔向弗吉尼亚大会致辞。他当着艾森豪威尔将军的面,强调英美两国必须团结一致维护民主:

据说,最主要的历史教训是人类的固执。你们会记得,我的好朋友、已故的罗斯福总统在仅仅几年前分辩美国人不是所谓的"懦夫",宣称这是一片"充满无限挑战的土地"。我本人则阅读了机密文件:德国在遭遇"这些可笑的美国军队"之前所记录的报告。

这些欧洲国家当然不会这么快忘记或忽视光耀美国各大州所有大战记录的坚韧、意志和献身精神。我们也是,在英伦各岛和世界各地的自治帝国,追及深度,我们证明了不列颠民族的品质值得尊敬。事实上,与我们的数据、努力、牺牲成正比,我们的损失至今也无人能及。而且,我们很光荣地独自整整一年对抗强大轴心国的主要力量,为此赢得准备时间,这对美国和共同的事业都是至关重要的。我相信艾森豪威尔将军也会同意此说。

但是,回顾过去不如放眼未来。因此,我希望今天上午休息。在我人生中的过去几年里,我自认为是一个载体,传达了一则信息。这是一则非常简单的信息,我们两国人民能够很好理解。那就是我们应该站在一起。我们应该站在一起，对任何人没有恶意，不贪图什么，只为捍卫我们珍视的事业，不仅为了我们自身的利益，也因为我们笃信这些事业意味着千秋万代的荣耀和幸福。我们应该庄严、和平地并肩行走，正如我在1941年黑暗时刻对美国国会所说。我深信这是遍及全球的2亿英美人民中绝大多数人的意愿。这是我们的命运，或者，就像大多数人所说，似乎确定无疑是神的旨意。我无法说明它是怎样表达，以何种方式、何时实现。

我有天读到一位英国贵族（我并不熟悉他的名字）说英国将成为美利坚合众国的第49个州。我昨天则读到一位能干的美国编辑所写，他认为不能要求美国重新加入大英帝国。在我看来，我敢说还有在你看来，智慧之路介于这些看似可怕、实则并不危险的稻草人般的极端条件之中。我们必须找到合作的手段和方法，不仅在战争与致命痛苦之时，也在有着各种困惑、喧嚣与嘈杂的和平年代。

正是在和平年代，战争才得以避免，奠定未来崇高结构的基础方可以建构。但是如若没有确保战争获胜的美德，和平将无从维持。仅靠陈腔滥调、官方苦相和外交辞令表达的虔诚感情，无以维系和平，尽管这可能不时也有可取之处。

将危险时期穷兵黩武的力量搁置起来，也无法维系和平。必须认真想想。还必须有忠诚的毅力和远见。伟大的心必须配备剑和盔甲，护卫朝圣者之旅。最重要的是，英语民族中必须有基于共同理想信念、团结一致的心。这，是我提供的解决之道。这，也是我孜孜以求的目标。

# "让德国人活下去"

## 1946 年 6 月 5 日,71 岁,下院演讲:反对报复

　　丘吉尔于 1945 年 7 月访问了柏林,目睹德国首都在战争中所遭受的破坏。他在回忆录中写道:"在他们投降的那一刻,我的恨意消除了。"英国内外有些人想要惩罚所有德国人。丘吉尔表示反对,并在 1946 年 6 月 5 日对下议院的演讲中解释了原因:

　　纳粹统治下的德国已经犯下罄竹难书的罪行。我们必须伸张正义,惩罚罪犯,但是一旦结束——而且我相信它将很快结束——我将回到英国政治家艾德蒙·伯克的宣言:"我不能控诉所有人。"

　　我们不能计划甚至设想包含贱民国家的新世界或新欧洲,这些民族国家是永久或长期被排斥在人类大家庭之外的民族弃儿。我们的最终希望必须建立在——也只能建立在——人类大家庭的和谐基础之上。

　　只要英国人民仍对事件进程有影响力,我们就必须再努力数年,将德国和日本人民重新纳入自由和文明、民主的世界体系。让数千万的人在地球和地狱之间保持非人状态,直至被折磨成为奴隶或死于饥饿,如果追求这种想法,至少会滋生道德瘟疫,而且有可能真的引发战争。

　　　　‥‥‥‥‥‥

　　团结的世界比分裂的好,但是分裂的世界又比毁灭的好。这也并

不意味着,在分裂的世界中,不能有平衡的力量来推动进一步的团结。欧洲之心不断退化是最糟糕的事情,这将令欧洲灭亡。

············

欧洲在各个方面都比上一次大战结束时的状态要差很多。她的痛苦混乱和仇恨远远超出任何已知过往岁月。

············

让我们勇敢地宣告:让德国人活下去。解放奥地利和匈牙利。恢复意大利在欧洲系统中的位置。让欧洲再度荣耀崛起,通过其力量和团结确保世界和平。

# "我们两国一直并肩战斗"

## 1946 年 7 月 14 日,71 岁,
### 对法国演讲:巴士底日呼吁法国复兴

在战后欧洲,法国被大为削弱,内部分为两派,一边曾与德国人合作,另一边拒斥德国,甚至竭尽所能抵抗苛刻严酷的占领。1946 年 7 月 14 日,巴士底日[①],丘吉尔在法国城市梅斯向法国人发出强烈呼吁:

此次访问梅斯,受到你们热烈欢迎,唤起了我脑海中的很多回忆。63 年前,父亲带我第一次访问法国。那是 1883 年夏天。我们开车一起穿过巴黎协和广场。我喜欢观察,发现其中有个纪念碑上覆盖着花环和黑纱。我就问他为什么。他回答说:"这些都是法国各省份的古迹。其中阿尔萨斯和洛林两个省在上次大战中被德国人掠走。法国人非常不满,希望有朝一日夺回它们。"

我记得内心清晰的想法:"希望他们夺回来。"这一愿望最终没有落空。

很多年以后,我参加了 1907 年法国军事演习。英法协议[②]已经签

---

① 巴士底日,又称法国国庆日,每年 7 月 14 日,以纪念 1789 年 7 月 14 日巴黎群众攻克了象征封建统治的巴士底狱,从而揭开法国大革命序幕。

② 英法协约是指 1904 年 4 月 8 日英国和法国签订的一系列协定,标志着两国停止关于争夺海外殖民地的冲突,开始合作对抗新崛起的德国的威胁。

署。我也已成为一名年轻的内阁阁员。当时士兵身穿蓝色外套和红色裤子，很多运动项目还采用密集队形。我在演习的高潮看到大批法国步兵调整着站位，而乐队演奏着《马赛曲》。我感觉到，正是勇敢的刺刀获得了人权，而且这些权利及自由欧洲将由勇敢的刺刀忠实守卫。

时隔已近 40 载。但是从那时起，我一直与你们合作，不仅出自与法国的友谊，而且还因为我们两国所付出如此多艰辛和历险的伟大事业。道路是漫长而可怕的。我很惊讶，自己走到了路的尽头。我们两国在两代人所受磨难中始终并肩前进奋战。今天，我作为嘉宾来到这里，从未忽视能够维护和巩固我们联合行动的任何事。所以，我不仅是作为朋友对你们演讲，更是作为毕生同志。我们在抵抗德国侵略和暴政的过程中，遭遇了很多可怕经历，但是两国始终共同奋斗，让自由之旗高扬；我们付出可怕而惨重的代价，终于完成使命。让我们永不分开。

⋯⋯⋯⋯⋯⋯

没有强大的法国，就没有欧洲文化复兴，没有欧洲的魅力、传统和强大力量。过去很多民族曾希望并试图崛起。但是从未有一个国家像今日法国这般如此清晰地要求强大。当我想到年轻的法国人在这个破碎和困惑的世界长大成人，我认为此前没有任何国家任何一代人眼中更加显著或更加闪闪发光地写着"责任"。

在两百年前的英国，老皮特①向派系分裂内讧的同胞演讲，希望他们"紧紧拧成一股绳"。这是他的名言。在我们英国，在雾中，在混乱中，我们今天紧密团结、同心同德。如果面临各种危险威胁，我们将更

---

① 威廉·皮特是英国历史上一对著名的父子首相，父子二人同名。父亲老皮特是英国第 9 位首相，是指导七年战争胜利的伟大战略家。儿子小皮特是第 14 位首相，也是英国历史上最年轻的首相，就任时年仅 24 岁。此处指老皮特。

加坚定地团结在一起。

作为你们忠诚的老朋友,我有权毫不犹豫敦促所有法国人团结起来,领导欧洲重归和平自由,走向更广阔美好的未来,尽管他们已经疲惫、顾虑重重。拯救你自己,将拯救欧洲。拯救欧洲,也就拯救了你自己。

# "欧洲合众国"

1946 年 9 月 19 日,71 岁,瑞士苏黎世大学演讲:欧洲合众国

丘吉尔在 1946 年发展了欧洲合众国的思想,希望法国和德国走到一起,甚至曾有一度设想苏联成为联合国组织的一员,成为欧洲单一实体的一部分。1946 年 9 月 19 日,他在苏黎世大学发表演讲中阐述了这一思想:

我将说出震惊四座的话。重建欧洲大家庭的第一步,是法德两国必须结成伙伴关系。唯其如此,法国才能恢复其在欧洲的精神领袖地位。如果没有精神强大的法国和精神强大的德国,就不可能有欧洲复兴。欧洲合众国的结构,假如真正建立起来并得到完善,将使单一国家的物质力量变得无足轻重。小国将如大国一般举足轻重,并凭其对共同事业的贡献而赢得荣耀。

德国古老的各州和侯国为了相互便利而自由加入到了联邦系统,他们可以在欧洲合众国中获得各自位置。我不想为数亿万渴求幸福自由繁荣安定的人民制定详细计划,他们希望享有伟大总统罗斯福所说的"四大自由"[①],并依照《大西洋宪章》所体现的原则生活。如果他们有此愿望,只需说出来,总会找到方法,建立机制,充分实现这一愿望。

---

① 美国总统富兰克林·罗斯福 1941 年在美国国会大厦发表演说,要求国会根据租借法案,把必要的武器装备提供给总统认为其防御对美国利益至关重要的国家,他提出四大自由(Four Freedoms):"言论自由、信仰自由、免于贫困及免于恐惧的自由。"

时不我待。目前还有喘息的空间。大炮已经停止轰击。战斗已经停息，但是危险并未终结。如果我们要组建欧洲合众国，无论采用什么名称什么形式，必须现在就开始。

当前，我们在原子弹的防御和保护下，过着奇怪而动荡的生活。原子弹依旧只掌握在一个国家手中，我们知道它只会为了正义自由事业而投放使用。但是很可能这种可怕的毁灭性武器在几年之后会广泛传播开来。一些好战国家如果滥用原子弹，继之而来的灾难不仅会毁灭一切文明，而且可能毁灭地球本身。

我现在必须总结一下摆在你们面前的提议。我们始终不渝的目标必须是建立和巩固联合国组织。在这一世界理念下，我们必须以一种或可称为"欧洲合众国"的区域结构，重建欧洲大家庭。首先要建立欧洲委员会。如果一开始欧洲诸国不愿意或不能加入合众国，我们无论如何也要继续集聚和联合那些愿意并能够加入这个组织的国家。

让所有国家、所有民族的普罗大众都免于各种战争或奴役，必须拥有坚实的基础，所有民众必须随时保家卫国、宁死而不屈从于暴政。所有这些紧迫的工作，都必须由法国和德国共同带头推进。大不列颠、英联邦、强大的美国，我相信也会有苏俄，必须成为新欧洲的朋友和倡议者，必须护卫它的生存权和发展权；如能实现这般，就真的万事大吉了。

# "惩罚是何时开始的？"

## 1946 年 11 月 12 日,71 岁,下院演讲：反对报复德国人

丘吉尔不信奉复仇。他在 1898 年看到英国军队在苏丹
复仇,对此很是排斥。1946 年 11 月 12 日,他对下议院说：

我听说必须惩罚德国。我请问：惩罚是何时开始的？看起来当
然已经开始惩罚了。惩罚早在 1943 年就开始了,并延续到 1944 年和
1945 年,当时德国城市正被最密集的空袭轰炸,他们在纳粹政权重压
下已经普遍疲惫不堪,德意志民族和德国被耗尽最后一丁点力气。

纽伦堡审判已经结束,有罪的纳粹政权首脑已被征服者绞死。我
听说还应该惩处数以千计的人,而且众多各类德国人都应列入潜在罪
人,因为他们与纳粹政权有联系。然而,处在德国这样的国度,普通百
姓实在无权选择。

我认为应该始终体谅普通百姓。不是每个人都能成为尼莫拉牧
师①或者烈士。当这样那样种种厄运砸到普通人,当暴君那残忍的双

---

① 尼莫拉(1892—1984 年),是德国著名神学家和牧师。美国波士顿犹太人大屠杀
纪念碑上刻有他的著名墓志铭：起初他们追杀共产主义者,我不是共产主义者,我不说
话;接着他们追杀犹太人,我不是犹太人,我不说话;然后他们追杀工会成员,我不是工会
成员,我继续不说话;再后来他们追杀天主教徒,我不是天主教徒,我还是不说话;最后,
他们奔我而来,那时再也没有人站出来为我说话。——马丁·尼莫拉牧师。1945 年。

手扼住他们,当间谍和其他暴虐形式强行实施邪恶规训管制,大量民众会屈服。

感谢上帝,我们英国人没有遭受很多欧洲人民所经历的考验。我希望,我们此刻结束处决、刑罚和惩处,永不忘却过去严峻的教训,面朝未来坚定走下去。

# "两大民族给世界留下如此深刻印记"

## 1948 年,73 岁,写作:思考希腊和犹太民族

丘吉尔在写作《第二次世界大战》时,思考了希腊和犹太这两个民族。他在这次大战中曾试图帮助他们。1942 年,他强烈谴责纳粹对犹太人的罪行。1944 年,他在圣诞节飞往雅典,希望帮助避免希腊内战。但是,他的亲密朋友、英国常驻中东的部长莫因勋爵于 1944 年在开罗被犹太恐怖分子谋杀,动摇了他对温和的犹太人终将获胜的信念。甚至当他写作回忆录时,还再次震惊于一小撮犹太人在英属巴勒斯坦的恐怖活动,并欢迎直言不讳谴责当地犹太社区头目的暴力行径。这些事件引发了他在回忆录里的深刻反思。

希腊人的竞争对手犹太人是世界上最具政治头脑的种族。无论他们的环境多么孤立无援,无论他们的国家面临怎样严重的危险,他们总是分成众多政党,其中很多领导人以让人绝望的活力互相争斗。常言说得好,无论在哪里,三个犹太人必能发现两个首相和一个反对党领袖。另外一个著名的古老民族同样如此。他们暴风雨般无休止的生存斗争可以远溯到人类思想的源头。

从未有这样两大民族,给世界留下如此深刻印记。尽管外部压迫带来无休止的艰险苦难,加上自身不停不休的纷争、内讧和动乱,但他们都表现出了生存的能力。几千年时光流逝,似乎并未改变他们的特

性,也未消弭他们的努力和生机。就算全世界都与之为敌,所有可为都背道而驰,但他们仍然存活下来,而且两者从不同角度把才能和智慧留给我们传承。

从未有两座城市,像雅典和耶路撒冷那样,为人类做出举足轻重的贡献。它们在宗教、哲学、艺术领域的智慧一直是现代信仰和文化的重要的启明灯。纵然历经几个世纪的外族统治和难以言喻、无穷无尽的压迫,它们仍然活力四射,是现代世界里的活跃共同体和有生力量,内部贪婪的生命力仍然在叫嚣。我个人一直站在它们这边,并且深信它们在内部冲突和威胁要灭绝它们的世界潮流中有战无不胜的力量,足以立于不败之地。

# "没有必要的战争"

## 1948 年,73 岁,写作:思考二战

丘吉尔经常反思第二次世界大战的原因,以及遭受德国威胁的国家未能发起共同反抗来阻止侵略的原因。1948 年,他开始撰写题为《风云紧急》的战争回忆录第一卷,阐述这一思想,并且呼吁汲取过往教训:

有一天,罗斯福总统告诉我,他正向公众征集对这次大战的命名。我马上脱口而出:"没有必要的战争。"①从未有一场战争能像这样本可以轻而易举阻止。上次大战已经使这个世界满目疮痍,这次又在没有痊愈的伤口上狠狠撒了一把盐。现在,当数以亿计的人们付出全部努力与牺牲,换来正义事业的胜利之后,我们仍未获得和平与安全;而且处于更为严峻的危险之中,程度甚至远比我们已经克服的危险严重。这样的事实令人类的悲剧达到极点。

我殷切地希望,思考过去可以指导未来,帮助新一代修复过往错误,并根据人们的需要和荣耀,管理正在拉开帷幕、令人敬畏的未来。

---

① 也译作:不必要的战争、不需要的战争、多余的战争、非必然的战争。

# "物质毁坏和道德败坏的景象"

## 1948 年，73 岁，写作：两次世界大战的区别

1948 年，丘吉尔在写作《第二次世界大战回忆录·第一卷：风云紧急》时，反映了两次世界大战之间的差异：

第一次世界大战有大量可怕军事屠杀，各国积累的很多珍品毁于一旦。但是，除了俄国革命的过激行为，欧洲文明的主要结构仍然屹立直至战争结束。当炮火的狂风暴雨与尘埃硝烟骤然消散，互相敌对的国家仍能体认彼此的历史民族特性。战争法整体上仍受尊重。曾互相打斗的军人之间还有专业会晤的共同基础。战败国与胜利方一样仍保存着文明国家的表象。人们达成了和平契约，除了财务方面不能强制执行，契约符合 19 世纪已经日趋规范、开明的民族关系原则。法治领域已经明确，并成立了世界组织以保卫我们所有人，特别是欧洲，严防再次动乱。

在第二次世界大战中，人与人之间的每一根纽带都断裂了。在希特勒的统治下，德国人放任自己犯下罪行，其规模和邪恶程度无人能够匹敌，让人类记录为之黯然失色。他们在德国集中营系统化地大批量屠杀六七百万人，包括妇女儿童，恐怖程度超过了成吉思汗原始、蓄意的屠杀，而且在规模上使过往相形见绌、小若侏儒。

德国和东线战争的俄国都曾想蓄意灭绝种族。对不设防的城市从空中轰击，这种可怕行径一旦由德国人发起，被同盟国不断攀升的力量

放大到二十倍,并在广岛和长崎的原子弹爆炸中达到顶点。

我们终于出现物质毁坏和道德败坏的景象,这些从未使之前诸世纪的想象力黯然失色。在我们历尽得失之后,发现自身仍面临着各种问题和危险,与我们已然如此艰难克服的危险困难相比,不减反增,更加艰难。

# "我们不能依赖陈词滥调和泛泛而谈"

*1948 年 5 月 7 日，73 岁，海牙演讲：欧洲统一愿景*

丘吉尔在 1946 年 9 月苏黎世大学发表演讲之后，一直是欧洲统一的坚定支持者和主要倡导者，在 1947 年 1 月英国发起的"欧洲统一运动"中发挥了主导作用。1948 年 5 月 7 日，他在举行欧洲议会首次会议的海牙发表演讲，阐述了对欧洲统一的愿景：

罗斯福总统曾经谈到"四大自由"，当前最为重要的是免于恐惧的自由。为什么所有这些勤劳的家庭要备受折磨呢？他们过去首先遭遇王朝和宗教争端，然后是民族主义野心，最后则是意识形态狂热的激进主义。为什么他们现在又不得不被打着不同旗号的各种极权主义暴政充军入伍并被驱使互相攻击呢？而这些暴政全都由邪恶之人煽动，让同胞倍受苦难和压迫，从而建立起恶人的支配地位。为什么欧洲竟有这数以百万计卑微的家庭，唉，还有众多教化和文明，因为害怕警察敲门而战栗恐惧呢？

这是我们必须在此做出回答的问题。我们也许有能力在此回答这一问题。归根到底，欧洲必须重新崛起，树立她的尊严、坚定和美德，以不可战胜的力量对抗形形色色的暴政，无论古代或者现代，无论纳粹或者共产主义。欧洲如能及时表明实力，或有可能不再受到挑衅。

我为本次代表大会而自豪。我们不能依赖中听的陈词滥调和泛泛而谈。我们也许能力有限,但是知道并且必须确认我们的意思和我们的需求分别是什么。另一方面,在这关键时刻,还不宜涉足苦心草拟严密的章程。那是以后要采取的措施,届时必须由各主要政府担负领导,这些政府对我们的动议毫无疑虑,而且在很多情况下,也要与他们自身构想一致。

我们来到这里,希望为西方民主国家的政治家们夯实立场基础,创造一种有利于引导他们决策的氛围。我们这些人都不掌握政府权力,因此,在我们中间,或是对全世界来说,用不着提出什么明确程式或具体安排。还存在很多不同观点,需要求得一致。我们英国必须与联邦的伙伴们步调一致,虽然他们远隔重洋,但我并不怀疑他们赞同我们英国的愿望,并且深度关切我们的思想潮流。但是,过于急躁,就像过于精细一样,将阻碍和影响我们必须完成的迫切使命。无论如何,我们一定要先积极迈步,而后才能散会告别。

这次大会摆在我们面前的任务,不仅是在我们一起开会的这些天使统一欧洲的声音高昂起来。我们此时此刻必须做出决定,不论采用哪种形式,一定要促成组建欧洲会议,以确保不断听到统一欧洲的声音。我们也深信,这个大陆所有自由国家会越来越接受这种呼声。

今天下午,就在这里,就在欧洲争取获得新生的这次代表大会上,我们肩负着一份崇高而神圣的责任。如果我们放任自己因为偏狭和鸡毛蒜皮的小事而造成分裂、引起混乱,如果我们不能澄清观点或者缺乏行动的勇气,那么就可能永远丧失非常难得的时机。但是如果我们齐心协力,汇聚运气和情谊——而且我们如果像现在这样共同行动,那么所需要的就只是全部情谊,而用不着什么运气了——如果像这样共同前进,并且牢牢把握住人类更大的希望,那么我们将有可能迈入一个阳光普照、更为幸福的时代。到那时,今天正在这个痛苦世界成长的孩子们全都有可能看到,在他们当中,在一国对另一国血腥动乱混战里,没有谁是胜利者,也没有谁是被征服者;他们都是过去所有财富的继承人,都是未来一切科学、富足与繁荣生活的主人。

# "他们倾尽所有"

## 1948 年 5 月 21 日,73 岁,
## 演讲:英国二战敢死队烈士纪念碑揭幕

    1948 年 5 月 21 日,丘吉尔到威斯敏斯特教堂①参加英国二战敢死队烈士纪念碑揭幕并演讲。他们均阵亡于 1940 年到 1945 年。丘吉尔的演讲还提到了潜艇部门、空降兵和空降特勤队的阵亡情况。这一时刻庄严自豪。

    今天我们为烈士纪念碑揭幕。他们为了一份事业而英勇献出生命,这将被未来时代认定为正义而崇高的事业。这个古老的大教堂,深深镌刻着英国民族和国家生命与启示的记录。这里每一片土地都用于纪念过去、启示未来——这个纪念碑将献给那些希望以最后的战斗终结粗俗暴政并为之献身的烈士。

    这些英雄的象征符号由同胞建立,以表尊崇和铭记。纪念碑将宣告,只要忠诚的证词仍在,青年将出于对祖国的挚爱,代表所有人,坚决响应使命召唤,付出牺牲。

    ·············

---

    ①   威斯敏斯特教堂,又名威斯敏斯特修道院,意译为"西敏寺"。毗邻议会大厦,既是英国国教的礼拜堂,又是历代英国君主(从英格兰、不列颠到英联邦时期)安葬或加冕登基及王室成员举行婚礼的地方。教堂的建筑是哥特式风格的代表。1987 年被列为世界文化遗产。

所有人都是志愿者。大多数人都技能高超、训练有素。损失是惨重的，也是常事，但是大量的人前仆后继，填补空缺。面对惨烈的任务，选拔将极为严格。

死亡每天都让这些人牵肠挂肚，各单位的招募并不容易。我们还记得，英国 40 艘潜艇沉没在地中海雷区，英勇牺牲的潜艇指挥官和船员永远消失在北海或通往几被窒息的英国的大西洋通道。这一损失超过了英国全部潜艇损失的半数。我们还记得，人们所称的"敢死队"——这个布尔词在不列颠和大英帝国的史册中熠熠生辉——及其光辉事迹永远光耀所有天空和大地。我们还记得，空降部队和空降特勤队毫不退缩地坚决投身弥补这一空白。当我们回顾这一切时可以确信，我们所了解或记录的所有事情，都无法超越这些凡人以武器所创辉煌勇敢的壮举功勋。

我们真的可以称之为"俄国巴拉克拉瓦的轻骑兵"①。"他们的荣耀将在何时褪色？"但是潜艇、敢死队员和空降部队在不同层面各有特色，他们的工作情况并不单一，而是令人满意的、浪漫的。首先，准确度和精细度的复杂功能要求有最冷静的头脑和最稳定的手和眼睛。

兴奋驰骋的骑兵并不要求有潜艇船员以及很多情况下空降部队和敢死队面临致命危险的冷静高效。空降部队和潜艇工作也是不断重复一次又一次绝望冒险，不仅要求炽热的心，同时需要钢铁般的意志。我说这些不是让过去的光泽黯然失色，而是通过现代光芒彰显后继者的行为。我们今天在此对这些烈士表示缅怀。

我们正在践行神圣而壮丽的使命。它振奋心灵，滋润和慰藉了活着的人们。这里有很多人遭遇了不可估量的损失。当最珍贵的记忆被

---

① 使用轻骑兵发起冲锋先例发生在 1854 年 10 月 25 日克里米亚战争的巴拉克拉瓦战役。英国轻骑兵向俄军发起死亡冲锋。这次冲锋已经成为面对力量相差悬殊——而且显然是无用、浪费兵力、没有能力、通信不畅的情况下，却还顽固地奉行英雄主义、忠于职守和坚定执行命令的一个笑谈。

唤醒和点亮的那一刻,悲伤也许能够纾解。最重要的是,我们拥有信仰,深信宇宙由至高无上的存在统领,我们所有的行动都由崇高的道德目标评判。这一信仰不仅庄严载入青铜器,而且永远鼓舞这些年轻人全身心投入,让英国荣誉永久闪耀,让正义和尊严长存于这个动荡不安的世界。

# "正义和自由的基本原则"

*1948 年 10 月 28 日,73 岁,下院演讲:祝贺印巴独立*

      丘吉尔在 20 世纪 30 年代一直是英国政府有关印度自治（当时称为"自治领"）计划的主要反对者。他担心这将不可避免导致要求完全独立。1947 年,随着工党政府引入印度独立法案,他不再反对"自治领"完全独立。而且他坚称,伟大的独立非常重要,不仅是政党的礼物,更是整个英国的礼物。为此,他呼吁保守派同胞支持工党政府的法案,使之获得通过,成为法律。两个独立国家印度和巴勒斯坦于 1947 年 8 月应运而生。1948 年 10 月 28 日,丘吉尔在下议院演讲中欢迎这两个新生国家:

      大英帝国在印度的使命已告结束,我们必须承认这一点。将来有一天世界舆论会对我们在当地的所作所为做出公正评判,但是这一章历史已经结束。

      ·············

      我们必须向前看。无论过去我们怎样积极介入,都应不分民族、宗教、社会状况及历史特征,对全体印度人民的健康幸福寄予希望并为之祈祷。我们必须祝福他们一切顺利,并在其道路上尽全力予以帮助。我们可以把痛苦深埋于内心,但必须清除洗净恶意和怨恨。将来英印关系将更疏远,我们必须排除所有偏见和偏袒——并且不能让一去不复返的辉煌记忆遮蔽了我们的视线。在这种倾向下,我们将找到真正的指导原则——的确,这也是我们唯一的希望——严格忠实地遵守正义自由的基本原则,这些原则体现在联合国组织里;而且,正是为了维护这些原则,人们正在有意识地创造世界治理方法。

　　针对勤劳困苦的人类的这一庞大分支,我们必须以这些原则为唯一指导,采取相应意见和对策。我们长期以来极为关注印度人民的安康和平福祉。到目前为止,我们可能要卷入印度各族人民和印度斯坦政府的命运。我们的评判不能依据种族或宗教,而应公正评判他们将来彼此采取的行为是否符合联合国组织的原则,是否遵循了正在起草的《人权自由宪章》精神。同时我们还必须运用力所能及的影响力,反对无论来自哪里的侵略、压迫和暴政。我们的行动必须以这些原则为指导。我们和印度人民现在正行驶于难以预测的时代浪潮之上,这些原则一定能使我们掌稳前进的航向。

# 如果我们汇集运气、分享财富

1949 年 3 月 25 日,74 岁,下院演讲:美国成为经济巨人

第二次世界大战证明了美国的实力,它不仅是打败德国和日本的决定性因素,也是世界经济巨人。丘吉尔在 1949 年 3 月 25 日下议院演讲时对此表示欢迎:

先生们,很多国家都曾到达世界巅峰,但是这一次唯有美国,选择在胜利之时进一步自我牺牲——为了让人类生活和力量所需事业焕然一新而做出牺牲,而不是为了扩张。在赢取共同胜利的翌日,美国通过自身行动表明,它比历史上任何曾经卓越超群的政府或国家组织更值得信任和敬服。我希望表达对亲爱的英国、英联邦帝国和西欧很多国家的谢意。它们正在共同绘制盎格鲁-撒克逊或英美——随你怎么称呼——联合体的深远理想,促成了推动人类进步的机会。

先生们,你们可能记得我前些时候在密苏里州的富尔顿发表了演讲——我为此陷入了很大麻烦。但现在并非麻烦重重。现在好多了。我很高兴看到马歇尔将军创建了"马歇尔援助计划"这一政策。他是位伟大的政治家和军人,我不知道你们看待这位杰出人士时是否先认为他是军人或政治家。马歇尔援助计划甚至以他的名字命名,不是因为未来三四年的援助,而是因为它作为世界历史转捩点,具有深远影响。马歇尔将军发挥了他的作用,于是我们现在有了北大西洋公约组织。

当艾德礼先生在这一组织业已缔结但尚未公布时友好地向我展示，我认为这是人类大型组织所签署的极为重要的文件，当然在美国看来也同样是个非常可观的进步。

好了，你们就在这里——你们现在就处身共同体中，因为别无出路。但是，如果我们汇集运气、分享财富，我想你们不会后悔。

# "被奴役的人民从不绝望"

## 1949 年 3 月 31 日,74 岁,美国麻省理工学院演讲:思考未来

*苏联对东欧的控制引发丘吉尔反思他毕生所见变化及未来可能的变端。1949 年 3 月 31 日,他在第二次世界大战结束后第二次访问美国期间,在麻省理工学院讲到这一主题:*

1900 年,希望生活更为光明、普遍和轻松的思想占据主流。我们丝毫没有预计到,在被称为"平民世纪"的时代将目睹更多平民拿着比世界历史上任何五个世纪合计还要多的武器装备彼此杀戮,这成为"平民世纪"的显著特征。但是我们充满信心来到这可怕的 20 世纪。

我们曾认为,随着交通的改善,各国将会增进了解。我们相信,当他们彼此了解更多,将会更为友好;随着国际意识不断增长,国家冲突将会削减。我们几乎笃定,科学将不断赋予我们恩惠和祝福,将带给我们更美味的饭菜、更美好的服饰和更舒适的住宅,并且减少麻烦,从而逐渐缩短劳动时间,留下更多休闲和文化的时间。在这个既定但持续的进程中,我们致敬这个民主的时代,它通过广泛而普遍基础上自由公平选举的议会更加广泛地表达了民主。于是,我们有充分理由乐见男女所有人组建各自的家庭,开启他们的职业生活,而不必因国家日益复杂而跛足不前;国家是公民的仆人,是公民权利的保护神。

在 20 世纪上半叶,受战争猩红色翅膀的煽动,对天空的征服深刻

影响着人类事务,这让地球似乎更加头大身子小,成为思想的巨人和身体的侏儒。人类这一两足动物能够更为快捷地四处游走。这大大减少了人类的财产规模,同时也让人们更强烈地意识到财产可以深入开发的价值。

在 19 世纪,儒勒·凡尔纳写下《八十天环游世界》。这似乎是天才之作。现在你四天即可环游世界,但是沿途看不到太多差异性。整个人类的前景和视野更为广袤,思想也以不可思议的速度倍增。

这种巨大的扩张是不幸的,人的地位并未有任何明显进步,智力或品德也未有改善。人的大脑并没改观,但是发出更多嘈嘈杂音。人类周遭事件的规模日趋庞大,而人还保持着原有大小。相形之下,人类就显得渺小很多。

我们不再有伟人指导管理事务。我们只需要规训一组庞大而动荡的事实。

迄今为止,事实已经表明我们不能胜任这一任务。科学赋予人类新的巨大力量,同时也创造了很大程度上超出人类理解,也更超出其控制范围的新环境。当人类呵护着变得可控的幻想,并为其新的面貌欢欣鼓舞时,这成为了一项运动,也在当下成为时代潮流的牺牲品;在目前的旋涡和龙卷风中,人类远比以往漫长历史更为无助。

············

公正或不公正的法律可以支配人的行为。专制政权可以限制或规范人的言语。宣传机器可以用谬论包装思想,长期否认真理。人的灵魂因此处于恍惚状态,或冻结于漫长黑夜,唯有被星星之火唤醒。上帝知道这火花来自哪里,谎言和压迫的整体结构在那一刻面临考验。

被奴役的人民永远不会绝望。让他们对人类才能充满希望和信任吧。科学如果被彻底滥用,无疑能够消灭我们所有人。但是今晚这里最年轻的人并不需要将所有阶段的物质力量都纳入实际考量,以改变人性基本要素或限制人类表达自身灵魂和才华的无限多元形式。

# "宽和与高尚的绥靖政策"

*1950 年 12 月 14 日，76 岁，下院演讲：国际形势*

 1950 年 12 月 14 日，丘吉尔作为反对派的领袖，在下议院发表演讲，对克莱门特·艾德礼最近出访华盛顿及英美关系发表评论。他的讲话背景是爆发于 1950 年 6 月 25 日的朝鲜战争，英美军队在战斗中都有阵亡，包括韩国等其他 20 个国家打着联合国反对共产主义朝鲜侵略的旗号参战。而朝鲜军事行动得到了共产主义中国的帮助。

 我们都非常高兴地看到，目前在朝鲜的军事形势已有所改善。我也希望报道所称"正在面向联合国所有派遣到前线或者东京的战地记者建立审查制度"的措施属实。我想我们大多数人同意罗伯逊将军对这一点的抗议。当人们日复一日看到联合国军队的确切位置、数目、环境和意图，经常一个师部接着一个师部，我们不禁认为这对正在抗敌的士兵不公平，他们本应有这样完整的情报，但是我们似乎对敌方的了解极少，而且这样大面积的无知占了上风，至少公众如此，对敌人的位置、实力和行动毫无所知。事实上，权威高管给出的大胆估计，没过几天就被反驳和逆转。

 举一个例子，一件小事，但是并非没有意义，这件事让我特别受触动。一辆百夫长坦克①受损被遗弃。很快就有报道,强调它的重要性。英国最新坦克的所有秘密都公开刊登出来了。所以,这辆坦克,还有毫无疑问留下的大量受损车辆,以及雪地上撤退的痕迹,在敌人眼里,很快有了非同寻常的意义。我很高兴读到已从空中成功炸毁这辆坦克,希望报道是真的。如果是真事,这将是很好的教训。事情既已发生,为什么还非要蓄意吸引敌人注意到该坦克?我认为这是一个典型事例。

我们真应该更加严格控制出版。我们都在试图阻止和限制侵略,告知敌人如果继续再犯,我们将切断他们这些宝贵的信息源,此举可以起到额外的震慑作用。首相出访华盛顿,百利而无一弊。今天下午我们在下议院所要考虑的问题是,有多大益处?美国总统和英国首相在战争期间和自战争以来一系列会议得到更新,首相介绍了更新的重要性。我们都非常同意。我们都同意首相刚刚提到的直接对谈优势。

我必须说五年对我而言是很长一段间隔时间,所以决定来得非常突然。我尊敬的朋友、沃里克和利明顿区议员(伊顿先生)在 11 月 29 日演讲,敦促我们在华盛顿设立最高层面更为强大的代表。我在第二天演讲时表示赞同。我不希望对杰出的驻华盛顿大使看起来有任何哪怕最轻微的逾越,所以使用了特定的词汇"部长级代表"。就在那天晚上,我们得知首相要去的消息。当天下午,因为杜鲁门先生接受媒体采访的消息出现在录音磁带上,在议会引起了一定程度的兴奋。但我明白这不是导致首相决定前往的原因,首相是在当天早些时候做出决策。当然,这一决策是在五年间隔之后匆忙做出。

很多人可能认为早该举行前几次会议了。近期多个情况导致大家这样认为。当朝鲜政府受苏联鼓动,越过"三八线"发起战争,当美国在

---

① 百夫长坦克是英国在二次世界大战末期开发的主战坦克。坦克在车底部安装装甲,增强了应对日益增多的地雷和简易爆炸装置威胁的能力。由于设计优良,受到其他国家的青睐,成为西方国家在二战之后服役国家最多的坦克,同时也是服役最久的设计。参加过朝鲜战争、越南战争和中东战争。

联合国大会批准后大力积极干预,我们也于 6 月底加入干预,这当然可能引发首相考虑与盟国和友邦会商一些要务。

再有,在麦克阿瑟将军漂亮的反击之后,我们返回首尔,改变了整个韩国战局。这在我看来是个进一步协商的良好时机。那时候可以讨论很多议题,如由政府首脑在其军事顾问协助下面对面直接讨论,有些议题可望解决。吃一堑,长一智。人们经历事端之后会变明智。但是英国还有很多人在事件发生之前就很明智。我相信这一庞大的聪明人群中不包含陛下政府及其专家顾问。

他们认为,强化一线而不是"三八线"将更加明智,军队建在腰部,或者在腰部前面的最佳军事位置,这样可以留存广阔的无人地带,能够侦察,还能进驻游击队;当然,如果运用手中全部空军力量,始终建立一条属于我们控制的强大牢固防线,则有可能继续谈判。

谈到加强设防,有很多方法。如果组织适当深挖、扩大雷区和铁栅栏,以保护前线,并每周用混凝土结构、深入挖掘,并坚持使用现代火力控制,这将证明是阻挡暴政入侵的良好屏障。当英国海面和盟军司令部海域展开双翼,而且我们拥有不容置疑的制空权时,所有这些还变得更为有利。一旦建立这样的防线,因为这有望实现,那么,大量敌人步兵之前将呈现约 160 千米长、截然不同的屏障,从多山、岩石和灌木丛覆盖的国家流动的前线,扩展至近 500 千米。

我只说说过去发生的事。我不打算说将来可能发生的任何事。(议员阁下:"为什么不呢?")在军事战斗中妄谈未来很不明智,也没有必要。如果要突破一条相当牢固的防线,不仅要汇聚大量炮兵,还必须集中大量盔甲。这对势不可挡的空军来说可谓千载难逢的目标。如果中国军队攻击这条防线,将让我们遭受更大规模的惨痛教训,比我们常在索姆河、帕森德尔和第一次世界大战其他血腥战场上的经历还要严重。

我不禁想到,如果这些问题刚好在华盛顿及时由两国最高当局讨论过,那该多好。

当首相决心前往时,我们立即同意了。我敢肯定,现在没有人为此遗憾。我们欢迎并全力支持首相的声明——英美两国团结起来,无论狂风如何大作,都保持旗帜一致。这事实上是我们的安全基石,有利于世界和平、自由文明生存的美好愿望,正如首相在结束语中所说。

　　英国就这个顶层问题没有党派分歧,或者分歧非常有限,这些都是黑暗场景中的极大安慰。

　　首相此行带来另一个利好。即美国重新明确声明,强调优先欧洲防务。我们都高兴于艾森豪威尔将军将被调至正在组建的最高统帅部,无论他将如何任命。我们曾误以为这项任命几个星期前就将做出。

　　欧洲防务缓慢开始,仍在缓慢推进。我曾指出欧洲防务没有德国武装力量将是无效的,此后时间又过去九个多月了。舆论继续朝这一方向推进,但是毫无奏效,没有达成任何协议。同时,德国在共产主义和俄国侵略的威胁下,比欧洲其他国家都更无防备。

　　时间匆匆流逝,转瞬又过了几个月。已经浪费、挥霍了好几年。俄国压倒性的军事实力远远超过我们。尽管我们的委员会成倍增加,写下了很多文章,讲了很多话,一个声明胜过另一个声明,但是,与事件的规模或紧急程度相比,毫无任何轻微的进展。

　　…………

　　正是因为考虑到欧洲的危险,我在几周前说,希望不要在中国纠缠不清。为了避免被说成是事后诸葛亮,我在 11 月 16 日大胆提醒议会,在韩国最近遭遇一些挫折之前,我向国防部长提出补充质询,我想他根本不会怨恨:"他和外交大臣是否会时刻铭记这些——我们逐渐变得极其重要,并且到目前为止我们可以逐渐影响到盟友的行动,但在中国掣肘太多,或者一度接近中国,但欧洲的危险……还一直困扰着我们?"我仍旧坚持这一信念,这几乎不需要赘言。

　　但是,考虑到从那时起朝鲜和联合国大会所发生的一切,我认为需要更加精确和细化表述。我们任何时候也不能卷入将使美国或联合国丢脸或蒙羞的政策。这种做法至少和目前其他可能的做法一样充满危险。我们从报纸上了解到,亚洲和阿拉伯13个国家提出休战或停火的建议已被苏联代表团拒绝。从我们的角度来看,他们的提议当然意义深远。

我不会过多谈及他们,但是,当西欧防务应该给予最大优先时,我们丧失权衡轻重缓急的能力、丢弃一切,将是巨大的错误。美国和我们唯一明智的做法是稳固本土军事地位,然后寻找机会与侵略者谈判,并且至少确保我们的谈判处于优势而非劣势地位。

我们今晚无疑将听到外交大臣分析与苏俄进一步谈判面临什么问题。我想,议院不会贸然否决,或是一味拖延,而将非常恰如其分地完全同意俄国的要求;并且,我们从报纸上了解到,在最终采用什么程序方面,似乎不会有任何严重的意见分歧。

我极其赞成想方设法所取得的各项进展,以期努力争取与俄国达成公平合理的解决方法。有的议员在这件事情上同意我的看法,但有的议员在很多方面是对立的。我要在现阶段阐述清楚,不能过度奢望任何可能正在进行的谈判取得成功,否则我就未对议院一五一十开诚布公。

这是我们的责任。而且我们对和平事业及自身良心有义务,根据智慧和公平竞争尝试各种努力,并且耐心推进。不过,站在议会立场,如果谈判失败,我们从未考虑过要放弃这一伟业。我们在过去坚持和平事业,联合国组织今天也在坚守。

首相声明绝不采用绥靖政策,这也几乎获得普遍支持。对英国来说,这句宣言很好。然而,在我看来,议会需要更加精确的定义。我认为,我们真正的意思是不要有软弱或恐惧的绥靖政策。绥靖政策本身是好是坏取决于具体情况。如果因为软弱和恐惧而倡导绥靖政策,则是徒劳且致命的。强有力的绥靖政策是宽容、高尚的,也可能是通向世界和平的最可靠、也许是唯一的途径。

当国家或个人变得强大,他们往往变得好战凶残、恃强凌弱;而当他们实力变弱时,举止反而更为文雅。但这恰好与健康和明智相背离。

我看到两次世界大战的结局,总是很震惊。让人理解罗马格言很难:"宽恕被征服者,打倒妄自尊大者。"我想走远一点,追根溯源到拉丁语:"怀柔臣服者,制服傲慢者。"而现代实践往往是:"惩罚败者,向强者卑躬屈膝。"

不幸的是,除了所谈到的原子弹——关于这个,我在坐下来之前有句话要说——我们处于极为弱势的地位,这种弱势还可能持续数年。正如我多次说过,正是唯独美国在这一可怕武器上拥有绝对优势,才给了我们生存的机会。

现在提出的观点是,我们永不能使用原子弹,除非敌人先使用原子弹来对付我们。换句话说,你绝不能开火,直至你被击毙。在我看来,这说起来无疑是件蠢事,也是要采取的更为荒唐的立场。

而且,这种解决方式肯定会让战争的脚步更加逼近。原子弹的威慑作用是目前我们几乎唯一的防线。它的潜在作用是我们凭此唯一防线,希望获得与苏俄达成和平解决的筹码。如果他们有优势,或甚至拥有和美国原子弹类似的武器,我认为他们根本不会保证将受限于良心顾虑或道德谴责。这个国家一向如此直言不讳。这也将不利于和平事业,没法帮助各国免于各种恐惧,直至其在各方面做好接受冲击的准备。

如果我们在这些年的紧张抗衡中剥夺自身拥有原子弹的权利,或无缘无故宣称自我设限而不能使用它,那么苏联的实力将不容挑战,甚至不容取代。我们丝毫没有任何成功的希望。

# "和平的重要基石"

## 1951 年 11 月 9 日,76 岁,伦敦市政厅演讲:重建伦敦

1951 年 10 月 25 日,保守党在大选后重新掌权,丘吉尔第二次担任英国首相。11 月 9 日,在他 77 岁生日之前三周,在伦敦市政厅的市长宴会上,他作为和平时期的首相发表首次演讲。市政厅在战时空袭中严重受损,表现神话中守卫伦敦城的战争巨人的历史雕像歌革和玛格①被摧毁。丘吉尔告诉与会人士:

尽管我在过去大约 40 年里经常现身著名的市政厅宴会、致敬新任市长,但这是我首次作为首相来这一集会致辞,我有充足的理由:我本打算作为首相来到这里,但市政厅被炸毁;在它修好之前,我已被赶下了台②!

我当时认为这两者都是灾难。但我们现在作为一个联盟汇聚于此,希望带来好运。我相信大家都希望市长在全年艰巨的工作中赢取成功。我和他同样遗憾于下议院中没有一名伦敦城的会员。认为世界

---

① 歌革和玛格(Gog and Magog),伦敦市政厅门前的两个雕刻巨像。两人是《圣经》里传说中种族巨人的幸存者,后被伦敦的奠基者布鲁特斯击败,锁在这里的大门上。

② 丘吉尔原文为:When I should have come here as prime Minister, the Guildhall was blown up and before it was repaired I was blown out! 注意前后词汇 blow up 与 blow out。

开始于任何一个特定政党或政治家走进办公室的想法是错误的。很多年过去了,很多运动和党派起落兴衰,但我相信:很多政治家将在英国生活的连续性被拦腰剪断或逐渐消逝之前,把握住广受赞誉但却转瞬即逝的光芒。

我们唯有通过研究过去,才能预见未来,尽管未来还有些朦胧。我不禁感到这些思想在战争伤痕累累的市政大厅影响深远。大厅遭受重创的纪念碑提醒我们勿忘过去数代反抗欧洲大陆暴君的斗争,勿忘在1940年最残酷的折磨中我们都共同经受并赢得了考验。

我很高兴市长决定更换歌革和玛格的肖像。当它们被希特勒的炸弹炸成灰烬之时,我受到沉痛打击。它们将在那边走廊焕然一新。事实上,我认为它们不仅是古代的,也是与时俱进的。在我看来,它们表明世界政治当前现状并不是一无是处。

世界政治,就像歌革和玛格的历史,非常混乱,颇有争议。但我仍然认为它们两个都有存在的空间。一边是歌革,另一边是玛格。但是请市长小心,当你把它们放回原位,要避免它们彼此碰撞。因为一旦如此,歌革和玛格将摔得粉碎,我们不得不重新开始,从雕塑坑道底座开始。

无论歌革和玛格有什么差异,它们都由相同材料组成。让我告诉你们有哪些材料:大量热心的民众,努力工作、想要造福国家和邻居的人类,他们渴望和平自由、建立家园、生儿育女,希望年轻人长大后有更好的时代。这是他们对统治者、政府管理者与指引者的所有要求。这是全体人民发自肺腑的最珍贵的愿望。

运用现代科学,踮起脚尖准备开启黄金时代的大门,授予它们这谦卑温和的愿望,该是多么容易。但是也有随之而来的民族主义者、空想家、革命者、阶级斗争专家和帝国主义系统化的学术教条主义者,日夜努力,不是建设家园,而是彼此轰炸,杀死养家糊口的顶梁柱,留下寡妇从废墟中捡回幸存的孩子。歌革和玛格的总体构造就是这样,拥有相同的组成材料。如果市长和城市事务其他管理者或那些世界事务管理者不遵照常理,而听任歌革和玛格彼此攻击,那么两者都将承受苦难的命运。

．．．．．．．．．．．．

当今世界呈现给我们什么景象？强大的武装力量带着可怕的武器,已在彼此隔岸对峙叫嚣。我有种感觉,今夜双方都不愿意,都感到害怕,但他们有可能跌落或拖拽对方同归于尽。一边站立着苏俄所有陆军和空军,及其全部共产主义卫星和遍及全国的代理与信徒。另一边是所谓"西方民主",有着优势资源,目前只有部分集结在掌握着原子弹的美国周围。

我们站在哪一边,现在毫无疑问。英国和英联邦帝国仍然集中在英格兰岛上,正在以日益增长的力量、共同需要及自我保护的共识,与横跨大西洋的共和国密切联系。

美国正在付出牺牲和努力,它稍加一点努力,就可能阻止二战,并可望导致希特勒的倒台,而且兵不血刃,除了敌人自己的血。

我对伟大的盟友美国深怀谢意。他们已经崛起领导世界,但只是为最高事业忠实履职,没有任何野心。

我焦急盼望英国也能发挥作用,并且希望看见她能复兴,恢复以往的影响力,在同盟国中发挥主动作用,而且确实与所有大国共进。

# "英美两国正共同努力"

## 1952年1月17日,77岁,美国国会演讲:团结阻止战争

1951年最后一天,丘吉尔登上"玛丽女王号",离开英国,前往纽约。1952年1月17日,他在华盛顿对国会两院演讲。朝鲜战争正打得水深火热。丘吉尔讲到,如果美国秉持坚定团结的目的,他有信心阻止第三次世界大战:

在美国重整军备的浩大进程中,英联邦、英帝国和实力上升的欧洲联盟将尽他们最大努力,发挥应有作用。这一浩大进程已经改变世界平衡。如果我们都坚守信念,团结奋斗,我们就很有希望避免第三次世界大战的危险,或者避免本可能降临我们身上的失败和被征服的恐惧。

总统先生,议长先生,我希望遍及伟大的美利坚合众国的悲伤家庭能在这些思想中获得安慰和自豪。

……………

国会议员们,请容我直言,万事小心为上,所以,不要丢弃核武器,除非你确信,并且坚信不疑,你们掌握了其他保卫和平的方法。我相信,只有通过掌握各种震慑侵略的方法,我们才能真正避免可怕的灾难,避免让地球上所有民族生活蒙上阴影、阻碍全球人民发展的恐怖事件。

我们必须坚定不移忠诚履职,在美国领导下,庄严投入事业。任何削弱我们决心、破坏我们组织的行为都将导致令我们胆战心惊的灾祸,

令我们一损俱损,而且令很多人惨遭灭顶之灾。

我们绝不能丧失耐心;我们绝不能丧失希望。也许在铁幕之后不久就会盛行一种新的情绪。倘真如此,民主国家将很容易表露出这种情绪,但他们必须提高警惕,谨防被虚假的黎明遮蔽双眼。

我们并不贪图或觊觎任何人的领土。我们并不蓄谋策划任何先发制人的战争。我们相信并祈祷一切都会变好。即使在这些年所谓"冷战"期间,通过和平利用进步的科学技术,通过使用新机器和更好地组织,每一块土地上的物质生产都在持续不断进步。但是人类向往已久的进步、繁荣方面的巨大飞跃,只能有待战争阴影消散。

然而,我们在"冷战"中承受的压力必将获得历史补偿。在世界命运里,美国和英国、英联邦结成兄弟同盟,欧洲新生统一体特别是法德两国之间更是充满希望,人们正在推进和睦,甚至将绵延到数代人。

如果这一切证明是真的——当然,到目前为止,的确已经证明千真万确——我们可能发现,克里姆林宫的建筑师们促成了一个与他们的计划截然不同、但却美好得多的世界格局。

...........

议员先生们,我今天反复评述了自从你们上次邀我来此演讲之后全世界发生的许多变化,我相信你们也一定认为:这个世界发生了如此翻天覆地的变化,简直令人难以置信。但是有一件事,与我上次来这里时一模一样:英美两国正携手共进,为了同一项崇高事业奋斗。

俾斯麦曾经说过,19世纪人类社会最具影响力的因素便是英美两国人民说着同一种语言。让我们保证20世纪最具影响力的因素是英美行进在同一条道路。

# "我们同在英伦岛"

## 1952 年 11 月 7 日, 77 岁, 哈罗公学演讲: 鼓励孩子们

丘吉尔想方设法出席了哈罗公学年度学堂乐歌活动。他总是试图鼓励孩子们看到他们在以后岁月里将起到的作用,正如他于 1952 年 11 月 7 日对他们所说:

我们在 20 世纪最近两次震惊世界的可怕大战中最终胜出,你可不要据此以为英国的麻烦就此都结束了;无论是形成了还是参与了这些战斗,我们都应羞愧于这枚盾形徽章。

恰恰相反,我们可能体会到,在这个世界,我们周遭变得如此辽阔、如此巍峨,我们在英伦小岛上必须尽最大努力维护自身位置和立场——传统和永恒的才能所赋予我们的位置和立场。

我们必须付出极大努力,未来很大程度上属于你们,你们将在自豪、平等和民主的英国发挥作用。

# "欢迎德国归来"

## 1953 年 10 月 10 日,78 岁,
## 保守党会议演讲:谋求英苏对话

在斯大林于 1953 年 3 月逝世之后,丘吉尔想劝说新近当选的艾森豪威尔总统与他一同前往莫斯科,与新任苏联领导人会面,寻求与苏联达成一致的基础。这一努力遭到拒绝。丘吉尔在演讲中坚持前嫌冰释,并认为西德是一个世界强国。1953 年 6 月 25 日,他严重中风,但决心康复,并在当年秋天英国马尔盖特的保守党会议讲话。他有能力这样做。在协调法德关系方面,他的想法紧随 1925 年《洛迦诺公约》①的"主导思想",他当时在内阁一直积极支持该条约。而批评者认为,《洛迦诺公约》是一个荒谬的先例,未能明显制止战争;丘吉尔自然与《洛迦诺公约》密切相关,或者是其失败的原因。10 月10 日,他在演讲中引用之前 5 月的重要文献,回应了批评。丘吉尔还辩解了希望寻求与新的苏联领导人对话的意图。

_____

① 《洛迦诺公约》:1925 年 10 月 16 日英国、德国、法国、意大利、比利时、波兰与捷克斯洛伐克七国代表在瑞士洛迦诺举行的会议上订立的边界保证与仲裁协定。是协约国在欧洲安全问题上对凡尔赛体系所做的又一次较大调整。它暂时缓解了欧洲安全问题,改善了协约国尤其是法国同德国的关系,使欧洲国际关系进入了相对稳定时期,被认为给 1924 年至 1930 年西欧各国改善关系提供了基础。

我的要求很低。我对俄国本不抱太多奢望。我认为几个主要相关国家领导人物友好、非正式、个人会晤可能会好些，不易造成多大伤害，而一桩利好有可能带动我所提出的另一桩利好。

尽管我们还未能劝服所信赖的盟友采纳这种形式，我敢说没有人认为这种形式死板，但这个谦逊、温和的计划作为女王陛下政府的政策予以宣布时，引起了所有地区的巨大轰动。

............

英国和欧洲及北约联盟的利益不是让俄国反对德国或德国反对俄国，而是让他们两国都感觉到，尽管双方有严重的问题和分歧，但可以彼此相安无事。因为我们明确参与了全过程，所以有责任对德俄两国施以我认为正日益增强的影响力，缓解他们可能对彼此产生的任何焦虑。

我个人对德国重返世界大国队伍表示欢迎。如果我可以对整个德国人民给予忠告，他们大半辈子都在对敌作战或准备开战，我将恳请他们铭记著名的格言："自由的代价是永远保持警惕。"我们也不能忘却。

............

当我提及《洛迦诺公约》的主导思想，当然是指每个人都反抗侵略者，无论对方是谁，并且帮助大大小小受害者的计划。联合国成立的初衷也是如此。有人告诉我们，《洛迦诺公约》失败了，未能阻止这场战争。这有充足的理由。因为美国不在其中。假如美国在第一次世界大战之前或两次世界大战期间有着共同的利益，做出共同的努力，付出一样的牺牲，并承受同样的风险，只为了维护和平、捍卫自由，就像她现在所表现的这样，那么就不会有第一次世界大战，当然也不会有第二次世界大战。凭借美国强大的援助，我殷切希望不再有第三次世界大战。

# "毕生最为难忘的公开场合"

## 1954 年 11 月 30 日,80 岁,
## 威斯敏斯特议会大厅:祝寿答谢

　　1954 年 11 月 30 日,丘吉尔迎来 80 大寿。议会两院议员齐聚威斯敏斯特议会大厅为其庆祝。自从格莱斯顿①以后,再也没有英国首相在 80 岁高龄还在办公。在祝寿仪式上,人们向他敬献由格拉汉姆·萨瑟兰②所绘肖像画和由议会成员签名的精美画卷。丘吉尔战时副首相和战后继任者克莱门特·艾德礼在欢迎词中,称他"事实上是恺撒③——因为你不仅推动了这场战争,而且亲自写下评注"。艾德礼本人也曾在达达尼尔海峡战役服役,他告诉丘吉尔和聚会庆生的人,丘吉尔的作战思想是"那次大战当中唯一有想象力的战略思想,我真希望你有全部力量能成功实施那一战略"。丘吉尔随后答谢:

　　这是我毕生最为难忘的公开场合。以前从未有人获得类似殊荣。英国历史上从未有过,我甚至怀疑任何一个现代民主国家是否曾对一

---

　　① 　也译作:格拉德斯通。

　　② 　也译作:格雷厄姆·萨瑟兰。

　　③ 　恺撒(Gaius Julius,公元前 100－公元前 44 年)。罗马共和国(今地中海沿岸等地区)末期杰出的军事统帅、政治家及作家,以其卓越的才能成为了罗马帝国的奠基者。

个还未退休、并随时可能遭到非议的党派政治人物给予这样的善良慷慨。这是一个典型的范例,就我所知最为令人瞩目地证明了我所知晓的具有英国特色、为上下两院珍视的议会原则:"勿将政治带入私人生活。"尽管有激烈的政党斗争,有许多观念和情感方面的严重分歧,但它无疑也标志了我们国家生活潜在的团结依然存在、甚至还在加强。我相信这个统一体是自由和公平竞争的孩子,在我们古老岛国制度的摇篮中抚育,受到传统习俗的滋养。

我最为感谢艾德礼先生,感谢他今天上午对我的好评,感谢他对我的斑驳一生给予了宽宏大量的表彰。但我必须承认,于我而言影响颇深。虽然我是个富有争议的政党人物,但是,如有适当帮助,我能战胜周边压力。

在过去 14 年里,反对党领袖和我是英国仅有两个担任过首相且仍然健在的人物。没有其他健在的首相了。在生死攸关的战争岁月里,艾德礼先生也是我的副首相。在我们任期更迭之际,国外发生了重大事件,国内也出现了意义深远的变化。其间有普选基础上的三次大选,而议会与政党活动一直享有绝对自由。

艾德礼先生和我麾下的一些政要,他们在履行皇权的同时也是英国民众得以稳定生活的原因。这是不容否认的。当然,这绝不是要使其成为议会的永久特征。

我相信这是任何下院议员所能收到的最优厚的礼遇。衷心感谢两院代表以两院名义所赠礼物。这幅肖像是现代艺术的典范,是力量与诚意的结合。任何哪个议院的活跃议员,如果没有这些品质将寸步难行,或者不能勇敢面对。下院元老戴维·格伦费尔先生赠给我的书代表了所有政党议员的友好善意和侠勇致意。

我的一生都是在下议院度过,在 20 世纪喧嚣动荡的 54 年中,我在下议院任职 52 年。我的确饱览了命运的跌宕起伏,但从未停止对"议会之母"的热爱和尊敬,她是许多国家立法议会的典范。

这一精美画卷所体现的关怀与深意,以及它汇集了我几乎全部议员同事的签名,深深地打动了我的心。请允许我说,对于那些认为理应节制的人,我完全理解他们的处境。这种敬意表达的价值在于它应该是由衷和自发的。我会永远珍爱此书,只要我一息尚存,我的家人和后代子孙也将视之为最珍贵的财富。

当我读到扉页所提写的如此优雅而精美的颂词,其中引用了英国作家约翰·班扬的名言,我必须坦承,有两种难以言表的感情——自豪而谦卑。我素来认为这两者非此即彼,相反相成;但是此时此刻我说不清楚哪一种在脑海中占主导地位。实际上这两种感情似乎手牵手并肩而立。谁遇到这种情况不会感到自豪呢?而同时我又深深地明白,自己实在愧不敢当。

艾德礼先生说我在战时的演讲不仅表达了议会的意愿,更表达了全民族的意愿。对此溢美之词,我非常感谢。不列颠民族意志坚定,不屈不挠,事实证明也是不可征服的。我有幸能够表达民族的意志。如果我表达得当,你们必须记住我一向是靠笔杆子和嘴皮子来谋生。遍及全球的不列颠人民拥有一颗狮子的心。我有幸获命发出了狮子的吼声。我也希望有朝一日雄狮的利爪用有武之地。

我正在接近人生旅程的终点,但仍希望还能效劳。无论如何,不管发生什么情况,我相信将永不忘记这一天的激动之情。我要向陪伴我度过一生并赋予我如此光辉荣誉的同事与伙伴致以深深的谢意。

# "安全是恐怖的健壮孩子"

### 1955 年 3 月 1 日,80 岁,
### 下院最后一次重要演讲:核时代

1955 年 3 月 1 日,丘吉尔在下议院发表了最后一次重要演讲。54 年前,他在此第一次演讲。据媒体报道,当他思考核时代及其影响时,议会座无虚席,都怀着深深敬意认真聆听,现场全然肃静。

我们有幸生活在人类历史上一个无与伦比的时期。整个世界从思想和(广义上)地理的角度划分为信奉共产主义律条和拥护个人自由的两大阵营。与此同时,有着思想和心理分歧的两大阵营又双双拥有核时代的毁灭性武器。

我们之间现在的对抗,深刻一如导致了"三十年战争"的宗教改革运动及其反作用。但是现在这种对抗已经遍布整个世界,而不是局限于欧洲一小部分地区。我们已经在某种程度上出现了 13 世纪蒙古人入侵时那样的地理分裂,只是更加残酷、更加彻底。我们拥有的力量和科学,原本一向是人类的仆人,现在却正威胁要成为他的主人。

我不会假称拥有能一劳永逸达成世界和平的方法,今天下午即可披露。我们祈祷永久和平。我也不打算讨论我们深恶痛绝、但不得不忍受的"冷战"问题。我只斗胆向议会提出一些主要针对一般特性思考良久的观点。我希望这些想法能被宽容接受,因为它们发自肺腑。

494

可否允许我提一句个人的题外话？我不想自诩为具有渊博科学技术知识的专家。但是我与科学顾问彻韦尔勋爵有着多年友谊，一直试图追踪甚至预测重要事件的演变发展。如果我复述写于25年前的这段话，希望议会不要责备我虚荣或自负：

> 我们深知并且确信，未来50年的科学发展，将更加伟大、更加迅猛、更加惊人，远超我们已有体验。权威人士告诉我们，肯定会发现更重要的新能源，远远超过我们已经知晓的领域。原子能比我们今天所用的分子能更加强大无比。一个矿工一天所挖煤炭的能量可以轻松完成500倍于这一工人自身的工作量。核能至少强大100万倍。如果我们能将一磅水中的氢原子聚变成氦，其能量将足以驱动1 000马力的发动机运转整整一年。电子就像原子系统中的小行星，如果能够与氢的原子核聚合，能够释放出来的马力将会再增大120倍之多。科学家对这种巨大能源的存在确信无疑。人们所缺少的只是点燃篝火的火柴，或者是引发炸药爆炸的雷管。

与已有发现相比，无疑其中一些描述并不精确。但是要知道，此文是发表于1931年12月的《滨海杂志》①，距今已过去24年时间。我希望议会可以宽容接纳我长期以来对这一话题感兴趣的恳求。

目前的情况怎么样？只有三个国家不同程度地掌握制造核武器的知识和能力。其中美国独占鳌头。由于英美两国1946年以来信息交

---

① *The Strand Magazine*，也译作《斯特兰德杂志》或《岸边杂志》。斯特兰德大街是伦敦最热闹的河滨要道之一。同前文。

流中断①,我们不得不重新启动独立自主研究。好在反对党领导人迅速采取行动,尽力减少在核武器研制方面的延误。由于他的积极主动,我们自主研发了自己的原子弹。

面对氢弹问题,我曾试图尽力紧随尊敬的议员阁下的步伐。我们也已开始研制氢弹了。正是这一重大决策,形成我们今天下午正在讨论的国防呈文的核心。尽管苏联原子弹的储备可能多于英国,但英国在基础科学方面的优势足以使我们的科学发现领先苏联。

············

原子弹和氢弹之间存在巨大差别。原子弹尽管非常恐怖,但并未超出人们在和平与战争时期、思想和行动可以管控的范畴。但当美国国会委员会主席斯特林·科尔先生在一年前即1954年2月17日发布第一份有关氢弹的综合评述报告后,人类活动的整个基础都发生了革命性的变化,人类命运被置于无可估量、充满厄运的境地。

现在只需要一点点钚,可能连桌上这个盒子都装不满——钚的储存很安全——就足以制造出武器,并赋予任何唯一拥有它的强国以无可争辩的世界统治权。这就是现在的事实。对于氢弹,没有绝对的防御措施,也没有任何迹象表明任何民族或国家有任何方法可借以充分保护、免于这一毁灭性的破坏——甚至其中一分即可破坏广大地区。

我们应该怎么办? 用什么方法来拯救我们的生命,拯救世界的未来? 对于老迈之人,不足挂齿,因为他们将很快呜呼哀哉入土为安。然

---

① 1946年3月5日,丘吉尔在美国密苏里州富尔敦的威斯敏斯特学院发表题为《和平砥柱》的演说,即所谓“铁幕”演说。在演说中,他呼吁“英联邦与帝国和美利坚合众国建立特殊关系”。从此,英美“特殊关系”为两国政府所认同。建立于二战期间的英美特殊关系,由于英美各自利益的需要,战后一直延续至今,并继续影响着当今世界局势和一些重大战事。其间二战后英美核合作走过了一段极其艰难的旅程,尤其是1945年至1951年的英美核合作更是充满了矛盾与纷争,成为战后英美关系中的“另类”“反常”现象。美国国会于1946年8月通过《麦克马洪法》,英美核合作停滞不前。虽然随着国际形势的变化和双方实力的消长,英美特殊关系几经周折和演变,但并没有改变本质和基本目标。

而,眼前青春年少活泼奔放,尤其是稚小孩童嬉闹欢笑,这样一幕幕真是强烈的讽刺。我不禁想,如果上帝厌倦了人类,届时,他们将面临怎样的命运?

最好的防御当然是诚心诚意全面裁军。我们心中都是这样想的,但是决不能让感情蒙蔽了判断力。人们常说:"事实不容改变。"新一届裁军委员会下属委员会正在伦敦开会,试图进行秘密讨论。我们绝不自我欺瞒:苏联政府和大西洋公约组织国家之间的鸿沟,导致长期以来始终不能达成协议。俄国的悠久历史和传统使苏联政府无法接受任何有效的国际监督机制。

当前第二个困难情况是,我们相信美国单方面绝对掌控了核武器的绝对优势,苏联及其共产党卫星国则在所谓的"常规力量"方面占据了巨大优势——这些武器装备在新近发生的战争中使用过,但现在已大大改良。因此,问题在于,要设计一种平衡的、分阶段的裁军方案,在任何时候都不能让其中任何参与一方独享可能危及他国安全的有利条件。

∙∙∙∙∙∙∙∙∙∙∙∙

如果说苏联政府自战争以来对美国拥有核优势并未表现出太多紧张不安,那是因为他们相信:尽管有种种挑衅形式,但不会被原子弹攻击。再者,由于共产党人在亚洲和欧洲不断侵略和扩张,北大西洋公约组织的几大强国也团结起来了。几年之后,希特勒主义给德国人民带来的史无前例的严重对立和各种记忆将黯然失色,并在很大程度上被抹去。但这些情况已经大面积发生了。整个自由世界普遍认为,如果不是美国人的核优势,欧洲已经沦为苏俄的卫星国了,而铁幕也将推至大西洋和英吉利海峡。

人们唯有就常规武器和核武器达成值得信赖的全面协议,方能建立并真正实施有效的国际监督机制。对于自由世界而言,未来几年唯一理智的政策就是我们所说的国防震慑。这一方法,我们已经采用并予以宣布。

这些威慑力量随时可能成为裁军的根源,只要它们有威慑力。我们要制造威慑力量,就要拥有最新式的核武器,以及相应运载手段。

这就是政府的立场。我们即将讨论的,不仅是原则问题,还有很多应当给具的现实原因。如果爆发战争,我们和美国必须能够立刻摧毁大量目标。但愿不致如此!苏联人一旦有运载氢弹的轰炸机,便可以从很多机场发起氢弹进攻。假如我们拥有相当实力和武器数量,一旦战争爆发,在美国的帮助下,能够在战争最初几个小时内粉碎他们的进攻,这对我们而言可谓拥有了威慑和生存的生命线。

•••••••••••

我们对美国在道义上和军事上的支持,以及我们自身拥有最佳质量和可观规模的核武器及运载工具,将大大强化自由世界的威慑力量,并提升我们在自由世界的影响力。无论如何,这是我们已经决定推行的政策。这也是我们正在致力的事情。我感激议会两院提出的大量宝贵意见,而且我相信它们得到了全国绝大多数人民的支持。

关于氢弹,已有浩如烟海的消息发布出来,有些真实可信,有些夸大其词、耸人听闻。真实的消息中已经难免夹杂了虚构,但我非常乐见还没有造成恐慌。混乱恐慌自然不利于和平。对这件事的负责讨论不应发生在英国广播公司或电视上。这就是我深感忧虑的原因之一。我认为,把女王陛下政府的意见提交给权威新闻机构事出有因、是正确的,而这一意见立刻被他们接受了,而且非常心悦诚服。

我们这个国家一定不能恐慌失措,以致影响和平。在许多国家,某些观点可能引发轩然大波,并转化为剧烈动荡,从而促成采取决定性的关键行动,不可挽回。实际上,世界上多数人在日常行动中并不考虑其严重后果,他们热切地希望解脱。这便是我们目前正在发生的情况。

我愿意说明,在谈及氢弹这种武器的威力时,除了宣称在广大地区产生爆炸冲击波和热效应的所有说法外,现在还应考虑随风传送的所谓"辐射粒子"的后果。这种辐射粒子构成的云状物,除了会对所到之处的人类立刻产生直接影响外,还会通过动物、草和蔬菜产生间接影响,即通过食物对人造成污染。

这会使很多逃过了爆炸直接影响的人中毒致死或饿死,甚至被毒气和饥饿双双致死。想象力在这样的事实面前被吓得魂飞魄散。当然会有勇敢的民防措施,以预防和缓解危害。内政大臣今天晚些时候将会对此做演讲。但是我相信下院将会同意,我们最好的保障是在清醒、冷静和不懈警惕基础上进行成功的核威慑演习。

此外出现了一个奇怪的悖论。请允许我简而言之。过一段时间后我们可能会说:"情况变得越糟糕,实际上越好。"核武器最新发展造成的广泛影响,几乎是无限扩大至少在极大程度上扩大了陷入致命危险的范围。俄国地广人稀,分散了风险,而我们英伦岛与西欧人口稠密,更加脆弱,这无疑增强了苏俄的威慑作用。

但我认为这一发展不会增加我们的危险。我们已经达到危险的极限。恰恰相反,面对这种形式的攻击,大陆变得和岛屿一样不堪一击。如我所说,迄今为止,像英国和西欧这样人口密集的地区,一直被认为是极易遭受攻击的。但是氢弹的杀伤面积更大、污染范围更广,对于人口广泛分散到广阔土地上、因而迄今为止令他们自认为根本没有任何危险的国家,也将有效产生攻击效果。他们也变得极度脆弱:虽然尚不及我们脆弱,但是正在变得高度脆弱,而且还在加剧。

我们在此又一次看到新型威慑物的价值,两大阵营掌权主事的人对此都心知肚明,并且丝毫不会感到惊奇——请允许我再重复一次是"两大阵营"。这就是我为什么一再要求召开首脑峰会的原因,只有在这样的会议上才能开诚布公、彼此友好协商这些事项。

或许我们可以借用庄严讽刺来做这样的表达:安全是恐怖的健壮婴孩,而生存是毁灭的孪生兄弟。

# "整个国家紧密团结"

## 1955 年 3 月 28 日,80 岁,
## 下院最后一次演讲:纪念劳合·乔治

1955 年 3 月 28 日,丘吉尔向下议院做最后一次演讲。他提出一项动议,"用公共经费建立纪念碑",以纪念获得英国功绩勋章的德威弗尔伯爵劳合·乔治,"因为他在议会和白厅职位上对英国、英联邦和英帝国做出了杰出贡献,应题字铭刻其高度责任感"。此项动议获准通过。劳合·乔治的雕像因此被决定立在丘吉尔拱的一侧——下议院会议厅的入口。入口另一侧是丘吉尔的雕像。那一天,丘吉尔在下议院对听众说:

我相信人们普遍认同,自从这位政治家离世以后,议会制定了一条英明的规则,长达十年禁止引介这样的纪念议案。这一新型规则仅在 1938 年纪念光荣的牛津勋爵阿斯奎斯时使用过一次。

十年漫长时间,足以冷却党派激情,无论这激情是仇恨还是热情;十年时间又太短暂,难以熄灭冷却同时代目击者的证词。通过这一方法,我们将人们长期以来对戴维·劳合·乔治的记忆和感情与清醒的分寸感、变迁的视角很好结合起来,并将保存下去。

............

戴维·劳合·乔治来自下议院。他在这里代表一个选区长达 55 年。他让我们的辩论充满火花。他引领下议院度过了最关键的几年。

500

如果没有"议会之母"的名望和权威,他也不可能为国效力。

··········

今天下午落在我身上的责任,让人感觉有种奇妙的巧合。正是十年前的这一天,同样是3月28日,我站在这个讲台上,就是现在的办公室,在劳合·乔治逝世后,我第一次向议会对他的职业生涯做致辞。随后的讨论值得一读再读。我们可以看到议会各个部门对其工作都有一致高度评价。

我承认,当我思考如何向你们推介这一议案时,我很困惑。议长先生,回首过去,我发现已经说过很多现在想说的话。我与这位卓越人士的友谊超过了40年下议院的生活,包括我在他的战时内阁麾下。无论是否在办公室,我们亲密无间,高度一致,愉悦的友谊从未黯淡,就我目前为止所能想起的全部记忆,甚至没有任何严重的政治敌意。

我可以宣称自己是最直接的目击证人,希望重申在他辞世时的悼词。

> 然后,丘吉尔重复了他在1945年3月28日的敬辞,再继续演讲。

我还将进一步提到一个小插曲。今天在这里的大多数人都经历了第二次世界大战。劳合·乔治早已经退休。自他卸任首相起,已过去将近一代。但是,在9月3日,在标志着我们进入战斗的庄严辩论中,他的发言给了我们很多信心,让所有人获得鼓舞。我读给议院听:

"我以前经历过这些,我只想说一句话。我们经历了非常糟糕的时期,那时连勇士也相当恐慌和疑惑,但是国家从始至终都很坚定。让我印象深刻的是,在患难之际,在面临最为严重的灾难之际,我们直面战争,发现所有阶级结成最大联盟,彻底消除了不满和背叛,把握住了权利和荣耀。当时整个国家紧密团结。通过那种方式,我们坚持到了最后;经过四年半的可怕时间,我们赢得了胜利。我们将再来一次。"

这就是当时他所说的,我很高兴再次念给议会听。我相信,为了支持这次写在议事日程表上的议案,议会将遵循传统;它将赋予国家信仰以判断力和指引,以增强智慧和礼仪。当 20 世纪前 25 年的英国历史已经写就,我们可以看到这位伟人在和平与战争时期引领了英国命运的重要走向。

# "焦虑和恐怖的时代"

## 1955年4月4日,80岁,首相告别演讲笔记

1955年4月5日,接连遭受中风的丘吉尔辞去首相。他已经80岁高寿。之前一晚,丘吉尔夫妇在唐宁街10号举行告别宴会,女王和爱丁堡公爵夫妇应邀参加。宾客中还有内维尔·张伯伦的遗孀安娜·张伯伦。丘吉尔的餐后演讲是他作为首相的最后一次。他演讲所用便笺保存了下来,由秘书为之准备。就像他的很多演讲,采用"演讲形式"或"诗篇形式",正如他的秘书所称,他在半个多世纪里一直采用这种形式(缩写包括 hv 即 have,tt 即 that,wh 即 which):

尊敬的女王陛下
尊敬的亲王殿下
公爵大人
上院议员,女士们,先生们!

我很荣幸
提议干杯

当我还是骑兵中尉时
我喜欢饮酒

时值陛下的高祖母
维多利亚女王的统治

自那以后，我曾在
四位君王治下的
政府或议会效劳

我想
凭借这些资历
恳请
陛下恩准

我不应该带头
破此先例
这将频繁引发不便

陛下，
我想表达
深切和热烈的
感激之情

我们
和您所有子民
感激您
感谢亲王殿下
爱丁堡公爵

您赋予我们

日常生活中
所有帮助和激励

并以日益增长的力量
传遍整个英国
和英联邦
及大英帝国

在这焦虑
和恐怖的时代
我们最为需要您的帮助和激励
并且凭此度过艰难时期

而我们亦希望
帮助世界渡过难关

降临在英国君主政体的
庄严职责
被极为忠诚地
履行承担

比陛下统治的
辉煌启幕更甚

我们感谢上帝
他赋予我们才华

并让我们重生
投入神圣事业
和智慧友善的生活方式

尊敬的陛下
是其中青春焕发、熠熠生辉的守卫者

# "联合部队和共同原则"

1958 年 7 月 15 日,83 岁,演讲准备:国际局势

1958 年夏,在黎巴嫩,背靠埃及总统的泛阿拉伯团体,在黎巴嫩穆斯林团体的支持下,企图推翻黎巴嫩马龙派基督领导人卡米拉·夏蒙总统的政体。总统向美国求助。7 月 15 日,14 000 名美国士兵抵达贝鲁特,镇压了起义。一天前,7 月 14 日,在伊拉克一场叛乱中,国王及其家族很多成员被杀;7 月 15 日,总理一家遭到同样杀害。那一天,丘吉尔告知英国首相哈罗德·麦克米伦,他打算就黎巴嫩和伊拉克局势发表演讲,但是后来致信首相:"我花了一两个小时思考说什么,得出的结论是我没有什么值得说的。我将到会大厅支持你。抱歉我改变了计划。"丘吉尔准备读的开场白如下:

我自从三年半前离开办公室后,从未因任何言论让议会困扰。如无必要,我现在也不应这样做。我觉得,最近发生在中东的事件不同于以往发生的任何事情,让人有必要认真回顾整个情况,值得他们自然而然激起道义和实质性的争论。

接下来是丘吉尔手写的四页笔记,标注了下划线:

巴格达大使馆愤怒了

我们要做什么？
美国和英国必须共同工作
达到统一的目的

问题呈现的并发症
可以治愈，如果，并且仅仅
凭借联合部队
和共同原则处理它们
而非一味增加武力
一旦我们分开，就会失去
这从根本上说不仅是物质力量的问题
安东尼·艾登和苏伊士
是正确的
最近发生的这些事件证明他是对的
他的行动可能为时过早

我们很容易嘲笑美国
但应该避免
黎巴嫩是我们的一部分

比较往往很危险
也更加徒劳

我们没有时间
结清一个长期账户

这些账目正在自行结算

我不想扣除美国的分数
也不想轻蔑地指责他们

说得多么容易
看看美国,并把它和苏伊士的英国作比较

我们是对的

夏蒙是英国的好朋友
妄图在英美这样两个国家
寻找差异分歧
真是愚笨

我们没有理由与美国争吵
我们无心无愧
没有必要自责

············

中东是一个整体
是整体问题
美国已经进入黎巴嫩
他们理由充分
他们不需要我们的物质或军事帮助
如果他们需要,我保证他们会接受

# "过去应该给我们希望"

## 1958 年,83 岁,写作:英语人民的故事

丘吉尔自 1955 年 4 月辞去首相职务后的两年间,努力撰写完成他最后一部书的第四卷和最后一卷。《英语民族史》这部书出版于 1958 年,故事一直讲到 1914 年。丘吉尔在最后一段写道:

本书讲述了英语人民的悠久故事。他们历经可怕的战争并且赢得胜利,现在正成为盟友。这并非结束。另一个阶段已赫然来临,联盟将再一次受到挑战,它强大的优点可望维护和平与自由。未来是未知的,但过去应该给我们希望。我们现在也不宜试图准确定义终极联盟的确切条款。

# "唯一的解决之道是裁军"

## 1959 年 9 月 29 日，84 岁，
## 伍德福德选区演讲：为了保守党

1959 年 9 月 29 日，丘吉尔向他已代表了 35 年之久的伍
德福德选民做了他毕生中最后一次大选演讲。自他第一次试
图进入议会但以微弱差距失败以来，已是 60 年时间。他在当
天演讲中敦促选民帮助保守党重返掌权：

我的思绪回到 15 年前的 1945 年，当时战争正接近尾声，胜利已经
在望。我们那时思考着两个最重要的议题。英国人民怎么在现代世界
谋生？我们如何在各国之间达成共识以防止另一场战争灾难？这两个
重大问题并未改变。处理这些问题将是你们下个月选出的政府面临的
主要任务。

祖国在胜利的翌日面临着一个艰巨的任务。我们已经清算了大部
分海外投资，并且致力于生产战争弹药武器而忽视了生产资源的投入。
我们为了自由事业抵押了未来。

历史上很少有国家面临我们这样的境遇。我们习惯了高品质生
活。但在所赖以生存的粮食与煤炭中，我们仅仅勉强生产了一半，在很
大程度上无法满足工业所需原材料。我们只能依靠进口来满足需求。
倘若买不起进口物资，我们的生命线肯定将被切断，尽管不如煤炭和潜
艇的生存威胁那么快。

然而社会主义政府在战后那六年奉行的政策,充其量无关紧要,最糟糕的肯定对英国经济生活复兴不利。他们教条遵循国有计划,虚妄追求平等控制。这种平等将拉低生活水平。

我当时领导的保守党警告该国,那条路无法走向繁荣。我向社会主义者提供了一个简洁的主题:"让人民自由。"他们拒绝了。但在六年痛苦经历之后,该国愿意试试。今天我们是繁荣的,收支平衡,偿还了债务,是全世界所有贸易大国中最受尊敬和信赖的。这所有繁荣的基础,可以任各个阶级广泛分享。我将敦促英国不要忽视这些。任何人都不要想当然认为我们当前的繁荣肯定并且保证会继续下去。不是这样。繁荣源自审慎的政策。如果转为愚蠢的政策,繁荣景象则可能消亡,如白雪消融于太阳之下。

∙∙∙∙∙∙∙∙∙∙∙∙

一方面,科学为我们提供了远胜所有曾经梦想的物质进步和繁荣。我们经历了漫长数世纪的饥荒、洪水、贫穷和疾病,其中牺牲的生命远远超出战争中的人数。现在科学为我们提供了可能进入黄金时代的机遇。但是科学并没有止步于此。另一方面,它带来了核死亡的黑暗深渊。对和平的追求并非任何一个政党的专长。我们最终都致力于这一追求,只是在如何最好确保和平的方式上有所区别。

我们必须保持警惕,以免注意力集中于氢弹,而导致人们忘记所谓常规武器也能带来骇人破坏——这些武器已经变得更为强大,远胜我们在不久前发现它们所具有的强大破坏力。

苏联以枪支、坦克、飞机、潜艇和人力的绝对优势对抗西方国家。这些常规部队一直在运用最现代的武器重新装备。针对所有这些,西方防务的基础是核弹的威慑力量。俄国人现在已有他们自己的核弹,但是西方威慑仍在。因为尚未发现对付核弹的完整防御,任何侵略者知道将面临报应——立竿见影、确定无疑并且是毁灭性的报复。

根本没有走出这个僵局的捷径。唯一的解决方法是裁军,适用于各种武器,得到各国心甘情愿认可,并通过有效的国际控制予以保障。我在最近几个月看到了希望的曙光。赫鲁晓夫先生最近在纽约所提建议,与麦克米伦先生及其同事所提及的、由新任联合国委员会审查、俄国表示同意的计划相比,在基本目的上并无不同。这向前迈出了一步。但还有很多事情要做。我们首先必须抵制任何诱惑,不要仓促达成任何不能提供有效审查和控制系统的协议。如不遵守这一原则,将犯致命错误。

而且,我们必须看向更为高远的未来。如果能达成最理想的目标,也就是减少甚至完全废止世界列强的军备,那么同时创建一支国际部队来维持世界秩序吗？我只是粗浅触及这一议题,但它和其他具有同样重要性和复杂度的议题表明,西方和俄国及其团伙是否都已准备好在追求和平的路途中至少找到共同点。

我满心遗憾地关注这些年的冷战,以及我们 1945 年春许多欢欣鼓舞的希望枯萎。为了呼吁自由欧洲清醒地认识到,有必要与美国和英联邦结盟以护卫自由,我尽力了。而冷战非我所求,我也从来不想延续或延长冷战。1945 年 4 月,当获胜的西方国家和俄国部队成功握手,我致信斯大林:

> 不,我恳求你,斯大林,朋友,勿要低估正在放大的分歧。我们看向未来,一边是你和你主宰的多国,以及其他很多国家的共产主义政党,都在靠近,而另一边英语国家及其盟友或属地在汇集。这让人不安。很显然,他们的争执将把世界撕成碎片,而我们任何一边所有领导者对此无动于衷,将在历史面前羞愧难当。甚至正在开启的长期的猜疑、滥用以及反滥用、对立的政策,将成为一场灾难,阻碍世界繁荣发展,而为了民众的繁荣发展唯有通过我们三位一体才能实现。

斯大林没有听劝。我们都在随后的悲惨事件中深知一切。然而,今年无论如何我们已看到可能结束长期怀疑或滥用阶段的一些迹象。

我热切希望新一届议会可以看见世界正在迈进和平正义基础更为稳固的辉煌明天。

# "我们的未来充满希望"

## 1959 年 10 月 31 日，84 岁，最后一次公开演讲：未来

1959 年 10 月 9 日，保守党重返执政。丘吉尔保留了席位，再次成为议会一员。早在 59 年前，他第一次当选议员。他久已未在议会演讲，但在 10 月 31 日，就在他 85 岁生日前一个月，尽管他九天之前因头晕而短暂昏迷不醒，他还是在伍德福德选区本人的雕像揭幕仪式上演讲，他首次在该选区演讲已是 35 年前。这也是他独立完成的最后一次公开演讲：

35 年了。这比我的成年生活的一半还多。这无疑是段历史时期，在此期间，这个动荡不安的世界建立了很多新事物，也推翻了很多旧事物。

我们可能会自问进步和毁灭之间如何平衡。当我们考虑到上一场世界大战中肮脏、野蛮的毁灭，人的聪明才智用在完善自我毁灭的方法，全球很大一部分耗损于嫉妒、焦虑和仇恨，那么不难给出令人悲伤的答案。我们当然还远不能安心考虑亚非大部分地区的立场。

中东在勉强压制暴力仇恨之火。东亚庞大和不断膨胀的人口正在达到发展的关键阶段。他们在发展，而且无人知道去往何处。在世界很多不发达地区，之前的政府体制被抛弃一旁，新的国家正在崛起。我们祝其好运。我们可以焦急地予以关注，并理所当然地以那里真正的进步为傲。

这些国家中很多能够诞生得益于英国。在战争时期,我们为了保护他们付出巨大代价。在和平时期,我们在经济、科技上帮助他们,并在各方面派出了顾问指导。最重要的是,我们赋予其正义和自由,我们英伦三岛也长久沐浴这正义和自由之光。这阴暗和复杂的情景中仍有很多光明。

尽管我们英国存在各种政治分歧,但我认为要比以往和平时期更为团结。我们当然可能不同意,但我没有看到仇恨。前方的路,广阔而清晰。

西欧很多古老的敌意终于烟消云散。更为紧密团结的前景,本土与海外共享西方文明成果的前景,充满希望。这些发展没有理由与我们和英联邦各国及美国更密切的联系发生冲突;我相信西方与苏俄及其盟友的关系中存在的问题也不会难以逾越。我们看到已经取得一些进展,领导人的会晤也缓解了让我们焦虑的紧张关系。我相信这一倡议将得到积极响应。

科学发展不仅在战争领域取得长足进步。在东方和西方,新技术都有着强大表现,人类的探险正深入宇宙奥秘,前景令人浮想联翩。

在所有这一切中,英国积极参与,发挥主导作用。我们凭借勇气、耐力和头脑,正以我们的方式持久造福全世界。我们不要灰心。未来充满希望。

# 译者参考文献

［英］温斯顿·丘吉尔：《与平庸的世界划清界限：我的思想和经历》，赵文书等译，南京，江苏人民出版，2016。

［英］温斯顿·丘吉尔：《永不放弃》，温斯顿·S·丘吉尔编选，子非门译，贵阳，贵州人民出版社，2016 年。

［英］温斯顿·丘吉尔：《丘吉尔传：我的青春》，蔡玳燕译，杭州，浙江文艺出版社，2017 年。

［英］约翰·基根：《温斯顿·丘吉尔》，李阳译，北京，生活·读书·新知三联书店，2015 年。

［英］温斯顿·丘吉尔：《第二次世界大战回忆录》，南京，译林出版社，2013 年。

［英］马丁·吉尔伯特：《丘吉尔传》，马昕译，武汉，长江文艺出版社，2013 年。

［英］杰弗里·贝斯特：《丘吉尔·追寻伟人的足迹》，贾文娟译，北京，商务印书馆，2012 年。

［英］温斯顿·丘吉尔：《丘吉尔二战回忆录：从战争到战争》，吴泽炎译，南京，译林出版社，2012 年。

［英］保罗·约翰逊：《丘吉尔》，宋伟航译，北京，金城出版社，2012 年。

［英］温斯顿·丘吉尔：《永不屈服：温斯顿·丘吉尔一生最佳演讲集》，李阳译，北京，世界知识出版社，2009 年。

［英］温斯顿·丘吉尔：《第一次世界大战回忆录》，刘立译，南京，译林出版社，2005 年。

［英］大卫·加拿丁：《苦难与血泪：丘吉尔演讲集》，陈钦武译，南京，江苏

人民出版社,2000 年。

[英]温斯顿·丘吉尔:《不需要的战争》,多人译,薛鸿时选编,桂林,漓江出版社,1991 年。

[英]丘吉尔:《欧洲联合起来:1947—1948 年的讲演集》,商务印书馆翻译组译,北京,商务印书馆,1977 年。

[美]乔纳森·罗斯:《丘吉尔——一个政治领袖的文学与思想资源》,苗雨译,北京,西苑出版社,2016 年。

[美]迈克尔·谢尔顿:《野心浪漫:丘吉尔的奋斗与浮沉》,何初心、惠露译,重庆,重庆出版社,2015 年。

[美]詹姆斯·C.休姆斯:《预言家丘吉尔传》,陈丽丽译,北京,北京师范大学出版社,2014 年。

蔡赓生编著:《丘吉尔传》,武汉,湖北辞书出版社,1996。